Gutachten

der

Königlich Preußischen Sachverständigen-Kammern

für

Werke der Literatur und der Tonkunst

aus den Jahren 1902—1907.

Herausgegeben

von

Dr. Paul Daude,

Geheimer Regierungsrat,

Vorsitzender der Königlichen Sachverständigen-Kammern und -Vereine.

Berlin 1907.

J. Guttentag, Verlagsbuchhandlung,

G. m. b. H.

Einleitung.

Die Gutachten, welche der frühere, auf Grund des Gesetzes vom 11. Juni 1837 gebildete Preußische Literarische Sachverständigenverein in den ersten zehn Jahren seines Bestehens erstattet hatte, sind im Jahre 1848 in einer 42 Gutachten umfassenden Sammlung von Heydemann im Verlage von Th. Chr. Fr. Enslin in Berlin veröffentlicht worden. Eine zweite Sammlung von 108 Gutachten dieses Vereins ist sodann im Jahre 1863 von Heydemann und Dambach bearbeitet und unter dem Titel „Die Preußische Nachdrucksgesetzgebung, erläutert durch die Praxis des Königlichen Literarischen Sachverständigenvereins" in gleichem Verlage erschienen. Nach Heydemann's Tode veröffentlichte Dambach im Jahre 1874 weitere 20 in den Jahren 1864 bis 1873 abgegebene Gutachten (Verlag des Buchhändler-Börsenvereins in Leipzig), und hieran schloß sich die von Dambach im Jahre 1891 im Verlage von Puttkammer & Mühlbrecht in Berlin unter dem Titel „Fünfzig Gutachten über Nachdruck und Nachbildung" herausgegebene Sammlung von 50 in den Jahren 1874 bis 1889 von dem Sachverständigenverein erstatteten Gutachten.

Die von dem früheren Preußischen Musikalischen Sachverständigenverein abgegebenen Gutachten sind nicht veröffentlicht.

An die Stelle des Literarischen und des Musikalischen Sachverständigenvereins sind mit dem Inkrafttreten des Gesetzes, betreffend das Urheberrecht an Werken der Literatur und der Tonkunst vom 19. Juni 1901 die Literarische und die Musikalische Sachverständigen-Kammer getreten.

Beide Kammern haben bisher eine reiche Tätigkeit entfaltet. Die Literarische Sachverständigen-Kammer ist seit dem 1. Januar 1902 von preußischen Gerichten und Staatsanwaltschaften in 137 Fällen und von nichtpreußischen Behörden in 4 Fällen zur Abgabe von Gutachten aufgefordert worden. Sie hat bisher 120 Gutachten erteilt.

Weniger in Anspruch genommen ist die Musikalische Sachverständigen-Kammer, die seit ihrem Bestehen 11 Gutachten erstattet hat.

Mit freudiger Genugtuung können beide Kammern feststellen, daß diese ihre Tätigkeit bei den Gerichten und Staatsanwaltschaften die erwünschte Anerkennung gefunden hat. Von wenigen Ausnahmen abgesehen sind diese Behörden den Aussprüchen beider Kammern stets beigetreten, und auch das Reichsgericht hat in den Fällen, die in der Revisionsinstanz seiner Entscheidung unterbreitet wurden, die Ausführungen der betreffenden Gutachten gebilligt.

Unter diesen Umständen erschien es nicht unangemessen, den mehrfach geäußerten Wünschen der Autoren und Verleger zu entsprechen und eine Veröffentlichung der Gutachten beider Kammern in geeigneter Auswahl vorzunehmen, zumal sich nach beinahe sechsjährigem Bestehen des jetzigen Urheberrechtsgesetzes für die Auslegung vieler wichtiger Bestimmungen desselben eine konstante Praxis beider Kammern gebildet hat, die wohl geeignet sein dürfte, auch in weiteren Kreisen Interesse zu erwecken und in den Rechtsstreitigkeiten wegen unzulässiger Vervielfältigung von Werken der Literatur und der Tonkunst einen gewissen Anhalt für eine sachgemäße Beurteilung des einzelnen Falles zu bieten.

Nachdem die Herren Minister der geistlichen ꝛc. Angelegenheiten und der Justiz — wie bei den früheren Sammlungen — bereitwillig ihre Genehmigung zur Herausgabe der Gutachten erteilt haben, hat der Herausgeber unter Ausscheidung der wesentlich in technischen Vergleichungen bestehenden, ein allgemeineres Interesse nicht beanspruchenden Gutachten 40 Gutachten der Literarischen Kammer und 10 Gutachten der Musikalischen Kammer ausgewählt, die für die Auslegung und das Verständnis des Gesetzes vom 19. Juni 1901 bedeutsame Fragen behandeln.

Von Redaktionsänderungen abgesehen, sind diese Gutachten — wie in den früheren Sammlungen Heydemann's und Dambach's — im allgemeinen wörtlich wiedergegeben, doch sind die speziellen Inhaltsangaben und Textvergleichungen der betreffenden Werke nur, soweit es zum Verständnis der Gutachten erforderlich war, zum Abdruck gebracht.

Die Namen der Parteien und Verleger sind, wie in der letzten Dambach'schen Sammlung, nicht voll angegeben, sondern nur mit den Anfangsbuchstaben bezeichnet; die in den einzelnen Fällen ergangenen Beschlüsse der Staatsanwaltschaften und Entscheidungen der Gerichte sind in Anmerkungen zu den betreffenden Gutachten mitgeteilt.

In einem Anhang sind der Text des Gesetzes vom 19. Juni 1901 und die vom Reichskanzler erlassenen Bestimmungen über die Zusammensetzung und den Geschäftsbetrieb der Sachverständigen-Kammern für Werke der Literatur und der Tonkunst vom 13. September 1901 zum Abdruck gebracht.

Berlin, im Juli 1907.

Daude.

Inhaltsverzeichnis.

Seite

II. Gutachten der Musikalischen Sachverständigen-Kammer.

III. Anhang.

I.

Gutachten
der
Literarischen Sachverständigen-Kammer.

I.

Gutachten
der
Literarischen Sachverständigen-Kammer.

Nr. 1.

Gutachten vom 9. Juli 1905.

Begriff des schutzberechtigten Schriftwerks. Wochenmarktsverzeichnis.

Der Fabrikant Adolf B. in L. hat seiner Angabe nach vor längeren Jahren Verzeichnisse der Wochenmärkte in 14 deutschen Staaten und Provinzen zusammengestellt, drucken lassen und in Verkehr gebracht. Diese Wochenmarktsverzeichnisse werden von Hotelbesitzern gekauft, mit deren Firmen versehen, von ihnen an die im Hotel wohnenden Reisenden zwecks Empfehlung des Hotels verabfolgt, auch auf den Hotelrechnungen abgedruckt und in Schutzumschläge zu „König's Kursbuch" eingeklebt.

B. behauptet, daß die Inhaber der Firma G. in St. ein solches Verzeichnis, wie es sich als Anlage 1 bei den Akten befindet, bezüglich der darin aufgeführten 12 Staaten und Provinzen ohne seine Genehmigung wörtlich nachgedruckt hätten, so wörtlich, daß sogar der einzige in diesem Verzeichnis enthaltene Druckfehler (Bütow Mi. statt Bütow Mo.) mit abgedruckt sei. Unter Überreichung des Original-Verzeichnisses und des angeblichen Nachdrucks (Anlage 2) hat er deshalb unter dem 17. März 1905 bei der Königlichen Staatsanwaltschaft in St. die strafrechtliche Verfolgung der Inhaber der Firma G., der Kaufleute G. und S. beantragt.

Die Beschuldigten haben bestritten, sich eines strafbaren Nachdrucks schuldig gemacht zu haben. Der Beschuldigte G. hat angegeben, daß seine Firma bereits seit vielen Jahren auf Bestellung von Hotelbesitzern Kursbuchdecken wie die vom Antragsteller in Anlage 2 eingereichte Decke herstelle, denen Kalender, Festtagsverzeichnisse, postalische Notizen und Wochenmarktsverzeichnisse beigefügt würden. Auf der Rückseite der Rechnungen zahlreicher Hotels seien die in der betreffenden Provinz stattfindenden Wochenmärkte im Druck zusammengestellt, und zwar auf Grund der in den Amtsblättern enthaltenen öffentlichen Bekanntmachungen dieser Märkte und auf Grund der Verzeichnisse der letzteren, wie sie sich in Kalendern, Auskunftsbüchern und dergl. für einzelne Provinzen und Staaten, sowie für das ganze Reich alphabetisch geordnet vielfach vorfänden. Die Wochenmärkte in Bütow seien früher stets am Mittwoch und am Sonnabend abgehalten. Sollte indessen ein Druckfehler vorliegen, so könne derselbe sehr wohl auch anderswoher übernommen sein; es sei jedoch auch möglich, daß das in der Anlage 2 enthaltene Verzeichnis aus der Anlage 1 abgedruckt sei.

Der Beschuldigte S. hat sich diesen Auslassungen angeschlossen und noch hinzugefügt, daß er nach Ausweis seiner Handelsbücher im Herbst 1904 sich von dem Hotelbesitzer G. in Fl. eines seiner Rechnungsformulare erbeten habe, um das auf der Rückseite desselben befindliche Verzeichnis der in der Provinz Schleswig-Holstein stattfindenden Wochenmärkte für seine Kursbuchdecken zu verwenden.

Die von der Königlichen Staatsanwaltschaft darüber angestellten Ermittelungen, ob etwa das G.'sche Wochenmarktsverzeichnis in der Anlage 2 direkt nach dem B.'schen Verzeichnis (Anlage 1) gedruckt sei, haben zu einem die Beschuldigten belastenden Ergebnis nicht geführt, und die Königliche Staatsanwaltschaft hat nunmehr die Literarische Sachverständigenkammer um Abgabe eines Gutachtens darüber ersucht,

> ob die Inhaber der Firma G. sich des Nachdrucks schuldig gemacht haben.

Die Sachverständigenkammer mußte sich unbedenklich dahin aussprechen, daß der Tatbestand einer unzulässigen

Vervielfältigung nicht vorliegt, weil es an einem schutzberechtigten Originale fehlt.

Das Gesetz vom 19. Juni 1901 schützt im § 1 die Urheber von Schriftwerken gegen unzulässige Vervielfältigung derselben, ohne den Begriff des Schriftwerks näher zu bestimmen. Auch in der Begründung des Gesetzes ist eine solche Begriffsbestimmung nicht enthalten; da aber das Gesetz nicht alle Schriften schlechthin, sondern nur Schrift**werke** schützen will, so ergibt sich mit Notwendigkeit die Abgrenzung des Begriffes eines schutzberechtigten Schriftwerkes im Sinne des Gesetzes dahin, daß es sich um eine geschriebene oder gedruckte Aufzeichnung handeln muß, die sich als das Erzeugnis einer eigenen, geistigen, individuellen Tätigkeit ihres Verfassers kennzeichnet. Das Reichsgericht hat in wiederholten Entscheidungen diese Begriffsbestimmung als zutreffend bezeichnet und die Literarische Sachverständigenkammer hat dementsprechend in konstanter Praxis nur diejenigen Drucksachen für schutzberechtigte Schriftwerke erklärt, zu deren Herstellung eine individuelle geistige Arbeit erforderlich war. Bei der Abschätzung der geistigen Arbeit hat die Sachverständigenkammer sich die weitesten Grenzen gesteckt und insbesondere stets anerkannt, daß eine selbständige geistige Tätigkeit sich auch auf untergeordneten Gebieten, in der bloßen Formgebung, Auswahl und Anordnung vorhandenen Stoffes kundgeben kann. Andererseits hat sie aber auch den Schutz gegen unzulässige Vervielfältigung stets allen solchen Erzeugnissen versagt, welche lediglich den Charakter mechanisch gefertigter Arbeiten an sich trugen und nicht den mindesten Grad selbständiger geistiger Produktion erkennen ließen. So hat sie wiederholt Preisverzeichnisse und Warenkataloge, die sich lediglich auf die Aufzählung der zum Verkauf gestellten Waren und die Beifügung der für die letzteren geforderten Preise beschränkten, für nicht schutzberechtigt erklärt, „weil die Anfertigung derselben vorwiegend auf der rein mechanischen Tätigkeit des zweckmäßigen Zusammenstellens der einzelnen Waren-Kategorien, also auf einer Tätigkeit beruhte, welche, obwohl sie eine Kenntnis der Waren und deren Eigenschaften voraussetzt, doch ein wirkliches geistiges Schaffen in keiner Weise dokumentierte", und aus demselben Grunde hat sie erst neuerdings einer ohne jede kritische Tätigkeit gefertigten Zusammenstellung ärztlicher Medikamente*) und in einem anderen Falle einer rein mechanisch aus den einschlagenden wissenschaftlichen Werken zusammengestellten Tabelle über die spezifischen Gewichte fester und flüssiger Körper die Eigenschaft schutzberechtigter Schriftwerke abgesprochen.

Wenn man von diesen Gesichtspunkten aus das in der Anlage 1 befindliche B.'sche Verzeichnis der Wochenmärkte in Brandenburg, Hannover, Mecklenburg-Schwerin, Mecklenburg-Strelitz, Königreich Sachsen, Provinz Sachsen, Herzogtum Braunschweig, Ostpreußen, Westpreußen, Posen, Schlesien, Pommern, Schleswig-Holstein und Oldenburg einer näheren Prüfung unterzieht, so ergibt sich sofort, daß es sich auch hier nur um eine Zusammenstellung handelt, zu deren Anfertigung es der Aufwendung einer selbständigen geistigen Tätigkeit überhaupt nicht bedurfte. Es darf als notorisch gelten, daß die Markttage der einzelnen Städte und Ortschaften im Königreich Preußen in den Kreisblättern und anderswo in den zur Veröffentlichung der amtlichen Bekanntmachungen bestimmten Lokalblättern öffentlich bekannt gemacht werden, und daß diese Marktverzeichnisse in größerer oder geringerer Vollständigkeit sich in den meisten Kalendern vorfinden und aus einem Kalender in den andern übergehen. Der Antragsteller B. hatte also, um sein Marktverzeichnis anzufertigen, weiter nichts zu tun, als die vorbezeichneten amtlichen Publikationsorgane einzusehen oder die Redaktionen derselben um Mitteilung der betreffenden Markttage zu ersuchen und das so gewonnene Material, vielleicht auch unter Zuhilfenahme der in Kalendern 2c. bereits abgedruckten Marktverzeichnisse, nach Staaten und Provinzen zu scheiden und alphabetisch zu ordnen.

Weder in der Beschaffung dieses Materials, noch in der Scheidung desselben nach Staaten und Provinzen, noch endlich auch in der bloßen alphabetischen Ordnung kann nun

---

*) Gutachten Nr. 2 vom 2. Juni 1905 S. 7 ff.

aber eine selbständige geistige Arbeit gefunden werden, die dem B.'schen Verzeichnis die Eigenschaft eines schutzberechtigten Schriftwerkes im Sinne des Gesetzes vom 19. Juni 1901 verleihen könnte. Ist dies aber der Fall, so kann auch von einer unzulässigen Vervielfältigung (Nachdruck) desselben nicht die Rede sein, da es eben an einem gegen eine solche Vervielfältigung gesetzlich geschützten Originale fehlt.*)

Nr. 2.
Gutachten vom 2. Juni 1905.

Schutzberechtigung von Artikeln eines Medizinal-Kalenders.

Im Verlage des Verlagsbuchhändlers C. zu B. erscheint seit einer Reihe von Jahren ein „Medizinal-Kalender und Recept-Taschenbuch der Allgemeinen Medizinischen Central-Zeitung", für welches der praktische Arzt Dr. B. in den Jahren 1895 bis 1904 die in dem unten angeführten gerichtlichen Beweisbeschluß vom 14. April 1905 bezeichneten Artikel, die in jedem Jahre von ihm revidiert und ergänzt wurden, lieferte. Für die für den ersten und zweiten Jahrgang gelieferten Artikel erhielt Dr. B. von dem Verlagsbuchhändler C. je 250 M., für jeden der späteren Jahrgänge 150 M. Dr. B. lieferte die Artikel noch für die im Jahre 1904 erschienene Ausgabe des Medizinal-Kalenders; in der Ausgabe des letzteren für das Jahr 1905 sind sodann aber die von Dr. B. für die Ausgabe von 1904 verfaßten Artikel mit geringfügigen Änderungen ohne Genehmigung des Dr. B. mit der Überschrift „Auf Grund der Bearbeitung von Dr. B. fortgeführt von Dr. L." wieder abgedruckt.

Dr. B. erblickt hierin eine Verletzung seines Urheberrechts und hat deshalb unter dem 31. Dezember 1904 gegen den Verlagsbuchhändler C. bei dem Königlichen Landgericht I zu B. die gerichtliche Klage erhoben mit dem Antrage, den

---

*) Auf Grund obigen Gutachtens hat die Staatsanwaltschaft das Verfahren eingestellt.

Beklagten zu verurteilen, die weitere Vervielfältigung und Verbreitung der in Rede stehenden Artikel bei Vermeidung einer Strafe von 500 M. für jeden Fall der Zuwiderhandlung zu unterlassen, und dahin zu erkennen, daß die noch vorhandenen Exemplare des Medizinal-Kalenders für 1905 sowie die zu ihrer Vervielfältigung ausschließlich bestimmten Vorrichtungen, wie Formen, Platten, Steine, Stereotypen, insoweit als sie jene Artikel enthalten, zu vernichten sind.

Der Beklagte hat die Abweisung der Klage beantragt, da er mit dem Kläger keinen Verlagsvertrag, sondern einen Dienst- bezw. Werkvertrag geschlossen habe. Es verstehe sich ganz von selbst, daß derartige Zusammenstellungen, welche nur eine sehr geringe geistige Arbeit erforderten und lediglich praktischen Zwecken dienten, wenn sie in einem jährlich erscheinenden Werke erscheinen sollten, nicht für eine einmalige Auflage erworben und übertragen würden, sondern eben dauernd dem Unternehmen, für das sie bestimmt seien, dienen sollten.

Hiergegen ist seitens des Klägers darauf hingewiesen, daß die von ihm bearbeiteten Artikel ein nicht geringes Maß von geistiger Arbeit erfordert hätten, und die 36. Zivilkammer des Königlichen Landgerichts I zu B. hat nunmehr unter dem 14. April 1905 den Beschluß gefaßt, ein Gutachten der Literarischen Sachverständigenkammer darüber zu erfordern:

ob die in dem Medizinal-Kalender für 1904 abgedruckten, vom Kläger verfaßten Artikel:

I. Übersicht über die gebräuchlichen sowie über die neu eingeführten Heilmittel (S. 1—103);

IV. Dosierung und Verordnungsweise von Mitteln, die zur hypodermatischen Injektion geeignet sind (S. 112—113):

V. Übersicht über die Symptomatologie und Therapie einiger häufiger vorkommenden Vergiftungen (S. 113—126);

IX. Dosierung von in der Therapie der Kinderkrankheiten angewendeten Medikamenten (S. 144—147)

Werke sind, welche sich als Ausfluß einer individuellen geistigen Tätigkeit darstellen und als „Schriftwerke" im Sinne des Gesetzes vom 11. Juni 1870, betreffend das

Urheberrecht an Schriftwerken rc. bezw. des Gesetzes vom 19. Juni 1901, betreffend das Urheberrecht an Werken der Literatur und der Tonkunst anzusehen sind.

Die Sachverständigenkammer mußte unbedenklich den Artikeln I und V die Eigenschaft schutzberechtigter Schriftwerke im Sinne der Gesetze vom 11. Juni 1870 bezw. 19. Juni 1901 zusprechen, während sie die Artikel IV und IX als solche Schriftwerke nicht anzuerkennen vermochte.

Als schutzberechtigte Schriftwerke im Sinne des früheren Nachdrucksgesetzes vom 11. Juni 1870 und ebenso auch des Gesetzes, betr. das Urheberrecht an Werken der Literatur und der Tonkunst vom 19. Juni 1901 können nur diejenigen literarischen Erzeugnisse angesehen werden, welche sich als das Erzeugnis einer individuellen geistigen Tätigkeit ihres Urhebers darstellen. Wie die Rechtsprechung des Reichsgerichts in konstanter Praxis anerkannt und insbesondere auch die Sachverständigenkammer in zahlreichen Gutachten ausgesprochen hat, braucht diese individuelle geistige Tätigkeit nicht notwendig in der Hervorbringung eines neuen Stoffes zu bestehen; sie kann sich vielmehr auch in der bloßen Auswahl, Anordnung und Verarbeitung oder zweckmäßigen Zusammenstellung bereits vorhandenen Materials in neuer eigenartiger Form auf eine vollkommen selbständige und eigenartige Weise äußern, und so kann es auch einem Bedenken nicht unterliegen, daß auch eine Übersicht über die gebräuchlichen sowie die neu eingeführten Heilmittel auf einer individuellen geistigen Arbeit beruhen kann, wenn sie einem bestimmten Zwecke, im vorliegenden Falle also der Auswahl der für die augenblickliche Anwendung wichtigsten Mittel und solcher, deren Verwendung sich nicht so leicht dem Gedächtnis einprägt, kurz, der Bestimmung eines ärztlichen Vademekums entsprechen soll. Wenn eine solche Zusammenstellung gut und zweckentsprechend ausgeführt werden soll, so wird sie niemals ohne wissenschaftliche Sachkenntnis und ohne kritische, auf geistiger Tätigkeit beruhender Sichtung des vorhandenen großen Arzneischatzes geschaffen werden können.

Dasselbe gilt für die Erhaltung einer solchen Übersicht oder Zusammenstellung auf ihrer Höhe, da alljährlich eine Menge neuer Arzneimittel teils in Vorschlag gebracht, teils auch offiziell eingeführt wird. Es gilt hier, die Spreu vom Weizen zu sondern und auf Grund der eigenen Erfahrungen und vor allem auf Grund einer sorgfältigen kritischen Beurteilung der Empfehlungen in der medizinischen Tagesliteratur die zweckentsprechende Auswahl zu treffen. Insbesondere werden, wenn ab und zu neue Arzneimittel aufgenommen werden, um der „Übersicht" ihre Brauchbarkeit zu wahren, ältere Arzneimittel ausgemerzt werden müssen, was selbstverständlich nicht ohne sorgfältige Prüfung und Erwägung geschehen kann. Und selbst mit dieser sorgfältigen Auswahl der aufzunehmenden Drogen und Medikamente ist es nicht allein getan; es kommt auch auf das an, was über diese Drogen und Medikamente mitgeteilt werden soll, und auf die Form, wie es mitzuteilen ist. Man kann hier nicht einfach aus einem Handbuche der Arzneimittellehre oder aus der offiziellen Pharmakopoe oder aus einer Arzneiverordnungslehre abschreiben; es muß vielmehr, dem Zwecke eines Medizinal-Kalenders entsprechend, die knappeste Fassung bei größtmöglichster Bestimmtheit und Klarheit gesucht werden, und es darf hierbei weder etwas wichtiges übersehen, noch etwas überflüssiges aufgenommen werden.

Daß alle diese Forderungen nicht ohne Aufwendung eigener geistiger Tätigkeit und nicht ohne sorgsame Überlegung und Prüfung erfüllt werden können, liegt auf der Hand.

Wenn man nun von diesen allgemeinen Gesichtspunkten aus die vier hier in Frage kommenden, vom Kläger verfaßten Artikel einer näheren Prüfung unterzieht, so wird man darüber nicht im Zweifel sein können, daß die beiden Artikel:

I. Übersicht über die gebräuchlichen sowie über die neu eingeführten Heilmittel (S. 1—103)

und

V. Übersicht über die Symptomatologie und Therapie einiger häufiger vorkommenden akuten Vergiftungen (S. 113—126)

derartig bearbeitet worden sind, wie es verlangt werden muß, um sie als Erzeugnisse einer individuellen geistigen Tätigkeit ihres Verfassers bezeichnen zu können. Unter Aufwendung sorgfältiger kritischer Arbeit hat der Verfasser das vorhandene reichhaltige Material in eigenartiger Formgestaltung gesichtet und geordnet und seine Artikel I und V durchaus auf der Höhe, entsprechend dem jeweiligen Standpunkte des medizinischen Wissens zu erhalten gewußt, wie eine Vergleichung der älteren mit den neuesten Ausgaben des Medizinal-Kalenders ohne weiteres erkennen läßt.

Anders verhält es sich dagegen mit den beiden anderen vom Kläger verfaßten Artikeln:

IV. Dosierung und Verordnungsweise von Mitteln, die zur hypodermatischen Injektion geeignet sind (S. 112 und 113),

und

IX. Dosierung von in der Therapie der Kinderkrankheiten angewendeten Medikamenten (S. 144—147).

Dieselben enthalten lediglich feststehende Daten, die nur aneinandergereiht zu werden brauchten; eine eigene kritische Tätigkeit hat bei ihrer Herstellung überhaupt nicht aufgewendet werden müssen, und sie können daher als schutzberechtigte Schriftwerke im Sinne der Gesetze vom 11. Juni 1870 und 19. Juni 1901 nicht angesehen werden. Es dürfte hierbei auch darauf hinzuweisen sein, daß sich der Kläger selbst bei diesen beiden Artikeln nicht als Verfasser genannt hat, während er dies bei den Artikeln I und V getan hat*).

Nr. 3.

Gutachten vom 26. Februar 1904.

Nachdruck eines Heilgewerbe-Meldungsformulars.

Der Naturheilkundige S. in F. ist der Verfasser und Verleger eines Heilgewerbe-Meldungsformulars, welches zu der Anmeldung benutzt werden soll, die seitens der die Natur-

*) Das Gericht hat sich diesem Gutachten angeschlossen und nach dem vom Kläger dem Gutachten gemäß eingeschränkten Klageantrage erkannt.

Heilkunde ausübenden Personen auf Grund ministerieller Anordnung bei den Bezirks- bezw. Kreisärzten vorgenommen werden muß.

Das Formular hat folgenden Wortlaut:

Bezirks- (resp. Kreis-) ärztliche Heilgewerbemeldung.

An
den Königlichen .... Arzt
zu ....

Ich, d... Unterzeichnete... zu ...., geboren am .... 18 zu ...., Landgerichtsbezirk .... melde hiermit dem Königlichen .... Arzt zu .... auf Grund des Erlasses des Ministeriums des Innern und der darauf ergangenen Polizeiverordnung, daß ich in .... die Heilkunde, und zwar die Naturheilkunde (physikalisch-diätetische Heilmethode) und verwandte Heilweisen gewerbsmäßig ausübe und den Gewerbebetrieb am .... begonnen habe. Die Heilkunde habe ich früher in .... ausgeübt.

Ich habe die .... Schule zu .... mit: .... besucht und mich später dem .... Gewerbe zugewandt. Die zur Ausübung der Naturheilkunde nötigen Kenntnisse habe ich mir erworben: ....
Die Behandlung Kranker geschieht vornehmlich durch Hydrotherapie, Massage.

Ich bin staatlich als Arzt nicht approbiert ....
....
Eine konzessionsfähige Heilanstalt besitze ich nicht. Die Behandlung Kranker geschieht sprechstundenmäßig in meinem Sprechzimmer und außer dem Hause in der Wohnung der Kranken.

Falls weitere notwendige Auskünfte seitens des Herrn .... Arztes gefordert werden sollten, bitte ich um diesbezügliche Mitteilung, die ich schriftlich beantworten werde.

.... den .... 1903.

Unterschrift:
....

In der September-Nummer 1903 der zu O. erscheinenden, von dem Naturheilkundigen Gr. herausgegebenen Zeitschrift: „Der Heilbeflissene. Organ des Schutzverbandes aller Heilbeflissenen Deutschlands" ist das vorstehende S.'sche Heilgewerbe-Meldeformular wörtlich zum Abdruck gebracht. S. hat daher unter dem 8. November 1903 bei der Königlichen Staatsanwaltschaft am Landgericht II zu B. die strafrechtliche Verfolgung des Gr. wegen Nachdrucks beantragt.

Bei seiner verantwortlichen Vernehmung hat der Beschuldigte zugegeben, daß er das fragliche Formular ohne Genehmigung des S. in seiner vorbezeichneten Zeitschrift abgedruckt habe. Er will jedoch hierbei in gutem Glauben gehandelt haben, da ihm jenes Formular seiner Zeit als Drucksache ohne Anschreiben zugegangen sei, auf dem Formular sich auch keine Angabe des Verfassers oder Verlegers befunden, und der Inhalt desselben sich auf die Wiedergabe der in der betreffenden Ministerialverfügung vorgeschriebenen Fragen beschränkt habe.

Die Königliche Staatsanwaltschaft hat hierauf die Literarische Sachverständigenkammer um Abgabe eines Gutachtens darüber ersucht,

> ob das S.'sche Formular als ein schutzberechtigtes Schriftstück (soll heißen: Schriftwerk) im Sinne des Urheberrechtsgesetzes angesehen werden kann.

Die Sachverständigenkammer mußte diese Frage bejahen.

Als Schutzobjekte hat das Gesetz vom 19. Juni 1901 vor allem die „Schriftwerke" bezeichnet, ohne im übrigen eine Begriffsbestimmung derselben zu geben. In der Begründung des früheren Nachdrucksgesetzes vom 11. Juni 1870, welches ebenfalls den Ausdruck „Schriftwerke" gebrauchte, war jedoch bereits hervorgehoben, daß bei der Bestimmung dieses Begriffes davon ausgegangen werden solle, daß das Gesetz nicht jede Schrift ohne weiteres, sondern nur solche literarischen Erzeugnisse schützen wolle, welche sich als das Produkt einer individuellen geistigen Tätigkeit ihres Urhebers darstellen.

Dasselbe Erfordernis ist auch an das „Schriftwerk" des Gesetzes vom 19. Juni 1901 zu stellen. Es muß sich um ein individuelles Geistesprodukt handeln, welches in einer bestimmten Form die Gedanken seines Urhebers zum Ausdruck bringt. Wie dies bereits unter der Herrschaft des früheren Nachdrucksgesetzes stets anerkannt worden ist, kommt es hierbei auf den Wert der geistigen Arbeit allerdings nicht an; eine individuelle geistige Tätigkeit kann sich insbesondere auch auf untergeordneten Gebieten in einer vollkommen selbständigen Weise äußern und braucht namentlich nicht in der Produktion neuen Stoffes zu bestehen. Auch die eigenartige, auf selbständigem geistigen Arbeiten beruhende Sichtung, Anordnung und Gruppierung bereits vorhandenen Materials kann vielmehr vollauf genügen, um einem literarischen Erzeugnis die Eigenschaft eines schutzberechtigten Schriftwerkes zu gewährleisten.*)

Im vorliegenden Falle wird es sich also darum handeln, festzustellen, ob S. bei Abfassung seines Heilgewerbe-Meldungsformulars eine derartige individuelle geistige Tätigkeit aufgewendet hat, daß man dieses Formular als ein Schriftwerk in dem vorangegebenen Sinne bezeichnen kann.

Wie S. selbst angibt, hat ihm zur Abfassung seines Formulars Veranlassung gegeben der Runderlaß des Ministers der Medizinal-Angelegenheiten, betreffend die Bekämpfung der Kurpfuscherei vom 28. Juni 1902 (Min.Bl. für Medizinal- 2c. Angelegenheiten 1902 S. 241) und das in diesem Erlaß enthaltene Muster einer diesbezüglichen Polizeiverordnung, welche von dem Regierungspräsidenten und dem Polizeipräsidenten in B. erlassen werden sollte. Dieser Runderlaß lautet, soweit er sich auf die Meldepflicht bezieht, wie folgt:

> „Die Vorschrift des § 46 der Dienstanweisung für die Kreisärzte vom 23. März 1901 (Min.Bl. für Medizinal- 2c. Angelegenheiten, S. 13) legt dem Kreisarzte die Verpflichtung auf, sein besonderes Augenmerk auf diejenigen Personen zu richten, welche, ohne approbiert zu sein, die Heilkunde gewerbsmäßig ausüben, und über sie unter

*) Vgl. die Gutachten Nr. 1 und Nr. 2, S. 3 und 7.

Beihülfe der Ortspolizeibehörde und der Ärzte des Bezirks ein Verzeichnis zu führen, welches Mitteilungen über Vorleben, Beruf, Heilmethoden und etwaige Bestrafungen enthält.

Zur Sicherung der Ausführung der vorstehenden Bestimmung erscheint die allgemeine Einführung der Meldepflicht der nicht approbierten Heilpersonen angezeigt. . . . .

Ich ersuche hiernach ergebenst, für den dortseitigen Bezirk eine Polizeiverordnung nachstehenden Inhalts zu erlassen, beziehungsweise etwa bereits bestehende Polizeiverordnungen entsprechend abzuändern:

1. Personen, welche, ohne approbiert zu sein, die Heilkunde gewerbsmäßig ausüben wollen, haben dies vor Beginn des Gewerbebetriebes demjenigen Kreisarzte, in dessen Amtsbezirk der Ort der Niederlassung liegt, unter Angabe ihrer Wohnung zu melden und gleichzeitig demselben die erforderlichen Notizen über ihre Personalverhältnisse anzugeben.

   Die Personen, welche bereits zur Zeit die Heilkunde ausüben, haben die vorbezeichnete Meldung und Angabe binnen 14 Tagen nach dem Inkrafttreten dieser Polizeiverordnung zu bewirken.

2. Die in Nr. 1 bezeichneten Personen haben dem zuständigen Kreisarzte auch einen Wohnungswechsel innerhalb 14 Tagen nach dem Eintritt desselben, sowie die Aufgabe der Ausübung der Heilkunde und den Wegzug aus dem Bezirke zu melden.

3. } betrifft das Verbot der marktschreierischen öffentlichen
4. } Anpreisungen der Berufstätigkeit der Kurpfuscher.

5. Zuwiderhandlungen gegen diese Vorschriften werden ꝛc. ꝛc."

Wie eine Vergleichung des Wortlautes des ministeriellen Runderlasses und der in demselben empfohlenen Polizeiverordnung mit dem S.'schen Formular ohne weiteres ergibt, ist das letztere nun keineswegs eine bloße Wiedergabe des Inhalts dieser amtlichen Kundgebungen, wie der Beschuldigte S. bei seiner verantwortlichen Vernehmung glauben machen will, sondern es stellt sich in der Tat als eine praktische Ausführung der in dem amtlichen Runderlaß für den Inhalt der Heilgewerbemeldung nur ganz allgemein angedeuteten Erfordernisse dar. S. hat aus dem Runderlaß vom 28. Juni 1902 zutreffend entnommen, daß die Heilgewerbemeldung bestimmte Angaben über den Ort der Niederlassung, das Vorleben und den Beruf des betreffenden Heilkundigen, sowie über die von ihm angewendeten Heilmethoden enthalten soll, und hat nunmehr in formularmäßiger Weise eine diesen Erfordernissen entsprechende Anmeldung in offenbar eigenartiger Formgestaltung ausgearbeitet. Es soll ohne weiteres zugegeben werden, daß die von S. hierbei aufgewendete geistige Arbeit nicht gerade eine bedeutende war; immerhin zeugt sie unverkennbar von einem selbständigen geistigen Schaffen und von einer individuellen formgebenden Tätigkeit, die, wenn sie auch auf literarischen, geschweige denn wissenschaftlichen Wert keinen Anspruch erheben kann, dem auf ihr beruhenden Erzeugnis d. h. dem hier in Frage stehenden Heilgewerbe-Meldungsformular die Eigenschaft eines schutzberechtigten Schriftwerkes im Sinne des Gesetzes gewährleistet.*)

Nr. 4.
Gutachten vom 21. Februar 1902.**)

Nachdruck von Formularen für Rechtsanwälte und Notare.

Der Bureauvorsteher B. in K. vertreibt seit dem Jahre 1886 von ihm entworfene Formulare für Rechtsanwälte und Notare. Unter Überreichung eines 39 solcher Formulare enthaltenden Heftes (Anlage A) hat derselbe in einer bei der Königlichen Staatsanwaltschaft zu Fl. unter dem 12. Dezember 1901 ein-

*) Auf Grund des obigen Gutachtens ist gegen S. die öffentliche Klage erhoben. Das Gericht hat auf eine Geldstrafe von 30 Mk. ev. 6 Tage Gefängnis erkannt.

**) Das vorstehende Gutachten bezieht sich allerdings auf einen nach dem früheren Nachdrucksgesetz vom 11. Juni 1870 zu beurteilenden Fall; die in ihm niedergelegten Grundsätze haben jedoch auch für das Gesetz vom 17. Juni 1901 Bedeutung.

gereichten Anzeige behauptet, daß der Inhaber der Firma F. J.'s Buchdruckerei in Schl., Buchdruckereibesitzer J. daselbst, mindestens 21 dieser Formulare, und zwar die Nummern 1, 2, 3, 4, 5, 8, 9, 10, 13, 14—17, 19, 22, 23, 26—29 und 37 nachgedruckt und die Nachdrucke am 19. September 1901 mehreren in K. wohnhaften Rechtsanwälten in einer 54 Formulare enthaltenden Mustersammlung (Anlage B) zugesendet bezw. zum Ankauf angeboten habe. B. hat deshalb die strafrechtliche Verfolgung des Buchdruckereibesitzers J. beantragt.

Der Beschuldigte J. ist verantwortlich vernommen und hat hierbei bestritten, sich eines strafbaren Nachdrucks schuldig gemacht zu haben. Er wisse nichts davon, daß der Bureauvorsteher B. der Verfasser der von ihm gedruckten Formulare sei. Seine Formulare habe er von verschiedenen Rechtsanwälten erhalten und für dieselben, insbesondere für den Rechtsanwalt J. in K., mit ihrem Namen gedruckt. Alsdann habe er auch nach diesen Mustern noch allgemeine Formulare hergestellt und zum Verkauf angeboten. Die sämtlichen Formulare, die er als Muster benutzt, seien ohne jegliche Bezeichnung des Verfassers und des Druckers und lediglich allgemein gebräuchliche Rechtsanwaltsformulare, an denen ein geistiges Eigentum überhaupt nicht geltend gemacht werden könne. In einem Anlagehefte C hat der Beschuldigte die von ihm benutzten Formulare, so wie er sie zum Druck in seiner Offizin vorbereitet haben will, überreicht.

Der Rechtsanwalt J. hat, polizeilich vernommen, die Erklärung abgegeben, daß er in der Tat einen Teil der in dem Anlageheft C enthaltenen Formulare selbst entworfen und dem Beschuldigten behufs Anfertigung gleicher Formulare übersendet habe.

Die Königliche Staatsanwaltschaft zu Fl. hat hierauf die Königliche Literarische Sachverständigenkammer um Abgabe eines Gutachtens darüber ersucht,

> ob die in Anlage B enthaltenen Formulare sich als Nachdruck der in Anlage A enthaltenen Formulare im Sinne des Reichsgesetzes vom 11. Juni 1870 darstellen.

Die Sachverständigenkammer hat den Tatbestand eines verbotenen Nachdruckes nicht für vorliegend erachten können.

Nach dem Gesetz vom 11. Juni 1870 wird zum Begriffe eines „schutzberechtigten Schriftwerkes" erfordert, daß dasselbe das Produkt einer eigenen geistigen Tätigkeit seines Urhebers sei. Diesem Erfordernis entsprechen die hier in Frage kommenden B.'schen Formulare für Rechtsanwälte und Notare nicht.

Es soll keineswegs in Abrede gestellt werden, daß zu den Schriftwerken in dem vorbezeichneten Sinne nicht nur diejenigen literarischen Erzeugnisse gerechnet werden dürfen, welche einen eigentlichen wissenschaftlichen Wert haben, daß vielmehr eine eigene geistige Tätigkeit sich auch auf untergeordneten Gebieten auf eine vollkommen selbständige Weise äußern kann. Rechtsprechung und Praxis haben dies stets anerkannt und der frühere literarische Sachverständigenverein hat deshalb wiederholt auch Kalender, Wohnungsanzeiger, Tabellen und ähnliche Arbeiten gegen Nachdruck geschützt.

Andererseits muß aber stets daran festgehalten werden, daß der Schutz gegen Nachdruck allen solchen Erzeugnissen zu versagen ist, welche nur den Charakter mechanisch gefertigter Arbeiten an sich tragen und in keiner Weise die Aufwendung einer individuellen geistigen Tätigkeit erkennen lassen.

Es kann nun einem Bedenken nicht unterliegen, daß bei Anfertigung der hier in Rede stehenden Formulare eine selbständige geistige Tätigkeit nicht aufgewendet worden ist. Wohl gibt es auch Formulare und Formular-Sammlungen für Rechtsanwälte und Notare, welche dazu bestimmt sind, dem Anwalt als Muster bei Behandlung verwickelter Rechtsfragen, bei der Stellung schwieriger Anträge oder bei dem Entwerfen wichtiger Verträge oder dergl. zu dienen, und deren Abfassung infolgedessen eine so angestrengte geistige Arbeit beansprucht, daß man ihnen den Schutz gegen unbefugten Nachdruck nicht versagen kann. Allein die B.'schen Formulare beschränken sich auf die allereinfachsten, in ihrer gesamten Wortfassung nahezu gegebenen Anträge und Prozeßschriften und haben ausschließlich den Zweck vor Augen, dem Anwalt und vor allen Dingen seinen Schreibern die rein mechanische Arbeit des Niederschreibens der einzelnen Schriftsätze und ihre Vervielfältigung tunlichst zu erleichtern und zu ersparen. Die Herstellung dieser Formulare erforderte, obwohl sie eine Kenntnis des gerichtlichen Verfahrens voraussetzt, im wesentlichen doch nur die rein mechanische Tätigkeit des zweckmäßigen Zusammenstellens der gesetzlich festgestellten oder sonst üblichen und geläufigen, im Prozeßverfahren vorkommenden Anträge, Formeln usw., ohne daß ein wirkliches geistiges Schaffen geboten war. Der Antragsteller hatte nur nötig, aus irgend welchen gerichtlichen Akten die betreffenden Klagen, Anträge, Vollmachten rc. mit Weglassung der Personalien und sonstigen Data abzuschreiben oder allenfalls aus mehreren Klagen rc. die beliebigsten Ausdrücke zu wählen und zu kompilieren. Hierin kann aber weder eine neue Produktion, eine Urheberschaft im strengeren Sinne, noch auch eine urhebergleiche neue Formgebung gefunden werden.

Der frühere literarische Sachverständigenverein hat bereits in einem ähnlichen Falle, in welchem es sich um den Nachdruck verschiedener Klageschemata handelte, ein ausschließendes literarisches Eigentum an solchen Formularen nicht anerkannt. „Ein Blick auf die Praxis und die Usance", so wird in dem betreffenden Gutachten ausgeführt, „gewährt die Überzeugung, wie die Nachbildungen der zur Ausfüllung mit der Feder bestimmten Formulare und Blanquets dem allgemeinen Rechtsbewußtsein, als vollkommen erlaubt, geläufig sind. Man denke nur an die Wechsel, Anweisungen, Fakturen, Rechnungen, Quittungen, Frachtbriefe und dergl. im kaufmännischen und zumal im buchhändlerischen Verkehr! Die Form solcher Dinge ist an sich eine gegebene, und die Anbringung einer gefälligeren oder zweckmäßigeren Einrichtung kann noch kein Autorrecht begründen. So wurden z. B. früher die Wechselproteste von Anfang bis zu Ende geschrieben; ein hiesiger Geschäftsmann ließ zuerst den formellen Teil eines solchen Dokumentes drucken, so daß nur das Erforderliche in jedem einzelnen Falle hineingeschrieben zu werden brauchte; andere Notare ließen dasselbe Formular nachdrucken oder nachstechen, und es fiel niemanden ein, darin eine Rechtsverletzung gegen den ersten Anordner zu finden.

Ein Klageschema, insbesondere wie das vom Kläger angefertigte, ist nicht viel mehr als eine Fabrikarbeit nach einem gegebenen Muster." (Vgl. Heydemann & Dambach, Die Preußische Nachdrucksgesetzgebung. Berlin, 1863 S. 204 ff.)

Auch die auf wesentlich mechanischer Arbeit beruhenden B.'schen Formulare können deshalb nicht als gegen Nachdruck geschützte Schriftwerke angesehen werden, und zwar um so weniger, als sie offenbar lediglich gewerblichen Zwecken dienen sollen. Wenn solche Mustersammlungen, wie sie von dem Antragsteller in dem Anlageheft A zusammengestellt sind, einem Anwalt ins Haus geschickt werden, so geht die Absicht der Zusendung nicht etwa dahin, daß der betreffende Anwalt dieses einzelne ihm zugesandte Exemplar kaufen und benutzen soll, sondern die Absicht des Zusenders ist lediglich die, daß der Anwalt diese Mustersammlung für die Bestellung einer größeren Anzahl der entsprechenden, von ihm benötigten Formulare bei dem betreffenden Vertreiber der letzteren verwerten soll. Die Formulare kommen also nur als materielle Sachen, als Industrie-Erzeugnisse, d. h. als Produkte in Betracht, die in den einzelnen Exemplaren zu einem materiellen Gebrauche bestimmt sind. Mit vollem Recht hebt Scheele in seinem „Deutschen Urheberrecht" (S. 14) hervor, daß in allen den Fällen, wo die Schrift nicht zur Mitteilung von Gedanken dient, der Stoff, auf dem die Schrift sich befindet, nicht lediglich als Träger einer geistigen Mitteilung funktioniert, sondern materiellen Interessen dient, ein durch das Nachdrucksgesetz geschütztes Schriftwerk nicht vorliegt, und es entspricht durchaus der bisherigen Praxis und Rechtsprechung, wenn Daude in seinem „Lehrbuch des Urheberrechts" (S. 16) bemerkt:

„Desgleichen können alle solche Druckerzeugnisse, welche in ihren einzelnen Exemplaren lediglich als *materielle Sachen*, als *Industrie-Erzeugnisse* oder *Muster* zu einem materiellen Gebrauche bestimmt sind, keinen Gegenstand des literarischen Urheberrechts bilden, weil sie nicht das Produkt eines eigenen geistigen Schaffens ihres Urhebers sind. Dahin gehören die im geschäftlichen Verkehr in den verschiedenartigsten Gestaltungen vorkommenden Formulare zu Wechseln, Anweisungen, Fakturen, Rechnungen, Quittungen, Frachtbriefen und dergl., deren Form und Inhalt an sich gegeben und nur im einzelnen Fall zweckmäßiger oder gefälliger als bei bereits vorhandenen Formularen eingerichtet ist. Dasselbe gilt von Klageformularen, Normalschreibebüchern mit kalligraphischen Vorschriften, liniierten und vorgedruckten kaufmännischen Kontobüchern und ähnlichen Sachen, zu deren Herstellung lediglich ein gewisses mechanisches Geschick und eine praktische Tätigkeit gehört."

Indem die Sachverständigenkammer sich diesen Ausführungen vollkommen anschließt, kann sie sich also, wie geschehen, nur dahin aussprechen, daß die in Anlage B enthaltenen Formulare sich nicht als Nachdruck der in Anlage A enthaltenen im Sinne des Reichsgesetzes vom 11. Juni 1870 darstellen.*)

Nr. 5.

Gutachten vom 19. Januar 1906.

Schutzberechtigung von Briefen. Textrezension. Kritischer Apparat.

Der Musikschriftsteller Dr. K. in B. hat im Jahre 1902 im Verlage von S. & L. daselbst unter dem Titel „Neue Beethovenbriefe" eine Sammlung von 195 Briefen Beethovens veröffentlicht, die nach der im Vorwort der Sammlung enthaltenen Angabe vornehmlich aus zwei handschriftlichen Quellen geschöpft ist, die beide sich in der Königlichen Bibliothek zu B. befinden. Die erste Quelle ist der sogenannte Beethoven-Nachlaß von Otto Jahn, dem Verfasser der berühmten Mozartbiographie, der zum Zweck einer von ihm geplanten Beethovenbiographie Abschrift von 223 Briefen des Meisters nahm. Von diesen sind in der K.'schen Sammlung (S. 3 ff., S. 21 ff. und S. 37 ff.) zusammen 90 Stück, die bisher ungedruckt waren, zuerst veröffentlicht, wozu noch ein bisher gleichfalls ungedruckter Brief im Beethoven-Heft der Zeitschrift „Die Musik" (Heft 6,

*) Die Staatsanwaltschaft hat auf Grund des obigen Gutachtens das Verfahren eingestellt.

1902) kommt. Die zweite Quelle bilden 73 Originalbriefe Beethovens an Anton Schindler, die zum Teil bereits von L. Nohl (Briefe Beethovens, Stuttgart bei Cotta 1865) veröffentlicht und, wo dieser Lücken gelassen, von Dr. K. vervollständigt sind (S. 91 ff.). Den Rest bilden Briefe, die aus verschiedenen Zeitungen, Zeitschriften und Büchern entnommen sind.

Dr. K. behauptet, daß der Schriftsteller Dr. St. in Sch. in einem von ihm im Verlage von Gr. & Pf. in St. im Jahre 1905 unter dem Titel „Beethovens Briefe in Auswahl" herausgegebenen Buche viele Stücke aus den „Neuen Beethovenbriefen" und auch den in der „Musik" veröffentlichten Brief Beethovens ohne alle Befugnis abgedruckt und sich hierbei nicht darauf beschränkt habe, verschiedene Briefe als solche nachzudrucken, sondern sich auch nicht gescheut habe, die Ergebnisse seiner, des Dr. K., kritischen Forschungen unerlaubter Weise aufzunehmen.

Unter näherer Bezeichnung der einzelnen in Betracht kommenden Fälle hat Dr. K. unter dem 9. Juni 1905 die strafrechtliche Verfolgung des Dr. St. bei der Kgl. Staatsanwaltschaft zu B. beantragt.

Der Beschuldigte Dr. St. hat bei seiner verantwortlichen Vernehmung bestritten, sich einer strafbaren Handlung schuldig gemacht zu haben. Soweit Beethoven'sche Briefe in seinem Buche abgedruckt seien, habe er sich dazu für berechtigt gehalten, weil diese Briefe seines Wissens bereits frei und nicht mehr geschützt seien. Die kritischen Ergebnisse des Dr. K. beständen nur darin, daß er den Text der Briefe, Datum, Adresse u. dergl. richtig, d. h. wie er es aus der verhältnismäßig undeutlichen Handschrift Beethovens nach seiner Meinung richtig herausgelesen, festgestellt habe. Er, der Beschuldigte, habe natürlich denjenigen Text abgedruckt, der danach den meisten Anspruch auf Richtigkeit gehabt habe. Da sein Buch nicht eine kritische Ausgabe der Beethovenbriefe, sondern ein Lesebuch für die weitesten Kreise sein solle, sei in demselben durchgängig jeder wissenschaftliche Apparat (Quellennachweise usw.) nicht nur in Bezug auf Dr. K.'s, sondern auch auf frühere Ausgaben weggelassen.

Nachdem Dr. K. noch darauf hingewiesen, daß die von ihm vorgenommene Entzifferung der sehr schwierigen Beethoven'schen

Handschrift sowie die Feststellung der Adressen der Briefe eine ganz bedeutende geistige Arbeit erfordert hätten, und daß seine kritischen Ergebnisse sich auf neue Feststellungen des Textes bezögen, hat die Königliche Staatsanwaltschaft die Literarische Sachverständigenkammer um Abgabe eines Gutachtens darüber ersucht,

ob und inwieweit sich Dr. St. eines Nachdrucks schuldig gemacht habe.

Die Sachverständigenkammer mußte sich unbedenklich dahin aussprechen, daß der Tatbestand einer unzulässigen Vervielfältigung im Sinne des Gesetzes vom 19. Juni 1901 nicht vorliegt.

Dr. K. hat in seinem Strafantrage vom 9. Juni 1905 22 Fälle besonders bezeichnet, in denen sich der Beschuldigte Dr. St. des Nachdrucks schuldig gemacht haben soll, und zwar 13 Fälle, in denen er Beethoven'sche Briefe, die sich n u r in den „Neuen Beethovenbriefen" finden, abgedruckt habe, und 9 Fälle, in denen es sich um solche Beethovenbriefe handelt, die von dem Anzeigenden ergänzt worden sind.

Was nun zunächst diese Briefe beider Art an und für sich betrifft, so kann die Sachverständigenkammer denselben einen Schutz gegen Nachdruck überhaupt nicht zubilligen.

In Übereinstimmung mit der gemeinen Meinung hat das Reichsgericht in seinem Urteil vom 28. Februar 1898 (Entscheidungen in Zivilsachen, Band 41, S. 43 ff.) sich dahin ausgesprochen, daß die Frage des Urheberrechts an Briefen auf dem Boden des Urheberrechtsgesetzes vom 11. Juni 1870 mit der Frage zusammenfällt, was unter einem Schriftwerk im Sinne dieses Gesetzes zu verstehen ist. Es steht außer Zweifel, daß im Sinne dieses Gesetzes als Schriftwerke nur Erzeugnisse einer individuellen geistigen Tätigkeit anzusehen sind, und das Reichsgericht hat dementsprechend die Annahme für berechtigt erklärt, daß „gewöhnliche Briefe, deren Inhalt sich im wesentlichen auf die Mitteilung persönlicher Nachrichten, die Besprechung geschäftlicher Angelegenheiten oder dergl. beschränkt", keine schutzberechtigten Schriftwerke sind. Das Gesetz vom 19. Juni 1901 hat an dem Begriff des „Schriftwerks“ nichts geändert, und die Sachverständigenkammer hat deshalb kein Bedenken getragen, den vom Reichsgericht in seinem vorbezeichneten Urteil vertretenen Standpunkt als auch unter der Herrschaft des neuen Urheberrechtsgesetzes durchaus zutreffend anzuerkennen. Ist dies aber der Fall, so wird man die bei weitem größte Mehrzahl der hier in Rede stehenden Beethovenbriefe für schutzberechtigte Schriftwerke überhaupt nicht erklären können. Dies gilt, um nur einige Beispiele anzuführen, unbedenklich von dem bei Dr. K. auf Seite 94 abgedruckten Brief:

> „Ich gehe jetzt ins Kaffeehauß, wo sie hin kommen können — nur 2 arten gibt's mit der Messe, nemlich, daß der Verleger selbe vor Tag u. jahr nicht herausgiebt, oder wo nicht, so können wir keine Subscription annehmen.
> Ich ersuche, diese seelige Suppe zu kosten, welche die Haushälterin bereitet hat“;

von dem auf Seite 49 befindlichen an die „Herren Steiner u. Comp. paternoster Gäßel“ gerichteten Brief:

> „Das Paternostergäßl hat den Empfang zu bestätigen, u. ebenfalls anzuzeigen, wann die Correctur Blätter bei mir eintreffen werden, widrigenfalls sie, selber alles Elend, welches siecher ein geschmolzenes Siegellack auf die Uebelthäter herabträufeln wird — —“;

von der kurzen brieflichen Notiz, die Dr. K. auf S. 131 wiedergiebt:

> „Ihr verfügt euch zu mir, um euch vernehmen zu laßen datum
> ohne zu geben“;

und sicherlich auch von dem etwas längeren an Holz gerichteten Brief, den Dr. K. auf S. 85 veröffentlicht:

> „Dieß für den Magistrat — krank zu sein unter einer solchen und einem solchen Gaßen-Menschen, welch Schicksal.
> Die Angekündigte ist nicht gekommen, vielleicht auch, daß man sie mit fleiß nicht vorgelassen; am besten ist's die G . . . [= Gans] um die Zeit, wenn Sie bei mir sind, zu mir zu bescheiden. Es wäre ein wahrhaftes Glück, endlich eine taugliche zu finden! — Bringen Sie

doch einige Bogen schönes Briefpapier, wie auch Zündhölzl z. B. bei Rossini am Stefansplatz. Geplagter Odoardo! Die Gans kann keinen Gerstenschleim machen. Heilig ist das Vieh! solche Menschen. Leben sie wohl bis zu Tische."

Bei allen diesen und ähnlichen Briefen handelt es sich um Mitteilungen rein geschäftlicher oder familiärer Natur, die, ohne eine individuelle Formgebung aufzuweisen, Beziehungen des gewöhnlichen täglichen Lebens besprechen und deshalb als Schriftwerke im Sinne des Gesetzes vom 19. Juni 1901 nicht angesehen werden können.

Anders liegt die Sache, streng genommen, nur bei dem von Dr. K. im Heft 6 des zweiten Jahrgangs der Zeitschrift „Die Musik" veröffentlichten, von Beethoven unter dem 1. Februar 1818 an den „wohllöblichen Magistrat der k. k. Residenzstadt Wien" im Interesse seines von ihm bevormundeten Neffen Karl van Beethoven gerichteten Brief. Beethoven entwickelt in demselben in längeren Ausführungen seine pädagogischen Theorien in eigenartiger Form, so daß man diesem Brief trotz seines sonstigen im wesentlichen geschäftlichen Inhalts die Eigenschaft eines Schriftwerkes im Sinne des Gesetzes vom 19. Juni 1901 nicht wird absprechen können.

Allein auch bei diesem Brief steht der Schutzberechtigung ebenso wie bei den übrigen hier in Frage kommenden Beethovenbriefen der Umstand entgegen, daß ihr Verfasser bereits vor länger als 30 Jahren verstorben ist. Sämtliche Beethovenbriefe sind schon aus diesem Grunde nicht mehr gegen eine weitere Vervielfältigung geschützt, und der Beschuldigte Dr. St. konnte deshalb den Text derselben, ebenso wie dies Dr. K. getan, frei und ungehindert in seiner „Auswahl von Beethovens Briefen" abdrucken.

Es kann unter diesen Umständen nur in Frage kommen, ob dasjenige, was der Anzeigende Dr. K. als seine „kritischen Errungenschaften" bezeichnet, gegen unbefugte Vervielfältigung geschützt ist. Denn auch die kritische Tätigkeit kann eine schöpferische sein, und das durch sie Geschaffene kann dann sehr wohl den Charakter eines im Sinne des Urheberrechtsgesetzes geschützten Schriftwerkes annehmen.

Dr. K. hat seinen Anspruch auf Schutzberechtigung bei seiner Vernehmung vom 20. September 1905 zunächst darauf begründet, daß „eine ganz bedeutende geistige Arbeit dazu gehöre, die sehr schwierige Beethoven'sche Handschrift zu entziffern". Es mag dahin gestellt bleiben, ob Dr. K.'s Arbeit wirklich eine so bedeutende gewesen ist, da, wie er selbst (Neue Beethovenbriefe S. 3) mitteilt, die aus dem Jahn'schen Nachlaß entnommenen Briefe bereits in Jahn's Handschrift vorlagen, und von den Briefen an Schindler eine von diesem gemachte Abschrift den Originalen beilag, wozu Dr. K. in seinem Buche (S. 93) selbst bemerkt: „Jeder Herausgeber dieser Briefe ist dem Adressaten Schindler zu .... Danke verpflichtet, ... weil er viele der teilweise oder ganz unleserlich geschriebenen Briefe Beethovens rückwärts oder zur Seite kopiert hat". Ganz abgesehen aber hiervon kann jedenfalls die bloße Tatsache der Entzifferung der von Dr. K. zuerst ganz oder teilweise veröffentlichten Briefe diese letzteren nicht zu geschützten Schriftwerken im Sinne des Urheberrechtsgesetzes vom 19. Juni 1901 machen. Um dies zu erreichen, mußte vielmehr zu der Sicherstellung des Textes immer noch ein besonderes Moment, nämlich das einer selbständigen, schöpferischen Tätigkeit des Herausgebers hinzukommen, und es konnte sich deshalb für die Sachverständigenkammer nur darum handeln, festzustellen, ob in der Tat, wie Dr. K. behauptet, in den einzelnen in seiner Strafanzeige aufgeführten Fällen von ihm eine solche selbständige geistige Tätigkeit aufgewendet worden ist.

Dr. K. sondert die ihm angeblich von Dr. St. nachgedruckten 22 Beethovenbriefe, wie bereits oben hervorgehoben wurde, in zwei Kategorien, deren eine, 13 Nummern umfassend, zuerst und allein von ihm veröffentlicht ist, während er die übrigen 9 Nummern, die teilweise schon anderweit gedruckt waren, nur ergänzt und vervollständigt hat.

Von jenen 13 Nummern sind 4 Nummern, zu denen in der Strafanzeige nichts weiter bemerkt ist, als daß sie „nur bei K. stehen", von vornherein auszuscheiden. Bei zwei Briefen, dem an Holz (bei K. S. 81 Nr. 44; bei St. S. 103 Nr. 1) und dem an Schindler (bei K. S. 131 Nr. 4; bei St. S. 112 Nr. 8), nimmt Dr. K. lediglich die Feststellung des Datums für sich in Anspruch.

In dem Brief an Schindler (bei K. S. 93 Nr. 1; bei St. S. 109 Nr. 1) sind die Buchstaben „L V" als „Lumpenkerl Vale" gedeutet, weil Beethoven seinen Freund Schindler oft so zu nennen pflegte.

In dem an denselben Adressaten gerichteten Brief (bei K. S. 94 Nr. 2; bei St. S. 109 Nr. 2) ist „Haus" in „Haushälterin" ausgeschrieben.

Zu dem Brief an den Neffen Karl (bei K. S. 69 Nr. 28; bei St. S. 287 Nr. 1) ist die „G—sche Familie" in den Erläuterungen als die Familie des Pensionatsvorstehers Giannatasio del Rio angegeben, und zu dem Brief an denselben Adressaten (bei K. S. 70 Nr. 30; bei St. S. 295 Nr. 13) gleichfalls in den Erläuterungen beim Datum bemerkt, daß es der Namenstag Beethovens und bei „Peters", daß dies der Name eines Leipziger Musikverlegers sei.

Der anderweit schon gedruckte Brief an Zmeskall (bei K. S. 12 Nr. 12; bei St. S. 102 Nr. 17) enthält im Text nur einige, von dem früheren Herausgeber abweichend entzifferte Worte.

In dem Briefe an Karl Holz (bei K. S. 75 Nr. 39; bei St. S. 104 Nr. 2) findet das Datum „1825" sich schon bei Nohl (Neue Beethovenbriefe Nr. 292); desgleichen ist es auf dessen „Höllenhund in Leipzig" zurückzuführen, wenn Dr. K. hinter „Höllenhund in G." ein mit Fragezeichen versehenes „L." setzt. Als einigermaßen übertrieben muß es daher gelten, wenn es in der Strafanzeige des Dr. K. gerade an dieser Stelle heißt, daß der Beschuldigte Dr. St. „alle kritischen Resultate, Conjekturen, Datierungen usw. K.'s nachgedruckt" habe.

In dem Briefe vom 3. September 1825 (bei K. S. 78 Nr. 42; bei St. S. 105 Nr. 4) ist das Datum festgestellt und die Angabe Nohl's (Briefe Beethoven's Nr. 364), der Brief sei an Zmeskall adressiert gewesen, dahin berichtigt, daß Carl Holz der Adressat war.

In dem Briefe an Schindler (bei K. S. 101 Nr. 14; bei St. S. 110 Nr. 4) ist „Gesands." in „Gesandschaften" ausgeschrieben und hinter das Wort „einzigen" ein Fragezeichen in Klammern gesetzt.

Der Brief an Schindler (bei K. S. 107 Nr. 23; bei St. S. 110 Nr. 4) ist gleichlautend mit dem bei Nohl (a. a. O. Nr. 265) abgedruckten Brief mit der einzigen Abweichung, daß, wo bei diesem „nirgendwo" steht, Dr. K. „nirgends noch" emendiert und außerdem Datum und Adresse hinzufügt.

In dem Briefe an Schindler (bei K. S. 118 Nr. 31; bei St. S. 111 Nr. 6) ist das verklebte Wort „gerade . ." als „geradeswegs" gelesen und sind zwei aus dem Zusammenhang sich ergebende Worte „bezahlen werde" eingeschoben.

In dem Briefe an denselben Adressaten (bei K. S. 120 Nr. 32; bei St. S. 112 Nr. 7) ist das von Schindler falsch abgeschriebene und von Nohl (a. a. O. Nr. 273) übernommene „nicht radieret" nach dem Original in „nicht zu fürchten" berichtigt und außerdem das Datum hinzugefügt.

In dem Briefe an Schindler (bei K. S. 131 Nr. 48; bei St. S. 112 Nr. 9) hat Dr. K. außer dem Datum „Variationen" statt „Var.", „Haushälterin" statt „Haushälter", „Fürst Esterhazy" statt „Fürst E." geschrieben und das Fragezeichen hinter der Conjektur „die", wo Nohl (a. a. O. Nr. 255) „eine" hat, gesetzt.

In dem Briefe an denselben Adressaten (bei K. S. 142 Nr. 69; bei St. S. 113 Nr. 10) hat Nohl (a. a. O. Nr. 390) nach Beethovens „einer meiner" das Wort „Leute" suppliert, während Dr. K. nach der Schindler'schen Abschrift, auf die er sich hier ausdrücklich beruft, das Wort „Dienstboten" gesetzt hat.

Was endlich den an den Wiener Magistrat gerichteten Brief Beethovens anlangt (Zeitschrift für Musik a. a. O.), so hat sich Dr. K. zur Wahrung seines vermeintlichen Rechts an diesem Briefe, den er dem Jahn'schen Nachlaß entnommen hat, noch ganz besonders auf den am Schlusse befindlichen Vermerk: „Nachdruck nur mit ausdrücklicher Erlaubnis des Verlegers gestattet" bezogen. Es bedarf keiner weiteren Ausführung, daß dieser Vorbehalt, soweit der Brief als solcher in Betracht kommt, wirkungslos ist, und was sodann die „kritischen Conjekturen" betrifft, die Dr. K. vorgenommen hat, so bestehen dieselben zunächst in der Feststellung des Datums (nicht 1818, sondern 1819) und ferner darin, daß Dr. K. hinter Herrn von

Kudlich in Klammern gesetzt hat „Inhaber eines Erziehungsinstituts", was sich aus dem Zusammenhange von selbst ergibt, da vier Zeilen früher Beethoven selbst diesen Herrn von Kudlich als „Vorsteher eines Instituts in meiner Nähe" bezeichnet. Im übrigen handelt es sich nur um einzelne Worte, wie „anerkennt" oder „anerkannt", und die naheliegende Conjektur, daß die Buchstaben „L. W." ein Schreibfehler für „L. R." seien, die im weiteren Verlauf stets so vorkommen. Die Deutung „Landrecht" hat für jeden aufmerksamen Leser sicher nichts Überraschendes.

Faßt man das Ergebnis der vorstehenden Einzelprüfung der kritischen Tätigkeit des Anzeigenden Dr. K. zusammen, so steht außer Frage, daß die von Dr. K. aufgefundenen und von ihm zuerst ganz oder teilweise veröffentlichten Briefe Beethovens, wie bereits oben ausgeführt wurde, durch ihre bloße Entzifferung nicht zu Schriftwerken werden, an denen dem Dr. K. ein Urheberrecht zugebilligt werden könnte. Mit vollem Recht hat bereits die Königliche Staatsanwaltschaft in ihrer Verfügung vom 7. Oktober 1905 darauf hingewiesen, daß auch das entzifferte Wort immer ein Wort Beethovens und infolgedessen sein geistiges Eigentum bleibt. Zu der Sicherstellung des Textes hätte eben bei der Herausgabe der Briefe immer noch eine besondere schöpferische Tätigkeit hinzukommen müssen, und diese kann in den vorliegenden Fällen offenbar nicht festgestellt werden. Denn wie die Sachverständigenkammer, nach Dr. K.'s eigenen Angaben, bei den einzelnen Briefen nachgewiesen hat, handelt es sich nur um Datierungen und solche Conjekturen, die einzelne Worte richtig stellen, oder, wo sie fehlen, aus dem Zusammenhange oder dem Sinne nach ergänzen, oder um Abkürzungen von Worten und Ausschreiben von Namen oder um die bloße Hinzufügung eines erklärenden Wortes oder eines Fragezeichens zu einem Datum oder Namen — also um lauter Dinge, die sicherlich nicht als „schöpferische Tätigkeit" angesehen werden können, sondern einfach unter den Begriff der „Textrezension" fallen, wie denn auch Dr. K. bei seiner gerichtlichen Vernehmung am 20. September 1905 selbst erklärt hat, daß „seine kritischen Ergebnisse sich auf neue Feststellungen des Textes" beziehen.

In dem ersten Entwurf des Urheberrechtsgesetzes vom 11. Juni 1870 war die Bestimmung enthalten, daß auch die unbefugte Veröffentlichung von Berichtigungen und kritischen Bearbeitungen des Textes eines Werkes, welches an sich gegen Nachdruck nicht geschützt ist, insoweit sie als neu zu betrachten seien, als Nachdruck angesehen werden solle (I. Entwurf § 4 Litt. c). Bei den Beratungen des Entwurfs begegnete diese Bestimmung jedoch schwerwiegenden Bedenken, sodaß sie aus den späteren Entwürfen fortgelassen wurde. Das Gesetz vom 11. Juni 1870 hat dementsprechend den kritischen Bearbeiter eines fremden Textes nicht geschützt, und auf demselben Standpunkt steht das Gesetz vom 19. Juni 1901, welches ebenfalls den Wiederabdruck des berichtigten Textes eines an sich nicht mehr gegen Nachdruck geschützten Werkes gestattet, „selbst wenn", wie Allfeld (Kommentar S. 44) zutreffend bemerkt, „auf die Herstellung der richtigen Lesart, der sogenannten Textrezension, eine schwierige kritische Arbeit verwendet wurde."

Nun hat allerdings Dr. K. den einzelnen Beethovenbriefen kürzere oder längere Zwischenbemerkungen beigegeben, in denen sich ein nicht unbeträchtliches auf eigenen Forschungen beruhendes Material von Personal- und Sacherklärungen findet. Dieser sogenannte „kritische Apparat", der sich als das Erzeugnis einer schaffenden Autortätigkeit unzweifelhaft dokumentiert, würde, wie auch die Sachverständigenkammer bereits in einem früheren Gutachten vom 17. April 1903 über eine kritische Ausgabe von Novalis' Schriften ausgesprochen hat,*) gegen Nachdruck geschützt sein und demgemäß ohne Genehmigung seines Autors nicht abgedruckt werden dürfen.

Allein gerade diesen „kritischen Apparat" hat der Beschuldigte Dr. St. nicht abgedruckt; er hat sich eben lediglich

*) In dem Fall, welcher dem Gutachten vom 17. April 1903 zu Grunde lag, hatte der Herausgeber des Novalis'schen Nachlasses „in mühevoller Arbeit zerstreut aufgefundene, zusammenhanglose Gedankensplitter des Dichters nach eigener Methode und nach seinem eigenen Fürgutbefinden in einen inneren Zusammenhang gebracht und durch die eigenartige Textgestaltung, Zusammenstellung, Gruppierung und Reihenfolge ein eigenes, selbständiges Werk geschaffen, das in seiner eigentümlichen Formgestaltung als Ausfluß schöpferischer Tätigkeit auf den Schutz des Gesetzes gegen unbefugte Vervielfältigung Anspruch erheben konnte".

auf den Abdruck des von Dr. K. kritisch festgestellten Textes der Beethovenbriefe beschränkt und sich damit einer unzulässigen Vervielfältigung im Sinne des Gesetzes nicht schuldig gemacht.*)

Nr. 6.
Gutachten vom 23. September 1904.**)

Nachdruck des Titels eines Schriftwerks.

Im Verlage der Firma B. in W. ist im Jahre 1901 eine von dem Kommissionsrat L. verfaßte, 24 Seiten umfassende Schrift über den Hufbeschlag erschienen, welche den Titel führt: „Was ist Reitern, Fahrern und Pferdebesitzern vom Hufbeschlag zu wissen nötig?" Im Januar 1902 hat Frau B., die Inhaberin der Firma B., der Firma S. & Co. in L. den buchhändlerischen Vertrieb der ersten Auflage dieser Schrift übertragen und dieser Firma zugleich auch das ausschließliche Recht zur Veranstaltung einer zweiten Auflage überlassen. In Ausführung des diesbezüglichen Vertrages hat Frau B. etwa 800 Exemplare der ersten Auflage an die Firma S. & Co. gesendet, etwa 500 Exemplare jedoch zurückbehalten und der Verlagsanstalt in Firma B. & G. in H. a./S., deren Inhaber die Kaufleute B. und G. daselbst sind, zugehen lassen. Diese letzteren haben hierauf neue Titelblätter mit demselben Wortlaut drucken und dieselben mit dem Vermerk „2. Auflage" versehen lassen, die in ihren Besitz gelangten 500 Exemplare der L.'schen Schrift in diese Titelblätter hineingeheftet und die so hergestellten Broschüren an das Publikum versendet. Sowohl der Verfasser als auch der Inhaber der Firma S. & Co. haben sich durch dieses Vorgehen der Kaufleute B. und G. in ihren Rechten gekränkt gefühlt und deshalb im November 1903 die strafrechtliche Verfolgung der letzteren bei der Königlichen Staatsanwaltschaft in Halle a./S. beantragt.

*) Staatsanwaltschaft und Ober-Staatsanwaltschaft und auf erhobene Beschwerde auch das Kammergericht sind dem obigen Gutachten beigetreten und haben ein strafrechtliches Einschreiten gegen Dr. St. abgelehnt.

**) Vgl. das Gutachten Nr. 8. vom 30. März 1906. S. 38.

Auf Grund der von ihr angestellten Ermittelungen ist diese Behörde zu der Annahme gelangt, daß die Rechte des Verfassers selbst durch die Beschuldigten nicht verletzt seien, und daß es hinsichtlich der Strafbarkeit der letzteren, da sie die L.'sche Schrift an sich nicht vervielfältigt, sondern den noch vorhandenen Exemplaren der ersten Auflage nur ein neues Titelblatt zugefügt haben, lediglich darauf ankomme, ob in dieser Vervielfältigung des bloßen Titelblattes eine nach dem Gesetz, betreffend das Urheberrecht an Werken der Literatur und der Tonkunst vom 19. Juni 1901 zu verfolgende strafbare Handlung zu finden sei.

Die Königliche Staatsanwaltschaft hat daher unter dem 12. August 1904 die Literarische Sachverständigenkammer um Abgabe eines Gutachtens darüber ersucht:

> ob schon der Nachdruck des Titelblattes als eine Vervielfältigung des *Werkes* im Sinne des Gesetzes aufzufassen ist.

Die Sachverständigenkammer hat diese Frage verneint.

Ob die Benutzung fremder Büchertitel gestattet oder als Nachdruck zu behandeln sei oder wenigstens eine Entschädigungspflicht begründen, ist eine alte Streitfrage, die bis zum Erlaß des früheren Urheberrechtsgesetzes vom 11. Juni 1870 eine verschiedenartige Beantwortung erfahren und erst durch dieses Gesetz eine endgültige, auch jetzt noch als zutreffend anzuerkennende Lösung gefunden hat. Die Motive zum sogenannten Börsenvereinsentwurf (S. 53) unterzogen diese Frage einer ausführlichen Erörterung und erklärten sich für die Vorschrift des österreichischen Gesetzes vom Jahre 1846, welches im § 5d zwar im allgemeinen die Benutzung eines früher von einem anderen veröffentlichten Titels gestattete, jedoch die Bestimmung enthielt, daß die Wahl eines gleichen Titels in dem Falle, wenn er zur Bezeichnung des behandelten Gegenstandes nicht unumgänglich notwendig und überdies zur Irreführung des Publikums geeignet sei, für den hierdurch Beeinträchtigten einen *Anspruch auf Entschädigung* begründen solle. Eine entsprechende Bestimmung wurde demgemäß in den Börsenvereinsentwurf und in abgekürzter Form auch in den Reichstagsentwurf (§ 5 lit. f) aufgenommen. Bei den späteren Redaktionen ist diese Bestimmung jedoch weggeblieben, „weil sie auf einem anderen Rechtsfundamente, als dem Urheberrechte beruhe und es in vorkommenden Fällen dem Berechtigten überlassen bleiben könne, seinen Entschädigungsanspruch wegen dolus mittelst der gewöhnlichen Aktionen zur Geltung zu bringen". (Motive des Reichstagsentwurfs S. 26. Vgl. Dambach, Urheberrecht. S. 24.)

In Betreff der Strafbarkeit des Nachdrucks von Büchertiteln wurde in den Reichstagsentwurf in Übereinstimmung mit Artikel 4 des bayerischen Gesetzes vom 28. Juni 1865 die Vorschrift aufgenommen, daß die unveränderte Benutzung des Titels eines Schriftwerks für eine spätere Druckschrift nicht als Nachdruck anzusehen sei. Bei den Beratungen dieses Entwurfs in der Reichstagskommission wurde diese Vorschrift allerdings gestrichen, jedoch nur aus dem formellen Grunde, weil man „den Titel einer Schrift nicht selbst wieder als Schriftwerk betrachten, also seine Reproduktion auch weder als Nachdruck verbieten, noch von dem Verbote des Nachdrucks ausnehmen könne". (Vgl. Kommissionsbericht S. 9.)

Im Sinne des Gesetzes vom 11. Juni 1870 war also jedenfalls die Benutzung des Titels eines Werkes nicht als Nachdruck zu erachten. Auch das Reichsgericht hat dies in verschiedenen Entscheidungen anerkannt. In dem Urteil des I. Zivilsenats vom 2. April 1884 (Entscheidungen in Zivilsachen, Band 12 S. 116) wird ausgeführt, daß „der Titel als bloße Bezeichnung eines Schriftwerkes nicht Gegenstand des Nachdrucks ist, was im Entwurfe des Gesetzes § 6 lit. g ausdrücklich ausgesprochen war und im Gesetze nur deshalb nicht erwähnt ist, weil es nach dem Vorschlage der Kommission des Reichstages für angemessen erachtet wurde, den materiell richtigen, aber selbstverständlichen Satz nicht besonders im Gesetze zu erwähnen".

Das neue Urheberrechtsgesetz vom 19. Juni 1901 hat hieran nichts geändert. Weder der Wortlaut, noch die gesetzgeberischen Vorarbeiten des Gesetzes geben irgend einen Anhalt für die gegenteilige Annahme und auch die Kommentatoren des neuen

Gesetzes*) sind übereinstimmend der auch von der Sachverständigenkammer hiermit durchweg gebilligten Ansicht, daß auch unter der Herrschaft des Gesetzes vom 19. Juni 1901 durch die unbefugte Vervielfältigung eines bereits vorhandenen Büchertitels weder ein Anspruch auf Entschädigung noch die Zulässigkeit einer strafrechtlichen Verfolgung wegen Nachdrucks auf Grund dieses Gesetzes begründet werden kann, zumal § 8 des Gesetzes zur Bekämpfung des unlauteren Wettbewerbs vom 27. Mai 1896 einen ausreichenden Schutz gegen eine mißbräuchliche Benutzung der Bezeichnung bezw. des Titels einer Druckschrift bietet.**)

Nr. 7.

Gutachten vom 26. Februar 1907.

Nachdruck von Postkartenversen.

Wert, Umfang und Zweckbestimmung eines Schriftwerks.

Die Firma B. & Co., Luxuspapier-Fabrik zu B. hat vor einiger Zeit zwei Postkarten herausgegeben, welche eine männliche und eine weibliche im Grase liegende Figur darstellen, auf deren Schuhsohlen sich folgende, von der Schriftstellerin T.-R. in W. verfaßte Verse befinden:

„Ohne viele Worte Send' ich meinen Gruß,
Diese Ansichtskarte Hat doch Hand und Fuß",

und:

„Stets denke ich Deiner Wo immer ich bin;
Ich liege im Grase, Du liegst mir im Sinn".

Diese beiden Postkarten hat der Kaufmann W. in P. in der Weise nachgebildet, daß er zunächst die Karten mit den bloßen bildlichen Darstellungen durch den Druckereibesitzer K. in H. auf photographischem Wege reproduzieren ließ und sodann den auf diesen Nachbildungen befindlichen Text „Gruß aus

*) Vgl. Allfeld S. 45; Müller S. 17; Voigtländer S. 41.

**) Auf Grund dieses Gutachtens ist das Verfahren eingestellt.

Perleberg", „Echte Perleberger Glanzwichse" und die auf den Schuhsohlen stehenden beiden oben angeführten Verse selbst auf die Karten aufdruckte.

Wegen dieses Nachdrucks der T.-R.'schen Verse hat die Firma B. & Co. unter dem 16. September 1903 bei der Königlichen Staatsanwaltschaft zu N.-R. die strafrechtliche Verfolgung des Kaufmanns W. beantragt.

Bei seiner verantwortlichen Vernehmung hat der Beschuldigte zu seiner Entlastung nur angeführt, daß er die Nachbildung der B.'schen Postkarten für erlaubt gehalten habe.

Nachdem die Firma B. & Co. durch Einreichung eines Schreibens der Schriftstellerin T.-R. vom 8. Januar 1904 noch den Nachweis erbracht, daß letztere ihr das Urheberrecht an den hier in Rede stehenden Postkartenversen überlassen habe, hat die Königliche Staatsanwaltschaft die Literarische Sachverständigenkammer um Abgabe eines Gutachtens darüber ersucht,

> ob die Verse, welche sich auf den B.'schen Postkarten befinden, als Schriftwerke anzusehen sind, die den Schutz des Reichsgesetzes vom 19. Juni 1901, betreffend das Urheberrecht an Werken der Literatur und der Tonkunst genießen.

Die Sachverständigenkammer mußte sich unbedenklich für die Schutzberechtigung der hier in Rede stehenden Postkartenverse aussprechen.

Das Gesetz vom 19. Juni 1901 gewährt im § 1 den Schutz gegen unbefugte Vervielfältigung allen Schriftwerken, d. h. allen solchen Schriften, welche sich als Erzeugnisse einer individuellen geistigen Tätigkeit ihres Urhebers darstellen. Wie Allfeld (Kommentar zum Ges. v. 19. Juni 1901, S. 41) zutreffend hervorhebt, wird diese Eigenschaft in besonderem Maße dann vorhanden sein, „wenn das betreffende Gedankengebilde nach Form und Inhalt eigenartig ist, wenn es neue, geistig befruchtende Ideen in vollendeter Form zu Tage fördert". Allein diese vollendete Form ist durchaus keine Voraussetzung des Begriffes „Schriftwerk", für den zunächst jedenfalls der größere oder geringere literarische Wert des betreffenden Erzeugnisses ohne Bedeutung ist. Bereits in einem Erkenntnis des früheren preußischen Obertribunals vom 7. November 1861 (Just.Min.Bl. 1861 S. 288) ist in dieser Beziehung ausgeführt, daß nicht nur streng wissenschaftliche Werke im engeren Sinne, sondern ganz allgemein alle solche literarischen Erzeugnisse gegen Nachdruck zu schützen seien, welche der Vermittelung der Gedanken und Vorstellungen auf dem Gebiete des allgemeinen geistigen Verkehrs zu dienen bestimmt sind. „Auf die Gattung", so heißt es in diesem Erkenntnis wörtlich weiter, „den Umfang, die Darstellungsweise der geistigen Produktion kommt es dabei überall nicht an. Ein einzelnes Gedicht, ein Lied ist so gut ein literarisches Erzeugnis, wie eine wissenschaftliche Schrift oder ein größeres poetisches Werk. Noch weniger wird der Begriff des literarischen Erzeugnisses durch den literarischen Wert, den inneren Gehalt der Arbeit berührt. Denn das Autorrecht besteht an den literarischen Erzeugnissen als solchen; schlecht oder ausgezeichnet fallen sie gleichmäßig in diese Kategorie, und die rechtliche Beurteilung eines ursprünglichen Geisteserzeugnisses kann nicht nach subjektiven Gesichtspunkten, sondern nur nach objektiven Merkmalen erfolgen".

Was hier von dem Schutz der „literarischen Erzeugnisse" gesagt ist, gilt in gleichem Maße von der Schutzberechtigung der Schriftwerke im Sinne des früheren Nachdrucksgesetzes vom 11. Juni 1870 und hat auch für die Feststellung des Begriffes eines schutzberechtigten Schriftwerks im Sinne des Gesetzes vom 19. Juni 1901 seine Geltung behalten, und wie denn z. B. der frühere literarische Sachverständigenverein den Text des bekannten Ständchenquartetts „Herzliebchen unter dem Rebendach" aus der Posse „Auf eigenen Füßen" und das poetisch sicher nicht wertvolle Lied „So wie Du" für schutzberechtigte Schriftwerke im gesetzlichen Sinne erklärt hat (Gutachten vom 1. Juli 1870 und vom 12. Juli 1884 bei Dambach, Gutachten 1874 S. 50 und Dambach, 50 Gutachten 1891 S. 104), so hat auch die Sachverständigenkammer jetzt kein Bedenken getragen, den hier in Rede stehenden Postkartenversen der Schriftstellerin T.=R. den Schutz des Gesetzes vom 19. Juni 1901 gegen unbefugte Vervielfältigung zu gewähren. Sie stellen sich unzweifelhaft als Geistesprodukte dar, welche in einer bestimmten poetischen Form die Gedanken ihrer Urheberin zum Ausdruck bringen; sie sind das Ergebnis einer individuellen geistigen Tätigkeit und erfüllen damit die Erfordernisse, welche an ein schutzberechtigtes Schriftwerk zu stellen sind ohne Rücksicht auf ihren wirklichen poetischen Wert und namentlich auch trotz ihres geringen Umfanges und trotz ihres wesentlich geschäftlichen Zwecken dienenden Inhalts.

Bereits in dem Urteil vom 11. Juli 1885 (Entscheidungen in Strafsachen Bd. 12 S. 359) hat das Reichsgericht den geringen Umfang eines Geistesprodukts als für den Begriff des Schriftwerks ebenso unerheblich bezeichnet, wie den größeren oder geringeren Wert desselben, und auch die Sachverständigenkammer hat in Übereinstimmung mit dem früheren Literarischen Sachverständigenverein bisher niemals Anstand genommen, Schriftwerke von ähnlichem Umfange wie die T.=R.'schen Verse für schutzberechtigt zu erklären (vgl. Gutachten vom 22. April 1881 bei Dambach, 50 Gutachten 1891, S. 96).

Was endlich die Zweckbestimmung der hier in Frage stehenden Postkartenverse anlangt, so kann sich die Sachverständigenkammer lediglich den auch jetzt noch zutreffenden Ausführungen des reichsgerichtlichen Urteils vom 11. Juli 1885 anschließen, welche dahin gehen, daß die Frage, ob es sich bei einer literarischen Arbeit um individuelle geistige Erzeugnisse handelt, von dem Zwecke, der mit ihrer Veröffentlichung seitens des Urhebers oder seines Rechtsnachfolgers verfolgt wurde, nicht berührt wird, und daß es deshalb auch für die Frage der Schutzberechtigung gegen unbefugte Vervielfältigung an sich gleichgültig ist, ob die Veröffentlichung Selbstzweck war, oder ob sie anderen, beispielsweise wie in dem vorliegenden Falle, geschäftlichen Zwecken diente*).

---

*) Das Verfahren ist wegen Zurücknahme des Strafantrages — nach Erstattung des Gutachtens — eingestellt.

Nr. 8.
Gutachten vom 30. März 1906.

Nachdruck eines Kuplets. Erlaubte freie Benutzung. Nachdruck des Titels.

Im Verlage von D. in L. ist ein mit dem Titel „Das Bett" versehenes Kuplet erschienen, dessen Text und Tonweise von Sp. verfaßt bezw. komponiert ist. D. behauptet, daß der Humorist H. aus W. dieses Kuplet ohne seine Genehmigung vervielfältigt und die Nachdrucksexemplare in verschiedenen Lokalen, in denen er auftrete, verkauft habe. Er hat deshalb unter dem 8. Januar 1906 bei der Königlichen Staatsanwaltschaft zu A. die strafrechtliche Verfolgung des H. sowie die Vernichtung der Nachdrucksexemplare und der zur Vervielfältigung ausschließlich bestimmten Vorrichtungen beantragt.

Der Beschuldigte H. hat bestritten, sich eines Nachdrucks schuldig gemacht zu haben. Er hat zugegeben, daß er das von D. als Nachdruck bezeichnete, ebenfalls mit „Das Bett" bezeichnete Kuplet selbst verfaßt und Exemplare dieses Kuplets in Karlsruhe, Hannover und Danzig im Oktober 1905 und im Januar 1906 verkauft habe, behauptet aber, daß er vorher das Sp.'sche Kuplet „Das Bett" überhaupt nicht gekannt, sein Kuplet vielmehr nach Motiven eines Junghähnel'schen Kuplets: „Der Mann — die Frau" unter Benutzung der uralten Melodie des Wiener Kuplets „Der Böhm" gedichtet habe.

Nachdem die Sache an die Königliche Staatsanwaltschaft zu D. gelangt und auf Antrag dieser Behörde von dem dortigen Amtsgericht die Beschlagnahme der im Besitz des Beschuldigten befindlichen 353 Nachdrucksexemplare angeordnet war, hat die Staatsanwaltschaft die Literarische Sachverständigenkammer um Abgabe eines Gutachtens darüber ersucht,

> ob in dem Kuplet des Beschuldigten H. „Das Bett" eine unzulässige Vervielfältigung oder Verbreitung des Kuplets „Das Bett" von Sp. im Sinne des § 38 des Reichsgesetzes vom 19. Juni 1901, betreffend das Urheberrecht an Werken der Literatur und der Ton-

kunst auch trotz der Abweichungen der Texte, bejahendenfalls aus welchen Gründen zu erblicken ist.

Die Sachverständigenkammer hat den Tatbestand einer unzulässigen Vervielfältigung nicht für vorliegend erachten können.

Was zunächst die Schutzberechtigung des Sp.'schen Kuplets anlangt, so kann dieselbe allerdings nicht in Zweifel gezogen werden.

Das Gesetz vom 19. Juni 1901 läßt seinen Schutz gegen unbefugte Vervielfältigung und Verbreitung allen Schriftwerken zuteil werden, die sich als Erzeugnisse einer individuellen geistigen Tätigkeit darstellen. Auf den Grad der aufgewendeten geistigen Tätigkeit kommt es hierbei ebensowenig an, wie auf den literarischen oder poetischen Wert des Erzeugnisses, und die Literarische Sachverständigenkammer hat deshalb in voller Übereinstimmung mit der Praxis des früheren literarischen Sachverständigenvereins und mit der Rechtsprechung des Reichsgerichts (Urteil vom 11. Juli 1885, Entscheidungen in Strafsachen Band 12 S. 359) in wiederholten Gutachten auch literarisch durchaus wertlosen Gedichten, sogenannten Postkartenversen und Kuplets den Schutz gegen Nachdruck zugebilligt, weil sie an sich als ursprüngliche, auf einer eigenen geistigen Tätigkeit beruhende Erzeugnisse anzusehen waren.

Auch im vorliegenden Fall kann es daher einem Bedenken nicht unterliegen, daß der Text des Sp.'schen Kuplets „Das Bett" zu denjenigen Schriftwerken gehört, welche ohne Rücksicht auf ihren geringen inneren Wert den Schutz des Gesetzes vom 19. Juni 1901 gegen unbefugte Vervielfältigung in Anspruch zu nehmen berechtigt sind.

Allein es kann nicht anerkannt werden, daß dieses Sp.'sche Kuplet durch den Beschuldigten H. in unzulässiger, den Tatbestand des Nachdrucks erfüllender Weise vervielfältigt worden ist. Wenn man die beiden hier in Rede stehenden Kuplets einer näheren Prüfung und Vergleichung unterzieht, so kann allerdings nicht in Abrede gestellt werden, daß der Grundgedanke des Sp.'schen Kuplets, die Annehmlichkeiten des Bettes in humoristischer Weise zu schildern, auch in dem H.'schen Kuplet wiederkehrt. Allein die Entnahme des Grundgedankens eines bereits vorhandenen Schriftwerkes ist an sich nicht verboten; „es würde sonst", wie bereits in einem Gutachten des früheren literarischen Sachverständigenvereins vom 12. Juli 1884 (Dambach, 50 Gutachten, S. 104 ff.) hervorgehoben ist, „die Form weder der Variante, noch der Glosse, noch der Parodie in der Dichtung zulässig sein, da alle diese Formen, wenn sie überhaupt zur Anwendung kommen, ohne eine derartige Benutzung des Originals nicht ausführbar sein würden". Selbstverständlich darf diese an sich erlaubte Benutzung des Grundgedankens oder der Motive eines fremden Geisteserzeugnisses nicht soweit gehen, daß auch die äußere Form dieser Gedanken ganz oder teilweise wortgetreu oder bei unwesentlichen Veränderungen in einer im wesentlichen identischen Fassung wiedergegeben wird; es müssen vielmehr, wenn anders nicht eine unzulässige Vervielfältigung angenommen werden soll, die fremden Gedanken und Ideen selbständig, sei es allein, sei es mit anderem Gedankeninhalt verarbeitet und einer individuellen Formgebung unterworfen werden. Eine solche „freie" Benutzung, durch welche eine „eigentümliche Schöpfung" hervorgebracht wird, hat das Gesetz vom 19. Juni 1901 im § 13 Absatz 1 ausdrücklich gestattet.

Im vorliegenden Falle ergibt nun zwar, wie bereits bemerkt, die Vergleichung der beiden Kuplets, daß das H.'sche Kuplet im wesentlichen auf demselben Grundgedanken wie das Sp.'sche Lied vom Bett aufgebaut ist. Dies zeigt sich namentlich in seinem ersten Vers:

„Was ist wohl das nötigste Möbel der Welt? — Das Bett!
Was ist's, was uns allen so wohl gefällt? — Das Bett!
Wo liegt man als Kind, wo liegt man als Greis,
Wo badet man oft im eigenen Schweiß?
Im Bett, im Bett, im Bett!
Da ist es so mollig, so nett!",

der dem Gedankengange des ersten Verses des Sp.'schen Liedes, daß nämlich das Bett dem Menschen besonders gefällt und daß man im Bett geboren wird und dort auch sein Dasein beendigt, unzweifelhaft mehr oder weniger genau folgt.

Die äußere Form, in welche diese Gedanken gekleidet sind, ist jedoch in beiden Kuplets durchaus verschieden. Ganz abgesehen davon, daß der erste Vers des Sp.'schen Kuplets acht Zeilen umfaßt, der erste Vers des H.'schen Liedes dagegen nur aus sechs Zeilen besteht, ist mit Ausnahme einzelner Worte (Welt und gefällt, Bett und nett) der Wortlaut des Textes in beiden Kuplets vollkommen abweichend, so daß hier von einer identischen Wiedergabe der Sp.'schen Arbeit durch den Beschuldigten H. nicht die Rede sein kann.

Dasselbe gilt um vieles mehr noch von den übrigen drei Versen der beiden Kuplets. Zwar kehren auch hier einzelne Motive des Sp.'schen Kuplets bei H. wieder, wie z. B. der nicht gerade zarte Hinweis auf das Auftreten von Ungeziefer im Bett; allein im übrigen ist der Wortlaut des H.'schen Textes auch hier so grundverschieden von dem Sp.'schen Text, daß die Annahme einer identischen Wiedergabe des letzteren von vornherein von der Hand zu weisen ist.

Daß der Beschuldigte H., wie er behauptet, das Sp.'sche Kuplet vor Abfassung seines eigenen Kuplets überhaupt nicht gekannt hat, ist nach Lage der Verhältnisse schwerlich anzunehmen; wenn er es aber auch gekannt hat, so hat er jedenfalls die Gedanken und Motive desselben selbständig verarbeitet und einer so individuellen Formgebung unterworfen, daß sein Kuplet der Sp.'schen Arbeit gegenüber als eine eigentümliche Schöpfung im Sinne des Gesetzes angesehen werden muß.

Es kann hieran auch der Umstand nichts ändern, daß der Beschuldigte H. seinem Kuplet denselben Titel „Das Bett" gegeben hat. Der Titel eines Schriftwerks dient zu dessen Bezeichnung, ist aber, wie in der Rechtsprechung und Praxis allgemein anerkannt ist (Urt. des Reichsgerichts vom 2. April 1884, E.Z. Bd. 12 S. 113 ff.; vom 2. Januar 1888, E.Str. Bd. 17 S. 195 ff. u. a.; Dambach, 50 Gutachten S. 247, 259*), selbst kein Schriftwerk. Wer für ein an sich selbständiges Schriftwerk den Titel eines fremden Schriftwerkes benutzt,

*) Siehe das Gutachten Nr. 6 vom 23. September 1904. S. 31.

begeht damit noch keinen Nachdruck. Es mag sein, daß der Beschuldigte H. seinem Konkurrenz-Kuplet bewußt und absichtlich den Titel des Sp.'schen Kuplets gegeben hat, um sich den Erfolg des letzteren möglichst zu nutze zu machen; er hat aber damit allein sich eines Eingriffes in das Sp.'sche Urheberrecht nicht schuldig gemacht. Ob er durch die Benutzung des Titels „Das Bett" sich nach § 8 des Gesetzes zur Bekämpfung des unlauteren Wettbewerbs vom 1. Juli 1896 ersatzpflichtig gemacht hat, ist eine andere Frage, deren Prüfung und Entscheidung jedoch nicht zur Zuständigkeit der Literarischen Sachverständigenkammer gehört.*)

Nr. 9.

Gutachten vom 14. Dezember 1906.

Nachdruck eines humoristischen Gedichts. Teilweise Vervielfältigung.

Im Verlage von G. in A. ist im Frühjahr 1905 ein von H. verfaßter humoristischer Rheinländer mit dem Titel: „Henkeltöpfchen" und „O Susanna! Wie ist das Leben doch so schön; (Trink'n wir noch 'n Tröpfchen)" erschienen. Von G., dem angeblich das ausschließliche Vervielfältigungsrecht des Originaltextes vom Verfasser übertragen ist, hat der Inhaber der Firma „Keramik" in C., Kaufmann Ht. daselbst, das alleinige Recht erworben, diesen Text auf gewerblichen Erzeugnissen, Krügen, Töpfen u. dergl. zu drucken, zu prägen oder zu formen. Er hat dieses Recht in der Weise verwertet, daß er einzelne Verse desselben, wie z. B.:

„O Susanna! wie ist das Leben doch so schön,
O Susanna! wie schmeckt das Tröpfchen schön"

oder:

„Trink'n wir noch ein Tröpfchen
Aus dem kleinen Henkeltöpfchen"

---

*) Das Verfahren ist auf Grund des obigen Gutachtens eingestellt.

oder:

„Trink'n wir noch ein Tröpfchen
Immer noch ein Tröpfchen
Aus dem kleinen Henkeltöpfchen"

auf kleinen Henkelkrügen anbringen ließ.

In gleicher Weise hat der Kaufmann W. in C. auf kleinen Henkelkrügen als Aufschrift die Worte:

„Trink'n wir noch ein Tröpfchen
Aus dem kleinen Henkeltöpfchen"

und später mit der Variation:

„Trink'n wir noch ein Tröpfchen
Aus dem steinern Henkeltöpfchen"

einprägen lassen und die mit dieser Aufschrift versehenen Krügelchen in tausenden von Exemplaren in den Handel gebracht.

Der Kaufmann Ht. fühlt sich durch dieses Vorgehen des W. in seinen Rechten beeinträchtigt und hat deshalb unter dem 30. August 1906 bei der Königlichen Staatsanwaltschaft in C. die strafrechtliche Verfolgung des W. wegen Nachdrucks sowie die Beschlagnahme der bei denselben befindlichen, mit dem Texte des H.'schen Liedes versehenen Krügelchen und der zur Herstellung der letzteren bestimmten Messingformen beantragt.

Der Beschuldigte W. hat bestritten, sich eines Vergehens gegen das Urheberrechtsgesetz schuldig gemacht zu haben, da er selbst die hier in Frage kommenden Worte des H.'schen Liedes bereits vor dem Erscheinen des letzteren wiederholt gebraucht habe und diese Worte deshalb als sein geistiges Eigentum betrachten müsse. Einen Beweis für diese Behauptung hat er jedoch nicht erbracht.

Die Königliche Staatsanwaltschaft hat nunmehr die Literarische Sachverständigenkammer um Erstattung eines Gutachtens darüber ersucht:

> ob ein Vergehen gegen das Gesetz betreffend das Urheberrecht an Werken der Literatur und der Tonkunst vom 19. Juni 1901 vorliegt.

Die erste Frage, auf die es bei der Beurteilung des vorliegenden Falles ankommt, besteht darin, ob das H.'sche Lied, aus dessen Text die von dem Beschuldigten W. als Aufschrift für kleine Krüge verwendeten Worte entlehnt sind, überhaupt als ein schutzberechtigtes Schriftwerk im Sinne des § 1 des Gesetzes vom 19. Juni 1901 angesehen werden kann.

Diese Frage ist unbedenklich zu bejahen. Als schutzberechtigte „Schriftwerke" kommen alle diejenigen literarischen Erzeugnisse in Betracht, welche sich als Ausfluß einer individuellen geistigen Tätigkeit darstellen. Auf den Umfang, die Darstellungsweise oder den geistigen Wert der Arbeit kommt es hierbei, wie bereits das frühere Preußische Obertribunal in einem Erkenntnis vom 7. November 1861 (Preuß. Justizministerialblatt 1861 S. 288) ausgeführt hat, nicht an*).

Von diesen Erwägungen ausgehend, hat bereits der frühere literarische Sachverständigenverein wiederholt literarisch durchaus minderwertige Produktionen, z. B. das Ständchenquartett „Herzliebchen unter dem Rebendach" aus der Posse „Auf eigenen Füßen" und das bekannte Lied mit der Überschrift „So wie Du" für schutzberechtigte Schriftwerke erklärt, und auch das Reichsgericht hat die früher in Zeitungen vielfach erschienenen kleinen Gedichte der Handelsfirma „Goldene 110" ohne Rücksicht auf ihren größeren oder geringeren (poetischen) Wert als Schriftwerke im Sinne des § 1 des Gesetzes betreffend das Urheberrecht an Schriftwerken vom 11. Juni 1870 angesehen, „weil sie in einer bestimmten — poetischen — Form die Gedanken ihres Urhebers zur Anschauung bringen". (Urteil vom 11. Juli 1885. Entsch. in Strafsachen Bd. 12 S. 359.)

Das Gesetz vom 19. Juni 1901 hat an dem Begriffe des schutzberechtigten Schriftwerks nichts geändert, und deshalb kann es einem Bedenken nicht unterliegen, daß auch der Text des H.'schen Liedes „Henkeltöpfchen" oder „O Susanna! Wie ist das Leben doch so schön!" zu denjenigen literarischen Erzeugnissen gehört, welche vermöge ihrer auf individueller geistiger Tätigkeit beruhenden — poetischen — Formgebung ohne Rücksicht auf ihren inneren Wert den Schutz des Gesetzes vom 19. Juni 1901 für sich in Anspruch nehmen können.

*) Vgl. Gutachten Nr. 7 vom 26. Februar 1907. S. 36

Aus der Schutzberechtigung des H.'schen Liedes als Ganzes ergibt sich auch die Schutzberechtigung der einzelnen Strophen und Verse dieses Liedes, und es fragt sich dann nur, ob hier, wo nicht das ganze Lied, sondern nur zwei Zeilen desselben unbefugt vervielfältigt worden sind, der Tatbestand eines teilweisen Nachdrucks angenommen werden kann.

Wie bereits im § 4 Abs. 2 des früheren Urheberrechtsgesetzes vom 11. Juni 1870 die Bestimmung enthalten war, daß es hinsichtlich des Verbots des Nachdrucks keinen Unterschied mache, ob ein Schriftwerk ganz oder nur teilweise vervielfältigt werde, so hat auch das Gesetz vom 19. Juni 1901 im § 41 bestimmt, daß die ohne Einwilligung des Berechtigten erfolgende Vervielfältigung eines schutzberechtigten Werkes auch dann rechtswidrig sein soll, wenn das Werk nur zu einem Teile vervielfältigt, verbreitet, öffentlich mitgeteilt, aufgeführt oder vorgetragen wird. Eine nähere Bestimmung des Begriffes „zu einem Teile" hat das Gesetz vom 19. Juni 1901 nicht gegeben. Nach der konstanten Rechtsprechung des Reichsgerichts, die auch die Sachverständigenkammer bisher ihren diesbezüglichen Gutachten stets zugrunde gelegt hat, ist aber eine teilweise Vervielfältigung nur dann anzunehmen, wenn ein irgendwie erheblicher Teil des Originalwerkes unbefugt vervielfältigt wird. Die Erheblichkeit des vervielfältigten Teils ist hierbei nach dem quantitativen und qualitativen Verhältnisse desselben zu dem ganzen Originalwerk zu bemessen, und es darf daher die Wiedergabe einzelner Sätze und geringfügiger Stellen nicht schon ohne weiteres als eine unzulässige teilweise Vervielfältigung angesehen werden.

Ob der aus einem fremden Originalwerk entlehnte Teil erheblich oder unerheblich ist, kann vielmehr nur im Einzelfall entschieden werden. Im vorliegenden Falle handelt es sich um die Entlehnung zweier Zeilen des aus 32 Zeilen bestehenden H.'schen Liedes, also um die Wiedergabe des sechszehnten Teils des Originals. Quantitativ ist diese Entlehnung jedenfalls so unbedeutend, daß sie die Annahme eines teilweisen Nachdrucks nicht begründen kann, und was die Qualität dieser zwei Zeilen anlangt, so können dieselben auch nicht als von entscheidender Bedeutung für das H.'sche Lied als Ganzes bezeichnet werden. Die Worte bilden zwar den Anfang des Liedes, der in ihnen niedergelegte Gedanke findet sich aber in der dritten Strophe auch in den Worten:

„Laß Dich doch nicht foppen!
Trink' man noch 'n Schoppen!"

wieder, und wenn auch H. die Worte „Trink'n wir noch 'n Tröpfchen" gewissermaßen als Nebentitel unter dem Haupttitel:

„O Susanna!
Wie ist das Leben doch so schön!"

in Klammern gesetzt hat, so besteht doch offenbar das Charakteristische des H.'schen Liedes nicht in den vom Beschuldigten W. entlehnten Worten, sondern in dem Refrain:

„O Susanna, wie ist das Leben doch so schön,
O Susanna, wie schmeckt das Bier so schön"

mit seinen verschiedenen Variationen am Schluß der einzelnen Strophen, so daß auch qualitativ die vom Beschuldigten W. vorgenommene Entlehnung aus dem H.'schen Liede als eine erhebliche nicht zu erachten ist.

Der Tatbestand einer unzulässigen teilweisen Vervielfältigung kann also nicht als vorhanden angenommen werden.*)

Nr. 10.

Gutachten vom 16. November 1906.

Unzulässige Vervielfältigung einer Rede. Abdruck aus einer Zeitung. Ausarbeitung wissenschaftlichen oder unterhaltenden Inhalts. Vermischte Nachrichten tatsächlichen Inhalts und Tagesneuigkeiten.

In der Nr. 110 der „B.'er Zeitung" vom 12. Mai 1906 hat der Redakteur derselben, B. in B., unter den Lokalnachrichten aus Pommern einen Artikel veröffentlicht, in dem über die aus Anlaß des 150jährigen Bestehens der H.'schen Apotheke

*) Das Verfahren wegen Nachdrucks ist auf Grund des obigen Gutachtens eingestellt und die Beschwerde des Anzeigenden gegen den Einstellungsbeschluß von der Ober-Staatsanwaltschaft zurückgewiesen.

zu B. daselbst veranstaltete Feier berichtet und der Wortlaut einer von B. bei dem Festdiner gehaltenen Rede zum Abdruck gebracht wurde.

Am 19. Mai 1906 erschien in der Nummer 40 des von dem Buchdruckereibesitzer M. in B. redigierten und verlegten „B.'er Anzeigers" unter der Rubrik „Aus B. und Umgegend" ein angeblich aus dem „Schw.'er Tageblatt" entnommener Artikel, in dem neben einigen kurzen Mitteilungen über die erwähnte Feier der größte Teil der B.'schen Rede wörtlich wiedergegeben war. Der Redakteur B. hat hierin einen strafbaren Nachdruck erblickt und dieserhalb die Bestrafung des Buchdruckereibesitzers M. bei der Königlichen Staatsanwaltschaft in St. beantragt. Er hat hervorgehoben, daß er von dem Apothekenbesitzer H. ersucht worden sei, bei der Festtafel eine chronologische Übersicht bezüglich der Apotheke zu geben und hierbei eine Rede zu halten. Dementsprechend habe er dieselbe, für die er unter Berufung auf ein Urteil des Reichsgerichts vom 3. Mai 1906 die Eigenschaft einer wissenschaftlichen Ausarbeitung i. S. des § 18 Abs. 2 des Gesetzes vom 19. Juni 1901 in Anspruch nehme, verfaßt, bei dem Diner verlesen und demnächst auf vielseitigen Wunsch in seiner Zeitung veröffentlicht.

Der Beschuldigte M. hat seine Strafbarkeit bestritten. Zur auszugsweisen Wiedergabe der von ihm aus dem „Schw.'er Tageblatt" entnommenen B.'schen Tischrede sei er berechtigt gewesen, da er es für seine Pflicht halte, über alle Vorkommnisse in der Stadt B. zu berichten. Zudem entbehre die B.'sche Rede jeden wissenschaftlichen Wertes und könne wie jede andere Rede bei öffentlichen und privaten Festen einer Kritik unterzogen und veröffentlicht werden, wie solches auch täglich in den Zeitungen geschehe.

Der Erste Staatsanwalt bei dem Königlichen Landgericht zu St. hat nunmehr die Literarische Sachverständigenkammer um ein Gutachten darüber ersucht,

> ob der Abdruck der von dem Redakteur B. gehaltenen Rede in der Nummer 40 des „B.'er Anzeigers" als unzulässige Wiedergabe oder Vervielfältigung eines nach Maßgabe des Gesetzes betreffend das Urheber-

recht an Werken der Literatur und der Tonkunst vom 19. Juni 1901 geschützten Werkes anzusehen ist.

Nach eingehender Prüfung sämtlicher im vorliegenden Fall in Betracht kommenden Momente mußte die Sachverständigenkammer sich unbedenklich dahin aussprechen, daß der Tatbestand einer unzulässigen Vervielfältigung der B.'schen Rede nicht vorliegt.

Gemäß § 1 Ziffer 1 des Gesetzes vom 19. Juni 1901 werden nach Maßgabe desselben geschützt die Urheber solcher Reden, welche dem Zwecke der Erbauung, der Belehrung oder der Unterhaltung dienen. Selbstverständliche Voraussetzung ist dabei, daß der Rede überhaupt die Eigenschaft eines Schriftwerks innewohnt, d. h. daß sie das Erzeugnis einer eigenen geistigen Tätigkeit ihres Urhebers ist. Würde sie ihrem Inhalt nach lediglich aus einem Anführen und Aneinanderreihen rein tatsächlicher Mitteilungen bestehen oder, wie sich Dambach (Urheberrecht S. 59) ausdrückt, „ein auch in der Formgebung nicht eigentümliches Konglomerat von Gemeinplätzen" sein, so müßte einem solchen Machwerk mangels einer individuellen geistigen Tätigkeit der Urheberrechtsschutz versagt werden. Dagegen ist wie bei jedem anderen Schriftwerk der innere Gehalt und geistige Wert einer Rede für ihre Schutzfähigkeit völlig unerheblich, und es kommt in keiner Weise in Betracht, ob sie geistreich oder banal erscheint, wenn sie nur der Ausfluß einer wirklichen, sei es auch nur geringen Geistesarbeit ist.

Die B.'sche Rede beschränkt sich nun durchaus nicht auf eine Anzahl Mitteilungen rein tatsächlicher Natur, sondern sie enthält selbständige Gedanken in individueller Formgebung, die sich, mögen sie auch nicht als besonders sinnreich und genial zu bewerten sein, doch keineswegs als sogenannte Gemeinplätze, als allgemein bekannte und anerkannte Aussprüche oder als jedem geläufige, mehr oder minder nichtssagende Redefloskeln darstellen.

Wenn sonach dieser Rede die Eigenschaft eines auf eigener geistiger Tätigkeit beruhenden literarischen Erzeugnisses an sich nicht abzusprechen ist, so würde sie doch des gesetzlichen Schutzes gegen unbefugte Vervielfältigung nur dann teilhaftig sein, wenn sie dem Zwecke der Erbauung, Belehrung oder Unterhaltung gedient hätte. Daß sie nicht zur Erbauung bestimmt war, bedarf keiner weiteren Ausführung. Aber auch belehrende Zwecke sind dem Wortlaut der Rede nicht zu entnehmen. Nirgends ist die Absicht zu erkennen, das Wissen der Hörer zu bereichern oder sie hinsichtlich der Apotheke zu B., ihrer Entstehung und Entwickelung, als des der Rede zu Grunde liegenden Stoffes, lehrhaft zu unterrichten oder aufzuklären. Es handelt sich vielmehr um eine teils auf selbstgeschaffenen Hypothesen, teils auf einigen tatsächlichen Ereignissen aufgebaute Plauderei hierüber, die offenbar auf die Unterhaltung der Festteilnehmer abzielte. Dies ergibt sich besonders daraus, daß B. bestrebt gewesen ist, seine Darlegungen durchweg launig zu gestalten und durch einzelne Witze und Wortspiele Heiterkeit zu erregen. Auch entsprach es wohl der Absicht des Festgebers H., als er den Antragsteller B. ersuchte, eine über den Rahmen der üblichen Gelegenheitstoaste hinausgehende Rede zu halten, auch noch auf diese Weise für die Unterhaltung seiner Gäste zu sorgen. Ob dieser hiernach beiderseits erstrebte Zweck auf dem eingeschlagenen Wege erreicht werden konnte und tatsächlich erreicht wurde, ist rechtlich von keiner Erheblichkeit. Jedenfalls sollte die B.'sche Rede dem Zwecke der Unterhaltung dienen. Damit ist sie aber an sich schutzberechtigt und es würde jeder, der sie ohne Einwilligung ihres Urhebers, etwa nach einem Stenogramm oder dem in seine Hände gelangten Manuskript abgedruckt hätte, straffällig sein.

Etwas derartiges hat nun aber im vorliegenden Falle der Beschuldigte M. nicht getan; er hat vielmehr die von ihm in seinem „B.'er Anzeiger" mit einigen Auslassungen wörtlich wiedergegebene Rede einem Artikel des mit der „B.'er Zeitung" identischen „Schw.'er Tageblatts" entnommen, den B. selbst verfaßt und veröffentlicht hat und dem die Rede als integrierender Bestandteil einverleibt ist. M. hat sonach lediglich einen Zeitungsartikel teilweise zum Abdruck gebracht, und es kann sich daher nur fragen, ob dies gemäß § 18 des Gesetzes vom 19. Juni 1901 zulässig war oder nicht.

Nach dieser Gesetzesvorschrift dürfen aus Zeitungen oder Zeitschriften Ausarbeitungen wissenschaftlichen, technischen oder unterhaltenden Inhalts überhaupt nicht nachgedruckt werden; dagegen ist der Abdruck von vermischten Nachrichten tatsächlichen Inhalts und von Tagesneuigkeiten unbeschränkt, sowie der sinngetreue Abdruck einzelner Artikel unter Quellenangabe gestattet, falls die Artikel nicht mit einem Vorbehalt der Rechte versehen sind.

In dem B.'schen Originalartikel wird nun zunächst mitgeteilt, daß die Apotheke in B. am 6. Mai 1906 seit 150 Jahren bestehe und aus diesem Anlaß bereits am Vortage die Apotheke geschmückt und von ihrem Besitzer eine Feierlichkeit verbunden mit Diner veranstaltet worden sei, bei dem der Bürgermeister die erste und sodann der Redakteur B. eine zweite, längere Rede gehalten habe, in der zuerst eine chronologische Übersicht gegeben worden sei. Nach Anführung einiger Daten aus derselben wird sodann der Wortlaut der weiteren B.'schen Rede mitgeteilt und es schließt der Artikel mit einer redaktionellen Bemerkung über die Lebensdauer der B.'er Einwohner vor und nach Gründung der Apotheke.

Schon aus dieser Inhaltsübersicht erhellt, daß von einer Ausarbeitung wissenschaftlichen oder technischen Inhalts nicht die Rede sein kann.

Bereits der frühere literarische Sachverständigenverein hat in konstanter Praxis ausgesprochen, daß ein Zeitungsartikel nur dann als eine wissenschaftliche Ausarbeitung anzusehen ist, wenn aus ihm hervorgeht, daß der Verfasser beabsichtigt hat, einen Stoff wissenschaftlich zu behandeln und in erster Linie das lesende Publikum zu belehren. (Dambach, 50 Gutachten, S. 149, 155, 159.)

Damit stimmt die Rechtsprechung des Reichsgerichts durchaus überein (Entsch. in Strafsachen Bd. 22 S. 55; Bd. 36 S. 195), und insbesondere steht auch das vom Antragsteller B. angeführte Urteil vom 3. Mai 1906 auf dem gleichen Standpunkt, wenn es ausführt, der Gegenstand des Artikels müsse sich zur wissenschaftlichen Bearbeitung eignen und der Verfasser eine solche dadurch unternommen haben, daß er den Stoff in systematischer Darstellung wesentlich zum Zwecke der Belehrung in eigenartiger und selbständiger Weise behandelt hat.

Legt man diese Begriffsbestimmung zu Grunde, so ergibt sich, daß auch nicht eines ihrer Erfordernisse bei dem fraglichen Artikel zutrifft.

Es ist zuzugeben, daß die Entstehung und Entwickelung des Apothekenwesens, auch in Beziehung auf ein einzelnes Institut, zu einer wissenschaftlichen Behandlung an sich wohl geeignet ist. Eine solche Behandlung hat aber B. in seinem Artikel, wie der Wortlaut desselben unzweifelhaft ergibt, weder vorgenommen noch überhaupt beabsichtigt. Das Gegenteil folgt auch nicht etwa aus den wenigen chronologischen Notizen, da sie sich lediglich auf die Aufzählung einiger Daten über die Privilegienerteilung, den Verkauf des Apothekengrundstücks, den Preis und die Besitzer der Apotheke ohne jegliche systematische Darstellung oder belehrende Auseinandersetzung beschränken. Dafür aber, daß der Artikel nach der Absicht seines Verfassers auch im übrigen nicht in erster Linie auf eine Belehrung des lesenden Publikums abzielen sollte, kann auf dasjenige verwiesen werden, was bereits oben bei der Bewertung der B.'schen Rede in dieser Beziehung gesagt worden ist. Die rein tatsächliche äußere Gestaltung des ganzen Artikels zeigt vielmehr, daß es B. ausschließlich darum zu tun gewesen ist, ein Referat über ein für die Stadt B. wichtiges Ereignis zu geben und die Leser mit demselben und einigen dabei stattgehabten Vorkommnissen bekannt zu machen. Damit scheidet aber zugleich der Gesichtspunkt einer Ausarbeitung unterhaltenden Inhalts für den Artikel aus. Denn nach Vorstehendem handelte es sich eben nicht um die Produktion ansprechender Unterhaltungslektüre, um eine Arbeit, welche das Unterhaltungsbedürfnis der Zeitungsleser befriedigen sollte, sondern um eine einfache Mitteilung tatsächlicher Geschehnisse. Dem steht auch der Umstand nicht entgegen, daß die Rede an sich, als sie gehalten wurde, dem Zwecke der Unterhaltung diente. Im Rahmen des vorliegenden Artikels ist sie nicht zur Aufnahme gelangt, um Unterhaltungsstoff zu bieten, sondern um die Tatsache bekannt zu geben, daß bei dem beschriebenen Feste eine Rede des mitgeteilten

Wortlauts gehalten worden ist. Eine andere Auffassung könnte nur dann Platz greifen, wenn die Rede selbständig für sich in der Zeitung veröffentlicht worden wäre; nachdem dies jedoch nicht geschehen, sie vielmehr einem anderweiten Artikel einverleibt ist, kann sie von diesem nicht mehr getrennt, sondern als integrierender Bestandteil des Ganzen nur noch nach dessen Zwecken und den ihm zukommenden Eigenschaften beurteilt werden.

Diese Beurteilung muß nun aber dazu führen, den Originalartikel lediglich in die vom Gesetz als vermischte Nachrichten tatsächlichen Inhalts und Tagesneuigkeiten bezeichneten Zeitungsartikel einzureihen.

Ohne Zweifel bildete die 150jährige Jubelfeier der Apotheke und alles dabei Vorgefallene, mithin auch die B.'sche Rede, für die kleine Stadt B. das Ereignis des Tages. So hat es der Beschuldigte M. wohl nicht zu Unrecht behauptet, und so hat es offenbar auch B. selbst aufgefaßt, als er seinen tatsächlichen Bericht über das Fest auch auf die Mitteilung des Wortlauts seiner Rede erstreckte, zumal er seinen Artikel, wie der Redakteur B. bekundet hat, diesem als eine B.'er Lokalnachricht einsandte. Als eine solche hat ihn B. ebenfalls angesehen und dementsprechend in dem „Schw.'er Tageblatt" und der „B.'er Zeitung" zum Abdruck gebracht. Danach durfte aber der Artikel gemäß § 18 Abs. 3 des Gesetzes vom 19. Juni 1901 ohne jede Beschränkung anderweit abgedruckt werden.

Wollte man aber auch die erwähnte Gesetzesbestimmung nicht für anwendbar erachten, so würde man dennoch auf Grund des Absatzes 1 des zitierten Paragraphen zu dem gleichen Ergebnis gelangen müssen, da alsdann ein einzelner, nicht mit einem Vorbehalte der Rechte versehener Zeitungsartikel abgedruckt wäre. Der Beschuldigte M. würde sich auch in diesem Falle nicht strafbar gemacht haben, denn er hat seine Quelle, das „Schw.'er Tageblatt", deutlich angegeben und durch die geringen Kürzungen, Änderungen und Hinzufügungen, sowie durch die Nummerierung der Sätze der B.'schen Rede den Sinn derselben, wie des Originalartikels überhaupt, in keiner Weise entstellt.

Eine unzulässige Vervielfältigung eines gesetzlich geschützten Werkes liegt somit nicht vor, und es mußte deshalb die in dieser Beziehung gestellte Frage, wie geschehen, unbedenklich verneint werden.*)

Nr. 11.

Gutachten vom 7. November 1902.

Begriff der Abbildungen wissenschaftlicher oder technischer Art.

Im Verlage der Firma L. & M., Zeitungs-Kartographie- und Cliché-Verlag zu B. erscheint ein sogenannter „Cliché-Anzeiger für Redaktionen", welcher dazu bestimmt ist, an Zeitungen und Zeitschriften versendet zu werden, um diese zu veranlassen, das Reproduktionsrecht der in ihm enthaltenen Abbildungen (Clichés) zu den angegebenen Preisen zu erwerben.

Der Verlagsbuchhändler und Inhaber eines graphischen Verlags S. zu Ch. betreibt ein Konkurrenz-Unternehmen, indem er einen sogenannten „Cliché-Redakteur" herausgibt, welcher dieselben Zwecke wie der L. & M.'sche „Cliché-Anzeiger für Redaktionen" verfolgt.

Die Firma L. & M. behauptet, daß der Verlagsbuchhändler S. folgende in ihrem „Cliché-Anzeiger" enthaltene Zeichnungen bezw. Abbildungen:

1) Nr. 581. Die Ausrüstung des ostasiatischen Expeditionskorps,
2) Nr. 594. Die neue amerikanische Blitzbahn,
3) Nr. 303. Das deutsche Schulschiff „Charlotte",
4) Nr. 72. Kabelkarte,
5) Nr. 636. Sultan Abdul Hamid

ohne ihre Genehmigung für sein vorbezeichnetes Konkurrenz-Unternehmen verwendet habe. Sie hat deshalb gegen S.

---

*) Die Staatsanwaltschaft hat auf Grund obigen Gutachtens das Verfahren eingestellt.

Strafantrag wegen Nachdrucks gestellt, und es ist hierauf seitens der Königlichen Staatsanwaltschaft am Landgericht II zu B. gegen S. die öffentliche Klage wegen wiederholten Nachdrucks erhoben worden.

Durch Erkenntnis der ersten Strafkammer des Königlichen Landgerichts II zu B. ist der Angeklagte S. von der gegen ihn erhobenen Anklage freigesprochen. Das Gericht hat in seinem Erkenntnis zwar festgestellt, daß der Angeklagte die vorangeführten L. & M.'schen Zeichnungen und Abbildungen unbefugter Weise mechanisch vervielfältigt hat, ist jedoch um deswillen zu einer Freisprechung gelangt, weil nach seiner Annahme die in Rede stehenden Zeichnungen den Anforderungen des von ihm für anwendbar erklärten § 43 des Urheberrechtsgesetzes vom 11. Juni 1870 nicht entsprechen. Insbesondere vermißt das Gericht die Aufwendung einer geistigen Tätigkeit bei Herstellung jener Zeichnungen, einen dauernden fachwissenschaftlichen Wert derselben und das Vorhandensein eines auf wissenschaftliche Belehrung gerichteten Zweckes.

Gegen dieses Erkenntnis ist seitens der Firma L. & M., welche dem Strafverfahren als Nebenklägerin beigetreten ist, das Rechtsmittel der Revision eingelegt. Durch Urteil des Reichsgerichts vom 8. Juli 1902 ist daraufhin das erste, freisprechende Erkenntnis nebst den zu Grunde liegenden Feststellungen aufgehoben und die Sache zur anderweiten Verhandlung und Entscheidung an die Vorinstanz, und zwar an das Königliche Landgericht I zu B. zurückverwiesen.

Auf Antrag des Angeklagten S. hat nunmehr die Strafkammer 7 des Königlichen Landgerichts I zu B. unter dem 9. September 1902 beschlossen, ein Gutachten der Literarischen Sachverständigenkammer darüber zu erfordern,

> ob die unter Anklage gestellten angeblichen Nachbildungen bezw. die Originale der Nebenklägerin Abbildungen wissenschaftlicher oder technischer Art im Sinne des § 1 Ziffer 3 des Gesetzes, betreffend das Urheberrecht an Werken der Literatur und der Tonkunst vom 19. Juni 1901 sind.

Nach eingehender Prüfung aller hier in Betracht kommenden Verhältnisse mußte die Sachverständigenkammer sich unbedenklich dahin aussprechen, daß die sämtlichen fünf hier in Rede stehenden Zeichnungen der Firma L. & M. als Abbildungen wissenschaftlicher oder technischer Art im Sinne des § 1 Ziffer 3 des Gesetzes vom 19. Juni 1901 anzusehen sind.

Nach dieser Vorschrift sollen geschützt werden:

„Die Urheber von solchen Abbildungen wissenschaftlicher oder technischer Art, welche nicht ihrem Hauptzwecke nach als Kunstwerke zu betrachten sind."

Hiermit sind also zunächst diejenigen Zeichnungen und Abbildungen von dem Schutze des Gesetzes vom 19. Juni 1901 auszuscheiden, welche einen ästhetischen Zweck verfolgen und demgemäß ihrem Hauptzwecke nach als Kunstwerke zu betrachten sind. Dies sind die Werke der malenden und zeichnenden Kunst, deren Schutz durch das Gesetz vom 9. Januar 1876, betreffend das Urheberrecht an Werken der bildenden Künste geregelt ist.

Unter den § 1 Ziffer 3 des Gesetzes vom 19. Juni 1901 fallen ferner nicht die gemeinhin als „Muster" bezeichneten industriellen Zeichnungen, welche nicht „als Ausprägung eines individuell geistigen Inhalts, sondern als materielle Sachen in Betracht kommen, welche nicht den Zweck haben, zu belehren, sondern in den einzelnen Exemplaren zu einem materiellen Gebrauche bestimmt sind". Zeichnungen und Abbildungen dieser Art werden durch das Musterschutzgesetz vom 11. Januar 1876 geschützt, falls sie als Geschmacksmuster dazu geeignet oder bestimmt sind, den Formen- oder Farbensinn zu befriedigen. (Dambach, Urheberrecht 1871 S. 212; Dambach, Musterschutzgesetz 1876 S. 16, 25.)

Es bleiben demnach nur solche Zeichnungen und Abbildungen dem Schutze des § 1 Ziffer 3 a. a. O. unterstellt, bei denen, wie die Motive zu dem mit § 1 Absatz 3 des Gesetzes vom 19. Juni 1901 inhaltlich übereinstimmenden § 43 des Gesetzes vom 11. Juni 1870 besagen, „mehr ein wissenschaftlicher, als ein künstlerischer Zweck obwaltet, welche dazu bestimmt sind, zu belehren, sich aber ihrer inneren Natur nach nicht als Werke der Kunst darstellen", oder welche, wie ein Erkenntnis des Kammergerichts (Goltdammer, Archiv für Strafrecht, Bd. 5 S. 630) sich ausspricht — „als graphische Versinnlichung wissenschaftlicher Ideen auftreten".

In wiederholten Gutachten hat nun bereits der frühere literarische Sachverständigenverein bei Auslegung des § 43 des Gesetzes vom 11. Juni 1870 sich dahin ausgesprochen, daß zu diesen letzterwähnten Zeichnungen und Abbildungen nicht nur solche gehören, welche einen wirklichen wissenschaftlichen Wert besitzen, sondern daß der Schutz gegen Nachdruck allen solchen aus eigener geistiger Tätigkeit des Urhebers hervorgegangenen Zeichnungen usw. zu teil werden muß, deren Zweck dahin gerichtet ist, der Wissenschaft im weitesten Sinne des Wortes oder der Belehrung zu dienen.

Dies gilt unbedenklich auch für die Auslegung des Begriffes der im § 1 Ziffer 3 des Gesetzes vom 19. Juni 1901 als geschützt bezeichneten „Abbildungen wissenschaftlicher oder technischer Art". Die Sachverständigenkammer kann sich hier lediglich den Ausführungen des in der vorliegenden Sache ergangenen reichsgerichtlichen Urteils vom 8. Juli 1902 anschließen, welche dahin gehen, daß von der „Abbildung wissenschaftlicher oder technischer Art" im gesetzlichen Sinne nicht mehr verlangt werden darf, als daß sie als Abbildung auf einer geistigen Tätigkeit ihres Urhebers, sei es auch einer solchen geringeren Grades, beruht; daß also nur ein darstellerischer Gedanke erfordert wird, weil der Zusatz „wissenschaftlicher oder technischer Art" nur den dargestellten Gegenstand, nicht die Darstellung als solche trifft; daß ferner ein dauernder Wert der Zeichnung oder Abbildung zur Feststellung ihres Belehrungszweckes nicht verlangt werden darf, und daß es sich endlich auch nicht um eine wissenschaftliche Belehrung im strengeren Sinne zu handeln braucht. „Die Kenntnis, die jemand durch die Betrachtung eines Bildes von der Ausrüstung einer Waffengattung der Armee, von der Beschaffenheit eines Schiffes, von fremden Verkehrseinrichtungen usw. erlangt, kann unter den Begriff der Belehrung fallen, ohne wissenschaftlicher Natur zu sein", und insbesondere „muß die Belehrung, die vermittelst der gewöhnlichen Tagespresse geboten werden soll, schon deshalb in ihren Formen dem Auffassungsvermögen eines sehr weiten Leserkreises angepaßt sein".

Wenn man nun unter Zugrundelegung dieser Begriffsbestimmung die einzelnen L. & M.'schen Zeichnungen und Abbildungen einer näheren Prüfung unterzieht, so kann es keinem Bedenken unterliegen, daß

1) die Abbildung einer Infanterie-Ausrüstung Nr. 581 als eine nach Maßgabe des Gesetzes vom 19. Juni 1901 zu schützende Abbildung wissenschaftlicher Art anzusehen ist. Zu ihrer Herstellung ist ohne Zweifel die Aufwendung einer, wenn auch verhältnismäßig nur geringen geistigen Tätigkeit, einer schöpferischen Formgebungstätigkeit, erforderlich gewesen, und ihr Zweck geht dahin, dem Beschauer eine authentische Darstellung der Ausrüstung des ostasiatischen Expeditionskorps zu geben, um ihn damit über die Verschiedenheit dieser den klimatischen Verhältnissen Chinas angepaßten Ausrüstung von derjenigen unserer in der Heimat stehenden Truppen zu unterrichten. Daß ein solcher Zweck unter den Begriff der Belehrung fallen kann, ist in dem Erkenntnis des Reichsgerichts von 8. Juli 1902 ausdrücklich ausgesprochen, und die Sachverständigenkammer hat deshalb kein Bedenken getragen, bei dieser Abbildung ohne Rücksicht auf die Dauer ihres Wertes den Belehrungszweck und damit die Schutzberechtigung nach Maßgabe des § 1 Ziffer 3 des Gesetzes vom 19. Juni 1901 festzustellen.

Dieselbe Feststellung mußte

2) bei der Abbildung Nr. 594 „Die neue amerikanische Blitzbahn" getroffen werden. Sie verdankt ihre Entstehung ebenfalls einer geistig schaffenden Tätigkeit und sie verfolgt den Zweck, eine den Lesern einer Zeitung gebotene Mitteilung über die zwischen New-York und Chicago geplante elektrische Hochbahn durch eine bildliche Darstellung der Bahnanlage näher zu erläutern. Durch diesen Belehrungszweck ist dieser Abbildung die Eigenschaft einer schutzberechtigten Abbildung im Sinne des Gesetzes gewährleistet.

Dasselbe gilt

3) hinsichtlich der Abbildung Nr. 303 „Das deutsche Schulschiff Charlotte". Die Art ihrer Entstehung und ihr offenbar belehrender Zweck sichern ihr ebenfalls den Schutz des Gesetzes vom 19. Juni 1901, und was sodann

4) die von der Firma L. & M. hergestellte „Kabelkarte" Nr. 72 anlangt, so hat der frühere Preußische Sachverständigenverein in wiederholten Gutachten zu den durch § 43 des Gesetzes vom 11. Juli 1870 geschützten Zeichnungen auch Landkarten gerechnet, wenn sie — den allgemeinen Erfordernissen für die Schutzberechtigung eines jeden Schriftwerkes entsprechend — das Produkt einer eigenen geistigen Tätigkeit ihres Urhebers waren. Die Literarische Sachverständigenkammer hat kein Bedenken getragen, derartige Landkarten als Abbildungen wissenschaftlicher oder technischer Art auch im Sinne des Gesetzes vom 19. Juni 1901 anzusehen, und hat deshalb auch die hier in Rede stehende Kabelkarte, deren Herstellung unzweifelhaft eine geistig schöpferische Tätigkeit beansprucht hat, und die ausschließlich einen belehrenden Zweck verfolgt, für schutzberechtigt nach Maßgabe dieses letzteren Gesetzes erklärt.*)

Zweifelhaft könnte es nur sein, ob man

5) die L. & M.'sche Zeichnung eines Portraits des Sultans Abdul Hamid Nr. 636 für eine durch § 1 Ziffer 3 des Gesetzes vom 19. Juni 1901 geschützte Abbildung wissenschaftlicher oder technischer Art erklären kann. Nach eingehender Prüfung der für und wider sprechenden Gründe hat sich die Sachverständigenkammer für die Schutzberechtigung auch dieser Zeichnung ausgesprochen. Daß dieselbe ihrem Hauptzwecke nach nicht als Kunstwerk zu betrachten, kann einem Bedenken nicht unterliegen. Ihr Verfertiger hat sicherlich bei ihrer Herstellung keinen ästhetischen Zweck verfolgt und kein für die Anregung des ästhetischen Gefühls durch Anschauen bestimmtes Werk schaffen wollen, sondern seine Absicht ist offenbar nur dahin gerichtet gewesen, die Beschreibung der Persönlichkeit des Sultans Abdul Hamid durch eine zeichnerische Darstellung

---

*) Vgl. das Gutachten Nr. 13 vom 30. Januar 1903. S. 63.

seiner charakteristischen Gesichtszüge zu erläutern. Auch hierin kann ein Belehrungszweck im Sinne der Ausführungen des reichsgerichtlichen Urteils vom 8. Juli 1902 gefunden werden, und da im übrigen auch in dieser Zeichnung ein darstellerischer Gedanke unter Aufwendung geistiger Tätigkeit zum Ausdruck gebracht ist, so konnte die Sachverständigenkammer auch ihr den den Anspruch auf den gesetzlichen Schutz gegen unbefugte Vervielfältigung nicht versagen.*)

Nr. 12.

Gutachten vom 17. Juni 1904.

Nachdruck von Modenzeichnungen. Freie Benutzung.

Der Inhaber der zu B. bestehenden Verlagsbuchhandlung in Firma F. L., Frhr. v. L., hat unter dem 28. Januar 1904 bei der Königlichen Staatsanwaltschaft bei dem Landgericht II zu B. die strafrechtliche Verfolgung des Verlagsbuchhändlers S. in Ch. beantragt, weil derselbe in der Nr. 1 der in seinem Verlage erscheinenden Zeitschrift „Häuslicher Ratgeber" auf den Seiten 3, 4 und 5 drei in der im L.'schen Verlage erscheinenden „Modenwelt" enthaltene Modenbilder, und zwar die Figur 28 auf Seite 54 der Nr. 7 des Jahrgangs 1903, die Figur 15 auf Seite 32 der Nr. 16 desselben Jahrgangs und die Figur 24 auf Seite 125 der letztgenannten Nr. 16 ohne seine Genehmigung mit nur unwesentlichen Änderungen abgedruckt habe.

Nachdem der Beschuldigte S. glaubhaft nachgewiesen, daß er die Zeichnungen zu den vorangeführten Modenbildern in gutem Glauben von dem Modenzeichner M. in B. erworben hatte, ist der letztere verantwortlich wegen Vergehens gegen das Urhebergesetz vom 19. Juni 1901 vernommen worden und

*) Auf Grund dieses Gutachtens ist der Angeklagte zu einer Geldstrafe von 250 M. eventl. zu 25 Tagen Gefängnis verurteilt. Außerdem ist auf eine an die Nebenklägerin zu entrichtende Buße von 250 M. erkannt. Die gegen dieses Urteil eingelegte Revision ist vom Reichsgericht verworfen.

hat hierbei angegeben, daß er allerdings die fraglichen Zeichnungen auf Grund der in der „Modenwelt" enthaltenen L.'schen Modenbilder entworfen, die letzteren jedoch frei umgestaltet, beziehungsweise solche Änderungen an ihnen vorgenommen habe, daß eine strafbare Vervielfältigung nicht angenommen werden könne.

Auf Antrag der Königlichen Staatsanwaltschaft ist hierauf die Literarische Sachverständigenkammer von dem Königlichen Amtsgericht I zu B. um Abgabe eines Gutachtens ersucht worden,

> ob die Benutzung der in der „Modenwelt" erschienenen Kostümzeichnungen durch den Beschuldigten M. eine derartige ist, daß hier eine freie Verarbeitung, also eine selbständige Arbeit geliefert ist, oder ob die Abweichungen von den Originalen nur so geringfügige sind, daß die M.'sche Arbeit als strafbare Nachahmung angesehen werden muß.

Die Sachverständigenkammer mußte sich unbedenklich dahin aussprechen, daß sämtliche drei hier in Frage stehenden Modenzeichnungen des Wochenblatts „Häuslicher Ratgeber" unzulässige Vervielfältigungen der entsprechenden L.'schen Modenbilder sind.

Was zunächst die Schutzberechtigung der drei hier in Rede stehenden L.'schen Modenzeichnungen anlangt, so kann es keinem Zweifel unterliegen, daß dieselben an sich den Schutz des Gesetzes vom 19. Juni 1901 genießen. Nach § 1 dieses Gesetzes werden neben den Urhebern von Schriftwerken und von Werken der Tonkunst auch die Urheber von solchen Abbildungen wissenschaftlicher oder technischer Art geschützt, welche nicht ihrem Hauptzwecke nach als Kunstwerke zu betrachten sind. Der Zweck der Abbildungen muß ein wissenschaftlicher oder technischer sein; die Abbildungen müssen vermöge ihres Gegenstandes den Zweck der Belehrung verfolgen, und dieser Zweck kann den hier vorliegenden Modenbildern nicht abgesprochen werden. Daß sie ihrem Hauptzwecke nach nicht als Kunstwerke zu betrachten sind, liegt auf der Hand. Andererseits sind sie aber offenbar wesentlich dazu bestimmt, das beteiligte Publikum dazu anzuregen, mit Einsicht und Geschmack geeignete Vorbilder für Damenkleider auszuwählen und sie für die Herstellung der letzteren selbst als Muster zu benutzen.

Bereits der frühere literarische Sachverständigenverein hat sich wiederholt dahin ausgesprochen, daß „die Grenzen des Wissenswürdigen, was, in Zeichnungen dargestellt und erläutert, durch § 43 des Gesetzes vom 11. Juni 1870 gegen Nachdruck geschützt werden solle, nicht zu eng gezogen und nicht etwa bloß „auf Wissenschaft im höheren Sinne" beschränkt werden dürfen (Dambach, 50 Gutachten, S. 197), und daß sich demgemäß eine belehrende Tätigkeit auch in solchen Zeichnungen dokumentieren könne, welche, wie Häkelmuster, Stick- oder Strickmuster in Modenzeitungen abgedruckt und als Vorlagen zur Herstellung solcher Arbeiten bestimmt seien. Dies gilt in noch höherem Maße nach dem Gesetz vom 19. Juni 1901, welches ausdrücklich auch die Abbildungen „technischer Art" geschützt wissen will und sich demnach namentlich auch auf Modenbilder der hier in Rede stehenden Art bezieht, welche vermöge ihres Gegenstandes technische Ideen versinnlichen und damit zugleich den Zweck der Belehrung verfolgen sollen.

Bei der Beantwortung der weiteren Frage, ob der Beschuldigte M. eine unzulässige Vervielfältigung der drei L.'schen Modenbilder vorgenommen hat, ist zunächst zu beachten, daß nach dem Gesetz vom 19. Juni 1901 unter der unzulässigen Vervielfältigung einer geschützten Abbildung wissenschaftlicher oder technischer Art jede im wesentlichen identische Wiedergabe der Originalabbildung zu verstehen ist. Das Original muß in seinem wesentlichen Bestande, in der Gesamtheit seiner charakteristischen Gestaltung vervielfältigt sein, wobei es gleichgültig ist, ob im einzelnen kleine, das Gesamtbild nicht berührende Änderungen am Original vorgenommen sind.

Andererseits ist aber auch nicht außer acht zu lassen, daß das Gesetz vom 19. Juni 1901 im § 13 ausdrücklich die freie Benutzung eines bereits vorhandenen Werkes — also auch einer bereits vorhandenen Abbildung wissenschaftlicher oder technischer Art — für zulässig erklärt, wenn dadurch eine eigentümliche Schöpfung hervorgebracht wird.

Es wird sich also im vorliegenden Falle um die Feststellung handeln, ob der Beschuldigte M., wie die Firma L. behauptet, die drei hier in Frage stehenden L.'schen Modenbilder in ihrem wesentlichen Bestande wiedergegeben oder nur in zulässiger Weise zur Herstellung neuer, als eigentümliche Schöpfungen zu bezeichnender Modenbilder frei benutzt hat.

Die zum Zwecke dieser Feststellung vorgenommene Vergleichung der einzelnen Modenbilder hat nun zu dem Ergebnis geführt, daß alle drei von dem Beschuldigten M. hergestellten Modenzeichnungen als unzulässige Vervielfältigungen der entsprechenden L.'schen Modenbilder erklärt werden müssen.

Dies gilt zunächst:

1. Von der auf Seite 3 des Wochenblatts „Häuslicher Ratgeber" befindlichen Modenzeichnung Nr. 1 „Gesellschaftstoilette für Damen".

Die Vergleichung dieser Zeichnung mit dem L.'schen Modenbild Nr. 28 auf Seite 54 der Nummer 7 der „Modenwelt" (1903) ergibt sofort, daß der Beschuldigte M. das letzterwähnte L.'sche Modenbild eines „Gesellschaftskleides mit kleinem Ausschnitt" im wesentlichen identisch wiedergegeben hat. Die gesamte Auffassung der hier dargestellten weiblichen Person in Haltung, Stellung und Bekleidung ist bei beiden Abbildungen genau dieselbe, und wenn auch der Beschuldigte an der Toilette selbst, in der Zeichnung des Kleiderstoffes und an der Verzierung des Kleides einzelne Abänderungen vorgenommen hat, so ist doch durch diese Änderungen das Wesen des L.'schen Modenbildes nicht berührt worden. Der Beschuldigte hat sich vielmehr in allen wesentlichen Punkten sklavisch an sein Vorbild gehalten; er hat dasselbe keineswegs nur frei benutzt und hat deshalb auch in seiner Zeichnung keine neue eigentümliche Schöpfung gegeben.

2. Die auf Seite 4 des „Häuslichen Ratgebers" befindliche Abbildung eines „Reformkleides für junge Mädchen" (Nr. 3) kann gleichfalls nur als eine im wesentlichen identische Wiedergabe des entsprechenden L.'schen Modenbildes Nr. 15 auf Seite 32 der „Modenwelt" (Jahrgang 1903 Nr. 16) angesehen

werden. Wenngleich der Beschuldigte M. hier Hut, Schirm und Strauß weggelassen und statt des getüpfelten Blusenstoffes einen glatten Stoff gezeichnet hat, so ist doch die charakteristische Gestaltung der Figur, insbesondere die Stellung der Arme und Füße und ebenso der besondere Schnitt des Reformkleides genau mit der L.'schen Zeichnung übereinstimmend wiedergegeben, so daß auch hier die Annahme einer bloßen freien Benutzung ausgeschlossen erscheinen muß.

3. Dasselbe gilt endlich auch von der auf Seite 5 des „Häuslichen Ratgebers" befindlichen Zeichnung eines „Reformkleides für junge Damen" (Nr. 7), die trotz der Weglassung des Körbchens, der Veränderung des Plastroneinsatzes und der Änderung der unteren Ärmelteile für im wesentlichen durchaus mit den entsprechenden L.'schen Modenbild Nr. 24 auf S. 125 der „Modenwelt" (Jahrgang 1903 Nr. 16) identisch erklärt werden muß. Der Beschuldigte M. hat sich auch hier nicht auf eine freie Benutzung seines Vorbildes beschränkt, sondern unter Vornahme einiger für das Gesamtbild unwesentlicher Änderungen das L.'sche Modenbild im Sinne des Gesetzes vom 19. Juni 1901 in unzulässiger Weise vervielfältigt.*)

Nr. 13.
Gutachten vom 30. Januar 1903.

Nachdruck eines Stadtplans. Rechtsvermutung der Urheberschaft. Freie Benutzung. Eigentümliche Schöpfung.

Die Firma R., Geographische Anstalt, Verlag und Druckerei zu F. a. M., giebt seit längeren Jahren Straßenpläne von Frankfurt a. M. mit Vororten heraus und hat einen solchen von ihrem Mitinhaber H. R. gezeichneten Plan auch im Frühjahr—Herbst 1900 herausgegeben, wie solcher in einem mit A bezeichneten Exemplar sich in dem Umschlage Bl. 7 der Akten befindet.

*) Auf Grund des obigen Gutachtens ist gegen M. die öffentliche Klage erhoben und vom Gericht auf eine Geldstrafe von 30 Mark event. 6 Tage Gefängnis erkannt.

Im Sommer des Jahres 1902 ist im Verlage des Ph.-Verlags, Gesellschaft mit beschränkter Haftung, zu B., dessen Geschäftsführer Dr. L. ist, ebenfalls ein Stadtplan von Frankfurt a. M. unter dem Titel „Ph.-Plan Frankfurt a. Main" erschienen. Ein mit B bezeichnetes Exemplar auch dieses Planes befindet sich im Umschlag Bl. 7 der Akten.

Die Firma R. behauptet, daß dieser Ph.-Plan B sich bis in die Einzelheiten als ein fast getreuer Nachdruck ihres Stadtplans von Frankfurt a. M. darstelle und jedenfalls unter unerlaubter Benutzung der auf die Herstellung des letzteren verwendeten geistigen Tätigkeit gefertigt sei. Sie hat deshalb, gestützt auf ein von ihr zu den Akten gereichtes Gutachten des Stadtgeometers F. vom 25. August 1902 und unter Hervorhebung verschiedener nach ihrer Ansicht den Nachdruck beweisender Umstände unter dem 30. August 1902 bei der Königlichen Staatsanwaltschaft am Landgericht I zu B. die strafrechtliche Verfolgung des Geschäftsführers des Ph.-Verlages und der Urheber des von dem letzteren herausgegebenen Planes B beantragt.

Auf Antrag der Königlichen Staatsanwaltschaft ist gegen den Geschäftsführer des Ph.-Verlages Dr. L. die gerichtliche Voruntersuchung wegen Nachdrucks eröffnet worden.

Bei seiner hierauf erfolgten verantwortlichen Vernehmung hat der Angeschuldigte Dr. L. bestritten, sich des ihm zur Last gelegten Vergehens schuldig gemacht zu haben. Er behauptet, daß der Ph.-Plan B eine durchaus selbständige und eigentümliche Arbeit sei, und sucht dies in ausführlichen Darlegungen unter Hervorhebung der besonderen Eigentümlichkeiten dieses Planes und der Verschiedenheiten, welche sich zwischen dem letzteren und dem R.'schen Stadtplan vorfinden, zu beweisen. Der Angeschuldigte gibt an, daß bei Herstellung der Ph.-Pläne vor allem stets amtliches Material zu Grunde gelegt werde, daß aber außerdem auch alles irgendwie erhältliche, brauchbare private Material (Adreßbücher, andere Pläne, Führer u. dergl.) angeschafft werde, um dasselbe zum Collationieren zu benutzen und etwaige Unrichtigkeiten und inzwischen eingetretene Veränderungen festzustellen. Sollten sich dann solche Unrichtigkeiten &c. ergeben, so würden in allen Fällen amtliche bezw.

authentische Auskünfte eingeholt oder eigene Richtigstellungen veranlaßt. In dieser Weise seien denn auch die R.'schen Pläne, im vorliegenden Falle insbesondere der R.'sche Stadtplan von Frankfurt a. M. benutzt worden, was nach seiner Auffassung durchaus zulässig sei, da es anderenfalls unmöglich sein würde, auf dem Gebiete der Kartographie irgend welche Fortschritte zu machen.

Der als Zeuge vernommene Zeichner W. hat bekundet, daß er von dem Angeschuldigten Dr. L. im Sommer 1902 den Auftrag zur Herstellung des hier in Frage kommenden Ph.-Planes B erhalten habe, wobei ihm die Anweisung erteilt worden sei, nur amtliches Material zu benutzen. Er habe daher zur Herstellung des Original-Ph.-Planes B hauptsächlich das Meßtischblatt und den Tiefbauamt-Plan der Stadt Frankfurt a. M., den R.'schen Plan aber nur zu dem Zwecke benutzt, um festzustellen, ob irgendwo erhebliche Abweichungen auf demselben sich fänden. Wenn letzteres der Fall gewesen, so sei zur Aufklärung bei der betreffenden amtlichen Stelle recherchiert.

Unter dem 10. Dezember 1902 hat nunmehr der Untersuchungsrichter bei dem Königlichen Landgericht I zu B. die Literarische Sachverständigenkammer um Erstattung eines Gutachtens darüber ersucht,

ob die Ph.-Karte B ein Nachdruck der R.'schen Karte A ist.

Der Tatbestand einer unzulässigen Vervielfältigung liegt nicht vor.

Was zunächst die Schutzberechtigung des R.'schen Stadtplans von Frankfurt a. M. anlangt, so kann dieselbe nicht wohl in Zweifel gezogen werden.

Nach Maßgabe des Gesetzes, betreffend das Urheberrecht an Werken der Literatur und der Tonkunst vom 19. Juni 1901 werden in gleicher Weise wie die Urheber von Schriftwerken und Werken der Tonkunst die Urheber von solchen Abbildungen wissenschaftlicher oder technischer Art, welche nicht ihrem Hauptzwecke nach als Kunstwerke zu betrachten sind, gegen unbefugte Vervielfältigung ihrer Arbeiten geschützt (§ 1 Ziff. 3 des Gesetzes).

Das Gesetz schließt sich in dieser Beziehung im wesentlichen an die Bestimmung des § 43 des früheren Nachdrucksgesetzes vom 11. Juni 1870 an, nach welcher die Schutzvorschriften desselben auch Anwendung finden sollen auf geographische, topographische, naturwissenschaftliche, architektonische, technische und ähnliche Zeichnungen, welche nach ihrem Hauptzwecke nicht als Kunstwerke zu betrachten sind.

Wie nun zu den durch das Gesetz vom 11. Juni 1870 geschützten Zeichnungen stets namentlich auch Landkarten, Globuskarten, Stadtpläne usw. gerechnet wurden, so ist es auch unbedenklich, zu den im § 1 des neuen Gesetzes erwähnten Abbildungen wissenschaftlicher oder technischer Art Landkarten, Stadtpläne und andere kartographische Arbeiten zu zählen, da dieselben jedenfalls ihrem Hauptzwecke nach nicht als Kunstwerke zu betrachten sind, in erster Linie vielmehr den Zweck der belehrenden Einwirkung auf andere verfolgen und deshalb ganz vorzugsweise zu den Abbildungen „wissenschaftlicher oder technischer Art" im Sinne des Gesetzes gehören.

Voraussetzung ihrer Schutzberechtigung ist allerdings, wie schon nach dem früheren Nachdrucksgesetz, daß sie sich als das Erzeugnis einer eigenen geistigen Tätigkeit ihres Urhebers darstellen. Gerade bei Landkarten und Stadtplänen wird eine völlig neue und originelle Schöpfung in den seltensten Fällen vorliegen, da der Umfang der hierzu erforderlichen Tätigkeit ein zu bedeutender ist, als daß er von einem einzelnen Unternehmer immer wieder von Neuem bewältigt werden könnte. Der Herausgeber einer neuen Karte, welche ein altes Kulturgebiet darstellen soll, wird stets gezwungen sein, die vorgeleistete Arbeit früherer Kartographen seiner eigenen Karte zu Grunde zu legen und auf dieser Grundlage weiter zu bauen. Gelingt es ihm aber, aus dem überlieferten Material heraus eine neue Schöpfung zu gestalten, welche von den früheren Arbeiten in wesentlichen Punkten abweicht, sei es in der Hinzufügung neuer wissenschaftlicher Gedanken oder in der Darstellung neuer Gesichtspunkte, oder sei es auch nur in der Vervollständigung oder Ergänzung des überlieferten Materials oder in einer verbesserten Darstellungsweise, so wird man seiner geistigen Arbeit ohne Bedenken den Schutz des Gesetzes gegen unbefugte Ausnutzung zubilligen müssen.

Um nun feststellen zu können, ob der R.'sche Stadtplan von Frankfurt a. M. als eine eigene geistige Schöpfung im Sinne der vorstehenden Ausführungen angesprochen werden kann, müßte der Sachverständigenkammer eigentlich dasjenige Material zugänglich gemacht werden, welches der Bearbeitung dieses Planes zu Grunde gelegen hat; es müßten insbesondere alle früheren Karten und Pläne der Stadt Frankfurt a. M. vorliegen, um an der Hand derselben prüfen zu können, ob die neue Karte gegenüber dem älteren Material einen Fortschritt darstellt.

Nach den Anführungen der Firma R. ist der hier in Frage stehende Plan auf Grund des amtlichen Materials und eigener Abschreitungen zusammengestellt worden, und zwar sollen zu diesem Zweck hunderte von Katasterplänen excerpiert und demnächst reduziert worden sein, um auf diese Weise das Straßennetz in geometrischer Zeichnung zu bestimmen und alsdann die Einzelheiten hineinzuarbeiten.

Es mag dahin gestellt bleiben, ob der R.'sche Plan in der Tat auf die vorbezeichnete Weise zu Stande gekommen ist. Da sich der Nachweis aus dem vorgebrachten Material nicht führen läßt, muß die Originalität des Planes nach dem Eindruck beurteilt werden, welchen derselbe auf den unbefangenen Beschauer macht, und bei dieser Prüfung zeigt der Plan eine saubere, gute Ausführung und läßt in einheitlicher und klarer Weise das Bild der Stadt Frankfurt a. M. mit den angrenzenden Ortschaften erkennen. Es sind vier Farben für den Druck zur Anwendung gekommen und der Beschauer hat den Eindruck, daß die Firma R. sorgsame Arbeit und Kosten zur Herstellung dieses Planes nicht gescheut hat. Die Sachverständigenkammer mußte daher dem R.'schen Plane A den Schutz des Gesetzes zubilligen, und zwar um so mehr, als auf demselben der Name des Mitinhabers der Firma R., Hans R., als des Zeichners des Planes angegeben ist, und deshalb nach § 7 des Gesetzes vom 19. Juni 1901 die Rechtsvermutung Platz greift, daß Hans R. der Urheber dieses Planes ist, d. h. ihn unter Aufwendung eigener, geistig schaffender Tätigkeit hergestellt hat.

Es kann sich demnach jetzt nur darum handeln, ob tatsächlich ein Nachdruck dieses R.'schen Stadtplanes vorliegt.

Unter einem Nachdruck, d. h. einer unzulässigen Vervielfältigung eines geschützten Werkes ist, wie nach dem früheren Nachdrucksgesetz, so auch im Sinne des Gesetzes vom 19. Juni 1901 die im wesentlichen inhaltlich identische Wiedergabe des Originals zu verstehen. Dies gilt insbesondere auch von der Wiedergabe geschützter Abbildungen wissenschaftlicher oder technischer Art im Sinne des § 1 des Gesetzes vom 19. Juni 1901, also auch von der Wiedergabe von geographischen Zeichnungen, Landkarten, Stadtplänen u. dergl., wobei jedoch zu beachten ist, daß die bloße Benutzung der einer topographischen rc. Karte zu Grunde liegenden Messungen, Dimensions- und Situationsangaben für eine im übrigen nach Form, Einrichtung und Zweck von der Originalkarte wesentlich verschiedene Arbeit, wie schon früher, so auch nach dem Gesetz vom 19. Juni 1901 nicht dem Nachdrucksverbot unterliegen kann. Wenn das frühere Reichs-Oberhandelsgericht in seinem Urteil vom 7. Oktober 1873 (Entscheidungen Bd. 11 S. 165 ff.) ausführt, „daß es nicht die Absicht des Gesetzgebers sein könne, die Ergebnisse neuer geographischer oder topographischer Beobachtungen und Aufnahmen in der Weise zum Sondergut der ersten Entdecker, Beobachter und bezw. der Verleger der von diesen ausgearbeiteten Werke werden zu lassen, daß kein anderer Bearbeiter des nämlichen oder eines verwandten Gegenstandes jene Entdeckungen oder Beobachtungen vor Beendigung des Urheber- bezw. Verlagsrechts benutzen dürfte, und daß die an Landkarten täglich zu machende Erfahrung zeige, daß kein Hindernis bestehe, in neue Bearbeitungen derselben Berichtigungen und Vervollständigungen aufzunehmen, welche auf der Grundlage neuer Forschungen rc. beruhen", so gelten diese Erwägungen unbedenklich auch unter der Herrschaft des Gesetzes vom 19. Juni 1901, und zwar um so mehr, als dieses Gesetz im § 13 die ausdrückliche Bestimmung getroffen hat, daß, unbeschadet der ausschließlichen

Befugnisse, die dem Urheber nach § 12 Abs. 2 zustehen, die freie Benutzung seines Werkes zulässig sein soll, wenn dadurch eine eigentümliche Schöpfung hervorgebracht wird.

Es wird also im vorliegenden Falle lediglich darauf ankommen, festzustellen, ob die vom Angeschuldigten Dr. L. an sich nicht in Abrede gestellte Benutzung des R.'schen Stadtplanes von Frankfurt a. M., wie die Firma R. behauptet, in der Tat in einer bis in die Details fast ganz getreuen Wiedergabe dieses Planes bestanden, oder ob lediglich eine erlaubte freie Benutzung des letzteren in der Weise stattgefunden hat, daß unter gleichzeitiger Aufwendung eigener geistiger Tätigkeit in dem Ph.-Plan B eine eigentümliche Schöpfung hervorgebracht ist.

Die Behauptung der Firma R., daß der Ph.-Plan B ein Nachdruck ihres Stadtplans A sei, stützt sich vorwiegend:

1. auf das Gutachten des Stadtgeometers F. vom 25. August 1902, und
2. auf die Fehler, welche in eine nach B. gesandte R.'sche Karte absichtlich hineingezeichnet wurden und von dem Angeschuldigten Dr. L. in die Ph.-Karte B übernommen sein sollen.

Der Stadtgeometer F. hat die Ph.-Karte B mit einem R.'schen Stadtplan im Maßstabe 1 : 10 000 und einem Plane desselben Verlages im Maßstabe 1 : 12 500 verglichen. Nur von dem letzteren Plan ist ein Exemplar den Akten beigefügt, so daß auch nur dieser Plan A der von der Sachverständigenkammer vorgenommenen Vergleichung zu Grunde gelegt werden konnte.

F. behauptet nun, daß die in dem R.'schen Plane A mit punktierten Linien dargestellten sogenannten Alignements, d. h. projektierte Straßen, von dem Angeschuldigten Dr. L. in den Ph.-Plan übernommen seien, da die R.'sche Karte dieselben zum erstenmal veröffentlicht habe. Es beziehen sich diese Alignements auf:

1. die Gemeinde Hausen,
2. die Gemeinde Gimsheim,
3. die Gemeinde Eckenheim,
4. das Alignement nördlich der Mainzer Landstraße,
5. und 6. die Alignements im Planquadrat D—E, 6—7,

7. die Alignements im Planquadrat F—H, 11—12 und
8. die Gemarkung Oberrad.

Mit Ausnahme der unter 5. und 6. aufgeführten Flächen zeigt nun aber der Ph.-Plan in allen Nummern mehr Alignements und größere Flächen als die R.'sche Karte. Es kann also die letztere in dieser Beziehung überhaupt nicht die Quelle sein, aus welcher der Angeschuldigte geschöpft hat. Bei den Nummern 5. und 6. ist aber die Darstellung des Ph.-Plans in der farbigen Behandlung des Geländes und der Wege ebenfalls von der Darstellung der R.'schen Karte nicht unerheblich abweichend.

Zur weiteren Belastung des Angeschuldigten hat F. ferner angeführt, daß:

a) die Darstellung des Frankfurter und besonders des Israelitischen Friedhofes auf dem Ph.-Plan derjenigen des R.'schen Stadtplanes genau entspreche,
b) verschiedene Hausnummern übernommen und
c) mancherlei Flächen, welche der R.'sche Stadtplan fälschlich zeige, auch in den Ph.-Plan aufgenommen seien.

Der Angeschuldigte Dr. L. hat demgegenüber darauf hingewiesen, daß das Original des Ph.-Planes eine von dem R.'schen Plane abweichende Darstellung der Friedhöfe zeige, und daß einer seiner Mitarbeiter die Korrektur nach dem R.'schen Plane wohl nur irrtümlich ausgeführt habe, daß ferner die Hausnummern des Ph.-Planes zum größten Teil dem Adreßbuch entnommen seien, und daß die Behandlung der Flächen, wenn sie auch zum Teil dem R.'schen Stadtplane entnommen sei, doch zum großen Teil dem Plane des Tiefbauamtes und dem Adreßbuch entstamme.

Es ist der Sachverständigenkammer nicht möglich gewesen, in allen Fällen mit Sicherheit festzustellen, aus welcher Quelle die einzelnen Motive zur Herstellung und Berichtigung des Ph.-Planes entnommen sind. Insbesondere hat das von dem Angeschuldigten mehrfach als Quelle seines Planes bezeichnete Adreßbuch der Sachverständigenkammer nicht vorgelegen, sodaß eine Kontrolle der diesbezüglichen Angaben des Angeschuldigten nicht hat vorgenommen werden können.

Allein die Sachverständigenkammer hat hierauf, namentlich mit Rücksicht auf die oben betreffs der zulässigen Benutzung bereits vorhandener Karten und Pläne aufgestellten Grundsätze, kein Gewicht zu legen vermocht; sie ist vielmehr der Ansicht, daß es sich hier nicht um grundlegende, sondern nur um nebensächliche Punkte handelt, die lediglich als Zutaten angesehen werden können und für die Frage des Nachdrucks von keiner ausschlaggebenden Bedeutung sind. Selbst die Falle, welche die Firma R. dem Angeschuldigten Dr. L. dadurch zu stellen versucht haben will, daß sie in das nach B. gesandte Exemplar ihres Planes absichtlich Fehler hineingezeichnet hat, (Verlängerung der elektrischen Bahn in der Glauburgstraße über die Eckenheimer Landstraße hinaus und Anlage einer Straße zwischen Rohrbachstraße und Egenolfstraße), würde, wenn der Angeschuldigte, was nicht erwiesen ist, diese Fehler wirklich übernommen haben sollte, die Sachverständigenkammer zu einer anderen Beurteilung nicht führen können, weil nach dem Gesamtergebnis der vorgenommenen Prüfung des Ph.-Planes dieser letztere dem R.'schen Stadtplan gegenüber trotz der in manchen Punkten erfolgten Anlehnung als eine neue, eigentümliche Schöpfung angesehen werden muß.

Der Ph.-Verlag hat nicht nur den hier vorliegenden Plan der Stadt Frankfurt a. M., sondern auch Pläne verschiedener anderer Städte, von denen die Pläne von Berlin, Bremen, Leipzig, Cöln, München, Dresden und Düsseldorf den Akten beigefügt sind, hergestellt. Während nun die früheren, von anderen Firmen veröffentlichten Stadtpläne und so auch die Stadtpläne des R.'schen Verlages keine mnemotechnischen Hilfsmittel bieten, um die charakteristischen Situationen, Straßen, Plätze usw. in ihrer eigentümlichen Gestaltung schnell in das Gedächtnis aufnehmen zu können, geht der Ph.-Verlag darauf hinaus, auf den von ihm bearbeiteten Stadtplänen die Situation nicht darzustellen, wie sie in Wirklichkeit ist, sondern wie sie scheint, d. h., wie sie der Besucher einer Stadt seinem Gedächtnis einzuprägen pflegt. Es kommt dem Ph.-Verlag also darauf an, in seinen Stadtplänen das Charakteristische hervorzuheben und zwar in der Weise, daß dem Beschauer des Planes ein dem Eindruck aus der Wirklichkeit möglichst nahe kommendes

Bild geboten wird. So werden z. B. die wichtigen Bauwerke einer Stadt größer dargestellt und die belebtesten Straßen breiter angelegt, als sie in Wirklichkeit sind; für die Darstellung der öffentlichen Gebäude wird, entsprechend den Stadtplänen des Mittelalters, die Vogelperspektive gewählt; die Hauptstraßen werden, außer durch eine größere Breite, auch durch die Farbe besonders hervorgehoben, die elektrischen Bahnen durch besondere Signalscheiben unterschieden u. dergl. mehr.

Dieses Verfahren ist von dem Ph.-Verlag auch bei Herstellung seines Stadtplanes von Frankfurt a. M. beobachtet worden. Wie nachgewiesen, ist dieser Plan aus einem vergrößerten Meßtischblatte entstanden; er ist sodann zerschnitten und in der Weise in sich verschoben worden, daß dem Zentrum der Stadt, dem belebtesten Teile, eine größere Fläche zugewiesen ist, als ihm in Wirklichkeit zukommt, und die Häuserblocks eingeschränkt wurden, wodurch es möglich wurde, die Straßen und Plätze daselbst zu erweitern. Nach einer vom Tiefbauamt zu Frankfurt a. M. gelieferten Karte, welche im Verlage des Magistrats im Jahre 1900 erschienen ist, wurde der Ph.-Plan sodann unter gleichzeitiger Benutzung von anderem bereits vorhandenen älteren Kartenmaterial vervollständigt. Zur Erzielung größerer Deutlichkeit sind die Hauptstraßen weiß gelassen, die Nebenstraßen dagegen mit einem grauen Ton überdeckt. Die Hauptgebäude sind durch perspektivische Darstellung und außerdem durch die Farbe in charakteristischer Weise hervorgehoben; bei den elektrischen Bahnen ist durch eingezeichnete Signalscheiben eine leichte Orientierung ermöglicht und bei den Bahnhöfen sind auf einem Planum die Hauptlinien angegeben, auf welchen die Züge verkehren. Königliche Verwaltungen sind durch einen Adler, die Hospitäler durch ein rotes Kreuz, die Postanstalten durch ein Posthorn bezeichnet usw.

Auf diese Weise hat der Ph.-Plan einen durchaus eigenartigen Charakter erhalten, der von der Gesamterscheinung des R.'schen Planes so wesentlich abweicht, daß von einer Identität beider Pläne nicht die Rede sein kann, und da der Ph.-Plan auch in seinen Einzelheiten erheblich von dem R.'schen Plan verschieden ist, so konnte er als eine unzulässige Vervielfältigung des letzteren, selbst wenn ihm derselbe in einzelnen

Teilen als Vorbild gedient haben sollte, nicht angesehen werden. Er mußte vielmehr für eine eigentümliche Schöpfung im Sinne des § 13 des Gesetzes vom 19. Juni 1901 erklärt werden, und es war demgemäß, wie geschehen, die der Sachverständigenkammer vorgelegte Frage zu verneinen.*)

Nr. 14.

Gutachten vom 22. Mai 1903.

Schutzberechtigung von Preisverzeichnissen. Text. Abbildungen.

Die Glashüttenwerke in Firma F. & Z. in D. haben im Jahre 1896 eine „Illustrierte Preisliste" der von ihnen hergestellten Glasapparate und Gläser für Bakteriologie, Chemie, Chirurgie, Elektrotechnik, Medizin, Pharmacie, Photographie, Physik usw. durch ihren Prokuristen Oscar K. herstellen lassen und durch den Druck veröffentlicht.

Im August 1901 haben die Inhaber der zu M. bestehenden Hohlglashüttenwerke in Firma R., Sch. & Co., Fabrikbesitzer R. in M. und Fabrikbesitzer H. ebendaselbst gleichfalls eine „Preisliste" ihrer Fabrikate veröffentlicht, die ebenfalls mit Abbildungen einer großen Anzahl der zum Verkauf angebotenen Waren versehen ist.

Der Inhaber der Firma F. & Z., Fabrikbesitzer Z. behauptet, daß diese Preisliste der Firma R., Sch. & Co. die oben bezeichnete „Illustrierte Preisliste" der Firma F. & Z. fast ganz und bis auf's Wort ähnlich, wenn auch in teilweise anderer Anordnung wiedergebe, und daß insbesondere auch die in ihr enthaltenen Abbildungen fast alle bis auf den Strich mit den F. & Z.'schen Zeichnungen übereinstimmend seien. Der Fabrikbesitzer Z. ist der Ansicht, daß in einer derartigen Benutzung fremder Geistesarbeit das Vergehen des Nachdrucks liege. Er hat deshalb unter dem 28. Januar 1902

---

*) Auf Grund des obigen Gutachtens ist Dr. L. außer Verfolgung gesetzt.

bei der Königlichen Staatsanwaltschaft in G. die strafrechtliche Verfolgung der Inhaber der Firma R., Sch. & Co. beantragt.

Die Beschuldigten haben bei ihrer verantwortlichen Vernehmung bestritten, sich eines strafbaren Nachdrucks schuldig gemacht zu haben. Der Mitbeschuldigte H., welcher die als Nachdruck bezeichnete Preisliste der Firma R., Sch. & Co. zusammengestellt hat, hat zugegeben, daß er bei dieser Zusammenstellung neben vielen anderen Preisverzeichnissen und Katalogen anderer Firmen auch die „Illustrierte Preisliste" von F. & Z. benutzt habe. Er hält aber diese letztere Preisliste, wie alle derartigen Preisverzeichnisse und Kataloge überhaupt nicht für schutzberechtigte geistige Arbeiten, da sie tatsächlich nur eine Aufzählung der in den betreffenden Fabriken gefertigten Artikel enthielten und selbst nur durch Benutzung älterer Geschäftskataloge entstehen könnten, wie denn auch die Firma F. & Z. den Inhalt ihrer „Illustrierten Preisliste" zum großen Teil aus anderen Preisverzeichnissen und dergl. entnommen habe.

Auf Grund eines von dem Disponenten der Firma v. P. Glashüttenwerke Hugo K. in C. erstatteten Gutachtens, welches einen Nachdruck für vorliegend erachtet, ist sodann unter dem 4. Juni 1902 von der Königlichen Staatsanwaltschaft gegen die beiden Beschuldigten wegen vorsätzlichen Nachdrucks der F. & Z.'schen Preisliste die öffentliche Klage erhoben worden.

Nach wiederholter Hauptverhandlung und nach Einholung eines Gutachtens des von den Angeklagten als Gegen-Sachverständiger in Vorschlag gebrachten Patentanwalts Dr. A.-K. zu G. hat die Strafkammer 3 des Königlichen Landgerichts zu G. am 3. Dezember 1902 beschlossen, ein Gutachten der Literarischen Sachverständigenkammer darüber zu erfordern:

> ob der Katalog der Firma F. & Z. hinsichtlich des deutschen bezw. englischen Inhalts und der Abbildungen ein schutzberechtigtes Schriftwerk darstellt.

Nachdem sodann noch eine weitere Beweisaufnahme über die Entstehung der Abbildungen der F. & Z.'schen Preisliste sowie über den Ursprung der in der Preisliste der Angeklagten enthaltenen Abbildungen stattgefunden hat, ist nunmehr an die Literarische Sachverständigenkammer das Ersuchen um Abgabe des in dem Beweisbeschluß vom 3. Dezember 1902 bezeichneten Gutachtens ergangen.

Die Sachverständigenkammer mußte sich unbedenklich dahin aussprechen, daß die „Illustrierte Preisliste" der Firma F. & Z. als ein schutzberechtigtes Schriftwerk im Sinne des § 1 des Gesetzes, betreffend das Urheberrecht an Werken der Literatur und der Tonkunst vom 19. Juni 1901 nicht anzusehen ist.

Die „Illustrierte Preisliste" der Firma F. & Z. enthält zunächst auf XX Seiten außer dem Titelblatt und einer die geographische Lage des Sitzes der Firma veranschaulichenden Kartenskizze in deutscher und englischer Sprache ein Vorwort (Preface) und die Verkaufsbedingungen (Terms of sale) der Firma und sodann ein ausführliches, ebenfalls in beiden Sprachen abgefaßtes Sachregister (Index). Das darauf folgende eigentliche Preisverzeichnis enthält, wie es in dem Vorwort heißt, auf 122 Seiten „die Aufzeichnungen der hauptsächlichsten Erzeugnisse der Firma in den gangbarsten Größen mit den dafür eingestellten Preisen". Auch diese Aufzeichnungen sind in deutscher und englischer Sprache gemacht; sie beschränken sich fast durchgängig auf die einfache Bezeichnung der einzelnen Fabrikate, ihrer Größen- und Maßverhältnisse und der für sie geforderten Preise, und nur ganz ausnahmsweise, z. B. auf Seite 122, sind auch kurzgefaßte Beschreibungen einzelner Fabrikate beigefügt, die jedoch den Raum von wenigen Zeilen nicht überschreiten.

Zur Illustration der Preisliste sind, fast auf jede Seite derselben verteilt, 396 bildliche Darstellungen einzelner Fabrikate (Schalen, Gläser, Flaschen usw.) beigefügt.

Bei der Beantwortung der Frage, ob diese Preisliste sich in ihrer Gesamtheit als ein gegen unbefugte Vervielfältigung geschütztes Schriftwerk im Sinne des jetzt auf den vorliegenden Fall allein anwendbaren Gesetzes vom 19. Juni

1901 darstellt, wird man zunächst den Text der Preisliste d. h. das eigentliche Schriftwerk und sodann die demselben beigefügten Abbildungen einer besonderen Prüfung in Bezug auf ihre Schutzberechtigung unterziehen müssen.

Was zunächst den Text der F. & Z.'schen Preisliste anlangt, so ist darauf hinzuweisen, daß das Gesetz vom 19. Juni 1901 ebenso wie es das frühere Nachdrucksgesetz vom 11. Juni 1870 getan, seinen Schutz gegen unbefugte Vervielfältigung nur „Schriftwerken" gewährt, d. h. nur solchen literarischen Erzeugnissen, welche sich als Ausfluß einer individuellen geistigen Tätigkeit darstellen. Ob dies zutrifft, wird in jedem einzelnen Fall wesentlich auf Grund einer eingehenden Würdigung der tatsächlichen Verhältnisse zu entscheiden sein. Es ist hierbei zu beachten, daß allerdings der geistige Wert der Arbeit für die Frage der Schutzberechtigung nicht entscheidend ist, eine individuelle geistige Tätigkeit sich vielmehr auch auf untergeordneten Gebieten in einer vollkommen selbständigen Weise äußern und namentlich auch in einer eigenartigen Auswahl, Anordnung und Formgebung bereits vorhandenen Stoffes hervortreten kann. Auch für die Anwendung des Gesetzes vom 19. Juni 1901 gilt noch heute der Ausspruch des früheren Preußischen Obertribunals, daß „der Begriff eines schutzberechtigten literarischen Erzeugnisses durch den literarischen Wert, den inneren Gehalt der Arbeit nicht berührt wird. Denn das Autorrecht besteht an den literarischen Erzeugnissen als solchen; schlecht oder ausgezeichnet, fallen sie gleichmäßig in diese Kategorie, und die rechtliche Beurteilung eines ursprünglichen Geistesproduktes kann nicht nach subjektiven Gesichtspunkten, sondern nur nach objektiven Merkmalen erfolgen." (Erkenntnis vom 7. November 1861; Oppenhoff, Rechtsprechung des Obertribunals, Bd. II S. 41).

Andererseits muß aber stets daran festgehalten werden, daß alle solche Erzeugnisse, in denen sich überhaupt keine schöpferische geistige Tätigkeit manifestiert, von dem Schutze des Gesetzes ausgenommen sind. Der seiner Zeit dem Reichstag vorgelegte Entwurf des Nachdrucksgesetzes vom 11. Juni 1870 hatte dies in seiner Begründung (Motive S. 25) ausdrücklich hervorgehoben und als solche nicht gegen Nachdruck geschützte Schriften „amtliche und nichtamtliche öffentliche Anzeigen und Nachrichten aller Art, selbst wenn sie, wie Festprogramme, Theaterzettel, Lektionskataloge usw. eine Reihe von Ereignissen und Tatsachen fortlaufend ankündigen", aufgeführt. Aus diesen Gründen hat die feststehende, auch von der Rechtsprechung gebilligte Praxis des früheren Sachverständigenvereins und dementsprechend auch die Sachverständigenkammer bereits wiederholt solchen Waren- und Preisverzeichnissen den Schutz gegen Nachdruck versagt, bei denen es sich, wie bei Anzeigen und Ankündigungen aller Art, nur darum handelte, bestimmte Tatsachen zur öffentlichen Kenntnis zu bringen, nämlich dem Publikum mitzuteilen, welche Waren von einem bestimmten Kaufmann oder Fabrikanten bezogen werden können und welche Preise für dieselben verlangt werden. Nur dann, wenn solche Preisverzeichnisse außer der Aufstellung von Tatsachen und neben der Aufzählung der Waren mit Preisangabe auch eingehendere allgemein belehrende Ausführungen enthielten, ist ihrem Texte die Schutzberechtigung zugebilligt worden.

An diesen Grundsätzen (vgl. Rechtsprechung des Reichsgerichts in Strafsachen, Bd. 10 S. 728; Blum's Annalen des Reichsgerichts in Strafsachen, Bd. 10 S. 119; Entscheidungen des Reichsgerichts in Strafsachen, Bd. 17 S. 195; Bd. 33 S. 129*) ist auch bei Anwendung des neuen Urheberrechtsgesetzes vom 19. Juni 1901 festzuhalten, und wenn man nun unter Beachtung dieser Grundsätze den Text der F. & Z.'schen „Illustrierten Preisliste" einer näheren Prüfung unterzieht, so kann man demselben unter keinen Umständen die Eigenschaft eines auf eigener schöpferischer Tätigkeit beruhenden Schriftwerks zubilligen.

Wie bereits oben hervorgehoben ist, hat die Firma F. & Z. — um mit ihren eigenen Worten zu reden (Seite V) — es in ihrer Preisliste versucht, „ihre hauptsächlichsten Erzeugnisse in deren gangbarsten Größen zu benennen und Preise dafür einzustellen." Auf diese Aufzählung ihrer Fabrikate mit Preisangabe hat sie sich fast durchweg beschränkt, und nur bei einigen wenigen Fabrikaten sind einige beschreibende Worte hinzugefügt. So heißt es auf Seite 53 unter Nr. 301:

---

*) Vgl. Urt. d. RG. v. 5. Juli 1906 (Entsch. in Straff. Bd. 39 S. 100).

> Exsiccatoren, Trocken-Apparate nach C. Reinhardt. Dieser Exsiccator zeichnet sich vor anderen Konstruktionen dadurch aus, daß der ganze Innenraum ausgenutzt werden kann und das Herabfallen des luftdicht aufgeschliffenen Deckels durch den nach oben gebogenen Rand vermieden wird; der Apparat ist leicht transportabel.
>
> Das Trockenmittel findet Aufnahme in dem sich oben am Exsiccator befindlichen, den Trockenraum umgebenden Behälter,

und auf Seite 122 unter Nr. 799:

> Vacuum-Apparate, von weißem Glase, bestehend aus zwei halbkugelförmigen Schalen, die mittels breiter, planer Räder aufeinander geschliffen sind. Die obere Schale ist mit ausgebohrtem Hals (Tubus) versehen.

Die wenigen derartigen etwas ausführlicheren Warenbezeichnungen fallen aber der sonstigen großen Masse kurzer einfacher Warenbenennungen gegenüber bei der Beurteilung des Textes nicht ins Gewicht; der Gesamt-Text besteht eben doch immer nur in einer Aufzählung und möglichst kurzen, prägnanten Bezeichnung der zum Verkauf angebotenen Fabrikate und in der Beifügung der nach ihrer Größe, ihren Maßverhältnissen und ihrer sonstigen Ausführung verschiedenen Preise.

Es soll durchaus nicht verkannt werden, daß zur Herstellung einer solchen Warenaufzeichnung ein gewisses technisches Verständnis und eine Kenntnis der betreffenden Warengattungen notwendig gehört; im wesentlichen beruht aber diese Aufzeichnung auf einer lediglich mechanischen Arbeit, die, wenn sie auch Zeit und Mühe kostet, eine schöpferische geistige Tätigkeit in keiner Weise erfordert und dem betreffenden Preisverzeichnis nicht den mindesten Anspruch auf die Eigenschaft eines schutzberechtigten Schriftwerks im Sinne des Gesetzes gewähren kann.

Nun könnte allerdings noch in Frage kommen, ob etwa durch die Übersetzung der deutschen Warenbezeichnungen und sonstigen Zusätze dem F. & Z.'schen Preisverzeichnis der

Charakter eines auf eigener Urhebertätigkeit beruhenden Schriftwerks verschafft worden ist.

Allein auch dies ist zu verneinen. Wie das Reichsgericht in seinem Erkenntnis vom 12. März 1900 (Entscheidungen in Strafsachen, Bd. 33 S. 129) ausdrücklich hervorgehoben hat, kann nicht anerkannt werden, daß jede Übersetzung in eine fremde Sprache ohne Unterschied dessen, was übersetzt wird, als Schriftwerk angesehen werden muß. Es muß vielmehr auch hier je nach der Lage des Einzelfalles entschieden werden, ob die Übersetzung auf einer eigenen geistigen Tätigkeit beruht. Im vorliegenden Falle haben nun unzweifelhaft die kurzen deutschen Warenbezeichnungen des F. & Z.'schen Preisverzeichnisses ohne selbständige, dem Übersetzer besonders eigene oder gar schöpferische Geistestätigkeit übersetzt werden können. Es handelt sich hier lediglich um eine wortgetreue Übertragung des deutschen Textes, die von Jedermann, der nur halbwegs der englischen Sprache mächtig ist, unter Zuhülfenahme eines deutsch-englischen Wörterbuches hergestellt werden konnte. Zur Wiedergabe der Worte:

„Abdampfschalen, halbkugelförmig, von weißem Glase mit fein verschliffenen Rändern"

in:

„Evaporating Basins, hemispherical, of white glass with polished edge",

oder der Worte:

„Brausepulvergläser, achteckig, von starkem weißen Glase"

in:

„Effervescent powder bottles, octogonal of stout white glass",

oder der Ausdrücke: Wasserinhalt, Bodendurchmesser, halbweiß, weiß, braun oder blau in: capacity, bottom diameter, half white, white und brown or blue

bedurfte es in der Tat keiner geistigen Arbeit, die im Sinne des Gesetzes dieser Übersetzung den Charakter eines schutzfähigen Schriftwerks verleihen könnte.

Es kann sich demnach jetzt nur noch um die Prüfung der Frage handeln, ob die in dem F. & Z.'schen Preisverzeichnis enthaltenen Abbildungen als schutzberechtigte Abbildungen im Sinne des § 1 Ziff. 3 des Gesetzes vom 19. Juni 1901 angesehen werden können.

Nach dieser Bestimmung sollen gegen unbefugte Vervielfältigung geschützt sein die Urheber von solchen Abbildungen wissenschaftlicher oder technischer Art, welche nicht ihrem Hauptzwecke nach als Kunstwerke zu betrachten sind. Der gesetzliche Schutz ist also zunächst von der Voraussetzung abhängig gemacht, daß die Abbildungen nicht, wie die Werke der bildenden Künste, einen wesentlich künstlerischen Inhalt haben und eine künstlerische Idee mit der Bestimmung zur sinnlichen Anschauung bringen wollen, auf das ästhetische Gefühl des Beschauers zu wirken. Trifft letzteres zu, so findet lediglich das Gesetz, betreffend das Urheberrecht an Werken der bildenden Künste vom 9. Januar 1876 Anwendung. Dem Schutze des Gesetzes vom 19. Juni 1901 unterstehen nur diejenigen Abbildungen, welche „wissenschaftlicher oder technischer Art" sind, d. h. in erster Linie einen wissenschaftlichen oder technischen Begriff versinnlichen und somit vermöge ihres Gegenstandes vorwiegend eine wissenschaftliche oder technische Bestimmung haben und demgemäß den Zweck der Belehrung verfolgen.

Allerdings ist dieser Belehrungszweck, wie das Reichsgericht in seinem Urteil vom 15. November 1901 (Entscheidungen in Strafsachen, Bd. 34, S. 431) ausgeführt hat, zur gesetzlichen Voraussetzung des Schutzes gegen unbefugte Vervielfältigung nicht in der Weise zu machen, daß er in jedem Einzelfalle in der Person des Urhebers der betreffenden Abbildung zutreffen müsse, sondern lediglich im Sinne einer der fraglichen Abbildung „ihrer inneren Natur nach" immanenten Eigenschaft, also im Sinne ihrer objektiven Beschaffenheit zu verwerten. Die Abbildungen, welche auf den Schutz des Gesetzes vom 19. Juni 1901 Anspruch erheben wollen, müssen also jedenfalls die Eigenschaft belehrender Darstellungen an sich tragen, wobei zu beachten ist, daß es sich nicht um eine wissenschaftliche Belehrung im strengeren Sinne zu handeln braucht, eine belehrende Eigenschaft vielmehr auch solchen Zeichnungen und Abbildungen innewohnen kann, welche, wie z. B. Zeichnungen von gewerblichen Erzeugnissen, Maschinen,

Instrumenten u. dergl. einer mehr untergeordneten Sphäre angehören.

Wesentliche Voraussetzung des Schutzes auch solcher Zeichnungen von objektiv belehrendem Charakter ist aber ferner, daß diese Darstellungen (Abbildungen) einer individuellen geistigen Tätigkeit ihres Urhebers ihre Entstehung verdanken. Sie müssen auf einer schöpferischen Geistesarbeit, sei es auch einer solchen geringeren Grades, beruhen und können deshalb des gesetzlichen Schutzes jedenfalls dann nicht teilhaftig werden, wenn sie, wie das Reichsgericht in seinem auch jetzt noch durchaus zutreffenden Urteil vom 8. März 1887 (Entscheidungen in Strafsachen, Bd. 15, S. 408) ausgeführt hat, „nichts weiteres enthalten, als eine, der geistigen Bearbeitung entbehrende Darstellung allgemein bekannter und deshalb als Gemeingut der gesamten Industrie zu bezeichnender Einrichtungen", oder wenn überhaupt ein darstellerischer Gedanke, ein geistiges Schaffen zu ihrer Herstellung nicht erforderlich war.

Wenn aber in einer Abbildung wissenschaftlicher oder technischer Art eine belehrende Eigenschaft und zugleich eine auf eigener geistig schaffender Tätigkeit beruhende Formgestaltung zu erkennen ist, so wird die Schutzberechtigung derselben an sich dadurch nicht beseitigt, daß sie zugleich den Zwecken der gewerblichen Reklame dienen soll. Dies gilt insbesondere für diejenigen Abbildungen technischer Art, welche sich in Preisverzeichnissen, Warenkatalogen und anderen gewerblichen Ankündigungen ähnlicher Art vorfinden. In voller Übereinstimmung mit der Rechtsprechung des Reichsgerichts hat der frühere literarische Sachverständigenverein sich stets dahin ausgesprochen, daß belehrende Abbildungen technischer Art nicht lediglich um deswillen schutzlos sind, weil sie in Preisverzeichnissen u. dergl. enthalten und dadurch zugleich zur Anregung der Kauflust und als Hülfsmittel beim Handel verwendet werden, und auch die Literarische Sachverständigenkammer hat sich bereits in wiederholten Fällen in gleichem Sinne geäußert. Es ist aber hierbei stets ausdrücklich betont worden, daß die in Warenkatalogen, Preisverzeichnissen u. dergl. enthaltenen Abbildungen jedenfalls dann nicht unter das Urheberrechtsgesetz vom 19. Juni 1901 fallen, wenn sie sich weder als das Erzeugnis einer eigenen geistigen Tätigkeit ihres Urhebers, noch objektiv als Darstellungen belehrenden Inhalts charakterisieren, sondern als bildliche Wiedergaben der zum Kauf angebotenen Gegenstände lediglich den Zweck industrieller Warenanpreisung verfolgen.*)

Wenn man von diesen Gesichtspunkten aus die Abbildungen des F. & Z.'schen Preisverzeichnisses einer näheren Prüfung unterzieht, so kann ihnen der Schutz des Gesetzes vom 19. Juni 1901 offenbar nicht zugebilligt werden.

Zwar sind sie jedenfalls ihrem Hauptzwecke nach nicht als Kunstwerke anzusehen, da sie sicherlich nicht künstlerische Ideen behufs einer Einwirkung auf das ästhetische Gefühl ihres Beschauers versinnlichen sollen. Allein sie sind andererseits durchweg auch keine Abbildungen „wissenschaftlicher oder technischer Art" in dem oben angegebenen gesetzlichen Sinne, weil ihre Herstellung offenbar auf einer eigenen geistig schaffenden Tätigkeit nicht beruht, und weil ihnen irgend welche belehrende Eigenschaft nicht innewohnt.

Was zunächst die Herstellung der Abbildungen anlangt, so soll dieselbe nach der Bekundung des Teilhabers der Firma H. in L. mit Druckstöcken (Klischees) erfolgt sein, welche von dieser Firma im Auftrage von F. & Z. zum Teil nach sogenannten Naturmustern, zum Teil nach Pappmodellen und zeichnerischen Skizzen angefertigt worden sind. Demgegenüber steht aber die Tatsache, daß die Abbildungen des F. & Z.'schen Preisverzeichnisses, wie von dem Sachverständigen Dr. A.-K. in seinem Gutachten vom 10. November 1902 zutreffend hervorgehoben ist, sich in ganz erheblicher Zahl bereits in älteren Preisverzeichnissen und Warenkatalogen anderer Glashüttenwerke und ähnlicher Geschäfte in identischer oder überaus ähnlicher Ausführung vorfinden.

So befindet sich, um hier nur einige Beispiele hervorzuheben, die Abbildung eines sog. Rippen-Trichters unter Nr. 749 des F. & Z.'schen Preisverzeichnisses in genau derselben Größe und Ausführung auf Seite 42 des im Jahre 1895 veröffentlichten Preisverzeichnisses der v. P.'schen Glashüttenwerke und,

*) Vgl. Urt. des RG. vom 8. Juli 1902, Entsch. in Straff. Bd. 35 S. 328; 5. Juli 1906, ebenda Bd. 39 S. 100; 29. Oktober 1906, ebenda Bd. 39 S. 229.

allerdings etwas größer, im übrigen aber ebenfalls vollkommen identisch, auf Seite 113 des im Jahre 1895 erschienenen Katalogs von W., O. & Co., während die auf Seite 2 des F. & Z.'schen Preisverzeichnisses befindlichen, mit den Nummern 7a und 7b bezeichneten Abbildungen zweier Allongen (Vorstöße) in gleicher Ausführung auch bereits in dem Katalog der Firma W., O. & Co. vom Jahre 1885 auf Seite 7 enthalten sind. Dasselbe gilt von der uhrglasförmigen Abdampfschale (F. & Z. Seite 1 — W., O. & Co. Seite 5); der Gaswaschflasche nach Bunsen (F. & Z. Seite 85 — W., O. & Co. Seite 62); den Beobachtungs- und Luftpumpenglocken (F. & Z. Seite 86, 88 — W., O. & Co. Seite 85); den Kochflaschen (F. & Z. Seite 95, 96 — W., O. & Co. Seite 85); den Urinflaschen (F. & Z. Seite 120 Nr. 784, 786 und 787 — W., O. & Co. Seite 50) und von vielen — um nicht mit dem Sachverständigen Dr. A.-K. zu sagen: den meisten — anderen Abbildungen des F. & Z.'schen Preisverzeichnisses, die, wenn sie auch vielfach durch Vergrößerung oder Verkleinerung oder eine andere Stellung bei der Aufnahme von den entsprechenden Darstellungen früherer Kataloge in Einzelheiten abweichen, den letzteren doch in ihrer wesentlichen charakteristischen Gestaltung derart ähnlich sind, daß sie als Erzeugnisse eigener geistig schaffender Tätigkeit nicht angesehen werden können.

Selbst wenn man ihnen aber diese Eigenschaft zuerkennen wollte, würden sie doch auf den gesetzlichen Schutz gegen Nachdruck um deswillen keinen Anspruch erheben können, weil sie jedenfalls keine „belehrenden" Darstellungen in dem oben angegebenen Sinne sind. Daß sie sich nicht dazu eignen, über die Anfertigung der dargestellten Schalen, Gläser, Flaschen usw. zu belehren oder als Muster oder Modelle für derartige Gegenstände zu dienen, liegt auf der Hand, und ebensowenig können sie etwa über den Gebrauch und die Benutzung der dargestellten Waren Anweisung geben. Durchaus zutreffend hat der Sachverständige Dr. A.-K. in seinem Gutachten vom 10. November 1902 hervorgehoben, daß ein Käufer, dem z. B. ein Gasometer, dessen Glasteile durch die Abbildung 497/498 auf Seite 85 des F. & Z.'schen Preisverzeichnisses dargestellt sind, noch nicht bekannt wäre, aus dieser Abbildung keinerlei Belehrung würde entnehmen können, sondern nur eine Flasche und eine Glocke sehen würde, und dies gilt durchweg auch von allen anderen Abbildungen und selbst von der auf Seite 53 des F. & Z.'schen Preisverzeichnisses befindlichen Abbildung eines angeblich gesetzlich geschützten Exsiccators, die an und für sich betrachtet und ohne die beigefügte Beschreibung irgend welche Belehrung über die praktische Anwendung dieses Trocken-Apparates nicht würde bieten können.

So stellen sich denn sämtliche im F. & Z.'schen Katalog enthaltene Abbildungen lediglich dar als bildliche Wiedergaben der von der gedachten Firma hergestellten und zum Verkauf gehaltenen Waren, die ausschließlich den Zweck industrieller Warenanpreisung verfolgen und demnach als „schutzberechtigte Abbildungen wissenschaftlicher oder technischer Art" im Sinne des Gesetzes nicht anzusehen sind.

Ist dies aber der Fall, so muß die der Sachverständigenkammer vorgelegte Frage, ob der Katalog der Firma F. & Z. hinsichtlich seines deutschen bezw. englischen Textes und seiner Abbildungen ein schutzberechtigtes Schriftwerk im Sinne des Gesetzes darstellt, wie geschehen, unbedingt verneint werden.*)

Nr. 15.

Gutachten vom 28. November 1902.

Schutzberechtigung und unzulässige Vervielfältigung des Textes und der Abbildungen einer Preisliste. Veränderung des Maßstabes. Beifügung von Abbildungen zur Erläuterung des Inhalts eines Schriftwerks.

Der Fabrikant K. zu Ch., der die Fabrikation physikalischer und chemischer Apparate und Gerätschaften betreibt und sich insbesondere mit der Herstellung von Einrichtungsgegenständen physikalischer Lehr- und Vorbereitungszimmer beschäftigt, hat in einem, seiner Angabe nach auf Grund eingehenden Studiums

*) Das Gericht hat auf Grund dieses Gutachtens die Angeklagten freigesprochen. Die gegen das freisprechende Urteil von den Nebenklägern eingelegte Revision ist vom Reichsgericht verworfen.

der einschlägigen wissenschaftlichen Werke von Weinhold, Frick, Wiedemann, Helmholtz, Kolbe, Tyndau, Eisenlohr u. a., ausgearbeiteten Preisverzeichnis Nr. 12 a seine diesbezüglichen Fabrikate in Wort und Bild angekündigt.

K. behauptet, daß der Mechaniker und Optiker G. in B. dieses Preisverzeichnis in seiner Preisliste Nr. 14 in vielfacher Beziehung ausgebeutet habe, indem er insbesondere:

1) die Tafel III des K.'schen Preisverzeichnisses, welche einen Grundriß der Einrichtung eines physikalischen Lehr-, Vorbereitungs- und Sammlungszimmers darstellt, mit ihren minutiösesten Einzelheiten in kleinerem Maßstabe nachgedruckt,

2) den auf Tafel I des K.'schen Verzeichnisses gezeichneten Experimentiertisch mit einer geringfügigen Abänderung auf Blatt 1 der seiner Preisliste anliegenden Tafeln nachgebildet,

3) die auf Tafel II des K.'schen Verzeichnisses gezeichnete Verfinsterungsvorrichtung auf Blatt 2 der Anlagen seiner Preisliste identisch wiedergegeben,

4) die im Text befindlichen K.'schen Zeichnungen 8 und 7 (Seite 5) in den Figuren 5 und 6 auf Seite 10 seines Preisverzeichnisses kopiert und endlich auch

5) den Text auf Seite 2 des K.'schen Preisverzeichnisses auf Seite 9 seiner Preisliste unter Vornahme einzelner Abkürzungen nachgedruckt

habe. K. hat deshalb unter dem 25. März 1902 gegen G. bei dem Königlichen Landgericht I zu B. Klage erhoben mit dem Antrage,

> den Beklagten kostenpflichtig zu verurteilen, den weiteren Vertrieb seiner Preisliste Nr. 14 zu unterlassen und die bereits im Verkehr befindlichen Exemplare derselben aus dem Verkehr zu ziehen, sowie auf Einziehung der vorrätigen Nachdrucksexemplare und der zu ihrer widerrechtlichen Vervielfältigung ausschließlich bestimmten Vorrichtungen zu erkennen.

Der Beklagte hat die Abweisung der Klage beantragt. Er hat zunächst die Schutzberechtigung des K.'schen Preisverzeichnisses im allgemeinen bestritten, weil dasselbe lediglich dem Reklamezweck diene und keine belehrenden Darstellungen enthalte. Im einzelnen hat er auf die Behauptungen der Klage folgendes erwidert:

1) Der in seiner Preisliste befindliche Grundriß des physikalischen Lehr-, Vorbereitungs- und Sammlungszimmers sei nicht dem klägerischen Preisverzeichnis, sondern dem im Jahre 1896 erschienenen Katalog der Firma M.-Fr. in D. über Physik und Chemie entnommen;

2) seine Zeichnung eines Experimentiertisches sei nach einem Experimentiertisch gefertigt, welchen er auf Aufforderung des Stadtbauinspektors W. hergestellt habe, wobei er für die äußere Gestaltung und Einrichtung das im Jahre 1881 erschienene Lehrbuch der Experimentalphysik von Weinhold benutzt habe. Der Beklagte hat hierbei auf verschiedene Abweichungen seiner Zeichnung von der klägerischen Abbildung im einzelnen hingewiesen;

3) die Zimmerverdunkelung sei in ihren einzelnen Teilen ebenfalls nach dem Weinhold'schen Lehrbuch ausgeführt, und ihre zeichnerische Darstellung sei gleichfalls in verschiedenen Einzelheiten von der klägerischen Zeichnung abweichend;

4) die Figuren 5 und 6 auf Seite 10 seines Preisverzeichnisses seien nach einer von ihm selbst gefertigten Handzeichnung in augenfälliger Verschiedenheit von den entsprechenden klägerischen Zeichnungen gefertigt.

Der Kläger hat diese Angaben des Beklagten im einzelnen zu widerlegen versucht. Insbesondere hat er bestritten, daß der im Preisverzeichnis des Beklagten enthaltene Grundriß des physikalischen Lehr-, Vorbereitungs- und Sammlungszimmers aus dem Kataloge von M.-Fr. entnommen sei. Letztere Firma stelle Einrichtungen derartiger Zimmer überhaupt nicht her, sondern beziehe sie seit langer Zeit von ihm, dem Kläger, und habe auch die fragliche Zeichnung lediglich seinem Preisverzeichnis entnommen. Bezüglich des Experimentiertisches hat Kläger sodann ein besonderes Verzeichnis der Verschiedenheiten aufgestellt, welche sich zwischen dem Weinhold'schen Tisch und der in den Katalogen der Parteien befindlichen Zeichnungen vorfinden, und endlich bezüglich der Verdunkelungsvorrichtung darauf hingewiesen, daß zwischen seiner und des

Beklagten Zeichnung eine Übereinstimmung vorliege, zu welcher der Beklagte lediglich auf Grund der Weinhold'schen Beschreibungen, von denen die klägerische Zeichnung wesentlich abweiche, unmöglich habe gelangen können.

Unter dem 2. Oktober 1902 hat die 7. Zivilkammer des Königlichen Landgerichts I zu B. beschlossen, durch Einholung eines Gutachtens der Literarischen Sachverständigenkammer Beweis zu erheben über folgende Behauptungen:

1. des Klägers:
   a) Stellen sich die Abbildungen und der beschreibende Text in der Preisliste des Klägers als Produkte wissenschaftlicher Arbeit dar, ausgearbeitet insbesondere auf Grund eingehenden Studiums der Werke von Weinhold, Wiedemann, Helmholtz, Kolbe, Tyndall und Eisenlohr?
   b) Sind die Abbildungen und der Text in der Preisliste des Beklagten, wie sie in der Klage unter den Nummern 1—5 angegeben sind, als Nachdruck aus der klägerischen Preisliste anzusehen?
2. des Beklagten:
   a) Ist die Abbildung auf Tafel III der Preisliste des Beklagten ein Abdruck von dem Katalog von M.-Fr. in D.?
   b) Ist die Abbildung des Experimentiertisches auf Bl. 1 der der Preisliste des Beklagten anliegenden Tafeln der Gestaltung und Einrichtung nach aus dem Lehrbuch von Weinhold (1881) entnommen?
   c) Ist auch die Einrichtung der Zimmerverdunkelung (Bl. 2 der Anlagen der Preisliste des Beklagten) aus dem erwähnten Lehrbuch von Weinhold entnommen?

Es konnte einem Bedenken nicht unterliegen, daß das Preisverzeichnis des Klägers sich in seiner Gesamtheit als das Produkt eigener geistiger Arbeit darstellt, und daß die Abbildungen der Preisliste des Beklagten, wie sie in der Klage unter den Nummern 1—3 angegeben sind, als unzulässige

Vervielfältigungen aus dem klägerischen Preisverzeichnisse anzusehen sind.

Was zunächst die Schutzberechtigung der K.'schen Preisliste anlangt, so hat bereits der frühere literarische Sachverständigenverein in voller Übereinstimmung mit der Rechtsprechung des Reichsgerichts sich wiederholt dahin ausgesprochen, daß denjenigen Preisverzeichnissen, welche vorwiegend auf der rein mechanischen Tätigkeit des zweckmäßigen Zusammenstellens der einzelnen Waren-Kategorien und deren Preise und in der Beifügung entsprechender bildlicher Veranschaulichungen der zum Verkauf angezeigten Waren bestehen, als schutzberechtigte Schriftwerke nicht angesehen werden können, weil sie ein wirkliches geistiges Schaffen in keiner Weise dokumentieren. Andererseits ist aber stets anerkannt, daß sowohl dem illustrativen wie dem beschreibenden Teil eines Preisverzeichnisses sehr wohl die Schutzberechtigung zugesprochen werden kann, wenn die betreffenden Abbildungen oder der beschreibende Text vermöge ihres belehrenden Charakters sich als Erzeugnisse einer selbständigen Geistestätigkeit ihres Autors darstellen. So hat, um nur ein Beispiel anzuführen, der frühere literarische Sachverständigenverein s. Z. einen Katalog über Apparate und Utensilien zu bakteriologischen Zwecken gegen Nachdruck geschützt, weil Text und Abbildungen desselben in ausführlicher belehrender Besprechung und in sorgfältig und fachkundig ausgeführten zeichnerischen Darstellungen ein nahezu vollständiges Bild von dem für die Bakteriologie bestimmten Apparatenschatz gewährten und deshalb als Erzeugnisse einer eigenen geistigen Tätigkeit ihres Autors angesehen werden mußten.*) Auch das Reichsgericht hat in einem neuerdings ergangenen Erkenntnis vom 15. November 1901 (Entscheidungen in Strafsachen Bd. 34 S. 431 ff.) sich unzweideutig dahin ausgesprochen, daß Preisverzeichnisse und die in ihnen befindlichen Abbildungen nicht lediglich um deswillen schutzlos seien, weil sie zur Anregung der Kauflust und hierdurch als Hülfsmittel beim Handel dienen sollen, sondern daß es für die Frage der Schutzberechtigung wesentlich darauf ankomme, ob Text und

*) Gutachten vom 18. August 1887. (Dambach, 50 Gutachten S. 116 ff.).

Abbildungen der Preisverzeichnisse sich als Erzeugnisse eigener individueller geistiger Tätigkeit des Urhebers darstellen, und ob ihnen die objektive Eigenschaft und Tauglichkeit, eine Belehrung zu bieten, innewohnt.

Wenn man von diesen Gesichtspunkten aus das K.'sche Preisverzeichnis über Einrichtungsgegenstände des physikalischen Lehr- und Vorbereitungszimmers einer näheren Prüfung unterwirft, so wird man kein Bedenken tragen können, dasselbe in seiner Gesamtheit für schutzberechtigt zu erklären.

Der Kläger K. hat es sich zur Aufgabe gestellt, den Baubehörden und Lehrern, welche der Einrichtung eines physikalischen Lehr- und Vorbereitungszimmers näher treten, unter Berücksichtigung der neuesten Fortschritte der Experimentalphysik und der Entwickelung der physikalischen Lehrtechnik eine eingehende Zusammenstellung der Einrichtungsgegenstände eines solchen Zimmers zu geben, diese Gegenstände selbst im einzelnen sachgemäß zu beschreiben und nach Möglichkeit durch sorgfältig ausgeführte Zeichnungen zu erläutern und dabei zugleich zur Erleichterung der Kostenveranschlagung die Preise der von ihm zu liefernden Gegenstände anzugeben. Wie alle Preisverzeichnisse verfolgt hierbei das K.'sche Verzeichnis selbstverständlich auch gewerbliche Zwecke, indem es zur Empfehlung der vom Kläger angefertigten Einrichtungsgegenstände dienen und durch die dem Texte beigegebenen Abbildungen die klägerischen Fabrikate als besonders zur Anschaffung geeignet darstellen soll. Allein dieser Beweggrund für die Herstellung und Verbreitung des klägerischen Preisverzeichnisses schließt, wie bereits hervorgehoben, die Schutzberechtigung des letzteren nicht aus, wenn dasselbe sonst nach der objektiven Beschaffenheit seines Textes und seiner Abbildungen auf einer individuellen geistigen Tätigkeit beruht.

Dies trifft im vorliegenden Falle unbedenklich zu. Wenngleich die Sachverständigenkammer mangels erschöpfender Verweisungen auf die vom Kläger nach seiner Angabe benutzten Werke von Weinhold, Frick, Wiedemann, Helmholtz u. a. nicht in der Lage ist, das vom Kläger behauptete eingehende Studium dieser Werke nachzuprüfen und festzustellen, so ergibt sich doch aus der gesamten systematischen Anordnung des Preisverzeichnisses sowie aus einer Reihe von Beschreibungen und Gebrauchsanweisungen, daß der Kläger sich nicht mit einer mechanischen Zusammenstellung der zum Verkauf angebotenen und bildlich dargestellten Objekte begnügt, sondern unter Aufwendung eigener geistiger Tätigkeit und an vielen Stellen unzweifelhaft auch zum Zwecke der Belehrung durch Wort und Bild ein instruktives Hilfsmittel für die Einrichtung des physikalischen Lehr- und Vorbereitungszimmers geschaffen hat. Es soll hier, was den Text anlangt, nur auf die Ausführungen des Klägers über die Punkte verwiesen werden, welche bezüglich des Lehr- und Vorbereitungszimmers bei der Aufstellung des Planes für eine neue Schule zu berücksichtigen sind (Bl. 1), auf die eingehenden Beschreibungen der Experimentiertische für den physikalischen und für den chemischen Unterricht (Bl. 2 ff.), auf die Darlegung der Bedeutung und Zwecke der Akkumulatoren (Bl. 18 ff.) usw., und es sollen insbesondere die dem Preisverzeichnis beigefügten, einen integrierenden Teil desselben bildenden Tafeln hervorgehoben werden, die in eigenartiger wissenschaftlich-technischer Darstellung einen Experimentiertisch mit Klappe und fahrbarem Tisch, eine Verfinsterungseinrichtung, den Grundriß des physikalischen Lehr-, des Vorbereitungs- und des Sammlungszimmers und die Ansicht der Wand hinter dem Experimentiertisch vorführen.

Nun soll zwar durchaus nicht verkannt werden, daß ein wesentlicher Teil des klägerischen Katalogs die Natur eines gewöhnlichen illustrierten Preisverzeichnisses hat, in welchem lediglich — ohne jeden belehrenden Charakter — die betreffenden Einrichtungsgegenstände und für die physikalische Lehrtechnik erforderlichen Apparate u. dergl. mit ihren Preisen aufgeführt und bildlich dargestellt werden. Allein die Literarische Sachverständigenkammer hat, wie bereits in früheren ähnlichen Fällen, so auch hier kein Bedenken getragen, den klägerischen Katalog als ein integrierendes Ganzes aufzufassen und demgemäß, wie geschehen, die Schutzberechtigung dieses Katalogs als solchen anzuerkennen. Bei Erörterung der Nachdrucksfrage wird dann im einzelnen noch festgestellt werden müssen, ob diejenigen Teile des Katalogs, welche der Beklagte nachgedruckt haben soll, sich als das Erzeugnis einer geistigen individuellen Tätigkeit des Klägers darstellen oder nur den Charakter gewöhnlicher Preisverzeichnisse an sich tragen.

Was nunmehr den Nachdruck des K.'schen Preisverzeichnisses, d. h. die zu 1b des Beweisbeschlusses vom 2. Oktober 1902 gestellte Frage anlangt:

> ob die Abbildungen und der Text in der Preisliste des Beklagten, wie sie in der Klage unter Nr. 1—5 angegeben sind, als Nachdruck aus dem klägerischen Preisverzeichnisse anzusehen sind,

so ist zunächst im allgemeinen darauf hinzuweisen, daß das Gesetz unter einem Nachdruck oder — um mit den Worten des Gesetzes vom 19. Juni 1901 zu reden — einer unzulässigen Vervielfältigung eines Schriftwerks oder einer gesetzlich geschützten Abbildung jede im wesentlichen identische Wiedergabe des Schriftwerks oder der Abbildung versteht. Auf kleine, unbedeutende Abweichungen vom Original, Umstellungen oder Weglassungen kommt es hierbei nicht an, und namentlich ist es bei der Vervielfältigung von Abbildungen ohne Bedeutung, ob die Kopien genau in demselben Größenverhältnis wie das Original oder in verändertem Maßstabe hergestellt sind.

Im einzelnen hat die von der Literarischen Sachverständigenkammer vorgenommene Prüfung der Behauptungen des Klägers folgendes Ergebnis gehabt:

1. Der Kläger behauptet, daß die seinem Preisverzeichnis anliegende Tafel III, welche den Grundriß einer Einrichtung eines physikalischen Lehr-, Vorbereitungs- und Sammlungszimmers darstellt, auf Seite 6 der Preisliste des Beklagten mit ihren minutiösesten Einzelheiten nachgedruckt sei und sich nur durch den kleineren Maßstab vom Original unterscheide.

Der Beklagte gibt dagegen an, daß er den auf Seite 6 seiner Preisliste befindlichen Grundriß nach einer in dem Katalog der Firma M.-Fr. in D. über Physik und Chemie vom Jahre 1896 befindlichen Zeichnung hergestellt habe, und macht darauf aufmerksam, daß in seinem Grundriß die Bezeichnung in der Abzugsnische sowie eine Windrose, welche die Lage des Ganzen angebe, fehle.

Der Kläger hat hierauf erwidert, daß selbst wenn der Grundriß des Beklagten aus dem Kataloge von M.-Fr. entnommen sei, eine Verletzung seines Urheberrechts vorliegen würde, da der fragliche Grundriß des M.-Fr.'schen Katalogs ebenfalls eine Nachbildung aus dem klägerischen Kataloge sei.

Der M.-Fr.'sche Katalog liegt vor.

Unbedenklich ist der klägerische Grundriß eines physikalischen Lehr-, Vorbereitungs- und Sammlungszimmers eine Zeichnung technischer Art, die nach dem Gesetz vom 19. Juni 1901 gegen Nachdruck geschützt ist, da sie nach ihrem Hauptzweck nicht als Kunstwerk zu betrachten, unter Aufwendung geistiger Tätigkeit hergestellt und dazu bestimmt und objektiv auch geeignet ist, der Belehrung zu dienen.

Diesen Grundriß hat der Beklagte, wie der Augenschein ergibt, in allen seinen Teilen in minderwertiger Ausführung und unter Weglassung der oben rechts befindlichen Windrose sowie einiger im klägerischen Grundriß vorhandener Bezeichnungen (Abzugsnische, Beleuchtungsbrenner und Spülbecken) einfach kopiert. Allerdings ist diese Kopie in einem bedeutend kleineren Maßstabe, als demjenigen, welcher beim Original zu Grunde gelegt ist, hergestellt worden. Wie bereits erwähnt, kann dadurch aber die Annahme eines verbotenen Nachdrucks nicht beseitigt werden, da die Veränderung des Maßstabes lediglich durch Anwendung mechanischer Hilfsmittel erfolgt und der so verkleinerten Kopie nicht die Eigenschaft einer selbständigen neuen Zeichnung verleihen kann.

Daß der Beklagte seinen Grundriß nach dem im Katalog von M.-Fr. befindlichen Grundriß eines physikalischen Lehr- und Vorbereitungszimmers hergestellt hat, ist nicht anzunehmen, da Kläger seinen hier in Frage kommenden Grundriß bereits in seiner im Jahre 1894 erschienenen Preisliste Nr. 10 veröffentlicht hat, der M.-Fr.'sche Katalog aber erst im Jahre 1896 erschienen ist, so daß die Angabe des Klägers, M.-Fr. habe seinen Grundriß ebenfalls nach des Klägers Grundriß kopiert, in hohem Grade glaubwürdig erscheint. Wenn aber wirklich der Beklagte den in Rede stehenden Grundriß nicht aus dem klägerischen Preisverzeichnis, sondern aus dem Kataloge von M.-Fr. entnommen haben sollte, so würde ebenfalls eine unzulässige Vervielfältigung vorliegen, da es gleichgiltig ist, ob zur Herstellung derselben direkt das Original oder eine unbefugte Nachbildung desselben benutzt worden ist.

2. Der Kläger behauptet, daß der Beklagte den Experimentiertisch, dessen Zeichnung dem klägerischen Preisverzeichnis in Tafel I anliegt, auf Blatt 1 der seiner Preisliste anliegenden Tafeln nachgedruckt habe mit der einzigen Änderung, daß er den fahrbaren Tisch links oben, welcher auf der klägerischen Zeichnung nur eine Tür besitzt, mit Flügeltüren ausgestattet habe.

Der Beklagte erwidert, daß die äußere Gestaltung und Einrichtung seines Experimentiertisches nach dem Lehrbuch für physikalische Demonstrationen von Weinhold aus dem Jahre 1881 hergestellt sei, und daß er nach diesem von ihm hergestellten Tisch eine eigene lithographische Zeichnung habe fertigen lassen, welche in verschiedenen Einzelheiten von der klägerischen Abbildung eines Experimentiertisches abweiche. Insbesondere seien auf seiner Zeichnung die Hähne seitlich zu schrauben, statt wie beim Kläger nach oben, die Gashähne mit Scharnier nach oben zu klappen, die Klappe statt wie beim Kläger mit herniederklappbaren Holzkonsolen und zwei eisernen drehbaren Konsolen versehen, die Abschlußröhren als je eine selbständige Schlußleitung dargestellt, die herausnehmbaren Platten mit Handgriffen versehen usw. usw.

Der Kläger hat demgegenüber auf die vielfachen Unterschiede zwischen dem Weinhold'schen Experimentiertisch und der in den Katalogen befindlichen Zeichnung eines solchen Tisches hingewiesen.

Das Weinhold'sche Lehrbuch vom Jahre 1881, in welchem sich als Anlage III die Zeichnung eines Experimentiertisches befindet, liegt vor.

Die Schutzberechtigung der klägerischen Zeichnung steht auch hier außer Zweifel. Ebenso unbedenklich muß aber auch hier eine unzulässige Vervielfältigung angenommen werden. Es mag sein, daß der Beklagte, wie es anscheinend auch der Kläger getan hat, die Weinhold'sche Beschreibung (S. 12 ff. des Lehrbuchs) und bildliche Darstellung (Tafel III des Lehrbuchs) eines zweckmäßig eingerichteten Experimentiertisches als allgemeines Vorbild für die Gestalt und Einrichtung seines

Tisches sich hat dienen lassen. Keinenfalls hat er aber, wie eine Vergleichung der Weinhold'schen Zeichnung mit seiner Darstellung unzweideutig ergibt, diese letztere der Weinhold'schen Zeichnung nachgebildet, sondern er hat offenbar die klägerische Zeichnung in allen ihren wesentlichen Teilen kopiert und nahezu identisch wiedergegeben. Es gilt dies sowohl von der Vorderansicht des Tisches und von der Platte desselben, als von der „Ansicht von rechts" und von den drei Schnitten a b, c d und e f, welche letztere sich auf der Weinhold'schen Zeichnung überhaupt nicht vorfinden. Die Sachverständigenkammer muß hier dem Kläger ohne weiteres darin zustimmen, daß der Beklagte lediglich auf Grund des Weinhold'schen Lehrbuches unmöglich zur Herstellung einer in allen wesentlichen Punkten mit der klägerischen Zeichnung getreulich übereinstimmenden Abbildung gelangen konnte. Mit vollem Recht hat der Kläger darauf hingewiesen, daß die Einzelanordnung des Weinhold'schen Tisches von der im klägerischen Preisverzeichnis abgebildeten, vom Beklagten nachgedruckten Ausführungsart ganz wesentlich verschieden ist, wie denn z. B. bei dem Weinhold'schen Tisch nicht nur die Balkenlage, sondern auch die ganze unterirdische Anordnung der verschiedenen Rohrleitungen fehlt, während die klägerische und in offenbarer Nachbildung auch die Abbildung des Beklagten diese Balkenlage und Leitungsanordnung übereinstimmend vor Augen führen.

Dieser in allen wesentlichen Punkten vorhandenen Übereinstimmung gegenüber kommen die verhältnismäßig geringfügigen Änderungen, welche der Beklagte in Folge der Verwendung eiserner Konsolen zum Stützen der Klappe, der Anbringung von Handgriffen an den herausnehmbaren Platten, der Benutzung anderer Gas- und Wasserhähne, der Ausstattung des fahrbaren Tisches (links oben) mit einer Flügeltür u. dergl. an der klägerischen Zeichnung vorgenommen hat, nicht in Betracht. Sie ändern den Gesamtcharakter und die Eigentümlichkeit der klägerischen Zeichnung nicht und sind deshalb nicht geeignet, die Annahme einer unzulässigen Vervielfältigung der letzteren auszuschließen.

3. Der Kläger behauptet, daß die auf Tafel II seines Preisverzeichnisses befindliche Zeichnung einer Verfinsterungs-

Vorrichtung vom Beklagten auf Blatt 2 der Anlagen seiner Preisliste nachgedruckt sei.

Der Beklagte gibt dagegen an, daß seine Zeichnung nach einem Muster hergestellt sei, welches er für die Firma W., Qu. & Co. in B. auf Grund der von Weinhold in seinem obenbezeichneten Lehrbuch für Zimmerverdunkelungen gegebenen Vorschriften gefertigt habe. Seine Zeichnung unterscheide sich von derjenigen des Klägers durch die Länge des sichtbaren Filzrouleaus, die Verschiedenheit der Schraffierungen, sowie dadurch, daß zwei Fensterwirbel sichtbar, die Rouleauxrollen größer als auf der klägerischen Zeichnung, die Aufzugswinde und die ganze Anordnung der Schrift verschieden, die Fensterprofile und Fenster größer und auch die Profilierungen der Fenstermauerungen anders gestaltet seien.

Der Kläger erachtet diese Abweichungen, zumal sie beim Ätzen auf der Platte durch Retouche herbeigeführt werden könnten, für unerheblich und macht noch darauf aufmerksam, daß in seiner vom Beklagten benutzten früheren Preisliste 10 die Aufzugswinde irrtümlicherweise als Rad eingezeichnet gewesen sei, und daß der Beklagte die Einrichtung in genau derselben falschen Weise nachgebildet habe.

In betreff der Schutzberechtigung der klägerischen Zeichnung der Verfinsterungs-Vorrichtung gilt dasselbe, was bei den bereits erwähnten Zeichnungen zu 1) und 2) bemerkt ist, und was den vom Kläger behaupteten Nachdruck anlangt, so soll auch hier zugegeben werden, daß der Beklagte für die von ihm hergestellte Verfinsterungs-Vorrichtung die von Weinhold in seinem Lehrbuch (1881) auf Seite 6 ff. gegebenen allgemeinen Anweisungen betreffs des Lagers, der Rouleauxrollen, der Überdachung und der Beschwerungsschiene einer Verdunkelungs-Einrichtung beachtet hat. Für die Anfertigung seiner hier in Rede stehenden Zeichnung der Verfinsterungs-Vorrichtung haben ihm aber unzweifelhaft weder diese Anweisungen, noch die auf Seite 8 des Weinhold'schen Lehrbuchs und den Tafeln I und II des letzteren befindlichen Detailzeichnungen genügt, sondern er hat einfach Maßstab, Gesamtgestaltung und im wesentlichen auch die Einzelausführung der klägerischen Abbildung mit ihren sämtlichen Schrift- und Buchstabenbezeichnungen kopiert und sie für sein Preisverzeichnis sich zu eigen gemacht. Die geringfügigen Abänderungen, die in der Schraffierung, in der Größe der Fenster, der Profilierung des Mauerwerks u. dergl. vorgenommen sind, kommen hierbei nicht in Betracht und sind jedenfalls nicht imstande, die Annahme einer im wesentlichen identischen Wiedergabe des klägerischen Originals, d. h. einer unzulässigen Vervielfältigung desselben, zu beseitigen. Besonders charakteristisch ist es in dieser Beziehung, daß der Beklagte in der Tat das in der früheren Preisliste Nr. 10 des Klägers bei der Verfinsterungs-Vorrichtung irrtümlich als Aufzugswinde eingezeichnete Rad auch in seine Zeichnung übernommen hat. Der Beklagte hat hier – was in der Sache keinen Unterschied macht — offenbar die ältere, im übrigen mit der in der Preisliste 12a befindlichen Zeichnung durchaus übereinstimmende klägerische Abbildung als Vorbild benutzt.

4. Der Kläger hat weiter behauptet, daß der Beklagte in den Figuren 5 und 6 auf Seite 10 seiner Preisliste die Figuren 8 und 7 des klägerischen Preisverzeichnisses nachgebildet habe, wogegen der Beklagte eingewendet hat, daß seine Figuren 5 und 6, die nach einer von ihm selbst gefertigten Handzeichnung vom Klischeemacher geschnitten seien, sich in verschiedenen Punkten von den klägerischen Figuren 8 und 7 unterschieden und als Nachdrucke der letzteren nicht angesehen werden könnten.

Nach Lage der Sache kann denn auch in der Tat bei diesen beiden Abbildungen eine unzulässige Vervielfältigung nicht als vorhanden angenommen werden.

Zunächst kann die Sachverständigenkammer eine geistige individuelle Autortätigkeit des Klägers bei Herstellung beider Abbildungen überhaupt nicht als vorhanden annehmen. Beide Abbildungen sind lediglich dazu bestimmt, die auf Seite 6 des klägerischen Preisverzeichnisses unter den Nummern 10 und 8 zum Verkauf angebotenen Fabrikate, ein Abzugsrohr für chemische Experimente und einen Glaskasten zum Bedecken des Gasabzugs im Experimentiertisch dem kauflustigen Publikum in einem möglichst günstigen Lichte darzustellen, bezw. Käufer für diese Fabrikate heranzuziehen. Sie unterscheiden sich in keiner Weise von den Illustrationen der gewöhnlichen Preiskataloge, die ohne jeden belehrenden Charakter lediglich die äußere Gestalt der angebotenen Waren darstellen sollen.

Selbst wenn man jedoch ihre Schutzberechtigung annehmen wollte, würde eine im wesentlichen identische Wiedergabe nicht festgestellt werden können, da in der Ausführung der entsprechenden Zeichnungen des Beklagten sich so viele Verschiedenheiten vorfinden, daß man seiner Angabe, er habe seine Zeichnungen selbständig angefertigt, vollen Glauben schenken kann. Dies gilt insbesondere für die Zeichnung des Abzugsrohrs, die infolge der von der klägerischen Abbildung abweichenden Gestaltung des Trichters, der Verkürzung des Abzugskanals und des Aufsetzens einer Regulierklappe auf den letzteren sich in der Tat nicht als eine bloße Kopie bezeichnen läßt.

Was endlich

5. den vom Kläger behaupteten Nachdruck des Textes auf Seite 2 seines Preisverzeichnisses durch den Beklagten anlangt, so kann ein solcher nicht festgestellt werden, da — wie sich bei einer Gegenüberstellung und Vergleichung beider Texte unschwer ergibt – der Beklagte nicht etwa bloß, wie Kläger behauptet, einzelne Abkürzungen des klägerischen Textes vorgenommen, sondern seiner Beschreibung des Experimentiertisches für Physik, der von ihm gewählten Konstruktion des letzteren entsprechend, eine durchaus selbständige Form gegeben hat.

Das Gesamtergebnis der von der Literarischen Sachverständigenkammer vorgenommenen Prüfung läßt sich demnach dahin zusammenfassen, daß das klägerische Preisverzeichnis in seiner Gesamtheit als ein gegen unbefugte Vervielfältigung geschütztes Schriftwerk anzusehen, eine unzulässige Vervielfältigung seitens des Beklagten aber nur bei den in der Klage unter den Nummern 1—3 angegebenen Abbildungen festzustellen ist.

Für die Zulässigkeit dieser Vervielfältigung kann sich übrigens, wie hier noch besonders hervorgehoben werden soll, der Beklagte auch auf die Vorschrift des § 23 des Gesetzes vom 19. Juni 1901 nicht berufen, da diese Gesetzesbestimmung die Übernahme einzelner Abbildungen aus einem bereits erschienenen Werke in ein Schriftwerk nur dann gestattet, wenn diese Abbildungen ausschließlich zur Erläuterung des Inhalts des neuen Werkes dienen sollen. Dies kann im vorliegenden Falle nicht angenommen werden. Die auf den Seiten 9 und 19 des G.'schen Katalogs befindlichen kurzen Verweisungen auf die Tafeln Blatt 1 und 2 genügen nicht, um die vom Gesetz erforderte erläuternde Beziehung dieser Abbildungen zu dem auf den Seiten 9 und 13 befindlichen Text darzutun, und was die auf Blatt 6 des G.'schen Katalogs befindliche Abbildung eines Grundrisses eines physikalischen Lehr- rc.-zimmers anlangt, so ist bei dieser auf eine Textstelle des Katalogs überhaupt nicht verwiesen, so daß auch hier von einem Abdruck dieses Grundrisses „zum Zwecke der Erläuterung des Inhalts" nicht die Rede sein kann.*)

Nr. 16.

Gutachten vom 30. Oktober 1903.

Nachdruck eines wissenschaftlichen Werkes. Freie Benutzung. Eigentümliche Schöpfung. Zulässigkeit von Zitaten. Deutliche Quellenangabe. Teilweiser Nachdruck.

Die Verlagsbuchhandlung in Firma G. & Co. in B. ist Verlegerin des Werkes „Pierre Dufour, Geschichte der Prostitution. Deutsch von Adolf St. und Dr. Bruno Schw. Fortgeführt und bis zur Neuzeit ergänzt von Franz H.".

Die Firma G. & Co. behauptet, daß das im Verlage der Firma M. & Co., G. m. b. H. in B. erschienene Werk „Die Prostitution vom Altertum bis zur Neuzeit von Dr. W." in

*) Der Beklagte ist auf Grund des obigen Gutachtens nach dem Klageantrage verurteilt.

seinem ganzen Umfange ein verbotener Nachdruck des oben bezeichneten, von ihr verlegten Werkes sei. Sie hat deshalb unter dem 15. April 1903 gegen die Firma M. & Co. bei dem Königlichen Landgericht I zu B. die gerichtliche Klage erhoben mit dem Antrage,

> die Beklagte zu verurteilen, sich bei Vermeidung einer fiskalischen Strafe von 500 Mark für jeden Fall der Zuwiderhandlung der Herstellung, Vervielfältigung und Verbreitung des W.'schen Werkes zu enthalten und außerdem an die Klägerin 2000 Mark als Teilbetrag des der letzteren durch den angeblichen Nachdruck entgangenen Gewinns, eventuell als Bereicherung zu zahlen.

Gleichzeitig hat die Firma G. & Co., um dem Anwachsen ihres Schadens Einhalt zu tun, bei dem vorbezeichneten Gericht den Antrag gestellt,

> im Wege der einstweiligen Verfügung der Beklagten bei Vermeidung einer fiskalischen Strafe von 500 Mark für jeden Fall der Zuwiderhandlung die weitere Verbreitung des in der Klage genannten Werkes zu untersagen.

Durch Beschluß der 27. Zivilkammer des Königlichen Landgerichts I zu B. ist diesem Antrage unter dem 18. April 1903 stattgegeben, da das Gericht auf Grund der vorgenommenen Vergleichung als glaubhaft gemacht angenommen hat, daß das von der Beklagten vertriebene W.'sche Werk ein Nachdruck der von der Klägerin verlegten Übersetzung des Dufour'schen Werkes sei.

In dem Rechtsstreite selbst hat die Beklagte die Abweisung der Klage beantragt. Sie hat den behaupteten Nachdruck bestritten und darauf hingewiesen, daß der § 13 des Urheberrechtsgesetzes vom 19. Juni 1901 ausdrücklich die freie Benutzung eines bereits vorhandenen Werkes gestatte, wenn dadurch eine eigentümliche Schöpfung hervorgebracht werde. Der Verfasser des in ihrem Verlage erschienenen Werkes, Schriftsteller G., der sich mit dem Pseudonym Dr. W. bezeichne, habe allerdings bei seiner Arbeit auf die bereits auf dem

Gebiete der Sexualpsychologie vorhandene Literatur und demgemäß auch auf das Dufour'sche Werk Rücksicht nehmen müssen und hierbei von der ihm zustehenden Zitierfreiheit Gebrauch gemacht. Er habe jedoch das Dufour'sche Buch lediglich im ersten Kapitel seines Werkes „Griechenland und Rom" als Hauptquelle benutzt, während ihm für die übrigen Kapitel hauptsächlich andere Werke als Quellen gedient hätten, so daß höchstens von einem teilweisen Nachdruck in diesem seinem ersten Kapitel die Rede sein und Unterlassung der Verbreitung dieses Kapitels gefordert werden könne. Ein ausführliches Literaturverzeichnis, in welchem auch auf die im Verlage der Klägerin erschienene Übersetzung des Dufour'schen Werkes ausdrücklich hingewiesen sei, habe der Verfasser zugleich mit einem Inhaltsverzeichnis dem Werke beigefügt. Durch ein Versehen der Druckerei seien das Literatur- und das Inhaltsverzeichnis nicht mit zum Abdruck gelangt, wie denn auch die Zitate infolge mangelhafter Korrektur zum Teil ungenau, insbesondere unter ungenauer Stellung oder unrichtiger Fortlassung der Anführungszeichen abgedruckt seien. Jedenfalls habe der Schriftsteller G. die im Verlage der Klägerin erschienene Übersetzung des Dufour'schen Werkes nicht über das Maß des vom Gesetz Erlaubten hinaus benutzt, in seinem Buche vielmehr eine eigentümliche Schöpfung geliefert, die im Gegensatz zu dem auf eingehenderen Studien beruhenden Dufour'schen Werke nur den Zweck einer oberflächlichen Information über das Gebiet der Prostitution bezwecke.

Unter dem 16. Mai 1903 hat das Gericht beschlossen, Beweis zu erheben über die Behauptung der Beklagten,

> daß das in ihrem Verlage erschienene Buch „Die Prostitution bei allen Völkern vom Altertum bis zur Neuzeit von Dr. W." das im Verlage der Klägerin erschienene als Übersetzung geschützte Werk „Geschichte der Prostitution von Pierre Dufour" nicht über das Maß des vom Gesetz Erlaubten benutzt habe und sich als eigentümliche Schöpfung darstelle.

Dementsprechend sind unter dem 24. September 1903 die Akten mit den zu vergleichenden Werken der Literarischen

Sachverständigenkammer zur Abgabe des in dem vorstehenden Beschlusse bezeichneten Gutachtens zugestellt worden.

Die Sachverständigenkammer mußte sich unbedenklich dahin aussprechen, daß der Verfasser des im Verlage der Beklagten erschienenen Buches „Die Prostitution bei allen Völkern vom Altertum bis zur Neuzeit von Dr. W." die im Verlage der Klägerin erschienene Übersetzung des Dufour'schen Werkes „Geschichte der Prostitution" über das Maß des vom Gesetz Erlaubten benutzt hat, so daß sich sein Buch nicht als eine eigentümliche Schöpfung, sondern als eine unzulässige teilweise Vervielfältigung der letztgedachten Übersetzung darstellt.

Bereits unter der Herrschaft des Nachdrucksgesetzes vom 11. Juni 1870 galt es als ein auch von der Rechtsprechung stets anerkannter Grundsatz, daß an und für sich die Benutzung eines vorhandenen Schriftwerks zur Herstellung eines neuen literarischen Erzeugnisses unter der Voraussetzung gestattet sei, daß das neue Werk durch eigenartige Verarbeitung des bereits vorhandenen Materials, durch eigentümliche Anordnung oder individuelle Formgebung usw. sich als eine eigene geistige Schöpfung charakterisiere. Von diesem Grundsatz ist auch das Gesetz, betreffend das Urheberrecht an Werken der Literatur und der Tonkunst vom 19. Juni 1901 ausgegangen, wenn es im § 13 die Bestimmung getroffen hat, daß unbeschadet der ausschließlichen Befugnisse, die dem Urheber nach § 12 Abs. 2 zustehen, die freie Benutzung seines Werkes zulässig sein soll, wenn dadurch eine eigentümliche Schöpfung hervorgebracht wird. Eine Begriffsbestimmung der „freien Benutzung zur Hervorbringung einer eigentümlichen Schöpfung" hat das Gesetz nicht gegeben, es kann jedoch einem Bedenken nicht unterliegen, daß hierunter nur eine solche Benutzung eines Werkes verstanden werden kann, die unter Verwertung des Gedankeninhalts des letzteren eine auf eigener geistiger Tätigkeit beruhende selbständige Verarbeitung des vorhandenen Materials in individueller Formgebung dokumentiert. „Derjenige", bemerkt Allfeld (Kommentar zu dem Gesetz vom

19. Juni 1901 S. 132) zutreffend, „welcher eine eigentümliche Schöpfung hervorgebracht hat, für welche er ein anderes Werk benutzte, muß sich von dem Banne der Individualität des ersten Autors im wesentlichen frei gemacht, sich auf eigene Füße gestellt, etwas selbständiges, wesentlich anderes, als der erste, geschaffen haben."

Wie demnach bereits vor dem Inkrafttreten des Gesetzes vom 19. Juni 1901 eine solche Benutzung eines bereits vorhandenen Schriftwerks stets für unerlaubt erachtet ist, die im wesentlichen das Originalwerk dergestalt reproduzierte, daß der Kern und die besten Stellen des Originals herausgezogen und mechanisch nebeneinander gestellt waren, so kann auch jetzt von einer zulässigen freien Benutzung zur Hervorbringung einer eigentümlichen Schöpfung im Sinne § 13 Abs. 1 des Gesetzes vom 19. Juni 1901 nicht die Rede sein, wenn der Benutzer des fremden Werks sich lediglich den wesentlichen Bestand desselben ohne Aufwendung eigener geistiger Arbeit angeeignet und nur als Deckmantel für die mühelose Ausbeutung und Verwertung fremder Geistesarbeit ihm eine die Identität des Originals nicht berührende veränderte Fassung gegeben hat.

Wenn man von diesen Gesichtspunkten aus das im Verlage der Beklagten erschienene, von dem Schriftsteller G. verfaßte Buch „Die Prostitution bei allen Völkern vom Altertum bis zur Neuzeit" einer eingehenden Prüfung und Vergleichung mit der im klägerischen Verlage erschienenen Übersetzung des Dufour'schen Werkes unterwirft, so kann es nicht dem mindesten Bedenken unterliegen, daß die Tätigkeit des G. lediglich darin bestanden hat, den wesentlichen Inhalt dieser zwei große Bände mit zusammen 1323 Seiten umfassenden Übersetzung durch Streichungen und Kürzungen und mehr oder weniger geschickte Zusammenziehungen in ein für das größere Publikum berechnetes, nur 282 Seiten enthaltendes Buch zusammenzudrängen. Allerdings hat G. bei Abfassung seines Buches offenbar auch andere Schriftsteller, wie Düren, Scherz, Bebel, Henne am Rhyn u. a. benutzt und zitiert, im großen und ganzen hat er jedoch seiner Zusammenstellung lediglich die bei G. & Co. erschienene Übersetzung des Dufour'schen Werks zu

Grunde gelegt und sich in allen Teilen seines Buches auf das engste an den Gang der Dufour'schen Darstellung angeschlossen. Es gilt dies zunächst von dem ersten, mit der Überschrift „Griechenland und Rom" versehenen Abschnitt seines Buches. Hier hat G. im wesentlichen nur einen kurzen Auszug aus den drei ersten Bänden der hier in Rede stehenden Übersetzung des Dufour'schen Werks geliefert, und zwar zu einem ganz erheblichen Teile in langen, oft mehrere Seiten umfassenden wörtlichen Zitaten, zum großen Teil dann aber auch ohne jede Erwähnung seiner Quelle in wörtlicher oder nahezu wörtlicher Übernahme des Originaltextes der Übersetzung. So heißt es, um nur einige Beispiele anzuführen, bei G. auf Seite 2 von den spartanischen Mädchen:

„Die spartanischen Mädchen erhielten eine männliche Erziehung, die nicht immer im Einklang mit ihrem Geschlechte stand, sie mischten sich halbnackt unter die Männer und rangen, liefen und kämpften mit ihnen um die Wette".

G. hat damit im wesentlichen wörtlich den Text der Übersetzung, Bd. I Seite 57 wiedergegeben, welcher lautet:

„Die Töchter Spartas, welche eine männliche Erziehung erhielten, die ziemlich wenig im Einklang mit ihrem Geschlechte stand, mischten sich halbnackt unter die sich übenden Männer, mit ihnen laufend, ringend und kämpfend."

Auf Seite 10 heißt es bei G.:

„Es sind immer dieselben Opfergaben, welche die Jungfrauen den Göttinnen der Liebe in den Tempeln von Babylon und Tyrus, von Korinth und Athen darbringen. Die Geweihte setzt sich bei der Statue der Göttin nieder, um die Fremden zu empfangen, und das Geld legt sie auf den Altar zu Gunsten der Priester nieder. — — Nach dem alten Schriftsteller Valerius war die Wölfin, welche Romulus und Remus gesäugt hatte, nur eine Dirne, Acca-Laurentia, die Geliebte des Hirten Faustulus, welcher die Zwillinge am Ufer des Tiber ausgesetzt fand".

Auch hier wieder ist G. nahezu wörtlich dem Texte der Übersetzung auf den Seiten 174 und 175 gefolgt, wo es heißt:

„Es sind immer dieselben Opfergaben, welche die Jungfrauen in die Tempel von Babylon und Tyrus, von Bubastis und Naukratis, von Korinth und Athen bringen. Die Geweihte setzt sich im Heiligtume bei der Statue der Göttin nieder, der Fremde bezahlt den Preis ihrer Scham, und sie legt das Geld auf den Altar, der sich durch diesen schändlichen Handel bereichert nur zu Gunsten des Priesters allein — —

Nach dem alten — — Geschichtsschreiber Valerius war die Wölfin nur eine Dirne, Acca-Laurentia, die Maitresse des Hirten Faustulus, welcher die Zwillinge am Ufer des Tiber ausgesetzt fand."

Es würde zu weit führen, alle diejenigen Stellen einzeln zu bezeichnen oder in diesem Gutachten gegenüberzustellen, an denen G. ohne jede Quellenangabe den Text der Übersetzung des Dufour'schen Werks sich zu eigen gemacht hat. Jedenfalls finden sich solche Stellen in ganz erheblicher Zahl nicht nur in dem ersten Kapitel „Griechenland und Rom", sondern auch in allen übrigen Kapiteln des G.'schen Buches, so daß die Angabe der Beklagten, G. habe nur in diesem ersten Kapitel die klägerische Übersetzung als Hauptquelle benutzt, durchaus unzutreffend erscheint. Auch in allen folgenden Kapiteln gibt G. vielmehr kursorisch den Inhalt des Dufour'schen Werks sehr oft in engem Anschluß an den Text der klägerischen Übersetzung wieder, und wo eine wörtliche Wiedergabe nicht stattgefunden hat, da ist jedenfalls der Gang der Dufour'schen Darstellung unter offenbarer Zugrundelegung der Übersetzung auch von G. beibehalten.

Was ferner diejenigen Stellen des G.'schen Buchs anlangt, die — oft in seitenlanger Ausdehnung — aus der klägerischen Übersetzung in Anführungsstrichen mit den Worten „sagt Dufour" oder ähnlichen Worten „zitiert" werden, so ist bereits in dem Beschlusse der Zivilkammer 27 des Königlichen Landgerichts I vom 18. April 1903 zutreffend hervorgehoben, daß derartige Hinweise auf Dufour als dem § 25 des Gesetzes vom 19. Juni 1901 entsprechende „deutliche" Quellenangaben nicht angesehen werden können, da die Quelle des Verfassers nicht das Dufour'sche Originalwerk, sondern die von der Klägerin in Verlag genommene Übersetzung gewesen ist. Auch diese an sich nach § 19 des Gesetzes vom 19. Juni 1901 zulässigen Zitate stellen sich also als unerlaubte Vervielfältigungen einer großen Reihe von Stellen der klägerischen Übersetzung dar, wozu dann endlich noch diejenigen Zitate aus der klägerischen Übersetzung treten, die aus einer fremden Sprache in's Deutsche übertragen sind (Seite 7 Zitat aus Hyperides; Seite 8 desgl. aus Athenaeus; Seite 9 aus Hyperides; Seite 13 aus Plautus usw.). Alle diese Zitate stimmen, wie in dem obenerwähnten Beschlusse vom 18. April 1903 richtig bemerkt ist, mit den in der klägerischen Übersetzung enthaltenen überein und können wegen ihrer wörtlichen Übereinstimmung unmöglich selbständige Übertragungen aus den betreffenden Originalwerken sein.

Faßt man das Ergebnis dieser Prüfung und Vergleichung beider hier in Rede stehender Bücher zusammen, so kann es nicht zweifelhaft sein, daß der Schriftsteller G. die im klägerischen Verlage erschienene Übersetzung des Dufour'schen Werks in einer über das Maß des vom Gesetz Erlaubten weit hinausgehenden Weise benutzt hat. Im engen Anschluß an das von ihm benutzte Werk hat er dessen wesentlichen Bestand, wenn auch unter erheblichen Kürzungen, Abänderungen und Einfügungen, sich für seine Arbeit zu eigen gemacht und deshalb jenes Werk nicht im Sinne des Gesetzes „frei zur Hervorbringung einer eigentümlichen Schöpfung benutzt", sondern dasselbe zu einem erheblichen Teile „in unzulässiger Weise vervielfältigt". Allerdings läßt sich im vorliegenden Falle das quantitative Verhältnis des aus der klägerischen Übersetzung Entlehnten zum Gesamtumfang dieser Übersetzung ziffermäßig nicht mit voller Genauigkeit feststellen. Die Sachverständigenkammer glaubt jedoch nicht fehlzugreifen, wenn sie annimmt, daß G. etwa den neunten Teil des Originals in unzulässiger Weise vervielfältigt hat, und dieses Quantum genügt im vorliegenden Falle unbedenklich, um den Tatbestand eines teilweisen Nachdrucks als vorhanden anzunehmen, und zwar um so mehr, als hier die unzulässige

Vervielfältigung weniger durch die mehr oder weniger wörtlich übereinstimmenden Stellen, als durch die überall nahezu vollständige Abhängigkeit des G.'schen Buchs von der klägerischen Übersetzung unverhüllt zu Tage tritt.*)

Nr. 17.
Gutachten vom 16. November 1906.

Nachdruck von Übersetzungen Jules Verne'scher Werke. Unzulässige Bearbeitung. Freie Benutzung. Eigentümliche Schöpfung.

Die Firma H. in W. hat seit etwa dreißig Jahren von dem Herausgeber der Jules Verne'schen Werke J. Hetzel, der ihrer Angabe nach Eigentümer sämtlicher Rechte, auch des Übersetzungsrechts an den französischen Originalausgaben dieser Werke ist, eine Reihe derselben, darunter auch die Werke: „Von der Erde zum Mond", „Reise um den Mond" und „Reise nach dem Mittelpunkt der Erde", beziehungsweise das Recht der Übersetzung derselben für das Gesamtgebiet der deutschen Sprache erworben. Die genannte Firma ist deshalb der Ansicht, daß ihr allein das Recht zustehe, die genannten Werke in die deutsche Sprache zu übersetzen, sie innerhalb des deutschen Sprachgebietes zu vertreiben und sogenannte Bearbeitungen dieser Werke herzustellen und zu verbreiten.

Im Verlage des Buchhändlers B. in W. ist, anscheinend im Jahre 1899, unter dem Titel: „Aus Jules Verne's Jugendschriften, I. Die Reise nach dem Monde, II. Die Reise nach dem Mittelpunkte der Erde" ein von Dr. N. verfaßtes, für die deutsche Jugend bestimmtes Buch erschienen, welches sich nach der Behauptung der Firma H. lediglich als eine unzulässige Bearbeitung der von ihr herausgegebenen Übersetzungen der drei oben erwähnten Verne'schen Werke darstellen soll.

Die Firma H. hat deshalb unter dem 12. Dezember 1904 gegen den Verlagsbuchhändler B. bei dem Königlichen Landgericht I zu B. die gerichtliche Klage erhoben mit dem Antrage,

*) Die Beklagte ist durch rechtskräftiges Versäumnisurteil nach dem Klageantrage verurteilt.

1. den Beklagten zu verurteilen, zur Vermeidung einer fiskalischen Strafe von 500 M. für jeden Fall der Zuwiderhandlung die Vervielfältigung und gewerbsmäßige Verbreitung der von ihm veranstalteten Jugendbearbeitung der Jules Verne'schen Werke: „Von der Erde zum Mond", „Reise um den Mond" und „Reise nach dem Mittelpunkt der Erde" zu unterlassen,
2. die Vernichtung der widerrechtlich hergestellten und verbreiteten Exemplare und der zur widerrechtlichen Vervielfältigung ausschließlich bestimmten Vorrichtungen auszusprechen.

Der Beklagte hat die Abweisung der Klage beantragt, weil, wie eine Vergleichung des N.'schen Buches mit den Originalwerken ergeben werde, die N.'sche Arbeit eine für die Jugend bestimmte und für diesen Zweck sowohl dem Inhalt wie der Form nach selbständig hergestellte Geistesarbeit sei, die sich keineswegs als ein bloßer Nachdruck darstelle. Die Benutzung der drei Jules Verne'schen Erzählungen zu einem Jugendwerk und die kindlich naivere und leichter verständliche Darstellungsart charakterisiere die N.'sche Ausgabe als eine „eigentümliche Schöpfung", welche nach § 13 Abs. 1 des Urheberrechtsgesetzes vom 19. Juni 1901 zulässig sei.

Nach stattgehabter Beweisaufnahme über die Zeit des Erscheinens bezw. der Vollendung der vom Beklagten verbreiteten N.'schen Jugendbearbeitung von Jules Verne's Werken hat die 1. Zivilkammer des Königlichen Landgerichts I zu B. in ihrer Sitzung vom 29. September 1906 beschlossen, Beweis darüber zu erheben,

ob das im Verlage des Beklagten unter dem Titel: „Aus Jules Verne's Jugendschriften, I. Die Reise nach dem Monde, II. Die Reise nach dem Mittelpunkt der Erde für die deutsche Jugend bearbeitet von Dr. N." erschienene Werk sich als eine im Sinne des § 13 des Urheberrechtsgesetzes vom 19. Juni 1901 eigentümliche Schöpfung im Verhältnis zu den im klägerischen Verlage erschienenen Übersetzungen: „Von der Erde zum Mond", „Reise nach dem Mittelpunkt der Erde" darstellt, wie der Beklagte behauptet, oder ob das in Rede stehende, vom Beklagten verlegte Werk nur eine Bearbeitung im Sinne des § 12 des angeführten Gesetzes ist, wie der Kläger behauptet.

Die Sachverständigenkammer mußte sich unbedenklich dahin aussprechen, daß das N.'sche Buch keine eigentümliche Schöpfung, sondern lediglich eine unzulässige Bearbeitung der im klägerischen Verlage erschienenen Übersetzungen der drei hier in Rede stehenden Jules Verne'schen Werke ist.

Vorweg muß darauf hingewiesen werden, daß in dem Beweisbeschluß vom 29. September 1906 offenbar übersehen worden ist, daß es sich, worüber zwischen Kläger und Beklagtem kein Meinungsunterschied besteht, außer den im Beschluß angeführten beiden Verne'schen Schriften noch um ein drittes im klägerischen Verlage erschienenes Werk: „Reise um den Mond" handelt in der Weise, daß der erste Teil des N.'schen Buches „Die Reise nach dem Monde" dem Inhalt der beiden im klägerischen Verlage erschienenen Bücher: „Die Reise nach dem Monde" und „Reise um den Mond", der zweite Teil des N.'schen Buches aber: „Die Reise nach dem Mittelpunkt der Erde" dem Inhalt der im klägerischen Verlage erschienenen Schrift: „Reise nach dem Mittelpunkt der Erde" entspricht.

Im übrigen ist die Sachverständigenkammer bei Prüfung und Vergleichung der hier in Rede stehenden Werke von dem von ihr in allen ähnlichen Fällen stets beobachteten Grundsatz ausgegangen, daß eine „eigentümliche Schöpfung" bei Benutzung eines bereits vorhandenen Werkes im Sinne des § 13 des Gesetzes vom 19. Juni 1901 nur dann angenommen werden kann, wenn das neue Werk durch eigenartige Verarbeitung des bereits vorhandenen Materials, durch selbständige Anordnung und Formgebung oder sonst sich als eine neue geistige Schöpfung charakterisiert.*)

Wo dagegen eine solche selbständige Arbeit nicht aufgewendet ist, die Benutzung eines bereits vorhandenen Schrift-

*) Vgl. das Gutachten Nr. 16 vom 30. Oktober 1903. S. 98 ff.

werks vielmehr im wesentlichen darin besteht, daß der Kern und wesentliche Bestand des Originals unter Vornahme dem Zweck des neuen Buches entsprechender Kürzungen oder Hinzufügung unwesentlicher Zusätze zur Herstellung eines neuen literarischen Erzeugnisses ohne anderweite individuelle Formgebung verwendet ist, kann von Hervorbringung einer eigentümlichen Schöpfung nicht die Rede sein, sondern nur eine Bearbeitung des Originals angenommen werden, zu deren Vornahme es der Einwilligung des Urhebers des letzteren, beziehungsweise dessen Rechtsnachfolgers bedarf.

Zunächst hat nun eine vergleichende Raumberechnung der entsprechenden Teile, zurückgeführt auf die Raumeinheit einer Seite des N.'schen Buches, folgendes ergeben:

Es entsprechen:

1. Seite 5—76 = 71 Seiten bei N. etwa 180 Seiten der klägerischen Ausgabe des Werkes „Von der Erde zum Mond",
2. Seite 76—125 = 50 Seiten bei N. etwa 195 Seiten der klägerischen Ausgabe des Werkes „Reise um den Mond",
3. Seite 126—222 = 97 Seiten bei N. etwa 220 Seiten der klägerischen Ausgabe des Werkes „Reise zum Mittelpunkt der Erde",

oder insgesamt 218 Seiten des N.'schen Buches 595 Seiten der klägerischen Ausgaben der hier in Rede stehenden Verne'schen Werke. Es hat also eine Verkürzung stattgefunden, die im Mittel hinter dem Verhältnis von 1 : 3 nicht weit zurückbleibt, und von der Dr. N. in dem Vorwort seines Buches auf Seite 4 sagt: „Gekürzt versuchte ich der deutschen Jugend hier zwei seiner fesselndsten Romane mundrecht zu machen". Es fragt sich nun, ob die so gekürzte N.'sche Darstellung gegenüber den im klägerischen Verlage erschienenen Übersetzungen der Jules Verne'schen Werke beziehungsweise den französischen Originalen sich gleichwohl als ein Erzeugnis von selbständiger literarischer Eigenart, also als eine eigentümliche Schöpfung darstellt, oder ob in ihr lediglich eine verkürzte, des selbständigen geistigen Schaffens entbehrende Wiedergabe des wesentlichen Bestandes der klägerischen Übersetzungen, beziehungsweise der französischen Originalwerke zu finden ist.

Eine von Seite zu Seite führende vergleichende Lesung beider Darstellungen hat zu folgendem Ergebnis geführt:

1. Die N.'sche Darstellung ist im Faden und in der Führung der Erzählung mit derjenigen der drei H.'schen Übersetzungen von Anfang bis zu Ende parallel. Der Gang der Handlung schreitet bei N. von Kapitel zu Kapitel genau in der gleichen Weise fort wie bei H. und weist geänderte oder neue Züge nur in ganz verschwindend geringer Zahl und in unwesentlicher Art auf.

2. Die Abweichung beider Darstellungen besteht inhaltlich fast nur in dem, was N. von seinen Vorlagen ausschaltete. Insbesondere hat N. aus letzteren alles das gestrichen oder gekürzt, was dort an wissenschaftlichen Erörterungen aller Art die Erzählung begleitet. Das bezieht sich insbesondere auf mathematische Formeln, schwierige Probleme und Hypothesen, sowie auf alle diejenigen Dinge, für die das Fassungsvermögen der Jugend noch nicht ausreichend erscheint. Wie radikal und zum Teil mechanisch er dabei verfahren ist, mögen die nachstehenden Beispiele zeigen:

Es fehlen auf diesem Stoffgebiete aus der H.'schen Übersetzung des Verne'schen Buches: „Von der Erde zum Mond" die Kapitel 5 (Seite 39—48 „Roman des Mondes"), Kapitel 6 (Seite 49—56 „Was in den Vereinigten Staaten nun nicht mehr unbekannt sein kann"), Kapitel 24 (Seite 235—243 „Das Teleskop des Felsengebirges") ganz; und es sind von N. die Seiten 174—198, die sich mit der Bewegungsschnelligkeit der Gestirne, den Entfernungen der Himmelskörper voneinander, der Bewohnbarkeit der Gestirne, der Neigung der Erdachse und ihrem Einfluß auf die Lebensbedingungen der Erde, dem Vorhandensein einer Atmosphäre auf dem Monde und dergl. befassen, durch etwa 25 Zeilen (Seite 53) ersetzt.

Aus der H.'schen Übersetzung von: „Reise um den Mond" sind das Vorwort (Seite 1—8), Kapitel 14 (Seite 175—189 „Die dreihundertvierundfünfzigstündige Nacht"), Kapitel 16 (Seite 207—215 „Südliche Hemisphäre"), Kapitel 17 (Seite 216—227 „Tycho"), Kapitel 18 (Seite 228—240 „Bedeutsame

Fragen"), sowie ferner die Partien Seite 54—64 (Formeln und Berechnung der Anfangsgeschwindigkeit des Geschosses), Seite 85 bis 89 (Wärmeausstrahlungen der Sonne), Seite 111—121 (Anziehungskraft und Schwere) ganz fortgefallen, und der ganze Inhalt der Seiten 135—199 (Geschichte der Mondbeobachtung, Geographie des Mondes, Umfahrung des Mondes, Dunkelseite des Mondes, Temperatur des Mondes, Bahn des Projektils) ist auf 18 Zeilen (Seite 107 bei N.) zusammengepreßt.

Ganz analog finden sich aus der H.'schen Übersetzung des Verne'schen Buches: „Reise zum Mittelpunkt der Erde" das Kapitel 38 (Seite 237—242, die Urgeschichte des Menschen enthaltend), sowie die Seiten 93 (vom Basalt), 99—102 (Geognosie Islands), 191—195 (Urgeschichte der Erde, Erdmagnetismus) bei N. überhaupt nicht wieder, während die Partien Seite 127—131, 133—135, 138—142, 156—162 von N. auf wenige Zeilen (Seite 163, 164, 165, 170) verdichtet worden sind.

Aber auch andere Dinge, die für den Gang der Handlung nicht gerne entbehrt werden, läßt N. fallen. So die Charakteristik Michel Ardans (bei H. „Von der Erde zum Mond" Seite 166 bis 168, bei N. S. 51), das Einbringen des Projektils in die Kanone, dessen Gelingen ein markantes Glied der Wette bildet (bei H. ebendort Seite 250—253, bei N. Seite 69), und endlich die Reise von Kopenhagen nach Island (bei H. „Reise zum Mittelpunkt der Erde" Seite 58—60), von der N. dann nur sagt (Seite 138): „Auf der ganzen Überfahrt ereignete sich nichts, was wert wäre, daß es hier erzählt würde".

3. In den unter 2. als Beispiele angeführten Auslassungen und Zusammenziehungen erschöpft sich selbstverständlich das Kürzungsprinzip der N.'schen Ausgabe keineswegs. In jedem Kapitel und auf jeder Seite ist es an der Arbeit und zwar meist in der Weise, daß der gemeinsame Besitz in einzelnen Sätzen oder Abschnitten besteht, zwischen denen dann andere Sätze oder Abschnitte fehlen.

4. Der Text und Wortlaut der N.'schen Bearbeitung geht meist dicht neben derjenigen der H.'schen Übersetzung her, zeigt aber selten und nur für die Aufeinanderfolge weniger Worte volle Übereinstimmung mit ihr. Immerhin zwingt die Lektüre

den Eindruck auf, daß der Text der H.'schen Übersetzungen auch sprachlich für N. überall den Anhalt und das Leitseil gebildet hat. So heißt es, um hier nur ein Beispiel anzuführen, in der H.'schen Übersetzung von Jules Verne's: „Von der Erde zum Mond" Seite 13:

„Die unermeßlich große Halle bot den Blicken einen merkwürdigen Anblick dar. Das umfassende Lokal war zum Erstaunen für seine Bestimmung geeignet. Hohe Säulen, aus übereinandergesetzten Kanonen gebildet, auf einer dicken Unterlage von Mörsern, trugen die feinen Verzierungen des Gewölbes, gleich Spitzen aus Guß gefertigt. Vollständige Rüstungen von Stutzen, Donnerbüchsen, Büchsen, Karabinern, alle Feuerwaffen alter und neuer Zeit, waren an den Wänden mit malerischen Verschlingungen gruppiert. Das Gas strömte in vollen Flammen aus tausend Revolvern, die in Form von Lustern zusammengeordnet waren, während Girandolen von Pistolen und Kandelaber, aus Bündeln von Flintenläufen gebildet, die glänzende Beleuchtung vollendeten."

Bei N. lautet diese Stelle auf Seite 13:

„Die gewaltige Halle, welche als Versammlungslokal diente, bot einen seltsamen Anblick dar. Sie war in ihrer ganzen Einrichtung durchgehends so eingerichtet, wie es sich für ein echtes Artilleristenhaus ziemt. Die Säulen, welche die hohe Decke trugen, bestanden aus übereinandergesetzten Kanonenrohren, die auf einer breiten Unterlage von Mörsern ruhten. Das Gewölbe war mit feinen Spitzen verziert, welche aus Gußeisen hergestellt waren. An den Wänden befanden sich schöne Trophäengruppen, die aus Stutzen, Büchsen, überhaupt aus Feuerwaffen aller Länder und Zeiten geschmackvoll zusammengestellt waren. In mächtigen Flammen strömte das Gas aus Tausenden von Revolvern, welche in Kronleuchterform angeordnet waren, und Kandelaber, aus Säbeln und Flintenläufen hergerichtet, sorgten für die weitere Beleuchtung des mächtigen Versammlungssaales."

5. Für die Beurteilung des Wertes der N.'schen Bearbeitung ist ferner auch das Vorkommen verschiedener Lässigkeitsfehler nicht gleichgiltig.

So: bei N. Seite 20 Zeile 10 „4 Meter" statt richtig bei H. („Von der Erde zum Mond" Seite 67) 2 Zoll und französisches Original (Seite 77) „deux pouces";
ferner bei N. Seite 23 Zeile 3 „40mal so schwer", statt richtig bei H. („Von der Erde zum Mond" Seite 75) „zweihundertfünfunddreißig bis zweihundertvierzigmal so viel" und französisches Original (Seite 85) „deux cent trentecinq à deux cent quarante fois";
oder bei N. Seite 27 Zeile 33 „2200 Kubikfuß", statt richtig bei H. (ebendort Seite 86) „22000 Kubikfuß" und im französischen Original (Seite 87) „22000 pieds cubes"
usw. usw.

6. Endlich seien noch die wenigen Stellen vermerkt, an denen die N.'sche Darstellung etwas die H.'schen Übersetzungen Ergänzendes oder von ihnen Abweichendes bringt:

N. Seite 5/6 fügt gleich im Anfang etwa 3/4 Seiten über den nordamerikanischen Sezessionskrieg und seinen Anlaß ein, worüber sowohl die H.'sche Übersetzung wie auch das Jules Verne'sche Original schweigen.

Bei N. Seite 25/26 sind ferner bei der Geschichte des Schießpulvers 12 Zeilen eingearbeitet (vgl. H.'s „Von der Erde zum Mond" Seite 80/81), und auf Seite 108 Zeile 7 ff. findet sich eine Einschiebung von 9 Zeilen gegenüber H.'s „Reise um den Mond" Seite 199.

Bei N. sind auf Seite 134 die Zeilen 1—7 abweichend von H.'s „Reise um den Mond" Seite 44, und auf Seite 165 die Zeilen 26—30 abweichend von H.'s „Reise zum Mittelpunkt der Erde" Seite 138—142 gestaltet. Desgleichen ist bei N. die Schlußzeile auf Seite 169 von H.'s „Reise zum Mittelpunkt der Erde" Seite 155 verschieden und endlich sind bei N. auf Seite 219 die Zeilen 9—12 eingeschaltet. Vgl. H.'s „Reise zum Mittelpunkt der Erde" Seite 279.

Alle diese kleinen Abweichungen und Einschiebungen sind jedoch nur von untergeordneter Bedeutung; sie berühren den Gesamtcharakter der Originalübersetzungen nicht und sind in keiner Weise geeignet, der N.'schen Arbeit den Charakter einer „eigentümlichen Schöpfung" im Sinne des § 13 des Reichsgesetzes vom 19. Juni 1901 zu verschaffen.

Im Gesamtergebnis stellt sich vielmehr die N.'sche Arbeit lediglich als eine auf Raumersparnis ausgehende Bearbeitung der H.'schen Übersetzungen dar, die dieselben ausschöpft, in ein kleineres Gefäß überführt und dabei keine andere eigene Leistung erkennen läßt, als auf dem Zwischenwege so viel zu verschütten, wie es die Rücksicht auf den zur Verfügung stehenden Raum und auf das Fassungsvermögen der Jugend bedingte.*)

Nr. 18.

Gutachten vom 8. Dezember 1905.

Nachdruck eines Gesetzeskommentars. Freie Benutzung zur Hervorbringung einer eigentümlichen Schöpfung.

Im Verlage des Verlagsbuchhändlers V. in B. ist ein Werk „Civilprozeßordnung und Gerichtsverfassungsgesetz für das Deutsche Reich nebst den Einführungsgesetzen. Mit Kommentar in Anmerkungen herausgegeben von Dr. v. W. und L." zuletzt im Juni 1895 in siebenter vermehrter und verbesserter Auflage erschienen.

In demselben Verlage wird seit etwa März 1905 ein Werk „Zivilprozeßordnung und Gerichtsverfassungsgesetz für das Deutsche Reich nebst den Einführungsgesetzen und den Preußischen Ausführungsgesetzen auf Grund der Rechtsprechung erläutert von S. und Dr. G." herausgegeben, dessen Probeheft und erste Lieferung den Akten beiliegen.

Durch diese Veröffentlichung erachtet der Regierungsrat a. D., Rechtsanwalt v. W. in N. das Urheberrecht seines Vaters, des Mitverfassers des ersterwähnten Kommentars Geh. Justizrats Dr. v. W., das nach dessen am 28. Dezember 1896 erfolgten Tode auf seine Erben übergegangen ist, für verletzt und hat dieserhalb als von jenem ernannter Testaments-

*) Auf Grund des obigen Gutachtens ist der Beklagte kostenpflichtig nach dem Klageantrage verurteilt und auch die Vernichtung der widerrechtlich hergestellten und verbreiteten Exemplare und der zur widerrechtlichen Vervielfältigung ausschließlich bestimmten Vorrichtungen angeordnet.

vollstrecker die Bestrafung des Verlagsbuchhändlers B. bei der Königlichen Staatsanwaltschaft des Landgerichts I zu B. beantragt.

In seiner Strafanzeige hat er ausgeführt, daß der Kommentar von S. u. G. sich lediglich als eine neue Ausgabe des Werkes von v. W. und L. darstelle. Dieses habe nicht nur als Vorbild, sondern geradezu als die Grundlage gedient, auf der S. und G. ihr Werk unter Benutzung alles Wesentlichen des älteren Kommentars aufgebaut hätten. Insbesondere seien die genannten Verfasser der gesamten Anlage des Kommentars von v. W. und L. vollständig gefolgt und hätten dessen Gedankengang, nur auseinandergezogen durch andere Zifferierung und Hinzufügen von Einzelheiten, unverkennbar übernommen. Die Art, wie v. W. und L. die Prozeßbestimmungen mit dem materiellen Recht in Verbindung gebracht, wie sie die Entscheidungen des Reichsgerichts in den Mittelpunkt der Darstellungen gerückt hätten, sei entlehnt, was durch die stilistischen Änderungen und Zusätze, durch die Anführung des BGB. statt des ALR. u. a. nur zum Teil verdeckt werde. An die Stelle der in dem alten Werke zitierten Gesetzesparagraphen sei vielfach lediglich deren Inhaltsangabe getreten, und die Zitate der Reichsgerichtsentscheidungen, der Juristischen Wochenschrift usw. seien häufig einfach übernommen.

Somit ergebe sich, daß der Kommentar von S. und G. keine neue selbständige Arbeit und keine eigentümliche Schöpfung, sondern nur eine solche Bearbeitung des älteren Werkes sei, wie sie v. W. und L. bei Lebzeiten vorgenommen haben würden, um ihren Kommentar auf dem Laufenden zu erhalten. Diese Auffassung werde durch die Angabe in dem Vorwort zu dem neuen Werk, daß die Verfasser einen Ersatz für den älteren Kommentar zu schaffen und die Vorzüge desselben auf ihr Werk zu übertragen beabsichtigten, sowie durch den Aufdruck auf dem Probeheft: „Ersatz für v. W. und L." durchaus bestätigt.

Die Kgl. Staatsanwaltschaft hat, ohne in weitere Ermittelungen einzutreten, durch Bescheid vom 17. April 1905 ein strafrechtliches Einschreiten abgelehnt, da die Übereinstimmung beider Werke in der äußeren Ausstattung, wie Druck, Hervorhebung der Reichsgerichtsentscheidungen u. dergl., im Aufbau und in der Gruppierung des Stoffes durch ihr Erscheinen in demselben Verlage und durch die notwendige Anlehnung an die Zivilprozeßordnung von selbst gegeben sei, im übrigen aber die weitere Prüfung ergeben habe, daß der Kommentar von S. und G. als eine vollständig selbständige und neue Arbeit angesehen werden müsse.

Die hiergegen von dem Rechtsanwalt v. W. eingelegte Beschwerde ist seitens des Oberstaatsanwalts bei dem Königlichen Kammergericht zu B. aus im wesentlichen gleichen Gründen zurückgewiesen worden.

Nachdem hierauf der Rechtsanwalt v. W. unter Wiederholung seiner Behauptungen gemäß §§ 170 ff. StPO. den Antrag auf gerichtliche Entscheidung bei dem Königlichen Kammergericht in B. gestellt hat, ist von dem I. Strafsenat desselben durch Beschluß vom 25. September 1905 ein Gutachten der Literarischen Sachverständigenkammer darüber erfordert worden,

> ob in der Vervielfältigung und Verbreitung des Werkes „Zivilprozeßordnung und Gerichtsverfassungsgesetz für das Deutsche Reich, erläutert von S. und G." eine Verletzung des Urheberrechts an dem Werke „Civilprozeßordnung und Gerichtsverfassungsgesetz für das Deutsche Reich, mit Kommentar in Anmerkungen herausgegeben von v. W. und L." zu finden ist.

Die Sachverständigenkammer hat diese Frage unbedenklich verneinen müssen.

Bei der Beurteilung des vorliegenden Falles ist vorweg ins Auge zu fassen, daß sich die behauptete Urheberrechtsverletzung auf einen Gesetzeskommentar bezieht. Die Bestimmung eines solchen und sein wesentlicher Zweck, durch fortlaufende Erläuterung der Vorschriften eines Gesetzes dessen praktische Anwendung zu erleichtern, bedingen von vornherein eine gewisse Gleichartigkeit derartiger Werke. Umfang und selbst Anordnung des Stoffes sind im allgemeinen gegeben, indem der Verfasser an den jeweiligen Gesetzesinhalt gebunden ist und die einzelnen Materien an den danach einschlägigen Stellen erörtern muß. Es kann und soll dabei keineswegs überall und durchweg Neues geschaffen und dargeboten werden, vielmehr muß in weitestem Maße bereits vorhandenes Material zur Verwendung gelangen. So müssen die gesetzgeberischen Vorarbeiten, die Motive, die Protokolle der Kommissionsberatungen, die Verhandlungen des Reichs- oder Landtags, insoweit sie für Verständnis und Auslegung des Gesetzes von Bedeutung sind, Erwähnung finden, und ebenso sind die in Bezug auf das Gesetz erlassenen Verfügungen und Verordnungen der Behörden zu berücksichtigen, sowie die dazu ergangenen Entscheidungen der Gerichte anzuführen und zu besprechen. Der jeweilige Stand der Wissenschaft bedarf insbesondere bei Prinzipien- und Zweifelsfragen näherer Darlegung und selbst die in verwandten Werken niedergelegten Meinungen können nicht unbeachtet bleiben, um demjenigen, der das Gesetz an der Hand des Kommentars auf den gegebenen Fall anwenden will, auf Grund umfassender Information ein eigenes Urteil und selbständige Entschließung zu ermöglichen. Ein gewissenhafter Kommentator wird sogar in allen diesen Punkten nach möglichster Vollständigkeit für die Zeit des Erscheinens seiner Arbeit streben, und es ist deshalb durchaus nichts Ungewöhnliches, wenn man in solchen Werken vielfach dem gleichen stofflichen Inhalt und denselben Gedanken begegnet.

Es folgt hieraus, daß durch das Vorhandensein derartiger Übereinstimmungen allein noch keineswegs eine Verletzung des Urheberrechts an einem älteren Kommentar für dargetan erachtet werden kann; vielmehr liegt eine solche erst dann vor, wenn das frühere Werk auch in einer im Wesentlichen identischen inhaltlichen Fassung wiedergegeben worden ist.

So wenig dazu ein wörtlicher und unveränderter Abdruck des Originals erforderlich ist, so wenig wird durch unwesentliche Textabweichungen, Umstellungen, Weglassungen oder Hinzufügungen jenes Erfordernis ausgeschlossen. Andererseits besteht für den Verfasser des älteren Werkes kein Privileg auf ausschließliche Benutzung des darin enthaltenen, bereits früher vorhanden gewesenen Materials; dasselbe kann vielmehr von jedem anderen in gleich beliebiger Weise verwertet werden, und ebensowenig erscheint es unzulässig, fremde Geistesarbeit zur Herstellung neuer literarischer Erzeugnisse zu verwenden.

Der frühere literarische Sachverständigenverein hat in dieser Beziehung wiederholt ausgeführt, daß es keineswegs verboten ist, ein älteres Werk in einem neueren, selbst durch Aufnahme und Wiedergeben einzelner Stellen, zu benutzen oder Werke verwandten Inhalts zu schreiben oder Spekulationen zu machen, die einem anderen unbequem werden könnten.*)

Auch das Reichsgericht hat bereits in einem Urteil vom 2. Januar 1888**) ausgesprochen, daß die Benutzung des Inhalts eines früheren Werkes dem Verfasser eines Konkurrenzwerkes durchaus freistehe, soweit er diesen Inhalt nicht ganz oder teilweise lediglich mechanisch vervielfältige, sondern bei selbständiger Sammlung und Darstellung des Stoffes geistig verarbeite.

Auf demselben Standpunkt steht das Gesetz, betreffend das Urheberrecht an Werken der Literatur ꝛc. vom 19. Juni 1901, indem es in § 13 ausdrücklich bestimmt, daß die freie Benutzung eines Werkes unbeschadet gewisser ausschließlicher Befugnisse des Urhebers zulässig ist, wenn dadurch eine eigentümliche Schöpfung hervorgebracht wird.

Eine solche freie Benutzung zur Hervorbringung einer eigentümlichen Schöpfung wird man insbesondere dann annehmen können, wenn lediglich bei Sammlung und Ordnung vorhandenen gemeinfreien Materials die Arbeit des anderen zur Unterstützung der eigenen verwendet, dieses Material aber in eine individuelle innere Form gebracht wird.

S. und G. waren mithin durchaus berechtigt, einen Kommentar der Zivilprozeßordnung und des Gerichtsverfassungsgesetzes auf gleicher Grundlage wie v. W. und L. zu schreiben und dabei ebenso wie diese alles bereits vorhandene Material und insbesondere auch das Werk der letzteren selbst zu benutzen, sofern sie nur hierbei zugleich durch selbständiges

*) Vgl. Dambach, 50 Gutachten, S. XL, 64, 263 u. a.

**) Entsch. in Straff. Bd. 17 S. 195.

Sammeln, Prüfen und Sichten des Stoffes, sowie durch eine besondere Formgebung eine eigene geistige Arbeit leisteten.

Prüft man nun unter Zugrundelegung dieser Gesichtspunkte zunächst die Ausführungen, aus denen der Antragtragsteller eine Verletzung des Urheberrechts hergeleitet wissen will, so erhellt ohne weiteres, daß sie zum Nachweis einer solchen an sich nicht genügen. Sie gipfeln im wesentlichen darin, daß S. und G. die gesamte Anlage des Kommentars von v. W. und L. und die besondere in der Gruppierung des Stoffes um die Entscheidungen des Reichsgerichts und in der Verbindung der Prozeßbestimmungen mit den Vorschriften des materiellen Rechts bestehende Methode der Darstellung, ferner Gedanken und Zitate übernommen haben sollen.

Indes selbst wenn alle diese Momente vorliegen, so würden sie doch nach den vorstehend entwickelten Grundsätzen für sich allein den Vorwurf einer unzulässigen Vervielfältigung nicht rechtfertigen können.

Allerdings stimmen die hier in Rede stehenden Werke hinsichtlich des Formats, der typographischen Ausstattung, der Seitenüberschriften sowie darin überein, daß sie nicht, wie es sonst wohl geschieht, Gesetzestext und Anmerkungen je fortlaufend und von einander getrennt abdrucken, sondern beides zu einer Einheit zusammenfassen und dementsprechend die zugehörigen Erläuterungen in kleinerem Druck zwischen die Gesetzesparagraphen einschieben. Allein die rein äußere Form und Einrichtung eines Schriftwerks schützt das Gesetz überhaupt nicht, sondern nur dessen Inhalt, und ebensowenig kann ganz allgemein schon in der bloßen Anlehnung an den inneren Aufbau, in der Übertragung der Anordnung und Einteilung des Stoffes eine Verletzung des Urheberrechts gefunden werden, wie auch die Methode, nach der ein gegebener Stoff behandelt und dargestellt wird, einen Schutz gegen Nachahmung nicht genießt.*)

Im vorliegenden Fall würde die Entlehnung dieses äußerlichen Schemas für sich allein zur Annahme eines Nachdrucks

*) Vgl. Dambach, 50 Gutachten, S. XL, 41 ff., 271, 284 und Entsch. des RG. in Zivils. Bd. 12 S. 116.

umsoweniger ausreichen, als es nicht wie z. B. bei Adreßbüchern, Tarifen, Kursbüchern und ähnlichen Werken, bei denen der zur Ausfüllung des systematischen Gerippes bestimmte Stoff durchweg gegeben und allgemein bekannt ist, gerade dasjenige bildet, worin sich die geistige Tätigkeit des Verfassers ziemlich ausschließlich zu offenbaren vermag. Bei einem Gesetzeskommentar bleibt vielmehr der einzufügende materielle Inhalt bei weitem die Hauptsache, wenn auch die praktische Bedeutung eines geschickt gewählten Schemas keineswegs verkannt werden soll.

Da v. W. und L., wie erörtert, betreffs des bereits vorhandenen Materials kein Monopol besitzen, so war es ferner S. und G. nach keiner Richtung hin verwehrt, dasselbe in gleicher Weise auch für ihre Arbeit zu verwenden und darin zu zitieren, wie es ihnen auch nicht verboten war, die aus der Natur des gleichartigen Stoffes sich mit Notwendigkeit ergebenden Gedanken ebenfalls darzulegen und sich dabei die von v. W. und L. entwickelten Ideen zu Nutze zu machen, wenn sie nur nicht zugleich auch die deren Urhebern eigentümliche äußere Formgebung mit entlehnten und damit eine rein mechanische Vervielfältigung vornahmen.

Die in dieser Beziehung vorgenommene genaue technische Vergleichung beider Werke —

es folgen hier die Einzelheiten dieser Vergleichung —

hat nun ergeben, daß letzteres in keiner Weise zutrifft, das Werk von S. und G. vielmehr durchaus auf eigener geistiger Tätigkeit beruht. Seine Verfasser haben den durch den gewählten Stoff gegebenen Gedankeninhalt und das dafür bereits vorhandene Material selbständig geprüft und gesichtet, ihm in Anordnung, Einteilung und Wortfassung ein individuelles Gepräge verliehen, in erheblichstem Maße unabhängig von v. W. und L. Stoff gesammelt und eigene Gedanken entwickelt, sowie diese mit jenen organisch verbunden und zu einer nach einem eigenartigen Plane gestalteten Einheit verarbeitet. Damit haben sie aber eine eigentümliche Schöpfung hervorgebracht und sich in den durch § 13 des Gesetzes vom 19. Juni 1901 für die freie Benutzung eines anderen Werkes gesteckten Grenzen gehalten.

Hieran wird auch weder durch die im Vorwort des S. und G.'schen Werkes bekundete Absicht, für den Kommentar von v. W. und L. Ersatz zu schaffen und dessen Vorzüge auf ihr Werk zu übertragen, noch durch den von dem Verleger V. bewirkten Aufdruck auf dem Probeheft „Ersatz für v. W. und L." etwas geändert, da beides in keiner Weise besagt, daß jene Absicht durch eine im wesentlichen identische inhaltliche Wiedergabe des älteren Werkes erreicht werden solle, vielmehr nur dem Wunsche Ausdruck verleiht, eine infolge des nicht weiteren Erscheinens jenes beliebten Kommentars in den beteiligten Kreisen empfundene Lücke durch ein den Vorzügen desselben möglichst gleichkommendes Werk auszufüllen.

Die gemachten Ausführungen widerlegen endlich zugleich die Behauptung des Antragstellers, daß das Werk von S. und G. sich lediglich als eine neue Ausgabe des Kommentars von v. W. und L. darstelle, und es kann mithin von einer Verletzung des an diesem bestehenden Urheberrechts keine Rede sein.*)

Nr. 19.
Gutachten vom 16. November 1903.

Nachdruck eines Literaturkalenders. Freie Benutzung zur Hervorbringung einer eigentümlichen Schöpfung.

Die G.'sche Verlagshandlung zu L. ist seit langen Jahren Verlegerin des jetzt von Hermann Hilliger herausgegebenen „Kürschner'schen Deutschen Literaturkalenders", der in seiner zweiten Abteilung in lexikographischer Form eine Zusammenstellung sämtlicher deutscher Schriftsteller enthält und in seinen einzelnen Jahrgängen jeweilig am Anfang des Kalenderjahres erscheint.

Die G.'sche Verlagshandlung behauptet, daß das im Verlage von H. & B. in C. im Frühjahr 1903 erschienene, von

*) Auf Grund des obigen Gutachtens hat das Königliche Kammergericht den Antrag des Rechtsanwalts v. W. verworfen. Die Staatsanwaltschaft hat hierauf das Verfahren gegen den Verlagsbuchhändler V. eingestellt.

dem Redakteur T. in S. herausgegebene „Literarische Jahrbuch, verbunden mit einem Schriftsteller-Lexikon" ein teilweiser Nachdruck des Kürschner'schen Literaturkalenders sei, da trotz verschiedener Änderungen und Streichungen und einer Beschränkung des Materials auf die Belletristik die Personalangaben des T.'schen Schriftsteller-Lexikons und die in dem letzteren enthaltenen Angaben der Werke der einzelnen Schriftsteller wörtlich aus der zweiten Abteilung des Kürschner'schen Kalenders entnommen seien.

Unter dem 3./13. Juni 1903 hat deshalb die genannte Verlagshandlung gegen den Redakteur T. und die Inhaber der Verlagsfirma H. & B. bei der Königlichen Staatsanwaltschaft in C. ein strafrechtliches Einschreiten wegen Nachdrucks beantragt.

In der hierauf eingeleiteten Voruntersuchung haben die Angeschuldigten bestritten, sich des ihnen zur Last gelegten Vergehens schuldig gemacht zu haben.

Der Buchhändler H. hat zwar zugegeben, daß bei den Besprechungen, welche er mit dem Redakteur T. wegen der Herausgabe des Literarischen Jahrbuches gehabt habe, die Rede davon gewesen sei, daß diesem Werke der Kürschner'sche Literaturkalender zu Grunde gelegt werden solle. Wie dieser Kalender aber im einzelnen benutzt werden solle, sei nicht besprochen, da er den T. seit langer Zeit gekannt und darauf vertraut habe, daß derselbe mit den einschlägigen gesetzlichen Vorschriften genau bekannt sei und deshalb in keiner Weise gegen das Gesetz verstoßen werde.

Der Buchhändler B. hat angegeben, daß er im Vertrauen auf die Persönlichkeit des T. sich überhaupt nicht darum gekümmert habe, woher derselbe den Stoff zu dem Schriftsteller-Lexikon des Literarischen Jahrbuchs nehmen würde.

Auch der Redakteur T. hat seine Schuld in Abrede gestellt. Er hat nicht bestritten, die in seinem Schriftsteller-Lexikon bei den einzelnen Schriftstellern gemachten Angaben in der Hauptsache der zweiten Abteilung des Kürschner'schen Literaturkalenders 1902 entnommen zu haben, behauptet jedoch, daß er neben diesem Kalender für seine Arbeit auch noch fünf andere ähnliche Werke, insbesondere Hinrich's Halbjahrskatalog benutzt und außerdem in vielen Fällen bei den verschiedenen Schriftstellern direkte Auskünfte eingeholt habe. T. bestreitet ferner die Schutzberechtigung des hier in Frage kommenden Teiles des Kürschner'schen Literaturkalenders überhaupt, da die bei den einzelnen Schriftstellernamen gemachten Angaben lediglich Aufzählungen einzelner Tatsachen seien, an denen der Herausgeber um so weniger ein Urheberrecht geltend machen könne, als diese Tatsachen ihm von den einzelnen Schriftstellern selbst mitgeteilt worden seien. Er habe den Kürschner'schen Kalender ebenso wie die anderen ähnlichen Werke lediglich im Sinne des § 13 des Gesetzes vom 19. Juni 1901 „frei benutzt" und auf Grund dieser Benutzung in dem Schriftsteller-Lexikon des von ihm herausgegebenen Literarischen Jahrbuchs eine eigentümliche Schöpfung hervorgebracht, die von selbständiger Eigenart sei, von dem Kürschner'schen Literaturkalender ganz erheblich abweiche und in keiner Weise dem letzteren Konkurrenz machen könne und solle.

Der Untersuchungsrichter III bei dem Königlichen Landgericht in C. hat hierauf unter dem 6. Oktober 1903 die Literarische Sachverständigenkammer um Erstattung eines Gutachtens darüber ersucht,

> ob das von dem Angeschuldigten T. herausgegebene „Literarische Jahrbuch mit Schriftsteller-Lexikon" im Verhältnis zu „Kürschner's Deutschem Literaturkalender" als eine eigentümliche Schöpfung im Sinne des § 13 des Gesetzes vom 19. Juni 1901, betreffend das Urheberrecht an Werken der Literatur und der Tonkunst angesehen werden kann.

Die Sachverständigenkammer hat diese Frage bejahen müssen.

Vor Erörterung der in dem Ersuchungsschreiben des Herrn Untersuchungsrichters gestellten Frage nach der Originalität des T.'schen Jahrbuchs wird es zunächst einer Prüfung der Frage bedürfen, ob der Kürschner'sche Deutsche Literaturkalender, namentlich in seiner zweiten, das „Lexikon deutscher Schriftsteller und Schriftstellerinnen" enthaltenden Abteilung überhaupt als ein gegen unzulässige Vervielfältigung geschütztes Schriftwerk im Sinne des § 1 des Gesetzes vom 19. Juni 1901 angesehen werden kann.

Wie nach dem früheren Nachdrucksgesetz vom 11. Juni 1870 kann auch nach dem Gesetz vom 19. Juni 1901 als ein schutzberechtigtes Schriftwerk nur ein solches literarisches Erzeugnis gelten, welches sich als das Produkt einer eigenen, individuellen geistigen Tätigkeit seines Urhebers darstellt. In Übereinstimmung mit der feststehenden und in zahlreichen Gutachten niedergelegten Praxis des früheren literarischen Sachverständigenvereins hat aber die Sachverständigenkammer sich bereits wiederholt dahin ausgesprochen, daß diese geistige Tätigkeit nicht in der Produktion eines neuen Stoffes zu bestehen braucht, sondern sich auch in der bloßen eigenartigen Kompilation, Auswahl, Anordnung und Darstellung bereits vorhandenen Materials äußern kann.

Es wird also im vorliegenden Fall darauf ankommen, zu prüfen, ob sich in dem Kürschner'schen Literaturkalender, und namentlich in seinem „Lexikon deutscher Schriftsteller und Schriftstellerinnen" eine solche geistige Tätigkeit dokumentiert, und diese Frage mußte nach eingehender Erörterung aller hier in Betracht kommenden Umstände bejaht werden.

Der verstorbene Hofrat Kürschner hat s. Z. den Plan gefaßt, eine lexikalische Zusammenstellung sämtlicher deutscher Schriftsteller und Schriftstellerinnen mit deren Personalien, Stellung und Titel, Adresse, Geburtsort und -Datum und den Haupterzeugnissen ihrer literarischen Tätigkeit zu fertigen. Zur Verwirklichung dieses Planes hat Kürschner das erforderliche Material durch Versendung eigenartig gestalteter Fragebogen an die einzelnen Schriftsteller und Schrifstellerinnen und, soweit diese Fragebogen unbeantwortet blieben und nur unvollkommen ausgefüllt zurückkamen, auf Grund bibliographischer Hilfsmittel und anderweiter Anfragen sich beschafft und sachgemäß verarbeitet und geordnet. Die sichtende, redigierende und ordnende Tätigkeit, welche Kürschner hierbei entwickelt hat, kann allerdings als eine literarisch hervorragende nicht bezeichnet werden, aber sie hat immerhin den Charakter einer „individuellen geistigen Tätigkeit“, die sich, wie die Sachverständigenkammer schon oft auszusprechen Gelegenheit gehabt hat, auch in solchen Werken zeigen kann, welche einer mehr untergeordneten literarischen Sphäre angehören.

Wenn sonach der Kürschner'sche Deutsche Literaturkalender ein schutzberechtigtes Schriftwerk im Sinne des Gesetzes vom 19. Juni 1901 ist, so wird nunmehr weiter zu prüfen sein, ob das von dem Angeschuldigten T. herausgegebene Literarische Jahrbuch und insbesondere das mit demselben verbundene „Schriftsteller-Lexikon“ als eine unzulässige teilweise Vervielfältigung des Kürschner'schen Kalenders oder, wie der Angeschuldigte T. behauptet, als eine auf freier Benutzung des letzteren beruhende eigentümliche Schöpfung anzusehen ist.

Eine unzulässige Vervielfältigung eines bereits vorhandenen Schriftwerks liegt im Sinne des Gesetzes vor, wenn das Original in einer im wesentlichen identischen inhaltlichen Fassung ohne Genehmigung des Berechtigten wiedergegeben wird. Sie ist strafbar, wenn sie vorsätzlich geschieht, und zwar macht es hierbei keinen Unterschied, ob das fremde Werk ganz oder nur zum Teil, wortgetreu oder mit unwesentlichen Änderungen, Weglassungen und Zusätzen reproduziert wird.

Unbeschadet der ausschließlichen Befugnisse, welche dem Urheber hinsichtlich der Vervielfältigung seines Werkes zustehen, ist aber im § 13 des Gesetzes vom 19. Juni 1901 die freie Benutzung seines Werkes ausdrücklich für zulässig erklärt worden, wenn dadurch eine eigentümliche Schöpfung hervorgebracht wird, d. h. wenn unter Benutzung und Verwertung des Inhalts eines fremden Werkes eine auf eigener geistiger Tätigkeit beruhende selbständige Verarbeitung des vorhandenen Materials in individueller Formgebung stattgefunden hat.

Wenn man unter Zugrundelegung dieser Begriffsbestimmungen der unzulässigen Vervielfältigung und der freien Benutzung zur Hervorbringung einer eigentümlichen Schöpfung das T.'sche Literarische Jahrbuch und das mit demselben verbundene Schriftsteller-Lexikon einer eingehenden Prüfung unterwirft, so kann es einem Bedenken nicht unterliegen, die

T.'sche Arbeit für eine im Verhältnis zum Kürschner'schen Literaturkalender eigentümliche Schöpfung zu erklären.

Das T.'sche Buch gliedert sich in eine Einleitung und zwei Abteilungen. Die erste Abteilung gibt eine allgemeine Übersicht über verschiedene Zweige der Literatur und ein Verzeichnis der vom 1. Oktober 1901 bis dahin 1902 erschienenen neuen Bücher lyrischen und epischen Inhalts, der neuen Romane und Novellen, Bühnenwerke und Buchdramen, sowie der Neuheiten der dramatischen Musik in der Theater-Saison 1901/02, während die zweite Abteilung ein alphabetisches Verzeichnis der zu Beginn des Berichtsjahres lebenden deutschen Schriftsteller und Schriftstellerinnen bietet, die auf den in der ersten Abteilung behandelten Gebieten Werke in Buchform veröffentlicht haben. Das ganze Buch umfaßt 320 Seiten, von denen 156 Seiten auf die erste und 164 Seiten auf die zweite Abteilung entfallen.

Während nun die erste Abteilung, sowohl was die Einleitung, als die einzelnen Abschnitte anlangt, selbständige literarische Arbeiten enthält, die ohne weiteres als schutzberechtigte Schriftwerke im Sinne des Gesetzes angesehen werden müssen, charakterisiert sich allerdings die zweite Abteilung bei nur oberflächlicher Betrachtung im wesentlichen als ein Auszug aus der zweiten Abteilung des Kürschner'schen Literaturkalenders, die sich ebenfalls als „Lexikon deutscher Schriftsteller und Schriftstellerinnen" bezeichnet.

In der Tat ist denn auch das T.'sche Lexikon dem Kürschner'schen Lexikon in Form und Inhalt ohne Zweifel ähnlich. Die Schriftsteller sind alphabetisch aufgeführt, der Vorname ist angegeben, und ebenso ist der etwaige Schriftstellername verzeichnet. Titel, Geburtsort und -Datum und die veröffentlichten Arbeiten sind fast überall bei T. ebenso wie bei Kürschner zu finden. Dagegen fehlt im T.'schen Jahrbuch der Hinweis auf die etwaige Zugehörigkeit zu einem Schriftstellerverbande, die Angabe der Auflage der einzelnen Werke, wie denn auch die Straßen und Hausnummern bei dem Wohnort der Schriftsteller und Schriftstellerinnen weggelassen sind. Während ferner der Kürschner'sche Kalender auch die Werke aus dem Jahre

1902 umfaßt, sind in dem T.'schen Jahrbuch nur die bis zum Ende des Jahres 1901 erschienenen Werke bei den einzelnen Autoren aufgeführt und ist bei den im Jahre 1902 neu hinzugekommenen Werken auf den ersten Teil des Jahrbuchs verwiesen. Der Seitenzahl nach umfaßt ferner das Schriftsteller-Lexikon nur den fünften Teil des Kürschner'schen Lexikons, was wesentlich darin seinen Grund hat, daß der Angeschuldigte T. nur solche Schriftsteller in sein Lexikon aufgenommen hat, welche Werke aus den vom Literarischen Jahrbuch behandelten Gebieten veröffentlicht haben.

Der Angeschuldigte T. hat demnach zunächst das ihm in dem Kürschner'schen Kalender gebotene Material nicht rein mechanisch benutzt, sondern aus der gesamten Masse deutscher Schriftsteller und Schriftstellerinnen diejenigen Personen ausgewählt und in alphabetischer Ordnung zusammengestellt, die auf dem Gebiete der schönwissenschaftlichen Literatur schriftstellerisch tätig gewesen sind. Wenn sich schon in dieser Sichtung und Neuordnung eine, wenn auch nicht gerade bedeutende eigene geistige Tätigkeit erkennen läßt, so tritt die geistige Verarbeitung des Kürschner'schen Materials in dem T.'schen Schriftsteller-Lexikon namentlich auch noch darin hervor, daß bei den bekannteren Schriftstellern interessante biographische Notizen und eigene kurze charakteristische Bemerkungen und Urteile über das dichterische Schaffen des betreffenden Autors hinzugefügt sind.

So heißt es auf Seite 233 bei Kretzer:

> „war erst Fabrikangestellter, dann Kaufmann, später Maler, lebt jetzt als freier Schriftsteller; gehört mit zu den ersten, die das Leben der Gegenwart in ihren Romanen sozialistisch-tendenziös behandeln",

ferner bei Bleibtreu (S. 169):

> „studierte in Berlin, machte große Reisen, war Redakteur der „Gesellschaft" u. a. Zeitschriften, lebt in Berlin-Wilmersdorf; Bahnbrecher der Modernen durch seine Broschüre „Revol. d. Lit." (87), vielseitig veranlagt, vortr. Schlachtenschilderer",

und bei Rosegger (S. 274):

> „erlernte das Schneiderhandwerk; produkt. Novellist und Romandichter (Bauerngeschichten aus den steirischen Alpen)“,

oder bei Sudermann (S. 298):

> „entstammt einer holl. Mennonitenfamilie, wollte anfangs Apotheker werden, stud. in Königsberg und Berlin Gesch., neuere Philol. u. Lit., war eine zeitlang Redakteur, lebt jetzt als freier Schriftsteller; erfolgreichster Dramatiker der neuesten Zeit, bildet mit G. Hauptmann das Doppelgestirn am lit. Himmel Deutschlands“,

usw. usw.

Aber auch in anderer Weise zeigt sich noch, daß das Schriftsteller-Lexikon des T.'schen Jahrbuches nicht gedankenlos aus dem Kürschner'schen Literaturkalender entnommen ist. So findet sich z. B. wiederholt eine Umstellung der aufgeführten Werke nach der Reihenfolge ihres Erscheinens. Bei Elisabeth, Königin von Rumänien, stellt Kürschner das Drama „Hexe“ zwischen „Les pensées d'une reine“ und „Aus C. Sylva's Königreich“, während es vom Angeschuldigten in seinem Schriftsteller-Lexikon zwischen „Sappho“ und „Hammerstein“ gestellt ist. Die Werke „Les pensées d'une reine“, „Mein Rhein“ und „Mein Buch“ fehlen im Jahrbuch. Auch bei der Schriftstellerin Bertha Suttner führt das Jahrbuch des Angeschuldigten die Werke „Es Löwos“ und „Maschinenzeitalter“ nicht auf, und ähnliche Abweichungen finden sich auch an vielen anderen Stellen vor, bei denen man jedenfalls keinen ausreichenden Grund zu der Annahme hat, daß der Angeschuldigte T. sie, wie die anzeigende Firma G. behauptet, lediglich zum Zwecke der Verschleierung des Nachdrucks verändert hat. Daß er neben anderen ähnlichen Werken auch den Kürschner'schen Literaturkalender benutzt hat, ist vom Angeschuldigten selbst unumwunden zugegeben, und wenn er hierbei auch einige offenbare Fehler des Kürschner'schen Kalenders mit übernommen hat, so ist er doch jedenfalls bei seinen Entlehnungen über das Maß des vom Gesetz erlaubten nicht hinausgegangen und hat das Entlehnte unter Aufwendung eigener Tätigkeit in individueller

Formgestaltung verarbeitet. Wenn man sodann noch den Zweck der beiden hier in Rede stehenden Werke berücksichtigt, so kann man den Angaben des Angeschuldigten T. nur zustimmen, daß seine Arbeit einen durchaus anderen Zweck als der Kürschner'sche Kalender verfolgt. Der letztere soll dem Fachmann dienen, dem Schriftsteller und dem Buchhändler; sein Schwerpunkt liegt in dem Schriftsteller-Verzeichnis, welches allein fast 1639 Seiten des zusammen 1887 umfassenden Buches füllt. Das „Literarische Jahrbuch" dagegen ist für das Publikum bestimmt und zerfällt in einen literarischen und einen lexikographischen Teil, der zu Gunsten des ersteren hier eine erhebliche Einschränkung erfahren hat. Seine ganze Anordnung und sein Inhalt weichen von dem Kürschner'schen Literaturkalender so weit ab, daß es keinem Zweifel unterliegen kann, daß der Angeschuldigte T. kein Konkurrenzwerk geschaffen hat, sondern ein neues, freies literarisches Erzeugnis, das sich dem Kürschner'schen Werke gegenüber auf eigene Füße gestellt hat und sich damit als etwas Selbständiges, wesentlich Anderes, d. h. als eine eigentümliche Schöpfung im Sinne des § 13 des Gesetzes vom 19. Juni 1901 charakterisiert.*)

Nr. 20.

Gutachten vom 16. November 1903.

Nachdruck eines Schulbuchs. Begriff des teilweisen Nachdrucks. Freie Benutzung zur Hervorbringung einer eigentümlichen Schöpfung.

Im Verlage der Buch- und Kunsthandlung von R. in G. ist seit dem Jahre 1894 in verschiedenen Auflagen ein von Fräulein H. daselbst unter dem Pseudonym E. Towers-Clark

*) Auf Grund des obigen Gutachtens ist der Angeschuldigte außer Verfolgung gesetzt.

verfaßtes, für den Konversationsunterricht im Englischen bestimmtes Werk erschienen. Dasselbe führt auf seinen verschiedenen Heften die Titel: „Die vier Jahreszeiten für die englische Konversationsstunde, nach Hölzel's Bildertafeln bearbeitet von E. Towers-Clark", bezw. „Übungen für die englische Konversationsstunde nach Hölzel's Bildertafeln" und behandelt in Frage und Antwort den Inhalt dieser Bildertafeln zum Teil mit Zugabe des Textes in beschreibender Form sowie einzelner auf die betreffenden Bildertafeln bezüglicher Gedichte.

Im Jahre 1895 ließ die Verlagsbuchhandlung R. durch den Professor M. Delanghe in Paris in Verbindung mit dem Professor L. Durand daselbst auf Grund des ihm von Fräulein H. übertragenen Übersetzungsrechtes eine sich streng an das H.'sche Originalwerk anschließende französische Bearbeitung des letzteren vornehmen, die gleichfalls in ihrem Verlage erschienen ist und unter dem Titel: „Die vier Jahreszeiten", bezw. „Übungen für die französische Konversationsstunde nach Hölzel's Bildertafeln, im genauen Anschluß an „The Four Seasons", bezw. „Lessons in English Conversation by E. Towers-Clark", bearbeitet von L. Durand und M. Delanghe" ebenso wie die englische Ausgabe inzwischen mehrere Auflagen erlebt hat.

Im Jahre 1902 ist im Verlage von C. M. in H. in zweiter Auflage ein von dem Rektor der Mädchen-Mittelschule in N., K. verfaßtes Werk erschienen, welches den Titel führt: „Einführung in die englische Konversation auf Grund der Anschauung nach den Bildertafeln von Ed. Hölzel. Mit einer kurzgefaßten Grammatik als Anhang", nachdem bereits im Jahre 1898 in demselben Verlage ein ebenfalls von dem Rektor K. verfaßtes Werk unter dem Titel: „Einführung in die französische Konversation auf Grund der Anschauung. Mit einer kurzgefaßten Grammatik als Anhang. Ausgabe B. Nach den Bildertafeln von Ed. Hölzel" veröffentlicht war.

Der Verlagsbuchhändler R. behauptet, daß diese beiden K.'schen Werke unzulässige Vervielfältigungen des oben bezeichneten, in seinem Verlage erschienenen Werks des Fräulein H.

(englische und französische Ausgabe) seien, da der Rektor K. demselben nicht nur eine ganze Reihe von Gedanken entlehnt, sondern auch ganze Partien daraus wörtlich abgeschrieben habe. Unter Bezeichnung der einzelnen Entlehnungen hat R. deshalb unter dem 30. Juli 1903 bei der Königlichen Staatsanwaltschaft zu H. die strafrechtliche Verfolgung des Rektors K. und der verwitweten Frau Amalie P., der Inhaberin der Firma C. M., beantragt.

Die Beschuldigten sind verantwortlich vernommen worden. Sie haben bestritten, sich eines strafbaren Nachdrucks schuldig gemacht zu haben, und zwar hat der Beschuldigte K. in einer ausführlichen Rechtfertigungsschrift den Vorwurf einer unzulässigen Vervielfältigung des H.'schen Werks und der französischen Übersetzung desselben im wesentlichen dadurch zu widerlegen versucht, daß sehr viele Ähnlichkeiten und Übereinstimmungen aus der Behandlung des gleichen Stoffes und aus dem Charakter der Bücher als Schulbücher zu erklären und außerdem viele Stellen seiner Bücher von der Firma R. ungerechtfertigter Weise als absichtliche Nachbildungen der entsprechenden Stellen des H.'schen Werks bezeichnet seien. Im übrigen hat der Beschuldigte K. den Schutz des § 13 des Urheberrechtsgesetzes vom 19 Juni 1901 mit der Behauptung für sich in Anspruch genommen, daß seine Bücher dem H.'schen Werke und dessen französischer Übersetzung gegenüber als eigentümliche Schöpfungen anzusehen seien.

Die Witwe P. hat angegeben, daß sie mit der einschlägigen Literatur nicht bekannt gewesen sei und deshalb, wie dies bei den meisten Verlegern zutreffe, sich bezüglich der Frage, ob die von ihr verlegten Bücher die bestehenden Autorrechte eines anderen verletzen könnten, lediglich auf den Beschuldigten K. verlassen habe.

Die Königliche Staatsanwaltschaft bei dem Landgericht zu H. hat nunmehr die Literarische Sachverständigenkammer um Abgabe eines Gutachtens darüber ersucht,

> ob die von dem Beschuldigten K. verfaßten Bücher: „Einführung in die englische bezw. französische Konversation" 2c. eine nach § 38 des Gesetzes vom 19. Juni

1901 strafbare Vervielfältigung der von dem Anzeiger verbreiteten Werke darstellen.

Die Sachverständigenkammer hat diese Frage verneinen müssen.

Was zunächst die Schutzberechtigung des H.'schen Werks und seiner französischen Übersetzung anlangt, so kann dieselbe nicht wohl in Zweifel gezogen werden. Die H.'sche Arbeit verfolgt den Zweck, unter Zugrundelegung der bekannten Hölzel'schen Bildertafeln an der Hand leicht faßlicher Fragen und Antworten den Schülern den Weg zu zeigen, das in den Schulstunden Gehörte leichter zu behalten und sich mit den fremden Sprachen praktisch vertraut zu machen. Die Durchführung dieses allgemeinen Planes beruht auf einer individuellen geistigen Tätigkeit, deren in den hier in Rede stehenden Werken vorliegendes Erzeugnis trotz des an und für sich nicht neuen Stoffes und trotz der auch bereits bekannten Methode der Darstellung in Frage und Antwort vermöge seiner eigenartigen Formgestaltung und individuellen Stoffbehandlung unbedenklich den Schutz des Gesetzes gegen unberechtigte Vervielfältigung für sich in Anspruch nehmen kann.

Anders liegt die Sache betreffs der von dem Anzeiger behaupteten unzulässigen Vervielfältigung des H.'schen Werks.

Als unzulässige Vervielfältigung eines Schriftwerks ist jede ohne Einwilligung des Berechtigten vorgenommene im wesentlichen inhaltlich identische Wiedergabe desselben anzusehen. Ob hierbei der Inhalt des Originalschriftwerks wortgetreu und unverändert wiedergegeben wird, kommt nicht in Betracht; entscheidend ist vielmehr lediglich der Umstand, daß das Originalwerk in einer über das Maß des Erlaubten hinausgehenden Weise benutzt und in einer im wesentlichen identischen inhaltlichen Fassung vervielfältigt worden ist. Je nach dem Umfang, in welchem der Inhalt des fremden Schriftwerks ohne Einwilligung des Berechtigten vervielfältigt ist, ergibt sich der Tatbestand eines totalen oder eines teilweisen Nachdrucks. Auch der letztere ist, wie im § 41 des Gesetzes vom 19. Juni 1901 ausdrücklich bestimmt ist, rechtswidrig, zu seiner Feststellung und Strafbarkeit ist jedoch in jedem einzelnen Falle eine besondere Prüfung erforderlich, in welchem Verhältnisse die aus dem Originalwerk entnommene Masse zu dem ganzen Umfange jenes Werks steht. An sich genügt, wie Allfeld in seinem Kommentar zum Gesetz vom 19. Juni 1901 (S. 253) hervorhebt, die Wiedergabe des kleinsten Teils des Originals zum Tatbestande einer partiellen Urheberrechtsverletzung, wenn nur in demselben die Individualität des Werks sich offenbart. Die Sachverständigenkammer hat jedoch in voller Übereinstimmung mit der Rechtsprechung des Reichsgerichts stets daran festgehalten, daß ein strafbarer teilweiser Nachdruck im Sinne des Gesetzes jedenfalls dann nicht als vorliegend erachtet werden kann, wenn das quantitative und qualitative Verhältnis des Entlehnten ein so unbedeutendes ist, daß eine im wesentlichen identische Wiedergabe des Originalwerks und damit eine Beeinträchtigung der persönlichen oder vermögensrechtlichen Interessen des Berechtigten nicht angenommen werden kann. In seinem Urteil vom 2. April 1884 (Entscheidungen in Zivilsachen Bd. 12 S. 113) hat sich das Reichsgericht in dieser Beziehung dahin ausgesprochen, daß ein teilweiser Nachdruck nur dann anzunehmen ist, wenn ein irgendwie erheblicher Teil eines fremden Schriftwerks unbefugt vervielfältigt wurde, und daß die Erheblichkeit des vervielfältigten Teiles nach dem quantitativen und qualitativen Verhältnis zu dem ganzen Schriftwerk zu bemessen ist. Derselbe Grundsatz ist auch bereits von dem vormaligen Reichsoberhandelsgericht (vgl. Entscheidungen des ROHG. Bd. 16 S. 240) und von dem Reichsgericht in strafrechtlicher Beziehung mehrfach in Anwendung gebracht worden (vgl. Entscheidungen in Strafsachen Bd. 8 S. 430; Bd. 16 S. 352).

Wenn man nun im vorliegenden Falle zunächst das quantitative Verhältnis der nach der Behauptung der Firma R. durch den Beschuldigten K. vorgenommenen Entlehnungen aus dem H.'schen Werke und der französischen Übersetzung einer näheren Prüfung und Feststellung unterwirft, so ergibt sich hinsichtlich der Entlehnungen

a) aus der englischen Originalausgabe,
daß der Beschuldigte K., selbst wenn man die rot und die schwarz unterstrichenen Stellen zusammen in Betracht zieht, nur etwa 300 Zeilen aus dem etwa 4650 Zeilen umfassenden Originalwerk, also etwa den 15. bis 16. Teil des letzteren entnommen hat.

Noch geringer ist das Verhältnis des Entlehnten zu dem Gesamtumfang

b) der französischen Übersetzung des H.'schen Werks.
Hier hat der Beschuldigte K. von den etwa 5400 Zeilen des Originals nur etwa 150 Zeilen — die rot und die schwarz unterstrichenen Stellen sind hier ebenfalls zusammengerechnet — übernommen, also etwa den 37. Teil der Übersetzung entlehnt.

Dieses quantitative Verhältnis muß aber nach der bereits von dem früheren literarischen Sachverständigenverein und auch von der Literarischen Sachverständigenkammer stets beobachteten Praxis für ein derartig unbedeutendes erklärt werden, daß eine im wesentlichen identische Wiedergabe des Inhalts des H.'schen Originalwerks und seiner Übersetzung nicht für vorliegend erachtet werden kann, und zwar um so weniger, als auch in qualitativer Beziehung den vorgenommenen Entlehnungen nicht die Bedeutung einer Wiedergabe des wesentlichen Inhalts des H.'schen Werks und seiner französischen Übersetzung beigemessen werden kann.

Bei Beurteilung der Qualität stattgehabter Entlehnungen und der Bedeutung derselben für den Tatbestand eines teilweisen Nachdrucks hat der frühere literarische Sachverständigenverein stets auf die Qualität des Originals ein besonderes Gewicht gelegt und in verschiedenen Gutachten hervorgehoben, daß bei Werken, welche die Phantasie beschäftigen, die Form des Gedankens, wie er in bestimmten Worten sich ausdrückt, einen viel größeren Wert besitzt, als ihn der Wortlaut in Werken lehrhaften Inhalts hat, und daß deshalb eine Übernahme einzelner Stellen und Teile der letztgedachten Werke in ein Werk gleicher Art, welche dichterischen Werken gegenüber als partieller Nachdruck erscheinen würde, als erlaubte Benutzung angesehen werden kann, soweit sie eben nicht in quantitativer Beziehung über das Maß des Erlaubten hinausgeht. (Vgl. die Gutachten vom 6. Januar 1885 und vom 7. Mai 1875 bei Dambach, 50 Gutachten S. 224 und 254).

Im vorliegenden Falle ist nun in dieser Beziehung besonders hervorzuheben, daß das H.'sche Werk, wie bereits oben erwähnt worden ist, lediglich einen lehrhaften Zweck verfolgt und auf Grund der Hölzel'schen Wandbilder für den Anschauungs- und Sprachunterricht in gegenseitiger Ergänzung von Bild und Wort den Schüler mehr wie bisher selbsttätig und interessiert in die zu erlernende fremde Sprache einführen will. Die Übernahme einzelner Fragen und Antworten, Beispiele, Redewendungen und Sätze in ein den gleichen lehrhaften Zweck verfolgendes Werk kann deshalb an sich noch nicht als eine unerlaubte Benutzung bezeichnet werden, zumal wenn auch in diesem neuen Werk derselbe Grundstoff, d. h. hier das in den Hölzel'schen Wandbildern gebotene Anschauungsmaterial in Frage und Antwort bearbeitet ist.

Der gleiche Stoff und die Gleichheit der methodischen Behandlung desselben bedingt notwendiger Weise eine gewisse Übereinstimmung in der äußeren Form der Darstellung und oft genug auch in dem Wortlaut der einzelnen Fragen, Antworten und sonstigen Ausführungen, so daß es z. B. nicht Wunder nehmen darf, wenn bei der Besprechung des Hölzel'schen Frühlingsbildes beide Autoren in ihren englischen Ausgaben nahezu wörtlich übereinstimmend fragen und antworten:

With what is the roof covered?
The roof is covered with shingles,

oder

What is the grandfather holding in his hands?
The grandfather is holding shears,

oder

What is hanging on her right arm?
A straw-hat with a blue ribbon is hanging on her right arm.

Die Übereinstimmung des Ausdrucks erklärt sich hier einfach durch die gleiche Beschreibung der gleichen Gegenstände und Personen, wie solche in dem betreffenden Hölzel'schen Bilde dem Beschauer vorgeführt sind.

Das Gleiche gilt für eine große Anzahl von Stellen des von dem Beschuldigten K. bearbeiteten Einführungsbuches für die französische Konversation, die mit der französischen Übersetzung des H.'schen Werks übereinstimmen.

Der Beschuldigte K. hat in seiner Rechtfertigungsschrift zutreffend darauf hingewiesen, daß eine große Menge von Sätzen, Fragen und Antworten von ihm ähnlich oder genau so wie in dem H.'schen Werk gebildet werden mußte, da gleiche Bilder Gegenstand der Besprechung sind und der Stoff in gleicher Weise mit Schulkindern durchgenommen werden soll, wodurch die Einkleidung desselben in kleine, schulgemäße, oft gar nicht anders als in dem H.'schen Werk zu bildende Sätze bedingt war.

Dies gilt insbesondere auch für die Überschriften der einzelnen Lessons und Exercices, deren oft wörtliche Übereinstimmung von dem Anzeiger als besonders belastend hervorgehoben wird. Sowohl im H.'schen Werk als in den Büchern des Beschuldigten K. sind die einzelnen Hölzel'schen Bilder in einzelne Sachgruppen zerlegt worden, denen notwendigerweise gleiche Überschriften gegeben werden mußten.

Im Übrigen hat der Beschuldigte K. offen zugegeben, daß er bei der Bearbeitung seiner beiden hier in Rede stehenden Bücher sämtliche früher erschienene für den Konversationsunterricht in der englischen und französischen Sprache bestimmte Werke, darunter auch das H.'sche Werk und dessen französische Übersetzung gelesen und auf seine Vorzüge und Nachteile hin geprüft habe. Er erachtet es für selbstverständlich, daß auf diese Weise Erinnerungen an dieses oder jenes Buch haften geblieben seien, und will damit auch manche Übereinstimmungen seiner Ausdrucksweise mit dem Text des H.'schen Werks und dessen Übersetzung rechtfertigen. Die Sachverständigenkammer kann sich nun zwar des Eindrucks nicht erwehren, das der Beschuldigte K. darüber hinaus an verschiedenen Stellen seiner Bücher auch bewußter Weise direkte Entlehnungen aus dem H.'schen Werk vorgenommen hat. Die Gesamtmasse aller dieser Entlehnungen ist aber, wie oben des näheren ausgeführt ist, im Verhältnis zu dem Gesamtumfang der beiden benutzten Originalwerke eine so geringe, daß sie die Annahme einer, wenn auch nur teilweisen identischen Wiedergabe des Inhalts der Originalwerke nicht zu begründen vermag.

Nicht mit Unrecht hat sich der Beschuldigte K. auf den Schutz des § 13 des Gesetzes vom 19. Juni 1901 berufen, welcher bestimmt, daß unbeschadet der ausschließlichen Befugnisse, die dem Urheber nach § 12 Abs. 2 zustehen, die freie Benutzung seines Werks zulässig sein soll, wenn dadurch eine eigentümliche Schöpfung hervorgebracht wird.

Eine solche erlaubte freie Benutzung zur Hervorbringung einer eigentümlichen Schöpfung ist, wie die Sachverständigenkammer bereits in mehreren Gutachten*) ausgesprochen hat, unbedenklich in dem Falle anzunehmen, wo unter Verwertung des Gedankeninhalts eines bereits vorhandenen Werks eine auf eigener geistiger Tätigkeit beruhende selbständige Verarbeitung des vorhandenen Materials in individueller Formgebung stattgefunden hat.

Dies trifft im vorliegenden Falle unbedenklich zu. Wenngleich die Bücher des Beschuldigten K. denselben Stoff wie das H.'sche Werk auf derselben Grundlage bearbeiten, und obwohl bei ihrer Bearbeitung offenbar an vielen Stellen eine Verwertung der H.'schen Arbeit stattgefunden hat, sind dieselben doch ihrem Wesen und ihrer Gesamtgestaltung nach von der letzteren derartig verschieden, wie es eben zwei Bücher, die denselben Stoff bearbeiten, nur sein können, da sie, wie seitens des Beschuldigten K. zutreffend hervorgehoben wird, in wesentlichen, wichtigen und den Büchern das eigentümliche Gepräge aufdrückenden Punkten gänzlich andere Bahnen gehen.

Das H.'sche englische Originalwerk und demgemäß auch die Dürant-Delanghe'sche französische Übersetzung desselben besteht lediglich aus einer im Anschluß an die einzelnen Hölzel'schen Bilder hergestellten Sammlung von Fragen und Antworten, der in den einzelnen Heften nur etwa ein Gedicht oder eine description of the frontispiece bezw. eine de-

*) Vgl. insbesondere das Gutachten Nr. 16 vom 30. Oktober 1903 S. 98.

scription sommaire francaise des betreffenden Bildes beigefügt ist. Ohne eine streng methodische Anordnung aufzuweisen, soll das H.'sche Werk lediglich dem Unterricht in der Konversation ohne Rücksichtnahme auf die Grammatik oder die schriftliche Ausdrucksweise dienen, so daß es wesentlich nur als Nebenbuch, und zwar ausschließlich als Sprechübungsbuch für fortgeschrittene Schüler Bedeutung hat.

Anders liegt die Sache dagegen bei den Büchern des Beschuldigten K. Dieselben sollen nicht ausschließlich den Zwecken des englischen und französischen Konversationsunterrichts dienen, sondern zugleich, wie in den vom Beschuldigten K. zu den Akten gereichten kritischen Besprechungen dieser Bücher mehrfach rühmend hervorgehoben wird, ein geeignetes Lehrmittel für den gesamten englischen und französischen Anfangsunterricht bilden, indem sie in methodischer, stufenmäßiger Ordnung unter steter Berücksichtigung der hauptsächlichsten grammatikalischen Regeln den Lehrstoff der ersten beiden Jahre des englischen und französischen Unterrichts behandeln. Nach jeder Lektion werden, was in dem H.'schen Werk fehlt, Aufgaben zum selbständigen, freien schriftlichen Gebrauch der fremden Sprache gegeben, die words und mots et formes, wie sie in den einzelnen Übungen vorkommen, zusammengestellt und dem Sprachstoff Lieder, Rätsel, Gedichte und Sprichwörter, wie sie aus der Besprechung der einzelnen Hölzel'schen Bilder sich ergeben, eingefügt.

Durch diese Art der Bearbeitung des an und für sich gemeinsamen Stoffes hat der Beschuldigte K. in der Tat etwas Selbständiges geschaffen. Er hat, was an sich niemandem verwehrt ist, den Gedankeninhalt eines bereits vorhandenen Werks bei Herstellung neuer ähnlicher Werke in einer das Maß der erlaubten Entlehnung nicht überschreitenden Ausdehnung verwertet und das Entlehnte selbständig mit anderem, eigenen Gedankeninhalt verarbeitet und einer individuellen Formgebung in einer Weise unterworfen, die seinen Arbeiten unbedenklich den Charakter eigentümlicher Schöpfungen im Sinne des Gesetzes verleiht.*)

*) Auf Grund dieses Gutachtens hat die Staatsanwaltschaft das Verfahren eingestellt.

Nr. 21.

Gutachten vom 23. September 1904.

Begriff der zum amtlichen Gebrauch hergestellten amtlichen Schriften. Abbildungen wissenschaftlicher oder technischer Art. Anwendbarkeit des § 16 Gesetz vom 19. Juni 1901 auf dieselben. Aufnahme von Abbildungen ꝛc. in ein Schriftwerk.

Im Auftrage des Königl. Preuß. Ministeriums der geistlichen, Unterrichts- und Medizinal-Angelegenheiten ist im Jahre 1900 ein „Lehrmittelverzeichnis für den Zeichenunterricht" aufgestellt worden, dessen bisher erschienene drei Hefte in der Kunstanstalt von Paul Sch. in B. hergestellt sind. Das alleinige Verlags- und Vervielfältigungsrecht der einzelnen Hefte ist von dem vorbezeichneten Ministerium dieser Firma übertragen. Insbesondere ist dieselbe durch die Bekanntmachungen vom 24. April 1901, 8. August 1901 und 29. Juni 1903 (ZBl. f. d. ges. Unt.Verw. 1901 S. 389 und 755; 1903 S. 416) ermächtigt worden, über die amtliche Auflage hinaus weitere Exemplare der einzelnen Hefte auf eigene Rechnung zu drucken und dieselben auf Verlangen an Interessenten zu einem bestimmten Preise abzugeben.

Der Kunsthändler W. i. Fa.: H. W.'s Lehrmittelanstalt zu B. hat die sämtlichen Abbildungen des im Jahre 1903 erschienenen dritten Heftes des Lehrmittelverzeichnisses in auf ein 1/4 verkleinerter Ausführung auf den Seiten 42 bis 53 eines von ihm herausgegebenen „Taschenbuchs für Zeichenlehrer und Lehrerinnen 1904" ohne Genehmigung des Kunsthändlers Sch. abgedruckt. Letzterer hat deshalb unter dem 4. Februar 1904 bei der Königlichen Staatsanwaltschaft am Landgericht I zu B. die strafrechtliche Verfolgung des W. wegen unzulässiger Vervielfältigung der vorbezeichneten Abbildungen des Lehrmittelverzeichnisses beantragt.

Der Beschuldigte W. hat bestritten, sich eines vorsätzlichen Nachdrucks schuldig gemacht zu haben. Er hat insbesondere darauf hingewiesen, daß das im Sch.'schen Verlage erschienene Lehrmittelverzeichnis als eine amtliche, im Ministerium der geistlichen ꝛc. Angelegenheiten erschienene Schrift anzusehen sei, und daß er sich deshalb auf Grund des § 16 des Gesetzes vom 19. Juni 1901 zur Vervielfältigung der in dieser amtlichen Veröffentlichung enthaltenen Abbildungen auch ohne besondere Genehmigung des Kunsthändlers Sch. für berechtigt gehalten habe.

Nachdem im Laufe der Ermittelungen festgestellt war, daß nur die Tafeln 8, 9 und 10 des hier in Frage kommenden dritten Heftes des Lehrmittelverzeichnisses nach selbständigen Zeichnungen gefertigt sind, die übrigen Tafeln 1—7 dagegen lediglich Reproduktionen von photographischen Aufnahmen nach der Natur darstellen, hat der als Sachverständiger vernommene Dr. B. sich gutachtlich dahin geäußert, daß der Beschuldigte W. zwar den Schutz des § 16 des Gesetzes vom 19. Juni 1901, da derselbe sich auf Abbildungen nicht beziehe, nicht für sich in Anspruch nehmen könne, einen vorsätzlichen Nachdruck aber um deswillen nicht begangen habe, weil er die sämtlichen Abbildungen nach Lage der Sache als gesetzlich gegen Vervielfältigung nicht geschützte Photographien nach der Natur habe ansehen können.

Die Königliche Staatsanwaltschaft hat nunmehr die Literarische Sachverständigenkammer um Erstattung eines Gutachtens darüber ersucht,

a) ob das „Lehrmittelverzeichnis für den Zeichenunterricht" Heft 3 (insbesondere die dort befindlichen Abbildungen „Pflanzenstudien" und „Raumstudien") als eine zum amtlichen Gebrauch hergestellte amtliche Schrift anzusehen ist,

b) eventuell ob im buchhändlerischen Verkehr die Meinung vertreten ist, eine Publikation wie das genannte „Lehrmittelverzeichnis" falle unter § 16 des Reichsgesetzes vom 19. Juni 1901,

c) ob die Vervielfältigung der Abbildungen in dem „W.'schen Taschenbuch" etwa nach § 23 des Reichsgesetzes vom 19. Juni 1901 unbedenklich ist.

Die Sachverständigenkammer mußte sich unbedenklich dahin aussprechen, daß das vorliegende Heft 3 des Lehrmittelverzeichnisses keine zum amtlichen Gebrauch hergestellte amtliche

Schrift im Sinne des § 16 des Gesetzes ist, und daß auch die unbefugte Vervielfältigung der Tafeln 8, 9 und 10 dieses Heftes nach § 23 des vorbezeichneten Gesetzes nicht zulässig war, daß aber der Beschuldigte nach Lage der Sache wohl der Meinung sein konnte, daß ihm diese Vervielfältigung auf Grund des § 16 a. a. O. gestattet sei.

Bevor auf eine nähere Erörterung über die Anwendbarkeit des § 16 des Gesetzes vom 19. Juni 1901 auf das vorliegende dritte Heft des „Lehrmittelverzeichnisses für den Zeichenunterricht" eingegangen werden kann, wird es zunächst einer Prüfung der Frage bedürfen, ob überhaupt die auf den Tafeln dieses Heftes befindlichen Abbildungen als schutzberechtigte Abbildungen wissenschaftlicher oder technischer Art im Sinne des § 1 Ziff. 3 des vorbezeichneten Gesetzes angesehen werden können.

Der Schutz des Gesetzes vom 19. Juni 1901 erstreckt sich nur auf Abbildungen wissenschaftlicher oder technischer Art, welche nicht ihrem Hauptzwecke nach als Kunstwerke zu betrachten sind. Von vornherein scheiden also alle solche bildlichen Darstellungen aus, welche vorwiegend dem Zwecke ästhetischer Darstellung dienen, das ästhetische Gefühl des Beschauers anregen sollen und demzufolge als Werke der Kunst anzusehen sind. Das Gesetz vom 19. Juni 1901 schützt, wie sich einerseits aus dem Gegensatz zu den Kunstwerken, andererseits aus dem Zusatz „wissenschaftlicher oder technischer Art" ergibt, nur diejenigen Abbildungen, welchen ein wissenschaftlicher oder technischer Zweck innewohnt, „indem sie eine wissenschaftliche oder technische Idee versinnlichen und damit den Zweck der Belehrung verfolgen"; und zwar tritt dieser Schutz auch nur dann ein, wenn sich diese Abbildungen als Erzeugnisse einer eigenen, in der Selbständigkeit der Formgebung sich äußernden geistigen Tätigkeit ihres Urhebers kennzeichnen.*) Hieraus ergibt sich, daß, wie Allfeld (Kommentar S. 62) zutreffend bemerkt, durch einen rein mechanischen Herstellungsprozeß, bei

*) Vgl. die Gutachten Nr. 11 vom 7. November 1902 S. 53, Nr. 13 vom 30. Januar 1903 S. 63 und Nr. 14 vom 22. Mai 1903 S. 73.

welchem irgendwelche individuelle Formgebungstätigkeit nicht mitwirkt, schutzfähige Abbildungen im Sinne des § 1 Ziff. 3 des Gesetzes vom 19. Juni 1901 nicht entstehen können, und daß also insbesondere nach einem Gegenstande der Natur, der Industrie u. dergl. aufgenommene Photographien oder bloße Reproduktionen der letzteren auf den Schutz dieses Gesetzes keinen Anspruch erheben können, da sie sich lediglich als Produkte einer mechanischen Tätigkeit darstellen.

Wenn man von diesen Gesichtspunkten aus die einzelnen auf den zehn Tafeln des Lehrmittelverzeichnisses befindlichen Abbildungen einer Prüfung unterzieht, so kann es allerdings einem Bedenken nicht unterliegen, daß die sämtlichen Abbildungen ihrem Hauptzwecke nach nicht als Kunstwerke zu betrachten sind, sondern wesentlich belehrende Zwecke verfolgen. In dem die Herausgabe des Lehrmittelverzeichnisses betreffenden Erlaß des Ministers der geistlichen &c. Angelegenheiten vom 24. September 1900 (ZBl. f. d. ges. Unt.Verw. 1900 S. 762) ist es ausdrücklich als Zweck des Lehrmittelverzeichnisses bezeichnet, „die Anstaltsdirektoren und Zeichenlehrer auf die reiche Fülle an Lehrstoff, wie ihn die Natur, die Kunst und das Kunstgewerbe bieten, hinzuweisen und ihnen die Beschaffung geeigneter Lehrmittel zu erleichtern.“ Allein die weitere Prüfung ergibt auch sofort die Richtigkeit der im Laufe der gerichtlichen Ermittelungen getroffenen Feststellung, daß die Tafeln 1 bis 7 nur Reproduktionen von photographischen Aufnahmen nach der Natur sind, und daß nur die auf den Tafeln 8, 9 und 10 befindlichen Abbildungen (Pflanzenstudien und Raumstudien) selbständige, auf individueller geistiger Formgebungstätigkeit beruhende Zeichnungen wiedergeben. Nur diese letzteren Abbildungen können deshalb als schutzfähige Abbildungen wissenschaftlicher oder technischer Art im Sinne des § 1 Ziff. 3 des Gesetzes vom 19. Juni 1901 angesehen und bei der Entscheidung des vorliegenden Falles in Betracht gezogen werden, während die Abbildungen der Tafeln 1—7 lediglich den Schutz des Gesetzes vom 10. Januar 1876, betr. den Schutz der Photographien gegen unbefugte Nachbildung für sich würden in Anspruch nehmen können, der ihnen jedoch, wie hier nur beiläufig bemerkt werden soll, schon aus dem Grunde versagt werden müßte, weil sie den Erfordernissen des § 5 dieses Gesetzes in keiner Weise entsprechen.

Wendet man sich nunmehr zu der Erörterung der ersten von der Königlichen Staatsanwaltschaft gestellten Frage,

> ob die auf den Tafeln 8, 9 und 10 des Lehrmittelverzeichnisses befindlichen Abbildungen als zum amtlichen Gebrauch hergestellte amtliche Schriften im Sinne des § 16 des Gesetzes vom 19. Juni 1901 anzusehen sind,

so muß zunächst die Annahme des Sachverständigen Dr. B., daß der angeführte § 16 um deswillen im vorliegenden Falle keine Anwendung finden könne, weil er sich auf Abbildungen nicht beziehe, für verfehlt erklärt werden.

Im § 16, welcher dahin lautet:

> „Zulässig ist der Abdruck von Gesetzbüchern, Gesetzen, Verordnungen, amtlichen Erlassen und Entscheidungen sowie von anderen zum amtlichen Gebrauche hergestellten amtlichen Schriften"

ist zwar der Abbildungen wissenschaftlicher oder technischer Art keine besondere Erwähnung geschehen. Allein wie bereits das frühere Nachdrucksgesetz vom 11. Juni 1870 im § 43 bestimmt hatte, daß auch sein mit dem § 16 des jetzigen Urheberrechtsgesetzes im wesentlichen gleichlautender § 7c auf technische Zeichnungen und Abbildungen Anwendung finden solle, so hat unbedenklich auch das Gesetz vom 19. Juni 1901 im § 16 unter dem allgemeinen Ausdruck „Schriften" nicht nur die Schriftwerke im engeren Sinne, sondern auch die im § 1 Ziff. 3 für schutzfähig erklärten Abbildungen wissenschaftlicher oder technischer Art begreifen wollen, zumal notorisch gerade Pläne, Karten und andere Zeichnungen wissenschaftlicher oder technischer Art sehr häufig von amtlichen Stellen zum amtlichen Gebrauche hergestellt werden.

Abgesehen hiervon ist nun aber die Sachverständigenkammer nach eingehender Erwägung der für und wider sprechenden Momente zu der Annahme gelangt, daß das „Lehrmittelverzeichnis für den Zeichenunterricht" und damit auch die hier allein in Betracht kommenden Abbildungen der Tafeln 8, 9 und 10 des dritten Heftes desselben überhaupt nicht als zum amtlichen Gebrauch hergestellte amtliche Schriften bezw. Abbildungen im Sinne des § 16 des Gesetzes vom 19. Juni 1901 anzusehen sind, und zwar aus folgenden Gründen:

Die im § 16 a. a. O. getroffene Ausnahme von dem Nachdrucksverbot bezieht sich, abgesehen von Gesetzbüchern, Gesetzen, Verordnungen, amtlichen Erlassen und Entscheidungen, nur auf solche Schriftwerke oder Abbildungen wissenschaftlicher oder technischer Art, die einen amtlichen Gegenstand betreffen und von einer öffentlichen Behörde oder von einem öffentlichen Beamten vermöge amtlicher Verpflichtung lediglich zum amtlichen Gebrauch hergestellt worden sind. Bei der Beratung des Gesetzes vom 17. Juni 1901 ist seitens des Regierungsvertreters ausdrücklich hervorgehoben worden, daß die Bestimmung des § 16 keineswegs den Kreis der bereits durch das frühere Nachdrucksgesetz vom 11. Juni 1870 freigegebenen Schriften erweitern wolle, und daß deshalb diejenigen Schriften ꝛc., die zwar von einer Behörde herausgegeben sind, sich aber, wie z. B. wissenschaftliche Werke, nicht lediglich an die Adresse einer Behörde, sondern auch an das Publikum wenden, nach wie vor den Schutz gegen unzulässige Vervielfältigung genießen sollen, falls und insoweit sie überhaupt als schutzfähige Objekte im Sinne des § 1 des Gesetzes vom 19. Juni 1901 angesehen werden können. (Vgl. StenBer. S. 2179.)

Nach dem die Herausgabe eines Lehrmittelverzeichnisses für den Zeichenunterricht betreffenden Ministerialerlaß vom 24. September 1900 (ZBl. f. d. ges. Unt.Verw. 1900 S. 762) ist das Lehrmittelverzeichnis nun allerdings im Auftrage des Ministeriums der geistlichen ꝛc. Angelegenheiten aufgestellt und zunächst zur Verteilung an die höheren Lehranstalten, die Schullehrer- und Lehrerinnen-Seminare, die öffentlichen höheren Mädchenschulen und Präparandenanstalten bestimmt. Allein bei der Herausgabe dieses Lehrmittelverzeichnisses ist zugleich in Aussicht genommen, die einzelnen Hefte desselben auch einem weiteren Interessentenkreise zugänglich zu machen, und deshalb ist durch die bereits oben angeführten Ministerial-Bekanntmachungen vom 24. April 1901, 8. August 1901 und 29. Juni 1903 der Kunstanstalt von Sch. auch die Ermächtigung erteilt worden, über die amtliche Auflage hinaus weitere Exemplare auf eigene Rechnung zu drucken und dieselben auf Verlangen auch an das interessierte Publikum zu einem bestimmten Preise abzugeben. Damit ist jedenfalls denjenigen Teilen des Lehrmittelverzeichnisses, welche überhaupt den Anspruch auf den gesetzlichen Schutz gegen unbefugte Vervielfältigung erheben können, die Eigenschaft von lediglich zum amtlichen Gebrauch hergestellten amtlichen Schriften im Sinne des § 16 des Gesetzes vom 19. Juni 1901 genommen, so daß es einem Bedenken nicht unterliegen konnte, die nach den obigen Ausführungen schutzfähigen Abbildungen der Tafeln 8, 9 und 10 des dritten Heftes des „Lehrmittelverzeichnisses" von der Freigabe auszuschließen und ihre Vervielfältigung ohne Genehmigung des Berechtigten für unzulässig zu erklären.

Im Übrigen würde die Zulässigkeit dieser Vervielfältigung auch aus § 23 des Gesetzes vom 19. Juni 1901 nicht gefolgert werden können.

Nach dieser Bestimmung soll es gestattet sein, einem Schriftwerk ausschließlich zur Erläuterung des Inhalts einzelne Abbildungen wissenschaftlicher oder technischer Art, die nicht ihrem Hauptzwecke nach als Kunstwerke zu betrachten sind, aus einem erschienenen Werke beizufügen.

Im vorliegenden Falle kann nun aber zunächst nicht davon die Rede sein, daß die aus dem Lehrmittelverzeichnis entnommenen Abbildungen der Tafeln 8, 9 und 10 zur Erläuterung des Inhalts des W.'schen Taschenbuchs dienen sollen. Der Zweck der Beifügung dieser Abbildungen besteht vielmehr lediglich in der Vorführung derselben Vorbilder, welche das Lehrmittelverzeichnis als geeigneten Lehrstoff für den Zeichenunterricht zusammengestellt hat; der sprachliche Inhalt des Taschenbuchs beschränkt sich auf die Bezeichnung der einzelnen Gegenstände und Vorlagen und auf die Anführung der für dieselben geforderten Preise und kann deshalb hier überhaupt nicht in Betracht kommen. Zudem hat der Beschuldigte nicht bloß einzelne, sondern sämtliche im dritten Hefte des Lehrmittelverzeichnisses enthaltenen Abbildungen seinem Taschenbuch beigefügt, so daß auch aus diesem Grunde seine Vervielfältigung trotz der im übrigen erfolgten deutlichen

Quellenangabe (§ 25 des Gesetzes vom 19. Juni 1901) nicht als eine nach § 23 a. a. O. zulässige bezeichnet werden kann.

Es verbleibt sonach nur noch die Erörterung der für den Fall der Verneinung der Anwendbarkeit des § 16 des Gesetzes vom 19. Juni 1901 der Sachverständigenkammer vorgelegten Frage:

> ob im buchhändlerischen Verkehr die Meinung vertreten ist, daß eine Publikation wie das „Lehrmittelverzeichnis" unter den § 16 a. a. O. falle.

Wie die tägliche Praxis lehrt, kann der selbst in der Literatur über das Urheberrecht nicht unbestrittene Begriff der im § 16 des Gesetzes vom 19. Juni 1901 bezeichneten „zum amtlichen Gebrauch hergestellten amtlichen Schriften" auch im buchhändlerischen Verkehr keineswegs als ein im Sinne der vorstehenden Ausführungen feststehender bezeichnet werden. Die Bezeichnung der amtlichen oder im amtlichen Auftrage oder auf amtliche Veranlassung u. dergl. verfaßten und auf dem Büchermarkt erscheinenden literarischen Erzeugnisse ist eine so verschiedene und läßt den amtlichen Charakter der betreffenden Schrift im Sinne des § 16 a. a. O. häufig so wenig erkennen, daß es selbst dem erfahrensten Buchhändler schwer fallen muß, ohne weiteres zu entscheiden, ob es sich im einzelnen Falle um eine amtliche Publikation handelt, deren Abdruck nach der Absicht des Gesetzes als unzulässige Vervielfältigung nicht zu erachten ist. Wenn man nun auch den Buchhändler, der eine solche Schrift benutzen oder vervielfältigen will, im allgemeinen für verpflichtet halten muß, sich im Einzelfall, um nicht etwa bestehende Urheber- bezw. Verlagsrechte zu verletzen, mit dem auf der betreffenden Schrift verzeichneten Verleger in Verbindung zu setzen und sich über den amtlichen oder nichtamtlichen Charakter der Publikation zu unterrichten, so wird man doch im vorliegenden Fall dem Beschuldigten W. daraus, daß er sich vor der Aufnahme der Abbildungen des dritten Heftes des Lehrmittelverzeichnisses in sein Taschenbuch bei dem Verleger des Lehrmittelverzeichnisses in betreff des amtlichen Charakters des letzteren nicht erkundigt hat, den Vorwurf eines bewußten, vorsätzlichen Nachdrucks nicht machen können, weil er durch den auf dem Umschlag des dritten Heftes befindlichen Vermerk: „Herausgegeben in dem Ministerium der geistlichen, Unterrichts- und Medizinal-Angelegenheiten" sehr wohl zu dem Glauben gelangen konnte, daß es sich hier in der Tat um eine zum amtlichen Gebrauche hergestellte amtliche Publikation handle, deren Abdruck nach § 16 des Gesetzes vom 16. Juni 1901 zulässig sei.*)

Nr. 22.
Gutachten vom 14. Dezember 1906.

Abdruck eines Zeitungsartikels. Begriff der Ausarbeitungen wissenschaftlichen, technischen und unterhaltenden Inhalts i. S. des § 18 Abs. 2 des Gesetzes vom 19. Juni 1901. Unterlassene Quellenangabe in den Fällen des § 18 Abs. 1 a. a. O. Verjährung.

Die in St. erscheinende, von dem Redakteur Dr. K. daselbst redigierte „O.Z." hat in ihrer Nummer 361 vom 4. August 1906 einen Artikel „Denkschrift für den Zaren über die Schuld Stössels" und in ihrer Nummer 402 vom 29. August 1906 einen Artikel „Der Appetit des Petersburgers" veröffentlicht.

Beide Artikel sind nach Angabe der Redaktion der „O.Z." aus anderen Tageszeitungen übernommen, stammen aber ursprünglich, wie nicht bestritten ist, aus der von dem Journalisten Z. in B. herausgegebenen Korrespondenz „Russ. K.". Da die „O.Z." von Z. die Genehmigung zum Abdruck der vorbezeichneten Artikel weder erbeten noch erhalten hat, ist von letzterem unter dem 23. Oktober 1906 bei der Königlichen Staatsanwaltschaft in St. die strafrechtliche Verfolgung des Verlegers und der schuldigen Redakteure der „O.Z." auf Grund des Urheberrechtsgesetzes vom 19. Juni 1901 beantragt.

Als Beschuldigter ist der Redakteur Dr. K. verantwortlich vernommen. Derselbe hat bestritten, sich einer strafbaren Hand-

*) Auf Grund des obigen Gutachtens ist das Verfahren gegen W. eingestellt.

lung schuldig gemacht zu haben, weil die in Rede stehenden Artikel nach seiner Ansicht als Artikel politischen oder vermischten Inhalts nicht schutzberechtigt seien und ein Nachweis, daß sie Originalarbeiten des „Russ. K." seien, nicht erbracht sei, vielmehr die Vermutung naheliege, daß sie irgendwelchen russischen Quellen ohne Quellenangabe entnommen seien.

Die Königliche Staatsanwaltschaft zu St. hat hierauf, nachdem der Journalist Z. noch darauf hingewiesen, daß der Artikel über „Stössel's Schuld" eine Ausarbeitung wissenschaftlichen und der zweite Artikel über den „Appetit des Petersburgers" eine solche unterhaltenden Inhalts sei, die Literarische Sachverständigenkammer um Abgabe eines Gutachtens darüber ersucht,

> ob der Abdruck der Artikel „Denkschrift für den Zaren über die Schuld Stössel's" in der Nummer 361 der „O.Z." und „Der Appetit des Petersburgers" in der Nummer 402 derselben Zeitung als unzulässige Wiedergabe oder Vervielfältigung eines nach Maßgabe des Gesetzes, betreffend das Urheberrecht an Werken der Literatur und der Tonkunst vom 19. Juni 1901 geschützten Werkes anzusehen ist.

Das Gesetz, betreffend das Urheberrecht an Werken der Literatur und der Tonkunst vom 19. Juni 1901 hat die Zulässigkeit des Abdrucks von Zeitungsartikeln in der Weise geregelt, daß es im § 18 den Abdruck von „Ausarbeitungen wissenschaftlichen, technischen und unterhaltenden Inhalts" unbedingt verboten, den Abdruck von „vermischten Nachrichten tatsächlichen Inhalts und Tagesneuigkeiten" ohne Einschränkung gestattet und den Abdruck aller sonstigen Artikel unter der Bedingung mangelnden Vorbehaltes der Rechte und deutlicher Quellenangabe für zulässig erklärt hat.

Die Beantwortung der von der Königlichen Staatsanwaltschaft gestellten Frage wird also lediglich davon abhängig sein, unter welche der vorbezeichneten drei Kategorien von

Zeitungsartikeln die in Rede stehenden beiden Z.'schen Artikel zu subsumieren sind.

Die Sachverständigenkammer hat nun zunächst nicht das mindeste Bedenken gehabt, daß diese Artikel als Ausarbeitungen wissenschaftlichen, technischen oder unterhaltenden Inhalts nicht anzusehen sind (§ 18 Abs. 2 a. a. O.).

Die Eigenschaft einer Ausarbeitung wissenschaftlichen Inhalts kann, wie dies die Sachverständigenkammer bereits in wiederholten Gutachten in Übereinstimmung mit der Rechtsprechung des Reichsgerichts ausgeführt hat, einem Artikel nur dann beigelegt werden, wenn der Gegenstand desselben sich zur wissenschaftlichen Behandlung eignet und der Verfasser eine solche dadurch unternommen hat, daß er den Stoff in systematischer, nach durchgreifenden Hauptgedanken geordneter Darstellung wesentlich zum Zwecke der Belehrung in eigenartiger und selbständiger Weise bearbeitet hat.

Dieselben Voraussetzungen müssen im wesentlichen auch bei einer Ausarbeitung technischen Inhalts zutreffen, und was die Ausarbeitungen unterhaltenden Inhalts anlangt, so können als solche nur diejenigen literarischen Erzeugnisse angesehen werden, die entweder sich als auf einer eigenen geistigen Schöpfung beruhende Werke erzählender Dichtung charakterisieren oder einen tatsächlichen Vorgang in mehr oder weniger künstlerischer Gestaltung zum Gegenstand einer der Unterhaltung dienenden Darstellung machen.

Unter keine dieser drei Arten lassen sich die Z.'schen Artikel subsumieren. Z. will allerdings den Artikel „Denkschrift für den Zaren" als Ausarbeitung wissenschaftlichen Inhalts angesehen wissen. Allein schon der Gegenstand dieses Artikels, wie er hier gefaßt ist, schließt dies von vornherein aus. Der Artikel gibt im wesentlichen nur den Inhalt der Stössel'schen Denkschrift wieder, ohne eine wissenschaftliche Behandlung erkennen zu lassen. Wissenschaftlichen Charakter würde der Artikel nur dann erhalten haben, wenn der Verfasser um das Material der Denkschrift Erörterungen politischer oder kriegsgeschichtlicher Art gruppiert hätte, was jedoch in keiner Weise auch nur versucht ist.

Für die Beurteilung des Artikels „Der Appetit des Petersburgers“, dem Z. den Charakter einer Ausarbeitung unterhaltenden Inhalts zumißt, kommt hauptsächlich dessen Gestaltung in Betracht. Es wäre wohl möglich gewesen, aus dem in diesem Artikel zusammengetragenen Material eine Ausarbeitung unterhaltenden Inhalts in dem oben angegebenen Sinne aufzubauen, wenn der Verfasser dieses Material mehr mit eigenen Betrachtungen durchtränkt und weitere Vergleiche mit anderen Großstädten herangezogen hätte, oder wenn er eingehender, als dies hier geschehen, die Lebensverhältnisse der Petersburger Bevölkerung erörtert hätte. Er hat aber sowohl dies, wie auch eine in der Form lebendigere, anschaulichere Schilderung der betreffenden Verhältnisse unterlassen. Es fehlt durchaus die zum Begriffe einer Ausarbeitung unterhaltenden Inhalts erforderliche künstlerische Gestaltung, die literarische Form für die in dem Artikel wiedergegebenen statistischen Daten, die nur durch eine solche originale Darstellung den Charakter einer den Zwecken der Unterhaltung dienenden Ausarbeitung hätten erlangen können.

Andererseits soll nun aber durchaus nicht verkannt werden, daß beide Z.'sche Artikel nicht unter die Kategorie der „vermischten Nachrichten tatsächlichen Inhalts und Tagesneuigkeiten“ (§ 18 Absatz 3 a. a. O.) fallen. Wenn es sich bei dem Artikel „Denkschrift für den Zaren“ lediglich um eine Notiz etwa dahin handelte: „Die Untersuchungskommission unter dem General Roop hat dem Zaren eine Denkschrift über die Schuld des Generals Stössel unterbreitet“, so würde man eine derartige Notiz allerdings als bloße „Tagesneuigkeit“ im Sinne des Gesetzes erklären müssen; hier aber ist der Inhalt dieser Denkschrift selbst wiedergegeben, und es ist an diese die Erörterung geknüpft, daß man nun erst den Erfolg der Denkschrift abwarten müsse.

Der Artikel „Appetit des Petersburgers“ gibt zwar ebenfalls Tatsachen, insbesondere statistische Daten, aber er gruppiert dieselben und verbindet mit ihnen eigene Erörterungen, die den Artikel zwar nicht zu einer Ausarbeitung unterhaltenden Inhalts machen können, ihn aber doch über das Niveau der vermischten Nachrichten tatsächlichen Inhalts und Tagesneuigkeiten erheben.

Unter diesen Umständen bleibt nur übrig, die beiden hier in Rede stehenden Z.'schen Artikel in die Reihe der im Absatz 1 des § 18 des Gesetzes vom 19. Juni 1901 erwähnten Zeitungsartikel zu stellen, deren Abdruck zulässig ist, insoweit sie nicht mit einem Vorbehalt der Rechte versehen sind.

Dies ist bei den Zeitungen, aus denen die „O.Z." beide Artikel entnommen haben will, soweit dies aus den Akten ersichtlich ist, nicht der Fall gewesen. Die „O.Z." war also an sich zum Abdruck beider Artikel befugt, jedoch war sie nach dem zweiten Satz des Absatz 1 des § 18 a. a. O. zur deutlichen Angabe der benutzten Quelle verpflichtet. Da sie diese Quellenangabe unterlassen, hat sie sich einer nach § 44 des Gesetzes vom 19. Juni 1901 strafbaren Übertretung schuldig gemacht, die allerdings nach § 53 dieses Gesetzes, da seit der ersten Veröffentlichung der beiden fraglichen Artikel in der „O.Z." bereits drei Monate ohne Unterbrechung durch eine richterliche Handlung verflossen sind, zur Zeit bereits verjährt ist.*)

Nr. 23.

Gutachten vom 16. November 1906.

Zeitungsartikel i. S. des § 18 Abs. 1 des Gesetzes vom 19. Juni 1901. Unterschied von den vermischten Nachrichten tatsächlichen Inhalts (§ 18 Abs. 3 a. a. O.). Unterlassung der Quellenangabe. Anspruch auf Zuerkennung einer Buße.

In den Nummern 179, 181 und 188 der zu L. erscheinenden, von dem Redakteur N. daselbst redigierten „L.'er Zeitung" vom 3. August, 5. August und 14. August 1906 befinden sich drei mit den Überschriften: „Rußlands Sorgen um das Amur-

*) Die Staatsanwaltschaft hat sich dem obigen Gutachten angeschlossen und das Verfahren eingestellt.

gebiet", „Eine Denkschrift für den Zaren über die Schuld Stössel's" und „Stössel's Immediatgesuch" versehene Artikel.

Der Journalist Z. in B. behauptet, daß diese drei Artikel aus der von ihm herausgegebenen Zeitungs-Korrespondenz „Russ. K.", die den Zeitungen nach Vereinbarung des Honorars als Manuskript zugestellt wird, unbefugter Weise ohne Quellenangabe abgedruckt worden seien. Er hat deshalb gegen den Verleger und die Redakteure der „L.'er Zeitung" unter dem 23. Oktober 1906 bei der Königlichen Staatsanwaltschaft zu L. Strafantrag gestellt und hierbei zugleich die spätere Geltendmachung eines Bußanspruchs von 240 M. in Aussicht gestellt.

Der Redakteur der „L.'er Zeitung" N. hat bei seiner verantwortlichen Vernehmung angegeben, daß die betreffenden Artikel nicht aus dem „Russ. K.", sondern aus Berliner Tagesblättern entnommen seien, und daß er sich zum Abdruck derselben für befugt erachtet habe, weil sie mit einem Verbote des Abdrucks nicht versehen gewesen und außerdem nur als „vermischte Nachrichten tatsächlichen Inhalts" bezw. als „Tagesneuigkeiten" im Sinne des § 18 Abs. 3 des Gesetzes vom 19. Juni 1901 anzusehen seien.

Die Verleger der „L.'er Zeitung", Buchdruckereibesitzer O. und M. H. in L., haben sich dieser Auslassung ihres Redakteurs durchweg angeschlossen.

Die Königliche Staatsanwaltschaft in L. hat hierauf die Literarische Sachverständigenkammer um Abgabe eines Gutachtens darüber ersucht,

> ob und in welcher Weise Verleger und Redakteur der „L.'er Zeitung" durch Abdruck der gekennzeichneten Artikel gegen das Gesetz, betr. das Urheberrecht an Werken der Literatur und der Tonkunst vom 19. Juni 1901 verstoßen haben, und ob Z. zur Geltendmachung eines Bußanspruchs gegen die Verleger bezw. den Redakteur der genannten Zeitung berechtigt erscheint.

Die Sachverständigenkammer mußte sich dahin aussprechen, daß die Beschuldigten sich durch den ohne Quellenangabe erfolgten Abdruck der aus dem „Russ. K." entnommenen Artikel einer nach § 44 des Gesetzes vom 19. Juni 1901 strafbaren Übertretung schuldig gemacht haben, daß aber der Antragsteller Z. zur Geltendmachung eines Bußanspruchs in dem gegen die Beschuldigten eingeleiteten Strafverfahren nicht berechtigt ist.

Nach § 18 des Gesetzes vom 19. Juni 1901, der die Zulässigkeit des Abdrucks von Artikeln aus Zeitungen und Zeitschriften regelt, ist der Abdruck von Ausarbeitungen wissenschaftlichen, technischen oder unterhaltenden Inhalts unbedingt verboten (Abs. 2). Unbedingt gestattet ist dagegen der Abdruck von vermischten Nachrichten tatsächlichen Inhalts und von Tagesneuigkeiten (Abs. 3), und zulässig ist endlich der Abdruck aller sonstigen Artikel, soweit dieselben nicht mit einem Vorbehalte der Rechte versehen sind, wobei allerdings dem Abdrucker die deutliche Angabe der Quelle zur besonderen Pflicht gemacht ist (Abs. 1).

Für die Beantwortung der ersten der Sachverständigenkammer vorgelegten Frage, ob und in welcher Weise Verleger und Redakteur der „L.'er Zeitung" durch den Abdruck der fraglichen Artikel gegen den angeführten § 18 des Gesetzes vom 19. Juni 1901 verstoßen haben, kommt es also vor allem darauf an, festzustellen, unter welche der drei im § 18 a. a. O. erwähnten Kategorien von Zeitungsartikeln die hier in Rede stehenden Artikel zu rechnen sind.

Daß sie nicht als Ausarbeitungen wissenschaftlichen, technischen oder unterhaltenden Inhalts im Sinne des § 18 Abs. 2 anzusehen sind, bedarf kaum einer weiteren Erörterung. Der Begriff der Ausarbeitung wissenschaftlichen oder technischen Inhalts erfordert, daß der Gegenstand der Ausarbeitung sich zur wissenschaftlichen Behandlung eignet, und daß der Verfasser eine solche dadurch unternommen hat, daß er den Stoff nach systematischer, nach durchgreifenden Hauptgedanken geordneter Darstellung wesentlich zum Zwecke der Belehrung in eigenartiger und selbständiger Weise bearbeitet hat, und eine Ausarbeitung unterhaltenden Inhalts liegt jedenfalls nur dann vor, wenn sich der Artikel als eine selbständige, mehr oder weniger künstlerisch gestaltete Darstellung einer tatsächlichen Begebenheit charakterisiert. Dies alles trifft bei den hier in Rede stehenden Artikeln nicht zu, und es kann deshalb weiter nur in Frage kommen, ob sie als vermischte Nachrichten tatsächlichen Inhalts oder Tagesneuigkeiten im Sinne des § 18 Abs. 3 anzusehen sind.

Auch dies ist nicht der Fall. Es soll keineswegs in Abrede gestellt werden, daß alle drei Artikel Tagesneuigkeiten behandeln. Damit allein fallen sie aber noch nicht in die Kategorie der im § 18 Abs. 3 bezeichneten Artikel. Entscheidend ist vielmehr, ob diese Artikel sich auf die bloße Mitteilung solcher Tagesneuigkeiten beschränken, oder ob sie daran noch selbständige erläuternde oder belehrende Erläuterungen knüpfen, „die sie über das Niveau der bloßen „vermischten Nachrichten tatsächlichen Inhalts" oder „Tagesneuigkeiten" in die Sphäre derjenigen Artikel erheben, denen nach § 18 Abs. 1 durch Vorbehalt der Schutz gesichert werden kann." (Allfeld, a. a. O. S. 164 Anm. 13).

Wenn man von diesen Gesichtspunkten aus die fraglichen Artikel einer näheren Prüfung unterzieht, so begnügen sich dieselben keineswegs mit der Wiedergabe von Nachrichten tatsächlichen Inhalts, sondern gruppieren die letzteren unter bestimmten Gesichtspunkten, erläutern sie und sprechen selbständige Urteile und Ansichten über sie aus, so daß sie sich als kleine selbständige Artikel charakterisieren, deren Herstellung offenbar auf einer eigenen geistigen Tätigkeit ihres Verfassers beruht.

So enthält der Artikel: „Rußlands Sorge im Amurgebiet" eine Reihe tatsächlicher Nachrichten, die unter dem Gesichtspunkte aneinander gefügt sind, den Nachweis zu führen, welche Schwierigkeiten den Russen in jenem Gebiet durch die japanische Nachbarschaft erwachsen. Der Artikel: „Eine Denkschrift für den Zaren über die Schuld Stössels" beschränkt sich nicht auf einen Auszug aus dieser Denkschrift, sondern gibt auch eine eigene Ansicht über den Ausfall der Untersuchung gegen den General Stössel wieder, und ebenso schließen sich in dem Artikel „Stössels Immediatgesuch" an das Tatsächliche Ansichtsäußerungen über das gegen den General eingeleitete Verfahren an.

Für die Beurteilung der ganzen Sachlage kommt weiter, wenngleich erst in zweiter Linie, auch der Umfang der einzelnen Artikel in Betracht. Im allgemeinen versteht man im journalistischen Sprachgebrauch unter „vermischten Nachrichten tatsächlichen Inhalts" und „Tagesneuigkeiten" nur kurze Notizen. Von den hier in Frage stehenden Artikeln umfaßt aber der erste 45, der zweite 34 und der dritte 42 Zeilen, und es darf hier endlich auch darauf hingewiesen werden, daß die Redaktion der „L.'er Zeitung" selbst die betreffenden Artikel offenbar anders als „vermischte Nachrichten tatsächlichen Inhalts" und „Tagesneuigkeiten" eingeschätzt hat, da sie allen drei Artikeln eine Stellung und Anordnung gegeben hat, durch die ihnen redaktionell auf der ersten Seite der betreffenden Nummern unter besonders herausgerückter Titelüberschrift gewissermaßen der Charakter größerer Selbständigkeit und wichtigerer Bedeutung gegeben ist.

Wenn sonach sämtliche drei Artikel als vermischte Nachrichten tatsächlichen Inhalts und Tagesneuigkeiten im Sinne des § 18 Abs. 3 des Gesetzes nicht anzusehen sind, so können sie nur in die Kategorie derjenigen Zeitungsartikel fallen, deren Abdruck nach § 18 Abs. 1 a. a. O. unter der Bedingung mangelnden ausdrücklichen Vorbehaltes der Rechte und deutlicher Quellenangabe gestattet ist.

Mit einem solchen Vorbehalt waren sämtliche Artikel nicht versehen, und Redakteur und Verleger der L.'er Zeitung waren daher an sich durchaus berechtigt, auch ohne vorherige Einholung der Genehmigung des Verfassers diese Artikel in ihrer Zeitung zum Abdruck zu bringen.

Nach dem Wortlaut des Gesetzes waren sie jedoch verpflichtet, die Quelle, aus der sie geschöpft, deutlich anzugeben. Dies haben sie unterlassen und damit haben sie sich einer nach § 44 des Gesetzes vom 19. Juni 1901 strafbaren Handlung schuldig gemacht. Da ihre Handlung bei dem Höchstbetrage der Strafe von 150 M. sich als eine Übertretung im Sinne des Reichsstrafgesetzbuchs darstellt, genügt zu ihrer strafrechtlichen Verantwortung auch bloße Fahrlässigkeit, so daß dem Einwand des Beschuldigten N., daß er jedenfalls nicht vorsätzlich gehandelt habe, eine Bedeutung nicht beizumessen ist.

Mit der Feststellung, daß die Beschuldigten sich lediglich einer Übertretung des § 44 des Gesetzes vom 19. Juni 1901 schuldig gemacht haben, fällt nun aber der Anspruch des Antragstellers Z., auf Grund des Gesetzes vom 19. Juni 1901 einen Bußanspruch geltend zu machen, von selbst, da dieses Gesetz mit der Übertretung des § 44 eine Entschädigungspflicht nicht verbunden hat.

Die Entschädigungspflicht der Beschuldigten würde sich vielmehr lediglich nach den Bestimmungen des BGB. über unerlaubte Handlungen (§§ 823 ff.) richten können. Ob und inwieweit dieselben auf den vorliegenden Fall Anwendung finden, entzieht sich der Zuständigkeit der Sachverständigenkammer und muß daher hier unerörtert bleiben.*)

Nr. 24.

Gutachten vom 18. Januar 1907.

Abdruck von Zeitungsartikeln. Ausarbeitung wissenschaftlichen Inhalts. Verjährung der Unterlassung der Quellenangabe.

Die in D. im Verlage von K. erscheinende, von dem Redakteur Dr. H. daselbst redigierte „D. Z." hat in ihrer Nummer 300 vom 30. Juni 1906 einen mit der Überschrift „Ein neuer Spiritist am Zarenhofe" versehenen Artikel, in der Nummer 361 vom 4. August 1906 einen Artikel mit der Überschrift „Die Denkschrift für den Zaren über die Schuld General Stössel's", in der Nummer 376 vom 14. August 1906 einen Artikel mit der Überschrift „Der Dalai-Lama und die Bewegung der Mongolen" und in der Nummer 405 vom 30. August 1906 einen Artikel mit der Überschrift „Die russischen Ereignisse" veröffentlicht.

Der Journalist Z. in B., Herausgeber der Zeitungs-Korrespondenz „Russ. K.", die den Tageszeitungen nach Vereinbarung des Honorars als Manuskript zugestellt wird,

---

*) Das Strafverfahren ist wegen eingetretener Verjährung eingestellt.

behauptet, daß der Redakteur Dr. H. die vorbezeichneten Artikel ohne seine Genehmigung aus dem „Russ. K." in die „D. Z." aufgenommen habe. Er hat deshalb unter dem 28. Oktober 1906 bei der Königlichen Staatsanwaltschaft zu D. die strafrechtliche Verfolgung des Verlegers und der Redakteure der „D. Z." wegen Nachdrucks beantragt und hierbei zugleich seine Absicht zu erkennen gegeben, einen Bußanspruch in Höhe von 240 M. geltend zu machen.

Der Verleger und Drucker der „D. Z.", Buchdruckereibesitzer K. in D., hat bei seiner verantwortlichen Vernehmung erklärt, daß er keinerlei Auskunft über die Herkunft der in Rede stehenden Artikel geben könne, die Verantwortung für die Aufnahme der letzteren vielmehr allein von dem Redakteur Dr. H. getragen werden müsse. Letzterer hat seinerseits in Abrede gestellt, gewußt zu haben, daß die fraglichen Artikel aus dem „Russ. K." stammen; er will dieselben aus anderen Zeitungen entnommen haben, wie es, insbesondere wenn es sich um Notizen vermischten Inhalts handle, unter befreundeten Zeitungen üblich sei.

Die Königliche Staatsanwaltschaft in D. hat hierauf die Literarische Sachverständigenkammer um Abgabe eines Gutachtens darüber ersucht,

a) ob die in Rede stehenden vier Artikel des „Russ. K." Ausarbeitungen wissenschaftlichen Inhalts im Sinne des § 18 Absatz 2 des Gesetzes, betreffend das Urheberrecht an Werken der Literatur und der Tonkunst vom 19. Juni 1901 sind,
b) ob sonach ein unzulässiger Nachdruck gemäß § 38 Nr. 1 a. a. O. vorliegt.

In Übereinstimmung mit der Rechtsprechung des Reichsgerichts hat die Sachverständigenkammer bereits in einer größeren Anzahl von Gutachten*) sich dahin ausgesprochen, daß einem Zeitungsartikel die Eigenschaft einer „Ausarbeitung

*) Vgl. die Gutachten Nr. 22 vom 14. Dezember 1906 S. 147 ff. und Nr. 23 vom 16. November 1906 S. 151 ff.

wissenschaftlichen Inhalts" im Sinne des § 18 Absatz 2 des Gesetzes vom 19. Juni 1901 nur dann beizulegen ist, wenn der Gegenstand des Artikels sich zur wissenschaftlichen Bearbeitung eignet und der Verfasser eine solche dadurch unternommen hat, daß er den Stoff in systematischer, nach durchgreifenden Hauptgedanken geordneter Darstellung wesentlich zum Zwecke der Belehrung in eigenartiger und selbständiger Weise bearbeitet hat, gleichviel, ob die Arbeit gut oder schlecht ist und ob die Wissenschaft von ihr Gewinn zieht oder nicht.

Wenn man von diesen Gesichtspunkten aus die hier in Frage stehenden vier Artikel des Z.'schen „Russ. K." einer näheren Prüfung unterzieht, so muß man zu dem Ergebnis gelangen, daß keiner von ihnen als Ausarbeitung „wissenschaftlichen Inhalts" in dem oben bezeichneten Sinne angesehen werden kann.

Der Artikel „Ein neuer Spiritist am Zarenhofe" berichtet, daß Zar Nikolaus II. als Anhänger des Spiritismus nach dem Tode des Spiritisten M. Philipp sich nach einem neuen Spiritisten umsehe, und daß als solcher voraussichtlich ein gewisser Dr. Papius in Betracht komme, der bereits mehrfache Unterredungen mit dem Palastkommandanten General Trepow gehabt habe. Es wird auf den großen Einfluß hingewiesen, den der letzte Hofspiritist M. Philipp auf den Zaren und den Gang der Regierungsangelegenheiten in Rußland gehabt habe, und die Hoffnung ausgesprochen, daß man trotz der strengen Geheimhaltung des Verkehrs des Zaren mit seinem Hofspiritisten auch über die Tätigkeit des neuen Spiritisten bald ebenso unterrichtet sein werde, wie über die seines Vorgängers.

Der Artikel „Die Denkschrift für den Zaren über die Schuld General Stössel's" gibt im wesentlichen nur den Inhalt dieser von der unter dem Vorsitz des Generals Roop tagenden Untersuchungskommission verfaßten Denkschrift wieder und schließt an diese Wiedergabe die Bemerkung, daß nach diesem Schuldnachweis der Untersuchungskommission und nach den übereinstimmenden Zeugenaussagen abgewartet werden müsse, ob der Zar Stössel's Bitte erhören und eine neue Untersuchungskommission einsetzen werde.

Der Artikel „Der Dalai-Lama und die Bewegung der Mongolen" berichtet über den Aufenthalt des Dalai-Lama in der Mongolei, die reichen Mittel, welche ihm von den Mongolen und Burjaten geopfert werden, die Absicht desselben, in Lhassa festen Wohnsitz zu nehmen und wiederum die Geschicke der Tibetaner zu leiten, sowie über die tatkräftige Unterstützung, die ihm in dieser Absicht seitens der chinesischen Regierung gewährt wird.

In dem Artikel „Zur Ermordung des Generals Minn" wird zunächst über das Anwachsen der russischen Kampforganisation und das Wetteifern des weißen und des roten Schreckens in Rußland infolge des schärferen Vorgehens der dortigen Regierung gesprochen und sodann das Vorgehen des Generals Minn, des Obersten des Regiments Semenow, bei der Unterdrückung des Aufstandes geschildert. Es wird berichtet, daß der Zar ihn trotz der ihm zur Last gelegten vielfachen Grausamkeiten zum General befördert und seine Tochter zur Hofdame der Zarin ernannt habe, ihn selbst aber mit einer Strafexpedition nach den Ostseeprovinzen habe entsenden wollen, was die russischen Revolutionäre mit der Ermordung des verhaßten Generals quittiert hätten.

Wenngleich nun nicht in Abrede gestellt werden soll, daß der Stoff von einzelnen dieser Artikel, insbesondere der Stoff des Artikels über die Denkschrift gegen Stössel und des Artikels über den Dalai-Lama an sich eine wissenschaftliche Behandlung sehr wohl zuläßt, so ergibt doch die Lektüre sämtlicher Artikel ohne weiteres, daß ihr Verfasser überhaupt nicht daran gedacht hat, diese Stoffe in systematischer, nach durchgreifenden Hauptgedanken geordneter Darstellung zu bearbeiten und damit der Belehrung dienende literarische Erzeugnisse zu schaffen. Im wesentlichen beschränkt sich der Verfasser vielmehr in sämtlichen vier Artikeln darauf, gewisse tatsächliche Vorkommnisse mitzuteilen und an diese Mitteilungen hier und da einige Bemerkungen zu knüpfen. Eine wissenschaftliche Verwertung der mitgeteilten Ereignisse zu einer eigenartigen, selbständigen Arbeit ist nirgends vorgenommen, und damit entfällt von vornherein die Voraussetzung, die an den Begriff einer Ausarbeitung wissenschaftlichen Inhalts im Sinne des Gesetzes gestellt werden muß.

Unter diesen Umständen mußte also auch die von der Königlichen Staatsanwaltschaft gestellte Frage, ob in den vorliegenden vier Fällen ein unzulässiger Nachdruck gemäß § 38 Ziff. 1 des Gesetzes vom 19. Juni 1901 anzunehmen ist, unbedenklich verneint werden.

Nach Lage der Sache hat nun aber die Sachverständigenkammer sich auch noch der Prüfung der Frage unterziehen müssen, ob nicht die fraglichen vier Artikel, wenngleich sie unzweifelhaft als Ausarbeitungen wissenschaftlichen Inhalts nicht anzusehen sind, wenigstens als Zeitungsartikel im Sinne des § 18 Abs. 1 a. a. O. gelten müssen, oder ob sie etwa lediglich unter die Bestimmung des § 18 Abs. 3 a. a. O. fallen.

Vermischte Nachrichten tatsächlichen Inhalts und Tagesneuigkeiten dürfen aus Zeitungen oder Zeitschriften stets und ohne jede Beschränkung abgedruckt werden (§ 18 Abs. 3).

Alle anderen Zeitungsartikel, die nicht unter die vermischten Nachrichten rc. und nicht in die Kategorie der Ausarbeitungen wissenschaftlichen, technischen oder unterhaltenden Inhalts fallen, können, soweit sie nicht mit einem Vorbehalte der Rechte versehen sind, ebenfalls abgedruckt werden. Der Abdruck ist jedoch nur unter deutlicher Angabe der Quelle gestattet (§ 18 Abs. 1). Unterlassung der Quellenangabe wird nach § 44 a. a. O. als Übertretung mit Geldstrafe bis zu 150 M. bestraft.

Wie oben bereits bemerkt worden ist, bringen nun zwar sämtliche vier Artikel im wesentlichen Nachrichten tatsächlichen Inhalts. Es sind aber doch in sämtlichen Artikeln an diese tatsächlichen Mitteilungen einzelne eigene Erörterungen geknüpft, die, mögen sie auch von nur geringfügiger Bedeutung sein, die Artikel über das Niveau der bloßen vermischten Nachrichten oder Tagesneuigkeiten hinaus in die Sphäre derjenigen Zeitungsartikel erheben, die, auch wenn ein Vorbehalt der Rechte fehlt, nur unter deutlicher Quellenangabe abgedruckt werden dürfen.

Bezüglich des Artikels „Die Denkschrift für den Zaren über die Schuld Stössel's" hat dies die Sachverständigenkammer bereits in ihrem unter dem 14. Dezember 1906 erstatteten Gutachten ausgesprochen,*) und ebenso verhält es sich bei den übrigen hier in Frage stehenden Z.'schen Artikeln.

Die „D. Z.“ hat nun die sämtlichen vier Z.'schen Artikel, und zwar die ersten drei Artikel („Ein neuer Spiritist am Zarenhofe“, „Die Denkschrift für den Zaren über die Schuld General Stössel's“ und „Der Dalai-Lama in der Mongolei“) wörtlich und den letzten Artikel „Zur Ermordung des Generals Minn“ unter der veränderten Überschrift „Die russischen Ereignisse“ und unter Weglassung beziehungsweise Abänderung des Anfangs abgedruckt, ohne bei den bezüglichen Abdrucken den „Russ. K.“ als Quelle anzugeben. Sie hat sich durch Unterlassung dieser Quellenangabe nach § 44 des Gesetzes vom 19. Juni 1901 strafbar gemacht.

Da jedoch nach § 56 a. a. O. die dreimonatliche Verjährung der nach § 44 strafbaren Übertretung mit dem Tage beginnt, an welchem die erste Veröffentlichung der Abdrucke stattgefunden hat, so ist die Verfolgung der Unterlassung der Quellenangabe bei den am 30. Juni und 4. August 1906 erfolgten Abdrucken bereits durch Verjährung ausgeschlossen, weil bis zur ersten gegen den Täter gerichteten richterlichen Verfügung vom 5. November 1906 bereits drei Monate verstrichen waren.

Hinsichtlich der am 14. und 30. August 1906 erfolgten Abdrucke ist die vom 5. November 1906 ab von neuem laufende Verjährung durch die richterliche Verfügung vom 24. Dezember 1906 von neuem unterbrochen.**)

---

*) S. oben S. 147 ff.

**) Die Staatsanwaltschaft hat sich dem obigen Gutachten angeschlossen und die Sache an die Amtsanwaltschaft zur strafrechtlichen Verfolgung der beiden nicht verjährten Fälle abgegeben. Auf Antrag dieser Behörde ist Dr. H. wegen Übertretung des § 44 des Ges. vom 19. Juni 1901 in zwei Fällen zu einer Geldstrafe von 10 Mark event. 2 Tagen Haft verurteilt.

Nr. 25.
Gutachten vom 16. November 1906.

Abdruck eines Zeitungsartikels. Ausarbeitung wissenschaftlichen Inhalts.

In der Nr. 27 des dritten Jahrgangs der von dem Chefredakteur v. L. herausgegebenen, zu B. erscheinenden „N. mil.-pol. K.“ vom 3. Juli 1906 befindet sich ein von v. L. verfaßter, etwa 75 Zeilen umfassender Artikel über „Die steigende Schulbildung in Heer und Flotte“.

Dieser Artikel ist unter Weglassung einer etwa 9 Zeilen füllenden statistischen Tabelle in der zweiten Beilage der Nr. 150 der zu A. erscheinenden, von dem Redakteur K. redigierten periodischen Druckschrift „A.'er Tageblatt und O.'er Nachrichten“ vom 11. Juli 1906 wörtlich abgedruckt.

Der Chefredakteur v. L. hat deshalb unter dem 30. Juli 1906 bei der Königlichen Staatsanwaltschaft zu A. die strafrechtliche Verfolgung des K. wegen Nachdrucks und die Verurteilung desselben zur Zahlung einer Buße von 100 M. beantragt. Die Königliche Staatsanwaltschaft hat jedoch ein strafrechtliches Einschreiten abgelehnt, weil nicht nachgewiesen sei, daß der in Rede stehende Artikel von dem Beschuldigten aus der „N. mil.-pol. K.“ abgedruckt sei, und auch eine Verfolgung aus § 44 des Gesetzes vom 19. Juni 1901 ausgeschlossen erscheine, da es sich nur um einen Abdruck von vermischten Nachrichten tatsächlichen Inhalts handle.

Gegen diesen ablehnenden Bescheid hat der Chefredakteur v. L. Verwahrung eingelegt und die Vernehmung eines Sachverständigen beantragt, da sein Aufsatz nur auf Grund eingehender statistischer Studien habe geschrieben werden können und deshalb als eine Ausarbeitung wissenschaftlichen Inhalts im Sinne des § 18 Abs. 2 des Gesetzes vom 19. Juni 1901 angesehen werden müsse.

Die Königliche Staatsanwaltschaft zu A. hat hierauf die Literarische Sachverständigenkammer um Abgabe eines Gutachtens darüber ersucht, ob der Artikel „Die steigende Schulbildung in Heer und Flotte" als Ausarbeitung wissenschaftlichen Inhalts oder nur als vermischte Nachricht tatsächlichen Inhalts anzusehen ist.

Die Sachverständigenkammer mußte sich unbedenklich dahin aussprechen, daß der fragliche Artikel eine Ausarbeitung wissenschaftlichen Inhalts im Sinne des § 18 Abs. 2 des Gesetzes vom 19. Juni 1901 ist.

In grundsätzlicher Billigung der von der Literarischen Sachverständigenkammer bereits in wiederholten Gutachten niedergelegten Auffassung hat das Reichsgericht in verschiedenen Urteilen sich dahin ausgesprochen, daß einem Artikel die Eigenschaft einer wissenschaftlichen Ausarbeitung dann beizulegen ist, wenn sein Gegenstand sich zur wissenschaftlichen Bearbeitung eignet, und der Verfasser eine solche dadurch unternommen hat, daß er den Stoff in systematischer, nach durchgreifenden Hauptgedanken geordneter Darstellung wesentlich zum Zwecke der Belehrung in eigenartiger und selbständiger Weise bearbeitet hat. Das Reichsgericht hat weiter anerkannt, daß es, falls diese Voraussetzungen zutreffen, nicht darauf ankommt, ob die Arbeit gut oder schlecht ist, und ob die Wissenschaft von ihr Gewinn zieht oder nicht, und daß deshalb auch der Umstand nicht entscheidend ist, daß der Artikel eigene Gedanken und Untersuchungen des Verfassers nicht enthält, sondern lediglich in einer geschickten Kompilation und Zusammenstellung bereits vorhandenen Materials besteht und durch die Art der Darstellung und der Formgebung eine gewisse Bedeutung beanspruchen kann.

Wenn man von diesen Gesichtspunkten aus den v. L.'schen Artikel „Die steigende Schulbildung in Heer und Flotte" einer näheren Prüfung unterzieht, so kann es keinem Bedenken unterliegen, daß derselbe den an eine Ausarbeitung wissenschaftlichen Inhalts zu stellenden Anforderungen durchaus entspricht.

Daß der Stoff, den der Verfasser behandelt hat, sich zu einer wissenschaftlichen Bearbeitung eignet, steht außer Zweifel.

Der Verfasser verfolgt den Zweck, durch seine Ausführungen dem großen Publikum den erheblichen Fortschritt, der sich in Heer und Flotte zu Gunsten der Schulbildung im allgemeinen und ganz besonders in der deutschen Sprache seit etwa 20 Jahren unverkennbar gezeigt hat, vor Augen zu führen, und hat zu diesem Zweck in systematischer, nach durchgreifenden Hauptgedanken geordneter Darstellung die Ergebnisse der einschlagenden statistischen Erhebungen verwertet und in einer dem großen Publikum verständlichen Weise bearbeitet. Er beginnt mit der Erwähnung der die Grundlage dieser statistischen Erhebungen bildenden Bestimmung der Heerordnung vom Jahre 1888, nach welcher alljährlich mit den zum Dienst in das Heer und die Marine neu eingestellten Mannschaften (ausschließlich der Einjährig-Freiwilligen) eine Prüfung auf das Mindestmaß von Kenntnissen im Lesen und Schreiben vorgenommen und aus den Resultaten dieser Prüfung eine Statistik zusammengestellt werden soll, berichtet alsdann näher über das Ergebnis der jetzt für das Etatsjahr 1904 vorliegenden Nachweise und sucht die auffallende Erscheinung, daß die große Mehrzahl der preußischen Rekruten-Analphabeten sich auf die drei Provinzen Ostpreußen, Westpreußen und Posen verteilt, sachgemäß zu erklären, um endlich durch die Gegenüberstellung der statistischen Ergebnisse von 1884 und 1904 festzustellen, daß die Verhältniszahl zwischen den mit Schulbildung in fremder Sprache eingestellten Rekruten und dem jeweiligen Rekrutenkontingent von 3,70 % (1884) auf 0,05 % (1904) zurückgegangen ist.

Es soll durchaus nicht verkannt werden, daß der Verfasser des Artikels offenbar eigene Untersuchungen nicht angestellt und neues Material nicht gebracht, vielmehr lediglich amtliches Material zu seinem Artikel verwendet hat. Er hat aber dieses Material in eigenartiger, systematischer Anordnung zusammengestellt und verarbeitet in der unverkennbaren Absicht, das Publikum über den jetzigen Stand der Schulbildung im Heer und in der Flotte zu belehren. Damit hat aber seine Arbeit, die immerhin ein selbständiges Durchdenken und Durcharbeiten des allerdings gegebenen Stoffes erforderte, den Charakter einer selbständigen Geistesarbeit und zwar einer Ausarbeitung wissenschaftlichen Inhalts im Sinne des Gesetzes erhalten, ohne Rücksicht darauf, daß sie einen verhältnismäßig nur geringen Umfang hat, und ob sie einen wirklich wissenschaftlichen Wert besitzt oder nicht.*)

Nr. 26.

Gutachten vom 17. Juni 1904.

Bücheranzeigen als Ausarbeitungen wissenschaftlichen Inhalts.

In der ersten Beilage der am 15. September 1903 erschienenen Morgen-Ausgabe der Berliner „B. Z." Nr. 431 befindet sich unter der Rubrik „Zeitschriften- und Bücherschau" eine 49 dreigespaltene Zeilen umfassende Anzeige des 8. und des 28. Bandes der im Verlage von J. G. C.'s Nachfolger in St. und B. erscheinenden vierzigbändigen Jubiläumsausgabe von Goethe's Werken, welche von dem Gymnasiallehrer a. D. und Schriftsteller Dr. S. in Fr. verfaßt worden ist.

In der Nr. 43 der zu B. erscheinenden Wochenschrift für Literatur, Kunst und öffentliches Leben „Die Gegenwart" vom

---

*) Das Gericht ist der Annahme der Sachverständigenkammer, daß der v. L.'sche Artikel eine Ausarbeitung wissenschaftlichen Inhalts sei, beigetreten, hat aber den Angeklagten K. freigesprochen, weil er sich in dem Glauben befunden habe, eine vermischte Nachricht tatsächlichen Inhalts abzudrucken. Diese Entscheidung gibt zu Bedenken Veranlassung. Wenn der Angeklagte sich wirklich in dem von ihm geltend gemachten Irrtum über die Qualifikation des v. L.'schen Artikels befand, so war dies kein tatsächlicher, ihm nach § 59 Abs. 1 StGB. zugute kommender Irrtum, sondern ein Irrtum über das Vorliegen der das Urheberrecht aus § 18 Abs. 2 des Gesetzes vom 19. Juni 1901 begründenden Umstände. Nach diesem Gesetz bewirkt aber Rechtsirrtum strafrechtlicher Art im Gegensatz zum früheren Nachdrucksgesetz vom 11. Juni 1870 so wenig einen Ausschluß des Vorsatzes, wie dies bei sonstigen Delikten der Fall ist. In der Strafsache gegen den Redakteur Dr. M., in welcher das Gutachten Nr. 30 vom 26. Februar 1904 (S. 180) abgegeben ist, hat das Reichsgericht zur Widerlegung eines gleichen Einwandes des Angeklagten im Urteil vom 23. Februar 1905 (D. 4165/04. VIII. 758/05) ausgeführt, daß der Begriff der „Ausarbeitung wissenschaftlichen Inhalts" im Sinne des § 18 Abs. 2 des Gesetzes vom 19. Juni 1901 der eines Tatbestandsmerkmals sei, und ein Irrtum hinsichtlich dieses Begriffs als Irrtum über das Strafgesetz nicht unter die Bestimmung des § 59 StGB. falle.

24. Oktober 1903 ist diese Anzeige ohne vorgängige Erlaubnis des Verfassers und ohne Quellenangabe wörtlich abgedruckt.

Dr. S., der die von ihm verfaßte Bücheranzeige für eine Ausarbeitung wissenschaftlichen Inhalts im Sinne des § 18 Abs. 2 des Gesetzes vom 19. Juni 1901 erklärt, erachtet diesen Abdruck für einen unbefugten Eingriff in sein Urheberrecht und hat deshalb unter dem 18. März 1904 die strafrechtliche Verfolgung des verantwortlichen Redakteurs der „Gegenwart" Richard N. in B. bei der Königlichen Staatsanwaltschaft am Landgericht I zu B. beantragt.

Der Beschuldigte hat zugegeben, den Abdruck der in Rede stehenden Anzeige ohne Genehmigung des Dr. S. vorgenommen zu haben. Da das Original in der „V. Z." ohne Autornamen erschienen sei und ihm den Eindruck gemacht habe, als ob es vom Verleger C. herstamme, habe er angenommen, zum Nachdruck dieses sogenannten „Waschzettels" berechtigt zu sein und sogar dem Verleger durch den Abdruck desselben einen Gefallen zu erweisen. Tatsächlich sei die S.'sche Anzeige keine selbständige geistige Arbeit, da der Verfasser nicht einmal den Versuch einer selbständigen literarischen Kritik gemacht, sondern sich lediglich mit einigen Ausschreibungen aus den betreffenden Bänden der C.'schen Jubiläumsausgabe begnügt habe.

Die Königliche Staatsanwaltschaft hat hierauf die Literarische Sachverständigenkammer um Abgabe eines Gutachtens darüber ersucht,

> ob der von dem Anzeigenden verfaßte Artikel als eine Ausarbeitung wissenschaftlichen Inhalts im Sinne des § 18 Abs. 2 des Gesetzes vom 19. Juni 1901 anzusehen ist.

Die Sachverständigenkammer mußte sich unbedenklich dahin aussprechen, daß die von Dr. S. verfaßte Bücheranzeige als eine Ausarbeitung wissenschaftlichen Inhalts im Sinne des Gesetzes vom 19. Juni 1901 nicht anzusehen ist.

Wie die Literarische Sachverständigenkammer bereits in verschiedenen Gutachten ausgesprochen hat, erfordert der im § 18 Abs. 2 des Gesetzes vom 19. Juni 1901 selbst nicht näher bestimmte Begriff der „Ausarbeitung wissenschaftlichen Inhalts", daß es sich um ein auf selbständiger individueller Geistestätigkeit beruhendes literarisches Erzeugnis handelt, dessen Gegenstand sich zu einer wissenschaftlichen Bearbeitung eignet, und dessen Art der Darstellung die Absicht des Verfassers erkennen läßt, diesen Gegenstand nach einer gewissen systematischen Ordnung und nach wissenschaftlichen Prinzipien zu behandeln und damit der Wissenschaft im weiteren Sinne des Wortes, insbesondere der Belehrung des Publikums zu dienen.

Nun kann es allerdings einem Bedenken nicht unterliegen, daß zu den Gegenständen, welche einer wissenschaftlichen Behandlung fähig sind, auch Fragen aus den Gebieten der Literatur, der Kunst oder des Kunstgewerbes u. dergl. gehören, und daß also insbesondere auch Kritiken und Besprechungen neu erschienener Werke der Literatur, der Tonkunst oder der bildenden Künste sich als Ausarbeitungen wissenschaftlichen Inhalts darstellen können, wenn sich, wie Allfeld (Kommentar S. 163) zutreffend bemerkt, „in ihnen das Streben kundgibt, die einzelne Leistung nach allgemeinen wissenschaftlichen, insbesondere ästhetischen Grundsätzen zu beurteilen, diese auf den Einzelfall anzuwenden". Wo aber aus einer solchen Kritik oder Besprechung, insbesondere aus einer Bücheranzeige ein derartiges Streben nicht erkennbar ist, die Besprechung oder Anzeige vielmehr lediglich in der tatsächlichen Mitteilung von dem Erscheinen eines neuen Buches und in der gedrängten Wiedergabe seines Inhalts besteht, da kann von einer auf selbständiger geistiger Tätigkeit beruhenden, den Gegenstand mit belehrender Tendenz systematisch durchdringenden Arbeit und damit auch von einer Ausarbeitung wissenschaftlichen Inhalts im Sinne des Gesetzes nicht die Rede sein.

Wenn man von diesen Gesichtspunkten aus die von Dr. S. verfaßte Bücheranzeige einer näheren Prüfung unterzieht, so kann dieselbe als eine Ausarbeitung wissenschaftlichen Inhalts in dem vorbezeichneten Sinne nicht bezeichnet werden.

Die Anzeige beginnt mit der tatsächlichen Mitteilung, daß von „Goethes Sämtlichen Werken", der vierzigbändigen Jubiläumsausgabe, die bei J. G. C. erscheint, wiederum zwei Bände, der 8. und der 28. vorliegen, und daß der 8. Band die

„Singspiele" enthält, die Otto Pniower mit Einleitung und Anmerkungen versehen und textlich einer strengen Durchsicht unterworfen habe. Alsdann wird aus dem Inhalt dieses 8. Bandes angeführt, daß in dem Singspiel „Scherz, List und Rache" vier Zeilen hinzugekommen sind,

> „die in allen bisherigen Ausgaben fehlen; in der Handschrift stehen sie und sie sind durch eine das Gegenstück bildende Strophe gefordert; nur durch ein Versehen können sie in dem ersten Druck ausgelassen worden sein, und bei späteren Drucken hat man die Handschrift in diesen wie in anderen Fällen nie genau genug eingesehen".

Dr. S. gibt hier dem Sinne nach und nahezu wörtlich eine auf das Fehlen dieser vier Zeilen bezügliche, auf S. 344 des 8. Bandes befindliche Anmerkung Pniower's wieder, welche lautet:

> „V. 871—75 fehlen in allen bisherigen Ausgaben. Wir haben sie aus der Handschrift aufgenommen, weil sie, wie die vorhergehende parallel gebaute Strophe beweist, in dem ersten Druck nur aus Versehen ausgelassen sein können. Für die späteren Drucke wurde die Handschrift nie wieder berücksichtigt."

Von den hierauf noch folgenden den Band 8 betreffenden acht Zeilen der S.'schen Anzeige sind sechs Zeilen wörtlich dem Pniower'schen Texte entlehnt.

Die Anzeige des von Alfred D. herausgegebenen 28. Bandes der die „Kampagne in Frankreich" und die „Belagerung von Mainz" umfaßt, besteht fast ausschließlich in der Wiedergabe einzelner D.'scher Bemerkungen und gibt am Schluß das Bedauern D.'s (S. XVIII) darüber, daß Goethe eine schon 1807 veröffentlichte Rezension der ihm von der Fürstin Gallitzin zum Studium mitgegebenen Gemmensammlung eingeschoben hat, mit dessen eigenen Worten wieder:

> „Mit Betrübnis sehen wir ein Goethesches Meisterwerk, das sich an ein großes historisches Interesse der Mit- und Nachwelt wendet, hier plötzlich entstellt durch den greisenhaften Zug verfallender künstlerischer Selbstbeherrschung."

Streng genommen fehlt es demnach der Sch.'schen Anzeige überhaupt an dem zur Schutzberechtigung eines jeden literarischen Erzeugnisses notwendigen Erfordernis eigener geistig schaffender Tätigkeit, da die ganze Anzeige im wesentlichen in der Mitteilung von dem Erscheinen der beiden hier in Frage stehenden Bände der C.'schen Goethe-Ausgabe und aus der ganz willkürlichen Zusammenstellung einiger weniger von den Herausgebern dieser Bände gemachter Bemerkungen besteht. Jedenfalls ist aber von einer wissenschaftlichen, eine gewisse systematische Ordnung beobachtenden Besprechung, einer wissenschaftlichen Kritik jener beiden Bände keine Rede, so daß es keinem Bedenken unterliegen konnte, dem S.'schen Artikel, wie geschehen, die Eigenschaft einer Ausarbeitung wissenschaftlichen Inhalts im Sinne des § 18 Abs. 2 des Gesetzes vom 19. Juni 1901 zu versagen.*)

Nr. 27.

Gutachten vom 14. Dezember 1906.

Zeitungsartikel. Originalität als Voraussetzung der Schutzberechtigung.

In der Unterhaltungsbeilage zu der Nr. 62 der in B. erscheinenden „N. Allg. Z." vom 15. März 1906 findet sich in Spalte 4 ein Artikel mit der Spitzmarke „Nochmals zur Ehrenrettung der Vandalen" und in der Nr. 87 derselben Zeitung vom 13. April 1906 auf Seite 3 Spalte 2 ein solcher „über den Rückgang der seemännischen Bevölkerung auf den ostfriesischen Inseln" abgedruckt.

Der Schriftsteller S. in M., der Verfasser dieser Artikel, nimmt für dieselben als selbständige Ausarbeitungen wissenschaftlichen Inhalts den Schutz der §§ 2, 18 Abs. 2, 38 des Reichsgesetzes, betreffend das Urheberrecht an Werken der Literatur und der Tonkunst vom 19. Juni 1901 in Anspruch und hat deshalb, da der Abdruck beider Artikel aus der „K.

*) Das Verfahren ist auf Grund des obigen Gutachtens eingestellt.

Z." ohne seine Genehmigung erfolgt ist, gegen den Verleger und die schuldigen Redakteure der „N. Allg. Z." unter dem 28. Mai 1906 bei der Königlichen Staatsanwaltschaft am Landgericht I zu B. Strafantrag gestellt.

Der als Beschuldigter vernommene Chefredakteur der „N. Allg. Z." Otto R. in Z. hat zugegeben, daß er die beiden vorerwähnten Artikel der „K. Z.", und zwar den Artikel „Nochmals zur Ehrenrettung der Vandalen" unter ausdrücklicher Quellenangabe aus der „K. Z." entnommen hat; er behauptet aber, daß diese Artikel keine Originalarbeiten des Schriftstellers S., sondern lediglich ohne Aufwendung eigener geistiger Tätigkeit hergestellte Bearbeitungen zweier in der „Zeitschrift des Allgemeinen Deutschen Sprachvereins" bezw. in der „Politisch-Anthropologischen Revue" enthaltenen größeren Aufsätze seien, so daß ihnen ein gesetzlicher Schutz gegen Nachdruck überhaupt nicht zugebilligt werden könne.

Die Königliche Staatsanwaltschaft hat hierauf die Literarische Sachverständigenkammer um Abgabe eines Gutachtens darüber ersucht,

> ob den Arbeiten des Schriftstellers S. der Schutz der §§ 2, 18 und 38 des Gesetzes vom 19. Juni 1901 zustehe.

Nach eingehender Prüfung des gesamten ihr vorgelegten Materials hat sich die Sachverständigenkammer unbedenklich für die Verneinung der an sie gerichteten Frage aussprechen müssen.

Den von dem Schriftsteller S. verfaßten und in der „K. Z." veröffentlichten beiden Artikeln, für welche deren Verfasser den Schutz des § 18 Abs. 2 des Gesetzes vom 19. Juni 1901 in Anspruch nimmt, würde die Eigenschaft als „Ausarbeitungen wissenschaftlichen Inhalts" im Sinne dieser gesetzlichen Bestimmung an sich nicht abzusprechen sein, wenn sie im übrigen die Voraussetzung erfüllen würden, an die auch bei Zeitungsartikeln die Gewährung des gesetzlichen Schutzes gegen unzulässige Vervielfältigung geknüpft ist, d. h. wenn sie sich als Erzeugnisse einer eigenen, selbständigen Tätigkeit ihres Urhebers darstellen würden.

In dem ersten Artikel: „Nochmals zur Ehrenrettung der Vandalen" wird auf Grund einer Quelle aus dem frühesten Mittelalter der Nachweis versucht, daß die Vandalen zu Unrecht in den Ruf besonderer Verwilderung und Grausamkeit gekommen sind, und in dem zweiten Artikel: „Über die Abnahme der seemännischen Bevölkerung auf den ostfriesischen Inseln" wird an der Hand statistischen Materials dargelegt, daß und warum dieser Rückgang erfolgt ist. Beide Aufsätze können nach ihrem Inhalt und nach der Art ihrer Behandlung des Gegenstandes wohl den Anspruch erheben, als Ausarbeitungen wissenschaftlichen Inhalts angesehen zu werden, zumal sie offenbar den Zweck verfolgen, ihre Leser über die in ihnen behandelten Fragen zu belehren.

Allein der Beschuldigte R. hat mit vollem Recht darauf hingewiesen, daß beide Artikel keine Originalarbeiten sind, sondern sich lediglich als mechanische Bearbeitungen bezw. Auszüge bereits vorhandener fremder Arbeiten darstellen.

In der „Zeitschrift des Allgemeinen Deutschen Sprachvereins" 1906 Nr. 3 befindet sich ein mit der Überschrift: „Nachträge zum Vandalismus" versehener Aufsatz, in dem auf $2^1/_2$ Spalten Mitteilungen verschiedener Gelehrter veröffentlicht werden, die unter Bezugnahme auf einen früheren Aufsatz beweisen wollen, daß die Vandalen keineswegs so wüste Zerstörer gewesen sind, wie im allgemeinen angenommen wird. Eine dieser Mitteilungen stützt sich auf die Schrift: „de gubernatione dei" des gallischen Presbyter Salvianus, der die Vandalen im Gegensatz zu der heute allgemein verbreiteten Ansicht mit vielen Tugenden umgibt, die selbst den Römern jener Zeit abgingen. Diesen Teil des Aufsatzes, der etwa $1^1/_4$ Spalten füllt, hat der Schriftsteller S. in der Art ausgezogen, daß er zehn einleitende Zeilen geschrieben, im übrigen aber seinem 46 Zeilen füllenden Artikel: „Nochmals zur Ehrenrettung der Vandalen" mehr oder weniger wörtlich der Zeitschrift des Allgemeinen Deutschen Sprachvereins entlehnt hat.

Auf ganz gleiche Weise ist der zweite S.'sche Artikel: „Über die Abnahme der seemännischen Bevölkerung auf den ostfriesischen Inseln" entstanden, der einem längeren Aufsatze von Haeberlin in der „Politisch-Anthropologischen Revue" IV. Jahrgang Nr. 12: „Der Rückgang der seemännischen Bevölkerung auf den nordfriesischen Inseln" entnommen ist. Aus diesem letzteren Aufsatz hat S., wie ein Vergleich beider Artikel mit den angestrichenen Stellen der Vorlagen ergibt, die für seinen 50 Zeilen umfassenden Zeitungsartikel geeigneten Nachrichten herausgesucht und meist im Wortlaut des Originals aneinandergereiht, während er aus eigenem Wissen oder eigenem Studium so gut wie nichts hinzugetan hat.

Wenn S. diese seine Tätigkeit als schutzberechtigte schriftstellerische Leistung anerkannt wissen will, so übersieht er vollkommen, daß ihm die freie Benutzung der fremden Originalarbeiten nach § 13 des Gesetzes vom 19. Juni 1901 nur insoweit freistand, als er dadurch eine eigentümliche Schöpfung hervorbrachte. Von einer solchen kann aber nach Lage der Sache bei keinem der beiden S.'schen Artikel die Rede sein. Aus der Vergleichung derselben mit den oben bezeichneten Aufsätzen der „Zeitschrift des Allgemeinen Deutschen Sprachvereins" und der „Politisch-Anthropologischen Revue" muß man vielmehr unbedingt den Eindruck gewinnen, daß S. lediglich die Originalarbeiten anderer in weitestem Maße benutzt hat, um aus ihnen mit möglichst geringer Arbeit kürzere Zeitungsartikel, die er sich bezahlen ließ, zu gestalten. Er hat einfach einen Auszug aus den Vorlagen gemacht, also weder etwas selbständiges noch wesentlich anderes als die Verfasser der Originalaufsätze geschaffen, und seine „Bearbeitung" besteht lediglich darin, daß er das den anderen Schriften Entnommene durch einige allgemeine Sätze verbunden und abgerundet hat.

Die Frage, ob eine solche Art der Benutzung in die Rechte anderer eingreift, steht hier nicht zur Entscheidung und braucht daher nicht erörtert zu werden. Die Frage aber, ob S. unter freier Benutzung anderer Schriftwerke in seinen beiden hier in Rede stehenden Artikeln selbständige, auf eigener geistiger Arbeit beruhende Schöpfungen hervorgebracht hat, war unbedenklich zu verneinen, und da nur solchen Schöpfungen der Schutz des Gesetzes vom 19. Juni 1901 zusteht, so war, wie geschehen, dieser Schutz dem S. für beide Artikel: „Nochmals zur Ehrenrettung der Vandalen" und „Die Abnahme der seemännischen Bevölkerung auf den ostfriesischen Inseln" zu versagen.*)

Nr. 28.
Gutachten vom 2. März 1905.

Zeitungsartikel. Marktberichte als Ausarbeitungen technischen Inhalts.

Der beeidigte Börsenmakler W. in B. ist ständiger Mitarbeiter der „F. Z." und der „K. Volksztg.", die er dauernd mit Berichten über die Lage des Marktes im Handel mit ausländischen Hölzern versieht. Diese Berichte erscheinen monatlich einmal; sie sind meist von größerem Umfange — zwischen 130 und 160 Zeilen in Petit — und den Redaktionen der vorbezeichneten Zeitungen nur zum Abdruck überlassen, während das Urheberrecht an denselben bei dem Verfasser W. verblieben ist.

Letzterer behauptet nun, daß der Inhaber der Firma S. in H., Redakteur G. daselbst, in dem von ihm herausgegebenen „Allgemeinen Holzverkaufs-Anzeiger" in zehn verschiedenen Nummern des Jahrgangs 1904 zehn in der „K. Volks-Z." und in der „F. Z." enthaltene Berichte ohne seine Genehmigung wörtlich abgedruckt habe. Er hat deshalb unter dem 25. November 1904 bei der Königlichen Staatsanwaltschaft in H. die strafrechtliche Verfolgung des Redakteurs G. beantragt.

Der Beschuldigte hat den Abdruck der W.'schen Berichte nicht in Abrede gestellt. Er bestreitet aber, sich einer strafbaren Handlung schuldig gemacht zu haben, da die W.'schen Berichte lediglich periodisch wiederkehrende Marktberichte seien, die weder mit der Technik etwas zu tun hätten, noch wissen-

*) Die Staatsanwaltschaft hat auf Grund obigen Gutachtens das Verfahren eingestellt.

schaftliche Ausarbeitung erforderten und deshalb von ihm nach § 18 Abs. 1 des Gesetzes vom 19. Juni 1901 auch ohne besondere Genehmigung ihres Urhebers hätten abgedruckt werden können.

Demgegenüber hat W. ausgeführt, daß er seine Berichte auf Grund eines umfassenden, ihm von in- und ausländischen Importeuren, Händlern und Konsumenten zugehenden Materials zusammenstelle, und daß nur seine eigene eingehende Kenntnis aller für den Holzhandel wichtigen Verhältnisse es ihm ermögliche, den Markt für ausländische Hölzer zu überblicken und in der von ihm gepflegten populär-fachwissenschaftlichen Weise zu besprechen. Er könne deshalb seine Berichte nur als „Ausarbeitungen technischen Inhalts" im Sinne des § 18 Abs. 2 des Gesetzes vom 19. Juni 1901 und demzufolge als unbedingt gegen unbefugten Abdruck geschützte Zeitungsartikel ansehen.

Die Königliche Staatsanwaltschaft in H. hat nunmehr die Literarische Sachverständigenkammer um Abgabe einer gutachtlichen Äußerung darüber ersucht,

> ob in den betreffenden Artikeln des „Allgemeinen Holzverkaufs-Anzeigers" der Tatbestand des unzulässigen Nachdrucks zu erblicken ist.

Die Sachverständigenkammer hat sich dahin ausgesprochen, daß der Tatbestand eines unzulässigen Abdrucks von „Ausarbeitungen technischen Inhalts" vorliegt.

Da der wörtliche Abdruck der hier in Frage kommenden, in der „K. Volks-Z." und in der „F. Z." enthaltenen W.'schen Berichte von dem Beschuldigten G. selbst nicht in Abrede gestellt ist, so wird es lediglich einer Feststellung in der Richtung bedürfen, ob jene W.'schen Berichte als Ausarbeitungen wissenschaftlichen, technischen oder unterhaltenden Inhalts im Sinne des § 18 Abs. 2 des Gesetzes vom 19. Juni 1901 anzusehen sind.

Daß es sich nicht um Ausarbeitungen „wissenschaftlichen" oder „unterhaltenden" Inhalts handelt, liegt auf der Hand, denn der Holzhandel ist keine Wissenschaft, und ebensowenig wird man annehmen können, daß Marktberichte der hier vorliegenden Art zum Zwecke der Unterhaltung der Zeitungsleser geschaffen sind. Es bleibt also nur die Frage, ob die W.'schen Berichte unter den Begriff der Ausarbeitungen „technischen Inhalts" fallen.

Die Sachverständigenkammer hat kein Bedenken getragen, diese Frage zu bejahen.

Der Holzhandel ist ein kaufmännisches Gewerbe, das in Groß- und Kleinbetrieb zerfällt. Für den Großbetrieb ist die Kenntnis des Weltmarktes von der größten Wichtigkeit, und deshalb sind sachverständige Berichte über die Art und Menge der zum Verkauf kommenden Hölzer, sowie über die dafür gezahlten Preise für die Interessenten nicht zu entbehren.

Die W.'schen Berichte sollen offenbar dem dahingehenden Bedürfnis einer sachgemäßen Belehrung entsprechen. In ihnen wird zunächst die allgemeine Lage des Marktes erörtert und im Anschluß daran ein ausführlicher technischer Bericht über den Handel in den verschiedenen Holzarten gegeben, der Nachrichten über Angebot und Nachfrage auf den großen Märkten, über die Preisbewegungen und namentlich über die Verwendbarkeit der verschiedenen zum Kauf gestellten Hölzer für besondere gewerbliche Zwecke bietet. Dies alles wird ausführlich und übersichtlich, nach gewissen grundlegenden wissenschaftlich-technischen Prinzipien geordnet, in längeren Ausführungen dargelegt, und man erkennt ohne weiteres, daß diese Berichte nur auf Grund umfassender Ermittelungen von einem Manne verfaßt sein können, der die für den Handel mit ausländischen Hölzern in Betracht kommenden Verhältnisse genau kennt, der mit dem Handel selbst durchaus vertraut und imstande ist, auf Grund dieser seiner Kenntnis die für die Entschließungen der Händler wichtigen Folgerungen zu ziehen.

Nach alledem können diese W.'schen Berichte keineswegs, wie der Beschuldigte annimmt, als bloße kurze Marktberichte angesehen werden, wie sie in dem Handelsteil der Tageszeitungen über Getreide, Zucker, Kaffee u. dergl. veröffentlicht werden und die nichts weiter als tatsächliche Mitteilungen über die vorhandenen Warenbestände und die niedrigsten und höchsten für die verschiedenen Waren gebotenen oder gezahlten Preise enthalten. Es handelt sich hier vielmehr um literarische Erzeugnisse, die unter Aufwendung vieler Mühe, umfassender technischer Spezialkenntnisse und nicht geringen Scharfsinns zustande gekommen sind, die also ohne Zweifel auf einer eigenen, nicht unbedeutenden geistigen Tätigkeit ihres Verfassers beruhen und deshalb den Erfordernissen vollkommen entsprechen, welche das Gesetz vom 19. Juni 1901 an eine Ausarbeitung im Sinne des § 18 Abs. 2 stellt.

Als Ausarbeitungen „technischen Inhalts" werden sie aber gelten müssen, weil diese Bezeichnung keineswegs nur, wie es der Beschuldigte tut, auf rein gewerbliche Dinge bezogen werden kann, sondern im weiteren Sinne gefaßt werden muß und demnach alles in sich schließt, was zwar nicht „wissenschaftlich" oder „unterhaltend" ist, aber als Ausfluß einer selbständigen geistigen Tätigkeit auf dem weiten Gebiete menschlicher, materielle Werte schaffender Arbeit erscheint.*)

Nr. 29.

Gutachten vom 18. Januar 1907.

Zeitungsartikel. Nichtschutzberechtigter Marktbericht.

In der Nr. 112 des Jahrgangs 1906 der zu B. im Verlage des „Chemischen Laboratoriums und Tonindustrie-Zeitung, Prof. Dr. S. und E. Cr., G. m. b. H." erscheinenden „Tonindustrie-Zeitung" ist auf S. 1741 unter der Rubrik „Warenverkehr" eine größere Anzahl von Berichten über den Ziegelmarkt im August 1906 in verschiedenen Orten des Deutschen Reichs veröffentlicht.

Die zu B. im Verlage des Buchdruckereibesitzers F. in Dt.-W. erscheinende Zeitschrift „Ziegelei-Anzeiger" hat in ihrer Nr. 27 vom 30. September 1906 von diesen Berichten der Tonindustrie-

*) Auf Grund des obigen Gutachtens ist von der Staatsanwaltschaft die öffentliche Klage gegen G. erhoben. Das Verfahren ist jedoch später wegen Zurücknahme des Strafantrages eingestellt.

Zeitung die Berichte aus den für den Berliner Ziegelmarkt in Frage kommenden Orten: Brandenburg a./H., Mittenwalde, Werder a./H. und Zehdenick ohne Genehmigung der Tonindustrie-Zeitung wörtlich abgedruckt. Die Verleger der letzteren haben infolgedessen unter dem 19. November 1906 bei der Königlichen Staatsanwaltschaft in B. die strafrechtliche Verfolgung des F. wegen Nachdrucks beantragt.

Der Beschuldigte F. hat bestritten, sich des ihm zur Last gelegten Vergehens schuldig gemacht zu haben, weil er die fraglichen Berichte nicht aus der „Tonindustrie-Zeitung", sondern aus der „Deutschen Tageszeitung" entnommen habe. Er habe sich hierzu für berechtigt gehalten, zumal diese Berichte mit einem Vermerk, daß ihr Nachdruck verboten sei, dort nicht versehen gewesen seien.

Der verantwortliche Schriftleiter der „Tonindustrie-Zeitung" E. Cr. hat hierauf erwidert, daß die von dem Beschuldigten F. in dem „Ziegelei-Anzeiger" zum Abdruck gebrachten Berichte zu den im § 18 Abs. 2 des Reichsgesetzes vom 19. Juni 1901 erwähnten Ausarbeitungen wissenschaftlichen, technischen oder unterhaltenden Inhalts zu rechnen seien, deren Abdruck auch beim Fehlen eines Vorbehalts der Rechte unzulässig sei, und die Königliche Staatsanwaltschaft hat hierauf der Literarischen Sachverständigenkammer die Frage zur gutachtlichen Beantwortung vorgelegt,

> ob in dem Abdruck des Artikels auf S. 1741 der „Tonindustrie-Zeitung" im „Ziegelei-Anzeiger" vom 30. September 1906 ein unzulässiger Abdruck einer Ausarbeitung technischen oder unterhaltenden Inhalts im Sinne des § 18 Abs. 2 des Reichsgesetzes vom 19. Juni 1901, betreffend das Urheberrecht an Werken der Literatur und der Tonkunst zu erblicken ist.

Die Sachverständigenkammer hat diese Frage verneint.

Der § 18 Abs. 2 des Reichsgesetzes vom 19. Juni 1901 hat den Abdruck von Ausarbeitungen wissenschaftlichen, technischen oder unterhaltenden Inhalts aus Zeitungen und Zeitschriften ganz allgemein und unbedingt, auch wenn ein Vorbehalt der Rechte fehlt, für unzulässig erklärt, weil derartige Artikel, wie seitens des Regierungsvertreters bei der Beratung des Gesetzentwurfs im Reichstag hervorgehoben wurde, „nicht dem Tagesbedarf allein dienen, sondern auch dauernden Wert haben, und weil häufig darin eine bedeutende geistige Arbeit niedergelegt ist, die mit der geistigen Arbeit in anderen literarischen Veröffentlichungen durchaus verglichen werden kann" (StenBer. S. 2183).

Eine Begriffsbestimmung der „Ausarbeitungen wissenschaftlichen, technischen oder unterhaltenden Inhalts" hat das Gesetz allerdings nicht gegeben. Rechtsprechung und Wissenschaft stimmen aber darin überein, daß zunächst unter die Ausarbeitungen wissenschaftlichen Inhalts nur solche Arbeiten fallen, deren Gegenstand sich zu einer wissenschaftlichen Behandlung eignet und in denen der Verfasser eine solche dadurch unternommen hat, daß er diesen Gegenstand in systematischer, nach durchgreifenden Hauptgedanken geordneter Darstellung wesentlich zum Zwecke der Belehrung in eigenartiger und selbständiger Weise bearbeitet hat.

Dieselben Voraussetzungen müssen im wesentlichen auch bei einer Ausarbeitung technischen Inhalts vorhanden sein. Der Verfasser muß den aus der Technik entnommenen Stoff seiner Arbeit ebenfalls nach allgemeinen wissenschaftlich-technischen Gesichtspunkten unter Aufwendung eigener geistiger Arbeit zur Belehrung des interessierten Publikums behandeln; und was die Ausarbeitungen unterhaltenden Inhalts anlangt, so können als solche nur diejenigen literarischen Erzeugnisse angesehen werden, die entweder sich als auf eigener geistiger Schöpfung beruhende Werke erzählender Dichtung charakterisieren oder einen tatsächlichen Vorgang in mehr oder weniger künstlerischer Gestaltung zum Gegenstande einer der Unterhaltung dienenden Darstellung machen.

Wenn man an der Hand dieser Begriffsbestimmungen die hier in Frage kommenden Berichte der „Tonindustrie-Zeitung" einer näheren Prüfung unterzieht, so ergibt sich sofort die Unmöglichkeit, sie in eine der vorbezeichneten Kategorien geschützter Ausarbeitungen einzureihen.

Sämtliche Berichte beschränken sich auf tatsächliche Mitteilungen über den Absatz von Ziegeln, über die Bautätigkeit, die augenblicklichen und voraussichtlich demnächst zu erwartenden Ziegelpreise, die Arbeiterverhältnisse und die augenblicklichen Lagerbestände an den für den Ziegelmarkt im August 1906 in Betracht kommenden Orten, wie z. B. betreffs des Ortes Mittenwalde in folgender Weise:

> „Der Absatz ist augenblicklich schleppend. Der Abnahme der Ziegeln nach zu urteilen, ist die Bautätigkeit nicht sehr rege, doch hofft man im Oktober auf ein flotteres Geschäft. Die Ziegelpreise sind gedrückt. Durch Arbeitermangel ist der Betrieb seit längerer Zeit eingeschränkt. Die Lagerbestände sind nicht groß, die Aussichten sind anscheinend gut.“

In gleicher schematischer Anordnung sind — bei Werder a./H. und Zehdenick in etwas eingehenderer Ausführung — die tatsächlichen Ziegelmarktverhältnisse an den für den Berliner Ziegelmarkt in Frage kommenden anderen Orten behandelt.

Daß damit Ausarbeitungen wissenschaftlichen oder unterhaltenden Inhalts geschaffen sind, haben wohl die Verleger der „Tonindustrie-Zeitung“ selbst nicht behaupten wollen. Durch Unterstreichung der Worte „technischen Inhalts“ in der Eingabe vom 28. Dezember 1906 will aber der verantwortliche Schriftleiter C. für jene Berichte der „Tonindustrie-Zeitung“ offenbar wenigstens die Eigenschaft von Ausarbeitungen technischen Inhalts in Anspruch nehmen.

Allein auch dies mit Unrecht. Sämtliche Berichte beziehen sich allerdings auf einen technischen Gegenstand, indem sie neben den wirtschaftlichen auch die technischen Verhältnisse der Ziegelfabrikation berühren. Damit allein ist ihnen aber durchaus noch nicht die Eigenschaft von Ausarbeitungen technischen Inhalts im Sinne des Gesetzes gewährleistet. Abgesehen von der bereits oben erwähnten schematischen Anordnung nach Absatz, Bautätigkeit, Preisen usw., die an und für sich auch keine selbständige geistige Tätigkeit erfordert, fehlt es bei allen Berichten an jeder nach allgemeinen wissenschaftlich-technischen

Gesichtspunkten geordneten, zur technischen Belehrung dienenden Behandlung des Stoffes. Überall, auch in den etwas ausführlicheren Berichten aus Werder a./H. und Zehdenick, sind lediglich nackte Tatsachen nebeneinandergestellt, ohne daß an dieselben irgendwelche Ausführungen technisch-belehrender Art geknüpft sind.

Sämtliche Berichte enthalten nur Nachrichten tatsächlichen Inhalts und fallen damit in die Kategorie der „Vermischten Nachrichten tatsächlichen Inhalts und Tagesneuigkeiten" im Sinne des § 18 Abs. 3 des Gesetzes vom 19. Juni 1901, die aus Zeitungen oder Zeitschriften stets abgedruckt werden dürfen.*)

Nr. 30.

Gutachten vom 26. Februar 1904.

Zeitungsartikel. Berichte über gerichtliche Entscheidungen als Ausarbeitungen wissenschaftlichen Inhalts.

Der Schriftsteller O. M. in L. hat in der Nr. 371 der zu B. erscheinenden „B. Volks-Z." vom 11. August 1903 einen mit der Überschrift: „Gewerkschaftskartell und Verein" versehenen Artikel veröffentlicht, in welchem er auf Grund der in einer Hauptverhandlung vor dem Kammergericht gemachten Notizen und unter Heranziehung der betreffenden Vorentscheidungen eine Darstellung des von dem Kammergericht in einem Strafrechtsfall erlassenen Urteils gegeben hat.

In ähnlicher Weise hat er in der Nr. 359 der zu B. erscheinenden „B. Z." vom 4. August 1903 eine Darstellung eines vor dem Oberverwaltungsgericht verhandelten Rechtsfalls unter der Überschrift „Landrat und Stadtverordnetenwahlen" gegeben, und in der Nr. 321 der „Volks-Z." vom 12. Juni 1903 hat er unter der Überschrift „Streikpostenstehen" einen Artikel über

*) Das Verfahren ist auf Grund des obigen Gutachtens eingestellt.

eine von dem Kammergericht in Bezug auf das Verbot des Streikpostenstehens getroffene Entscheidung veröffentlicht.

In den am 13. August, 5. August und 18. Juli 1903 erschienenen Nummern der von dem Redakteur Dr. M. in B. redigierten „B. Z.“ sind diese drei M.'schen Artikel wörtlich ohne Quellenangabe abgedruckt.

M. hat deshalb unter dem 4. September 1903 bei der Königlichen Staatsanwaltschaft zu E. die strafrechtliche Verfolgung des Redakteurs Dr. M. wegen unbefugter Vervielfältigung seiner oben bezeichneten Artikel beantragt.

In der gegen ihn eingeleiteten Voruntersuchung hat der Angeschuldigte Dr. M. bestritten, sich eines verbotenen Nachdrucks schuldig gemacht zu haben. Er ist der Ansicht, daß die M.'schen Veröffentlichungen reine Reporternotizen oder vermischte Nachrichten tatsächlichen Inhalts im Sinne des § 18 Abs. 3 des Gesetzes vom 19. Juni 1901 seien, deren Abdruck nach dieser Bestimmung selbst bei einer Vorbehaltserklärung des Verfassers ohne Quellenangabe gestattet sei. Es treffe dies im vorliegenden Falle um so mehr zu, als die einzelnen M.'schen Artikel nur einen Umfang von je etwa 20—30 Zeilen hätten und ohne jegliche Beimischung subjektiver Ansichten des Verfassers keinen wissenschaftlichen Charakter an sich trügen.

Der Untersuchungsrichter bei dem Königlichen Landgericht zu E. hat hierauf unter dem 26. Januar 1904 die Literarische Sachverständigenkammer um Abgabe eines Gutachtens darüber ersucht, ob die oben bezeichneten M.'schen Artikel mit den Überschriften:

1. Gewerkschaftskartell und Verein,
2. Landrat und Stadtverordnetenwahlen,
3. Streikpostenstehen

Ausarbeitungen wissenschaftlichen, technischen oder unterhaltenden Inhalts im Sinne des § 18 Abs. 2 des Urheberrechtsgesetzes vom 19. Juni 1901 darstellen.

Die Sachverständigenkammer mußte sich unbedenklich dahin aussprechen, daß die drei in Rede stehenden M.'schen Artikel

Ausarbeitungen wissenschaftlichen Inhalts im Sinne des Gesetzes sind.

Der § 18 Abs. 2 des Gesetzes vom 19. Juni 1901 bestimmt, daß der Abdruck von Ausarbeitungen wissenschaftlichen, technischen oder unterhaltenden Inhalts aus Zeitungen oder Zeitschriften, auch wenn ein Vorbehalt der Rechte fehlt, unzulässig sein soll. Da die hier in Rede stehenden drei M.'schen Artikel, wie keiner weiteren Darlegung bedarf, weder einen technischen noch einen unterhaltenden Inhalt im Sinne dieser Gesetzesvorschrift haben, kann es sich im vorliegenden Falle nur darum handeln, festzustellen, ob dieselben den Charakter von Ausarbeitungen wissenschaftlichen Inhalts haben.

In dieser Beziehung hat nun die Sachverständigenkammer bereits in früheren Gutachten darauf hingewiesen, daß das Gesetz vom 19. Juni 1901 durch die im § 18 Abs. 2 gewählte Fassung deutlich zum Ausdruck gebracht hat, daß der Schutz gegen unbefugte Vervielfältigung bei den hier in Rede stehenden Arbeiten nicht von dem Charakter der Wissenschaftlichkeit im engeren Sinne, d. h. von dem wissenschaftlichen Werte der Ausarbeitung, sondern lediglich davon abhängig gemacht werden soll, daß der Gegenstand der Ausarbeitung sich zu einer wissenschaftlichen Behandlung eignet, und daß der Verfasser eine solche dadurch unternommen hat, daß er seinen Stoff in einer systematischen, nach durchgreifenden Hauptgedanken geordneten Darstellung (Urteil des Reichsgerichts vom 25. Mai 1891, Entsch. in Strafsachen Bd. 22 S. 56 ff.) wesentlich zum Zwecke der Belehrung in eigenartiger und selbständiger Weise bearbeitet hat. In diesem Sinne hat das Reichsgericht auch in seinem Urteil vom 20. April 1903 (Entsch. in Strafsachen Bd. 36 S. 195 ff.) sich dahin ausgesprochen, daß als wissenschaftlich der Inhalt einer Geistesarbeit sich jedenfalls dann bezeichnen lasse, wenn er nach der Art und Weise gegebenen Erörterungen und Darstellungen seine Bestimmung bekunde, einem wissenschaftlichen Zwecke zu dienen, und daß es hierbei nicht entscheidend sei, welchen wissenschaftlichen Wert eine Ausarbeitung dieses Inhalts habe, ob sie gut oder schlecht, gründlich oder oberflächlich sei, und ob die Wissenschaft tatsächlich von ihr Gewinn ziehen könne oder nicht. Dementsprechend hat sodann das Reichsgericht weiter ausgeführt, daß auch der Wiedergabe des Inhalts gerichtlicher Entscheidungen in einer Bearbeitung, welche unverkennbar den Zweck verfolge, zum Verständnis einer gerichtlichen Vorschrift beizutragen und sie so dem Interessentenkreise zugänglich zu machen, der Charakter der Wissenschaftlichkeit im Sinne des § 18 Abs. 2 des Gesetzes vom 19. Juni 1901 nicht von vornherein abgesprochen werden könne.

Ob ihn der Inhalt einer Ausarbeitung trägt, wird freilich, wie auch das Reichsgericht hervorhebt, stets nach Lage des Einzelfalles geprüft werden müssen. Die Sachverständigenkammer hat deshalb die einzelnen M.'schen Artikel nach dieser Richtung hin einer eingehenden Prüfung unterzogen, als deren Ergebnis sich unverkennbar der wissenschaftliche Charakter der M.'schen Arbeiten herausgestellt hat.

Der in der Nr. 371 der „B. Volks-Z." vom 11. August 1903 enthaltene Artikel mit der Überschrift „Gewerkschaftskartell und Verein" behandelt eine Entscheidung, welche das Kammergericht über die Frage getroffen hat, ob ein Gewerkschaftskartell als Verein im Sinne des Vereinsgesetzes angesehen werden könne. Nach einer kurzen Mitteilung des dem Rechtsfall zu Grunde liegenden Sachverhältnisses und der von den Vorinstanzen getroffenen Entscheidungen berichtet der Verfasser ausführlich über das in der Revisionsinstanz vom Kammergericht gefällte Urteil, indem er in sachgemäß geordneter Darstellung die der kammergerichtlichen Entscheidung nach seiner Auffassung wesentlich zu Grunde liegenden Erwägungen und rechtlichen Gesichtspunkte wiedergibt. Nach der gesamten Art und Weise dieser Wiedergabe kann es einem Bedenken nicht unterliegen, daß der Verfasser hierbei von der Absicht geleitet gewesen ist, dem interessierten Publikum das Verständnis der bezüglichen Bestimmungen des Vereinsgesetzes vom 11. März 1850 zu erleichtern und damit der Belehrung, der Wissenschaft im weiteren Sinne zu dienen. Wenn aber an sich, wie das Reichsgericht anerkennt, einer solchen Wiedergabe der Charakter der Wissenschaftlichkeit nicht abzusprechen ist, so kann man auch dem vorliegenden M.'schen Artikel die Eigenschaft einer Ausarbeitung wissenschaftlichen Inhalts nicht versagen. Denn daß derselbe im übrigen auf selbständiger geistiger Tätigkeit beruht, ist nicht in Zweifel zu ziehen, und der Umstand, daß er im ganzen nur 32 Druckzeilen umfaßt, ist für die hier in Frage stehende Beurteilung desselben vollkommen ohne Bedeutung. Die diesbezügliche Bemerkung des Angeschuldigten, daß bei einem so geringen Umfang eine wissenschaftliche Darstellung von juristischen Dingen nicht gegeben werden könne, bedarf kaum einer weiteren Wiederlegung; doch soll hier nur darauf hingewiesen werden, daß nicht selten gerade die knappe und gedrängte und doch alles wesentliche enthaltende Wiedergabe einer gerichtlichen Entscheidung eine ganz besondere geistige Arbeit erfordert.

Der in der Nr. 359 der „V. Z." vom 4. August 1903 veröffentlichte Artikel mit der Überschrift „Landrat und Stadtverordnetenwahlen" beschäftigt sich mit einer Entscheidung des Oberverwaltungsgerichts, welche in einem Spezialfalle über das Recht des Landrats ergangen ist, sich an der Wahlagitation bei den Stadtverordnetenwahlen zu beteiligen. Es wird auch in diesem Artikel zunächst das Sachverhältnis mit kurzen Worten vorgetragen, die Entscheidung des Bezirksausschusses erwähnt und sodann das Urteil des Oberverwaltungsgerichts, welches die Vorentscheidung bestätigte, unter Mitteilung der für dasselbe nach Ansicht des Verfassers maßgebend gewesenen Erwägungen mitgeteilt. Es kann dahin gestellt bleiben, ob diese Mitteilung als eine erschöpfende anzusehen ist oder nicht; jedenfalls hat der Verfasser auch hier die Absicht gehabt, dem interessierten Publikum Kenntnis davon zu verschaffen, von welchen Grundsätzen das Oberverwaltungsgericht bei der Beurteilung vermeintlicher Wahlbeeinflussungen ausgeht. Form und Inhalt des Artikels lassen diesen Zweck deutlich erkennen; sie heben ihn deshalb aus dem Rahmen eines nur tatsächliche Mitteilungen enthaltenden bloßen Gerichtsreferates heraus und gewährleisten ihm ohne Rücksicht auf seinen Umfang und seinen wirklichen wissenschaftlichen und speziell juristischen Wert die Eigenschaft einer Ausarbeitung wissenschaftlichen Inhalts, die ihm den Schutz gegen unbefugte anderweite Vervielfältigung verschafft.

Dasselbe gilt endlich auch von dem in der Nr. 321 der „Volks-Z.“ vom 12. Juli 1903 enthaltenen, mit der Überschrift „Streikpostenstehen“ versehenen M.'schen Artikel, der eine von dem Kamergericht gefällte Entscheidung über das Verbot des Streikpostenstehens zum Gegenstande hat. Der Artikel gibt in gedrängter Fassung und eigenartiger Form eine kurze Darstellung des betreffenden Strafprozesses und berichtet über den wesentlichen Inhalt der einzelnen in diesem Prozeß ergangenen gerichtlichen Entscheidungen in der unverkennbaren Absicht, die Bestimmung der Berliner Straßenpolizeiverordnung vom 31. Dezember 1899, wonach der zur Aufrechterhaltung der Ruhe und Ordnung ergangenen Aufforderung der Aufsichtsbeamten Folge zu leisten ist, an der Hand der in dem vorliegenden Spezialfall ergangenen Entscheidungen zu erläutern und dem Publikum verständlich zu machen, das letztere also zu belehren und damit der Wissenschaft im weiteren Sinne des Wortes zu dienen.*)

Nr. 31.

Gutachten vom 4. November 1904.

Berichte über gerichtliche Entscheidungen als Ausarbeitungen wissenschaftlichen Inhalts. Freie Benutzung. Unzulässige Vervielfältigung.

Der Journalist S. in L. ist der Verfasser sogenannter „Reichsgerichtsbriefe“, d. h. von Berichten über einzelne allgemein interessierende, vor dem Reichsgericht verhandelte

*) Der Angeklagte Dr. M. ist von der gegen ihn erhobenen Anklage des Nachdrucks des M.'schen Artikels „Streikpostenstehen“ freigesprochen, weil dieser Nachdruck nach den inzwischen getroffenen Feststellungen ohne sein Wissen durch seinen Vertreter bewirkt war. Wegen des Nachdrucks der beiden übrigen M.'schen Artikel ist der Angeklagte Dr. M. zu einer Geldstrafe von 20 *M.* event. 4 Tagen Gefängnis und zu einer an den Schriftsteller M. zu erlegenden Buße von 30 *M.* verurteilt.

Prozesse, die er mit dem Vermerke „Nachdruck verboten" an eine große Anzahl von Zeitungen Deutschlands zum eventuellen Abdruck gegen entsprechendes Honorar versendet. Einen solchen, mit der Überschrift „Für Mitspieler von Lotterielosen" versehenen Reichsgerichtsbrief hat S. im April 1904 etwa dreißig Zeitungen in der üblichen Weise zugehen lassen.

In der am 5. Mai 1904 erschienenen Nummer der „R. Z." ist eine aus Pg., 1. Mai 1904 datierte, nahezu 17 Druckzeilen umfassende Notiz „Vom Lotteriespielen" veröffentlicht, welche den tatsächlichen Inhalt des vorher erwähnten Reichsgerichtsbriefes vom April 1904 in gedrängter Fassung wiedergibt.

S. behauptet, daß diese Notiz, welche sich als eine unberechtigte Vervielfältigung seines Reichsgerichtsbriefes darstelle, ohne seine Genehmigung von dem Besitzer der in B. erscheinenden „Nordd. K.", Redakteur L. daselbst hergestellt und der „R. Z." zum Abdruck übermittelt sei. Er hat deshalb unter dem 9. August 1904 bei der Königlichen Staatsanwaltschaft am Landgericht I zu B. die strafrechtliche Verfolgung des L. beantragt.

Der Beschuldigte L. hat bestritten, sich eines vorsätzlichen Nachdrucks schuldig gemacht zu haben. Es sei zwar möglich, daß ihm bei Bearbeitung der in der „R. Z." enthaltenen, von ihm gelieferten Notiz der S.'sche Reichsgerichtsbrief oder etwas ähnliches vorgelegen habe; seine Notiz könne jedoch höchstens als ein erlaubter Auszug aus der dem S.'schen Brief zu grunde liegenden Reichsgerichtsentscheidung angesehen werden, und der S.'sche Brief selbst überhaupt nicht auf die Eigenschaft einer auf eigener geistiger Tätigkeit beruhenden wissenschaftlichen oder belehrenden Arbeit seines Verfassers Anspruch erheben.

Die Königliche Staatsanwaltschaft hat hierauf die Literarische Sachverständigenkammer um Abgabe eines Gutachtens darüber ersucht,

> ob sich der S.'sche Reichsgerichtsbrief „Für Mitspieler von Lotterielosen" als Ausarbeitung wissenschaftlichen Inhalts charakterisiert, und ob die in der „R. Z." vom 5. Mai 1904 enthaltene, aus Pg., 1. Mai 1904

datierte Notiz „Vom Lotteriespielen" als unzulässige Vervielfältigung des vorerwähnten Briefes anzusehen ist.

Die Sachverständigenkammer konnte zwar dem S.'schen Reichsgerichtsbrief die Eigenschaft einer Ausarbeitung wissenschaftlichen Inhalts im Sinne des Gesetzes vom 19. Juni 1901 nicht versagen, den Tatbestand einer unzulässigen Vervielfältigung aber nicht als vorhanden annehmen.

Was zunächst die Schutzberechtigung des S.'schen Reichsgerichtsbriefs anlangt, so hat das Gesetz, betreffend das Urheberrecht an Werken der Literatur und der Tonkunst vom 19. Juni 1901 im § 18 Abs. 2 schlechthin alle in Zeitungen oder Zeitschriften veröffentlichten „Ausarbeitungen wissenschaftlichen, technischen oder unterhaltenden Inhalts" gegen unbefugte, d. h. ohne Genehmigung des Urhebers oder seines Rechtsnachfolgers erfolgende Vervielfältigung geschützt. Bereits wiederholt hat die Sachverständigenkammer Gelegenheit gehabt, sich mit der Feststellung des Begriffes von Ausarbeitungen der gedachten Art zu beschäftigen, und insbesondere hat sie sich bezüglich der „Ausarbeitungen wissenschaftlichen Inhalts" bereits in mehreren Gutachten dahin ausgesprochen, daß hierunter nicht nur solche Geistesarbeiten zu verstehen sind, die den erkennbaren Zweck verfolgen, durch neue Forschungen die Wissenschaft zu fördern und zu bereichern, daß es vielmehr für ausreichend erachtet werden muß, wenn der Verfasser der Arbeit die Absicht gehabt hat, einen Stoff wissenschaftlich zu behandeln und durch seine auf Grund eigener selbständiger geistiger Tätigkeit entstandene Darstellung belehrend zu wirken, ohne daß hierbei auf den größeren oder geringeren wissenschaftlichen Gehalt und Wert der Arbeit ein entscheidendes Gewicht zu legen ist. In gleicher Weise hat sich auch das Reichsgericht in einem Urteil vom 20. April 1903 (Entsch. in Strafsachen Bd. 36 S. 195 ff.) geäußert, indem es dort ausgeführt hat, daß sich der Inhalt einer Geistesarbeit jedenfalls dann als wissenschaftlich bezeichnen lasse, wenn er nach der Art und Weise der gegebenen Erörterungen und Darstellungen seine Bestimmung bekunde, einem wissenschaftlichen Zwecke zu dienen, ohne daß es im übrigen auf den wissenschaftlichen Wert einer Ausarbeitung dieses Inhalts ankomme. In Bezug auf die Wiedergabe gerichtlicher Entscheidungen hat hierbei das Reichsgericht ausdrücklich anerkannt, daß sich einer solchen der Charakter der Wissenschaftlichkeit im Sinne des § 18 a. a. O. nicht von vornherein absprechen lasse, wenn sie nicht lediglich in einem Referat über die Verhandlungen der Gerichte bestehe, sondern in einer Bearbeitung erfolgt sei, welche unverkennbar den Zweck verfolge, zum Verständnis einer gesetzlichen Vorschrift beizutragen und sie so dem Interessentenkreise zugänglich zu machen.*)

Der S.'sche Reichsgerichtsbrief behandelt nun einen Fall des Miteigentums an einem Lotterielose und der aus einem solchen Miteigentum sich ergebenden Rechte. Der Verfasser des Briefes gibt zunächst eine Darstellung des Sachverhältnisses und berichtet sodann, daß ein Landgericht die auf Herausgabe eines Gewinnanteils gerichtete Klage des Mitspielers abgewiesen, das Kammergericht aber auf die von der Klägerin eingelegte Berufung dieses Urteil aufgehoben und den Klageanspruch für berechtigt anerkannt habe. In gedrängter Fassung werden die Gründe des kammergerichtlichen Urteils dahin wiedergegeben:

> „Es ist festgestellt, daß ein gemeinsames Eigentum auf Grund einer mündlichen Verabredung vorhanden war. Die Lose waren also auch für die folgenden Klassen Gesellschaftseigentum, und die Verabredung des gemeinsamen Spielens gibt der Klägerin das Anrecht auf die folgenden Klassen. Wenn ein Gesellschafter seine Verpflichtung nicht erfüllt, haben die anderen das Recht, den Gesellschaftsvertrag zu lösen, dies ist aber nicht geschehen. Es ist nicht der Beweis erbracht, daß die Klägerin erklärt habe, sie spiele nicht mehr mit."

Hieran schließt sich sodann die kurze Mitteilung, daß der Beklagte gegen dieses Urteil Revision beim Reichsgericht eingelegt, der höchste Gerichtshof aber diese Revision kostenpflichtig zurückgewiesen habe.

---

*) Vgl. Gutachten Nr. 30 vom 26. Februar 1904 S. 180 ff.

Aus dieser Inhaltsangabe ergibt sich, daß hier nicht bloß ein gewöhnliches Referat über den Gang und Ausfall einzelner Gerichtsverhandlungen, sondern eine gemeinverständliche Be- und Verarbeitung eines allgemein interessierenden Rechtsfalles und der ihn betreffenden gerichtlichen Entscheidungen vorliegt, die nach der Art und Weise ihrer Darstellung unzweideutig die Bestimmung erkennen läßt, zum Verständnis gesetzlicher Vorschriften beizutragen und sie so dem Interessentenkreise zugänglich zu machen. Damit ist aber ohne Rücksicht auf den juristischen Wert der Darstellung dem S.'schen Reichsgerichtsbrief die Eigenschaft einer schutzberechtigten Ausarbeitung wissenschaftlichen Inhalts unbedingt gewährleistet.

Es kann sich also nur noch darum handeln, ob die in der „R. Z." vom 5. Mai 1894 enthaltene, aus Pg., 1. Mai 1904 datierte Notiz als eine unzulässige Vervielfältigung jenes Reichsgerichtsbriefes anzusehen ist.

Unter der Vervielfältigung eines bereits vorhandenen Schriftwerks ist im Sinne des Gesetzes jede im wesentlichen identische Wiedergabe des Werkes zu verstehen. Das Original muß seinem wesentlichen Bestande nach wiedergegeben sein, wobei es gleichgültig ist, ob diese Wiedergabe in einer wörtlich genauen Übernahme des Originals besteht, oder ob im Texte des letzteren unwesentliche, die Identität des Werkes nicht berührende Umgestaltungen, Weglassungen oder Zusätze vorgenommen sind. Andererseits ist es aber auch gestattet, ein bereits vorhandenes Schriftwerk zur Herstellung einer neuen, eigentümlichen Schöpfung frei zu benutzen (§ 13 Abs. 1 Ges. vom 19. Juni 1901), und eine solche erlaubte Benutzung wird man unbedenklich annehmen können, wenn jemand lediglich den Stoff einer Ausarbeitung wissenschaftlichen Inhalts benutzt hat, um denselben in anderweiter eigenartiger Ausgestaltung und Formgebung wiederzugeben. Insbesondere wird dies für die Wiedergabe des tatsächlichen Inhalts und Stoffes von an sich gegen Vervielfältigung geschützten Zeitungsartikeln gelten müssen, wenn anders nicht der Entwickelung der Tagespresse unüberwindliche Schwierigkeiten in den Weg gelegt werden sollen. Jeder im wesentlichen identische Abdruck derartiger Artikel ist verboten; dagegen kann, wie auch Allfeld (Kommentar S. 160) zutreffend bemerkt, auch ein gegen unbefugte Vervielfältigung geschützter Zeitungsartikel zur Hervorbringung einer eigentümlichen Schöpfung frei benutzt werden.

Nur eine solche freie Benutzung des S.'schen Reichsgerichtsbriefes hat aber der Verfasser der hier in Rede stehenden Notiz der „R. Z." vorgenommen, wenn er in richtiger Erkenntnis der Wichtigkeit der in diesem Briefe mitgeteilten Reichsgerichtsentscheidung den Stoff der S.'schen Ausarbeitung in eigenartiger kurzer Darstellung in seiner Mitteilung d. d. Pg., 1. Mai 1904 wiedergegeben hat. Wie aus der Vergleichung des Druckabzuges des S.'schen Reichsgerichtsbriefes mit der Notiz der „R. Z." hervorgeht, hat der Verfasser der letzteren den 31 Druckzeilen umfassenden Inhalt des Reichsgerichtsbriefes auf 17 Druckzeilen, also auf fast die Hälfte seines äußeren Umfangs zusammengedrängt, und auch abgesehen davon hat die innere Form und Ausgestaltung des S.'schen Briefes eine derartige Veränderung erfahren, daß man nur von einer freien Benutzung dieses Briefes sprechen kann. So hat der Verfasser der R. Zeitungsnotiz zunächst das den Entscheidungen des Kammergerichts und des Reichsgerichts zu grunde liegende Sachverhältnis bedeutend knapper gefaßt und sodann auch die Entscheidungsgründe, wie sie der S.'sche Brief — s. oben — wiedergegeben hat, in folgender kurzer und eigenartiger Fassung angeführt:

> „Die Verabredung des gemeinsamen Spielens galt von vornherein für alle fünf Klassen; dadurch, daß die Schwester den Einsatz der dritten Klasse nicht zahlte, war der Gesellschaftsvertrag nicht aufgehoben; dies wäre erst dann geschehen, wenn die Schwester erklärt hätte, sie spiele nicht mehr mit."

Der Verfasser der R. Zeitungsnotiz hat also, wenn auch unter Benutzung des Stoffes des S.'schen Reichsgerichtsbriefes, eine unverkennbar selbständige, wenn auch nicht gerade erhebliche, geistige Tätigkeit entfaltet, die seiner Arbeit der S.'schen Ausarbeitung gegenüber den Charakter einer eigentümlichen Schöpfung gewährleistet und jedenfalls die Annahme einer unzulässigen Vervielfältigung des S.'schen Briefes ausschließt.*)

Nr. 32.

Gutachten vom 9. Juli 1905.

Berichte über gerichtliche Entscheidungen als Ausarbeitungen wissenschaftlichen Inhalts. Unzulässige Vervielfältigung.

Der Schriftsteller Otto M. in L. hat auf Grund der von ihm in der betreffenden Sitzung des Königlichen Kammergerichts zu B. gemachten Aufzeichnungen einen mit der Spitzmarke „Aus dem Kammergericht" und mit dem Vermerk „Nachdruck verboten" versehenen Artikel ausgearbeitet, der einen 54 Zeilen umfassenden Bericht über eine vom Strafsenat des Königlichen Kammergerichts über die Verpflichtung des Grundeigentümers zur Reinigung und Bestreuung des Bürgersteiges gefällte Entscheidung enthält und in der am 26. Oktober 1904 erschienenen Nr. 252 des „Preußischen Stadt- und Landboten" zu E. veröffentlicht ist.

M. behauptet, daß der Redakteur und Inhaber der sog. „Norddeutschen Korrespondenz" L. in B. diesen Artikel in verkürzter Form mit der Überschrift „Reinigung der Straßen und Bürgersteige" verschiedenen Zeitungen zum Abdruck zugeschickt habe. Er erblickt hierin einen Eingriff in sein Urheberrecht und hat deshalb unter dem 4. Dezember 1904 bei der Königlichen Staatsanwaltschaft am Landgericht I zu B. die strafrechtliche Verfolgung des Redakteurs L. beantragt.

Der Beschuldigte L. hat bestritten, sich einer Urheberrechtsverletzung schuldig gemacht zu haben. Er führt an, daß er den von ihm an verschiedene Zeitungen verschickten Artikel über den „Bürgersteigprozeß" nach einem im P.'er „Uckermärkischen Courier" enthaltenen diesbezüglichen Artikel, nicht aber nach dem M.'schen Originalartikel selbst in einer verbessernden

---

*) Das Verfahren ist auf Grund des vorstehenden Gutachtens eingestellt.

Umarbeitung verfaßt und sich zu einer Verbreitung dieses seines umgearbeiteten Berichts für befugt erachtet habe, da er den P.'er Artikel, der mit einem Nachdrucksverbot nicht versehen gewesen, für eine Ausarbeitung wissenschaftlichen Inhalts im Sinne des § 18 Abs. 2 des Gesetzes vom 19. Juni 1901 nicht habe ansehen können.

Die Königliche Staatsanwaltschaft hat hierauf die Literarische Sachverständigenkammer um Abgabe eines Gutachtens darüber ersucht,

1. ob der M.'sche Artikel „Aus dem Kammergericht" als eine Bearbeitung der Kammergerichtsentscheidung erscheint, „die unverkennbar den Zweck verfolgt, zum Verständnis einer gesetzlichen Vorschrift beizutragen und sie so den Interessentenkreisen zugänglich zu machen", und ob nach den Umständen des Falles dem Artikel der Charakter der Wissenschaftlichkeit zuzusprechen ist,
2. ob bei dem vom Beschuldigten verbreiteten Artikel „Reinigung der Straßen und Bürgersteige" die Annahme einer freien Benutzung im Sinne des § 13 des Reichsgesetzes vom 19. Juni 1901, im Gegensatze zu einer nach § 12 a. a. O. unzulässigen Bearbeitung, begründet erscheint.

Die Sachverständigenkammer hat sich dahin aussprechen müssen, daß eine unzulässige Vervielfältigung einer Ausarbeitung wissenschaftlichen Inhalts vorliegt.

Sie hat zunächst kein Bedenken getragen, dem M.'schen Artikel „Aus dem Kammergericht" den Schutz des § 18 Abs. 2 des Gesetzes vom 19. Juni 1901 zuzubilligen, da derselbe den bereits in wiederholten Gutachten festgestellten Voraussetzungen einer Ausarbeitung wissenschaftlichen Inhalts durchaus entspricht. Die nähere Prüfung des Artikels ergibt, daß M. die seitens des Königlichen Kammergerichts über die Verpflichtung des Grundeigentümers zur Reinigung und

Bestreuung des vor seinem Grundstück befindlichen Bürgersteiges ergangene Entscheidung in einer Weise bearbeitet hat, die weit über die Grenzen eines gewöhnlichen Gerichtsreferats hinausgeht und seinem Artikel die Eigenschaft einer Ausarbeitung wissenschaftlichen Inhalts gewährleistet.

Nach einer kurzen Mitteilung des Sachverhältnisses und des Inhalts der erstinstanzlichen Entscheidung berichtet der Artikel von der Einlegung der Revision und deren Begründung, um sodann in eingehender Weise die Gründe darzulegen, welche das Kammergericht zur Aufhebung des ersten Urteils und zur Zurückweisung der Sache in die Vorinstanz veranlaßt haben. Es wird darauf hingewiesen, daß das Kammergericht jetzt einen von seinen früheren Entscheidungen abweichenden Standpunkt vertrete, indem es die Pflicht zur Straßenreinigung, Bestreuung 2c. grundsätzlich den Gemeinden auferlege und die Polizeibehörde nur für befugt erkläre, eine den Anliegern durch Gesetz oder Observanz auferlegte Reinigungspflicht näher zu regeln und solche Personen mit Strafe zu belegen, welche ihre Pflicht nicht ordnungsmäßig erfüllen. Alsdann wird die kammergerichtliche Begriffsbestimmung der Observanz mitgeteilt und eine kurze Darstellung der vom Kammergericht zur Begründung der Reinigungspflicht der Gemeinden aufgestellten Grundsätze mit dem Bemerken gegeben, daß nunmehr das erstinstanzliche Gericht durch Vernehmung älterer Personen die Bildung der beregten Observanz festzustellen haben werde.

Aus dieser Inhaltsangabe des M.'schen Artikels ergibt sich klar, daß der Verfasser desselben den Zweck verfolgt hat, eine, wie er zutreffend bemerkt, „für alle Grundstücksbesitzer wichtige Entscheidung" dem Interessentenkreise zugänglich zu machen und durch ihre gemeinverständliche Be- und Verarbeitung zum Verständnis der in Betracht kommenden gesetzlichen und Verwaltungsvorschriften beizutragen. Durch seine offenbar auf eigener, selbständiger geistiger Tätigkeit beruhende Darlegung hat M. unverkennbar belehrend wirken wollen, und demzufolge kann seiner Arbeit, ohne daß auf den größeren oder geringeren wissenschaftlichen Gehalt derselben ein entscheidendes Gewicht zu legen ist, die Eigenschaft einer schutzberechtigten

Ausarbeitung wissenschaftlichen Inhalts im gesetzlichen Sinne nicht versagt werden.

Ist dies aber der Fall, so ist jeder ohne Genehmigung des Verfassers erfolgende Abdruck dieser Ausarbeitung, auch wenn ein Vorbehalt der Rechte fehlt, nach § 18 Abs. 2 des Gesetzes vom 19. Juni 1901 unzulässig, und zwar auch dann, wenn der Abdruck nicht unmittelbar nach dem Original der geschützten Ausarbeitung, sondern mit Hilfe einer anderweiten Vervielfältigung hergestellt worden ist.

Damit erledigt sich ohne weiteres der von dem Beschuldigten erhobene Einwand, daß er den von ihm verbreiteten Artikel „Reinigung der Straßen und Bürgersteige" nicht nach dem M.'schen Originalartikel, sondern nach einem im „Uckermärkischen Courier" veröffentlichten Artikel gleichen Inhalts verfaßt habe, und es kann sich demnach nur noch darum handeln, ob der Artikel des Beschuldigten als eine unzulässige Vervielfältigung oder als eine erlaubte freie Benutzung der M.'schen Ausarbeitung anzusehen ist.

Wie die Sachverständigenkammer in ihrem in einer anderen Strafsache gegen den Beschuldigten L. unter dem 4. November 1904 erstatteten Gutachten*) ausgeführt hat, ist es allerdings nach § 13 des Gesetzes vom 19. Juni 1901 gestattet, ein bereits vorhandenes Schriftwerk zur Herstellung einer neuen, eigentümlichen Schöpfung in der Weise zu benutzen, daß man lediglich den Stoff desselben dazu verwendet, um ihn in anderweiter Ausgestaltung und Formgebung unter Aufwendung eigener geistiger Tätigkeit wiederzugeben. Es liegt dann eben nur eine „freie Benutzung" im Sinne des Gesetzes vor. Unzulässig ist dagegen jede Benutzung, die lediglich darin besteht, daß das Original seinem wesentlichen Bestande nach identisch wiedergegeben wird, mag diese Wiedergabe durch einen wörtlich genauen Abdruck des Originals oder unter Vornahme unwesentlicher, die Identität des Originals nicht berührender Umgestaltungen des Textes, Weglassungen oder Zusätze erfolgt sein.

Wenn man von diesen Gesichtspunkten aus den L.'schen Artikel einer näheren Prüfung und Vergleichung mit dem M.'-

*) Siehe Gutachten Nr. 31 S. 185.

schen Originalartikel unterzieht, so kann es einem Bedenken nicht unterliegen, daß hier von einer gesetzlich gestatteten freien Benutzung nicht die Rede sein kann.

Der M.'sche Artikel ist in seinem wesentlichen Bestande durchweg identisch wiedergegeben, und zwar zum großen Teil auch in seinem Wortlaut, wie u. a. folgende Stellen ergeben:

M.	L.
„Das Kammergericht hob das Urteil des Landgerichts zu Prenzlau als unzutreffend auf und wies die Sache an die Vorinstanz zurück, da die Erklärung des Bürgermeisters, welcher erst wenige Jahre in Biesenthal tätig sei, nicht ausreiche."	„Das Kammergericht hat dieses Urteil aufgehoben, da die Erklärung des Bürgermeisters, der nur erst wenige Jahre im Orte sei, nicht ausreiche, und die Sache an das Landgericht zurückverwiesen."
„An sich liegt die Pflicht zur Straßenreinigung, Bestreuung &c. der Gemeinde ob ... Die Polizeibehörde ist nur befugt, eine durch Gesetz oder Observanz auferlegte Reinigungspflicht näher zu regeln und solche Personen mit Strafe zu belegen, welche ihre Pflicht nicht ordnungsmäßig erfüllen .... daher jede öffentlich rechtliche Korporation die Pflicht hat, ihr Eigentum und ihre Einrichtungen in einem zweckmäßigen Zustande zu erhalten."	„Die Pflicht zur Reinigung der Straßen und Bürgersteige einschließlich des Bestreuens liegt in erster Linie der Gemeinde ob, da jede öffentlich rechtliche Korporation verpflichtet ist, ihr Eigentum und ihre Einrichtungen in zweckmäßigem Zustande zu erhalten ... Die Polizei ist nur befugt, eine durch Gesetz oder Observanz auferlegte Reinigungspflicht näher zu regeln und solche Personen mit Strafe zu belegen, welche ihre Pflicht nicht ordnungsmäßig erfüllen.

Allerdings ist der 54 Zeilen umfassende Inhalt des M.'schen Artikels durch einige Kürzungen des Textes auf 27 Zeilen zusammengedrängt, und es sind auch sonst an verschiedenen Stellen unbedeutende Änderungen des M.'schen Textes vorgenommen. (Pflicht zur Reinigung der Straßen und Bürgersteige einschließlich des Bestreuens statt: Pflicht zur Straßenreinigung, Bestreuung ꝛc. — Polizei statt: Polizeibehörde — Eine Polizeiverordnung entbehrt der rechtlichen Grundlage statt: findet keine rechtliche Grundlage usw.) Allein abgesehen hiervon stellt sich der Artikel des Beschuldigten L. lediglich als ein Auszug aus dem M.'schen Originalartikel dar, also als eine Arbeit, die auf einer nur mechanischen Tätigkeit beruht und unter keinen Umständen als eine aus eigener geistiger Tätigkeit entstandene eigentümliche Schöpfung im Sinne des § 13 des Gesetzes vom 19. Juni 1901 angesehen werden kann.*)

Nr. 33.

Gutachten vom 30. Oktober 1903.

Zeitungskorrespondenzen sind als Zeitungen anzusehen. Unzulässiger Abdruck aus solchen. Eventueller Dolus.

Der zu Ch. wohnende Architekt H. gibt eine Feuilleton-Zeitung „Berliner Korrespondenz für Kunst und Technik" und eine Feuilleton-Korrespondenz für Zeitungen „Die Skizze" heraus. Diese Korrespondenzen werden im Abonnement den Herausgebern von Zeitschriften überlassen, die mit der Zahlung des Abonnementsbetrages entweder ein für allemal das Recht erwerben, alles, was die Korrespondenz bringt, abzudrucken, oder die Verpflichtung eingehen, dem Herausgeber von jedem stattgehabten Abdruck Mitteilung zu machen und das dafür festgesetzte Honorar zu zahlen. Beiden genannten Korrespondenzen ist der Vermerk: „Jeder unberechtigte Nachdruck wird strafrechtlich verfolgt" vorgedruckt.

Mit H. trat der Buchdruckereibesitzer Sch. in B. dadurch in Geschäftsverbindung, daß er diesem mittelst Schreibens vom 7. Juni 1901 seine Druckerei für Ausführung von Druckarbeiten empfahl, während er sich gleichzeitig erbot, in Gegen-

*) Das Verfahren ist eingestellt, nachdem der Antragsteller seinen Strafantrag zurückgenommen hatte.

rechnung für die am Kopf des Briefes aufgeführten, in seinem Verlage erscheinenden fünf Fachzeitschriften: „Der Staatsbahnbote", „Eisenbahn-Rundschau", „Preußische Polizeibeamten-Zeitung", „Der Volksschulbote" und „Eisenbahn-Wochenblatt" die Korrespondenzen des H. zu benutzen.

Die Buchdruckerei von S. & Cl. in B., deren Inhaberin Frau Cl. und deren Geschäftsführer ihr Ehemann Paul Cl. ist, gibt mehrere Frauenzeitungen: „Frauenbund", „Frauenwelt", „Vaterländische Frauenzeitung" heraus, die sie nach H.'s Behauptung unter andern Titeln in 28 verschiedenen Ausgaben für Verleger in allen Teilen Deutschlands entweder selbst herstellt oder deren Satz sie in Stereotypplatten zu eigenem Druck liefert, ein Verfahren, das vielfach von den Verlegern kleiner Provinzialblätter angewendet wird, die auf diese Weise entweder die ganze Zeitung oder Teile derselben herstellen.

H. behauptet nun, daß der Buchdruckereibesitzer Sch. einen in Nr. 19 des Jahrgangs 1898 der „Korrespondenz für Kunst und Technik" veröffentlichten, von ihm selbst verfaßten Aufsatz: „Besserungsanstalten für verwahrloste Kinder" nicht nur in den in seinem Schreiben vom 7. Juni 1901 genannten, sondern noch in zwei weiteren Zeitschriften seines Verlages veröffentlicht, und diesen Aufsatz ferner der Firma S. & Cl. zum Abdruck in ihren Frauenzeitungen überlassen habe. Außerdem sollen S. & Cl. noch weitere zwei Arbeiten aus den H.'schen Korrespondenzen unberechtigterweise in den 28 von ihnen hergestellten Zeitungen abgedruckt haben.

Hierin hat H. Zuwiderhandlungen gegen das Urheberrechtsgesetz vom 19. Juni 1901 erblickt und deshalb unter dem 21. Januar 1902 bei der Königlichen Staatsanwaltschaft am Landgericht I zu B. die strafrechtliche Verfolgung der genannten Personen beantragt, zugleich mit der Bitte, ihn als Nebenkläger zuzulassen und dem Sch. eine an ihn zu zahlende Buße von 500 *M.*, den Eheleuten Cl. eine solche von 400 *M.* aufzuerlegen.

Die Königliche Staatsanwaltschaft hat hierauf nach Abschluß der von ihr angestellten Ermittelungen der Literarischen Sachverständigenkammer die Frage zur gutachtlichen Beantwortung vorgelegt:

ob in dem Abdruck des Artikels „Besserungsanstalten“ seitens der Beschuldigten ein nach dem Gesetz vom 19. Juni 1901 strafbarer Nachdruck zu erblicken ist.

Die Sachverständigenkammer mußte sich unbedenklich dahin aussprechen, daß der Beschuldigte Sch. einen vorsätzlichen unzulässigen Abdruck einer Ausarbeitung wissenschaftlichen Inhalts im Sinne des § 18 Abs. 2 des Gesetzes vom 19. Juni 1901 vorgenommen hat, daß aber keine ausreichende Anhaltspunkte für die Annahme vorhanden sind, daß auch die Beschuldigten Eheleute Cl. sich eines gleichen Vergehens schuldig gemacht haben.

Vor allem war zu prüfen, ob der von den Beschuldigten ohne Genehmigung des Berechtigten in den Zeitschriften „Die Hausfrau“ und „Wochenblatt für deutsche Lehrerfrauen“ sowie in anderen Zeitschriften abgedruckte, von H. verfaßte Artikel „Besserungsanstalten für verwahrloste Kinder“ den den Zeitungsartikeln gesetzlich gewährten Schutz gegen unbefugte Vervielfältigung genießt.

Es könnte in dieser Beziehung zunächst fraglich erscheinen, ob eine derartige Zeitungskorrespondenz, wie es die H.'sche „Berliner Korrespondenz für Kunst und Technik“ ist, zu den „Zeitungen oder Zeitschriften“ im Sinne des § 18 des Gesetzes vom 19. Juni 1901 gerechnet werden kann.

An und für sich sind diese Korrespondenzen nicht für die Öffentlichkeit bestimmt, sie werden vielmehr nur einzelnen Personen unter bestimmten Voraussetzungen und Bedingungen zugänglich gemacht und stellen eigentlich nur gedruckte Manuskripte dar, welche den Zeitungsredaktionen gegen bestimmte Honorarforderungen zum Abdruck zur Verfügung gestellt werden. Andererseits tragen sie insofern wieder vollständig den Charakter von Zeitungen und Zeitschriften an sich, als sie in periodischer Folge erscheinen, nach Vereinbarung ein Abonnement zulassen und sich selbst — wie dies auch bei der „Berliner Korrespondenz für Kunst und Technik“ der Fall ist — als „Zeitungen“ bezeichnen, auf die jedermann gegen einen bestimmten Abonnementspreis jederzeit abonnieren kann.

Wenn es demnach unbedenklich erscheinen muß, die H.'sche Korrespondenz als „Zeitung" im Sinne des Gesetzes vom 19. Juni 1901 anzusehen, so kommt es für die Entscheidung der Frage, ob sich die Beschuldigten durch den Abdruck des hier in Rede stehenden Artikels „Besserungsanstalten für verwahrloste Kinder" einer unzulässigen Vervielfältigung desselben schuldig gemacht haben, lediglich darauf an, ob dieser Artikel eine Ausarbeitung wissenschaftlichen Inhalts im Sinne des § 18 Abs. 2 des vorbezeichneten Gesetzes ist.

Der Artikel hat einen Umfang von 3½ Spalten in kleinem Zeitungsformat. In ihm werden zunächst die Bestimmungen des Strafgesetzbuchs über jugendliche Verbrecher, sowie über die Zwangserziehung dargelegt, und dann wird eine Reihe von öffentlichen Erziehungs- und Besserungsanstalten unter Beibringung statistischen Materials nach ihrer äußeren Einrichtung und nach den Grundsätzen, die in ihnen für die Erziehung und Ausbildung der den Anstalten Überwiesenen maßgebend sind, beschrieben. Den Schluß bildet eine allgemeine Betrachtung über den Nutzen und die aussichtsreichste Art der Zwangserziehung, insbesondere verwahrloster Mädchen, und ein Aufruf an die Frauenwelt, sich an dieser Arbeit zu beteiligen.

Das Gesetz vom 19. Juni 1901 schützt im § 18 Abs. 2 in Zeitungen veröffentlichte „Ausarbeitungen wissenschaftlichen, technischen oder unterhaltenden Inhalts" unbedingt gegen Nachdruck. Unter Ausarbeitungen wissenschaftlichen Inhalts sind nun aber nicht nur solche Geistesarbeiten zu verstehen, die den ausgesprochenen Zweck haben, durch neue Forschungen die Wissenschaft zu fördern und zu bereichern, sondern es genügt, wenn der Verfasser der Arbeit die Absicht gehabt hat, einen Stoff wissenschaftlich zu behandeln und durch seine auf Grund eigener geistiger Tätigkeit entstandene systematische Darlegung belehrend und fördernd auf die Leser einzuwirken. Der größere oder geringere wissenschaftliche Gehalt der Arbeit kommt dabei nicht in Betracht. In gleicher Weise hat sich das Reichsgericht in seinem Erkenntnis vom 20. April 1903 (Entsch. in Strafsachen Bd. 36 S. 195 ff.) ausgesprochen, indem es dort ausgeführt hat, daß sich der Inhalt einer Geistesarbeit jedenfalls dann als wissenschaftlich bezeichnen lasse, wenn er nach der Art und Weise der gegebenen Erörterungen und Darstellungen seine Bestimmung bekundet, einem wissenschaftlichen Zweck zu dienen, ohne daß es im übrigen auf den wissenschaftlichen Wert einer Ausarbeitung dieses Inhalts ankommt.

Die Ausarbeitung über „Besserungsanstalten" kann nur von einem Manne verfaßt sein, der mit den in Frage kommenden gesetzlichen Bestimmungen vertraut und im stande ist, andere über sie zu unterrichten. Die Sammlung und Verarbeitung des Materials setzt eine weitere selbständige Geistestätigkeit voraus, und der belehrende Zweck der Ausarbeitung, die zum Nachdenken und zur Mitarbeit auf dem Gebiete der Erziehung verwahrloster Kinder anregen soll, geht aus der ganzen Darstellung ohne weiteres hervor. Somit sind bei dem H.'schen Artikel über „Besserungsanstalten" die Merkmale einer Ausarbeitung wissenschaftlichen Inhalts, durch die der Schutz gegen Nachdruck gewährleistet wird, unbedenklich vorhanden, und weder Sch. noch die Eheleute Cl. waren ohne vorherige Verständigung mit dem Verfasser H. berechtigt, den Artikel in ihren Zeitschriften zu veröffentlichen oder den Abdruck Dritten zu gestatten.

Für die fünf genannten, in seinem Verlage erscheinenden Zeitschriften war dem Beschuldigten Sch. der Abdruck des in Rede stehenden Artikels gestattet worden, und in diesen hätte er ihn gegen Bezahlung oder Verrechnung des vereinbarten Honorars von 5 *M.* für jeden Abdruck veröffentlichen können. Dazu fand sich aber nach Sch.'s Aussage keine Gelegenheit; dagegen druckte er den Artikel in zwei andern Zeitschriften seines Verlages, in der „Hausfrau" und in dem „Wochenblatt für deutsche Lehrerfrauen" ab. Diese wurden in der Druckerei von S. & Cl. hergestellt, und den Inhabern dieser Druckerei hatte Sch. gestattet, den für seine Zeitschrift angefertigten Satz auch für ihre Frauenzeitungen zu benutzen. In welchen dieser Zeitungen dies geschehen ist, geht aus den Akten nicht hervor; beigefügt ist nur eine Nummer der von der Firma S. & Cl. herausgegebenen „Frankfurter Frauenzeitung", die den H.'schen Artikel enthält.

Sch. behauptet, er habe hierfür von S. & Cl. eine Entschädigung nicht erhalten, und er habe hierbei auch vollständig in gutem Glauben gehandelt, da der Artikel nach schriftlicher Übereinkunft in sein Eigentum übergegangen sei, er also das ausschließliche Urheberrecht an demselben gewonnen habe. Den Beweis für diese Behauptung hat Sch. nicht erbringen können, da der betreffende Brief vernichtet sein soll. Dieser Einwand erscheint aber auch an sich schon völlig unglaubwürdig, denn schon die Geringfügigkeit des Honorars von 5 *M.* für einen Artikel von 3½ Spalten läßt darauf schließen und mußte auch Sch. zu der nach der ganzen Art des Geschäfts selbstverständlichen Annahme bringen, daß damit nur das Recht auf einen einmaligen Abdruck erworben worden sei. Außerdem steht ihm die bestimmte Aussage des H. entgegen, der behauptet, daß alle Verhandlungen mit Sch. nur auf Grund von dessen Schreiben vom 7. Juni 1901 geführt seien, das folgenden Wortlaut hat: „Wir erlauben uns die höfliche Anfrage, ob Sie geneigt wären, uns bei Vergebung Ihrer Druckarbeiten gelegentlich zu berücksichtigen. Im Besitz nur neuen und modernen Materials sind wir in jeder Weise im stande, äußerst billige Preise zu stellen, und könnten Ihnen auch dadurch entgegenkommen, daß wir für unsere oben aufgeführten Zeitungen Ihre Korrespondenz benutzten."

Hier wird also ausdrücklich nur von den im Eingang genannten, am Kopf des Briefes aufgeführten fünf Zeitungen gesprochen, und es wird dem H. umsomehr geglaubt werden müssen, daß er seine Rechte an dem in Frage stehenden Artikel nicht unbeschränkt an Sch. übertragen habe, als dies dem Geschäftsprinzip der Zeitungskorrespondenzen völlig widersprochen haben würde. Das Wesentliche dieser Geschäfte liegt darin, daß die in den Korrespondenzen abgedruckten Artikel einer größeren Zahl von Zeitungen gegen geringes Honorar angeboten werden, und ein Nutzen ergibt sich nur dann, wenn möglichst viele Zeitungen hiervon Gebrauch machen. Daß der Herausgeber einer Zeitungskorrespondenz sich seines Rechtes an einem Artikel ein für allemal entäußern sollte, erscheint darum kaum denkbar, und so lange der Beschuldigte Sch. hierfür nicht den bestimmten Beweis erbringt, wird seine Behauptung, daß das Urheberrecht an dem Artikel „Besserungsanstalten“ von ihm ein für allemal erworben worden sei, nicht für zutreffend erachtet werden können.

War dies aber nicht der Fall, dann durfte er auch den Artikel nicht in den beiden anderen Zeitungen seines Verlages, von denen „Die Hausfrau“ zu der Zeit, als Sch. das Abdrucksrecht des Artikels erwarb, überhaupt noch nicht bestand und das „Wochenblatt für deutsche Lehrerfrauen“ sich noch nicht in seinem Besitz befand, nicht abdrucken, und noch viel weniger durfte er das Abdrucksrecht an einen Dritten übertragen. Daß er den Artikel in den fünf Blättern, für die ihm die Veröffentlichung nach Erfüllung der vereinbarten Bedingungen gestattet war, nicht abgedruckt hat, kann den Abdruck in den beiden anderen Zeitschriften nicht als berechtigt erscheinen lassen.

Wenn der Beschuldigte Sch. sich trotzdem auf seinen guten Glauben beruft, so wird dem entgegengehalten werden müssen, daß ein Mann, der wie Sch. dauernd eine ganze Anzahl Zeitschriften verlegt, in erster Reihe die Pflicht hat, sich mit den gesetzlichen Bestimmungen vertraut zu machen, die für den Betrieb seines Gewerbes maßgebend sind, ganz abgesehen davon, daß ihm der Geschäftsbetrieb der Zeitungskorrespondenzen sicher bekannt war und er wissen mußte, daß der Abdruck der in ihnen enthaltenen Artikel immer von Fall zu Fall vereinbart und honoriert wird.

Jedenfalls mußte Sch. mit der Möglichkeit einer Gesetzesverletzung rechnen. Er handelte deshalb, wenn er auch für diesen Fall den Abdruck des in Rede stehenden Artikels ohne Genehmigung des Verfassers vornahm, mit einem eventuellen dolus, der sein Handeln zu einem strafbaren im Sinne des Gesetzes macht.

Die Frage, ob in dem Abdruck des Artikels in den Zeitschriften „Die Hausfrau“ und „Wochenblatt für deutsche Lehrerfrauen“ ein strafbarer Nachdruck zu erblicken ist, mußte also hinsichtlich des Beschuldigten Sch. unbedenklich bejaht werden.

Daraus folgt dann ohne weiteres, daß der Beschuldigte Sch. auch nicht berechtigt war, den H.'schen Artikel an die

Firma S. & Cl. zum Abdruck in ihren Frauenzeitungen zu überlassen, und daß die Inhaber dieser Firma, die Beschuldigten Eheleute Cl., durch dessen Veröffentlichung objektiv gleichfalls einen Nachdruck begangen haben. Während aber die Ehefrau Cl. jede Verantwortung ablehnt, da sie sich um die Geschäfte garnicht habe kümmern können und darum von der ganzen Sache nichts wisse, bezieht sich der Beschuldigte Ehemann Cl. bei seiner Vernehmung lediglich auf die Aussage des Beschuldigten Sch., den er danach für berechtigt gehalten haben will, über den Artikel beliebig zu verfügen. Da die Akten keinerlei Anhalt gewähren, wieweit dem Cl. hierin Glauben zu schenken ist, mußte die Sachverständigenkammer in bezug auf die Beschuldigten Eheleute Cl. sich lediglich darauf beschränken, den tatsächlich erfolgten Nachdruck auch hier festzustellen, ohne im übrigen bestimmte Anhaltspunkte für eine zu ihrer Strafbarkeit erforderliche vorsätzliche Handlungsweise anführen zu können.*)

Nr. 34.
Gutachten vom 7. Januar 1903.

Ausarbeitung wissenschaftlichen Inhalts. Abdruck aus Zeitungen ist ohne Genehmigung des Verfassers nicht gestattet. Entgegenstehende Übungen sind nicht anzuerkennen.

Die in London lebende Schriftstellerin J. hat im zweiten Morgenblatt der „F. Z.“ vom 16. Mai 1902 (Nr. 135) einen von ihr verfaßten Aufsatz unter dem Titel „Made in Germany. Ein Wort an deutsche Fabrikanten.“ veröffentlicht.

Dieser Aufsatz ist in der Nr. 116 des „Gen.Anz. f. E.=B.“ vom 21. Mai 1902 zwar mit Angabe der Quelle und der Verfasserin, jedoch ohne deren Genehmigung abgedruckt worden.

*) Der Angeklagte Sch. ist vom Gericht zu einer Geldstrafe von 150 M. event. 10 Tagen Gefängnis und zur Zahlung einer Buße von 150 M. an den Architekten H. verurteilt. Die vom Angeklagten eingelegte Revision ist vom Reichsgericht verworfen.

Unter dem 18. Juni 1902 hat Fräulein J. bei der Königlichen Staatsanwaltschaft zu E. die strafrechtliche Verfolgung des Redakteurs des vorbezeichneten „Gen.Anz." Heinrich T. zu E. wegen dieses Abdrucks beantragt, und unter dem 29. August 1902 ist daraufhin dem Antrage der Staatsanwaltschaft entsprechend die Voruntersuchung gegen T. auf Grund der §§ 18 und 38 des Gesetzes vom 19. Juni 1901 eröffnet.

Bei seinen verantwortlichen Vernehmungen hat der Angeschuldigte T. zugegeben, daß der J.'sche Aufsatz „Made in Germany" in dem „Gen.Anz." ohne Genehmigung der Verfasserin abgedruckt worden sei. Zu seiner Entschuldigung führt er jedoch an, daß ein solcher Abdruck unter dem früher geltenden Urheberrechtsgesetze statthaft und daß er mit den Bestimmungen des neuen Gesetzes zur Zeit „noch nicht so bekannt" gewesen sei. Außerdem verstoße der Abdruck keineswegs gegen den in der deutschen Presse allgemein anerkannten Usus, nach welchem derartige Artikel unter Quellenangabe unbeanstandet abgedruckt werden könnten.

Der Untersuchungsrichter hat nunmehr von der Literarischen Sachverständigenkammer ein Gutachten darüber erfordert:

1. ob der Artikel „Made in Germany" von Henriette J. eine Ausarbeitung wissenschaftlichen, technischen oder unterhaltenden Inhalts im Sinne des § 18 Abs. 2 des Urheberrechtsgesetzes vom 19. Juni 1901 darstellt,
2. ob, wie der Angeschuldigte angibt, es in der deutschen Presse allgemein üblich ist oder wenigstens unter der Herrschaft des Reichsgesetzes vom 11. Juni 1870 üblich war, derartige Artikel unter Quellenangabe auch ohne Erlaubnis abzudrucken.

Die Sachverständigenkammer mußte sich unbedenklich dahin aussprechen, daß der J.'sche Aufsatz eine Ausarbeitung wissenschaftlichen Inhalts im Sinne des § 18 Abs. 2 des Gesetzes vom 19. Juni 1901 ist, und daß die von dem Angeschuldigten T. behauptete Übung in der deutschen Presse nicht besteht.

Der J.'sche Aufsatz behandelt einen für die deutsche Industrie sehr wichtigen Gegenstand, nämlich den verunglimpfenden Nebenbegriff, den der Ausdruck „Made in Germany“ zur Kennzeichnung deutscher in England eingeführter Industrieerzeugnisse angenommen hat. Diese Kennzeichnung ist bekanntlich durch das englische Gesetz vorgeschrieben, und zwar keineswegs zu dem Zweck, den deutschen Fabrikaten den Stempel der Minderwertigkeit aufzudrücken, sondern lediglich um einem Mißbrauch zu steuern, der darin bestand, daß englische Kaufleute deutsche Waren, die sie zu billigeren Preisen eingeführt hatten, als englische Erzeugnisse zu teuereren Preisen verkauften und dadurch die englischen Käufer täuschten und schädigten. Indessen, was durch Angabe der Provenienz als Schutzmaßregel für das kaufende Publikum gedacht war, verwandelte sich, zumal in den erregten Zeiten des Burenkrieges in ein Stigma, und das „Made in Germany“ ward zu einem Ausdruck der Geringschätzung und zu einem gehässigen Schimpfwort für die deutsche Konkurrenz.

Hier nun setzt der J.'sche Aufsatz ein: in seinem Untertitel „Ein Wort an deutsche Fabrikanten“ bezeichnet er von vornherein deutlich seine Tendenz, den interessierten Kreisen in Deutschland bezüglich des „Made in Germany“ nützliche Winke zu geben. Gleich in den ersten Zeilen des Aufsatzes werden sie davor gewarnt, zu glauben, daß jetzt, wo die Wogen sich scheinbar einigermaßen verlaufen, eine kühlere Geschäftsauffassung in England sich geltend gemacht und das mit dem „Made in Germany“ verbundene Vorurteil sich verloren habe. Dies sei durchaus nicht der Fall; das Vorurteil gegen deutsche Fabrikate bestehe in ungeschwächter Kraft, werde durch die Presse genährt und in den Verkaufsläden zum Nachteil der deutschen Industrie ausgebeutet, ohne die doch andererseits, wie die Dinge in England nun einmal lägen, ganze Erwerbszweige schlechterdings nicht mehr fertig werden könnten. Eingehend und einleuchtend wird dieser Satz dann weiter ausgeführt und an einzelnen Beispielen, wie an dem Buchbindergewerbe, nachgewiesen, daß letzteres einfach stillstehen müsse, wenn es sich nicht deutscher Maschinen würde bedienen können. Der Widerwille des englischen Arbeiters gegen das „Made in Germany“ sei aber trotzdem so groß, daß man es vielfach von den in Deutschland hergestellten Maschinen vor ihrer Montierung in den englischen Werkstätten entferne. Das Vorurteil sei so tief eingewurzelt, daß den deutschen Fabrikanten nur geraten werden könne, die odiösen Worte durch andere, wie etwa: „German Manufacture“ oder „Superior“ oder „Genuine German Manufacture“ zu ersetzen, zumal das englische Gesetz durchaus nicht gerade den Ausdruck „Made in Germany“ vorschreibe, sondern eben nur beabsichtige, durch das Erfordernis einer deutlichen Ursprungsbezeichnung das englische Publikum davor zu schützen, daß ihm deutsches Fabrikat als englisches verkauft werde.

Hieran anknüpfend macht sodann die Verfasserin auf zwei vielfach in deutschen Fabrikantenkreisen herrschende Irrtümer aufmerksam, von denen der eine darin bestehe, daß man annehme, es sei die Angabe des deutschen Ursprungs bei allen in Deutschland gefertigten Industrieerzeugnissen erforderlich. Dies sei vielmehr nur der Fall bei solchen Fabrikaten, die durch irgend eine englische Aufschrift, sei es einer englischen Firma oder Ortsbezeichnung oder sonst auf andere Weise den Anschein erwecken könnten, daß sie in England hergestellt worden seien. So seien z. B. deutsche Portemonnaies von der Zollbehörde zurückgewiesen, weil sie silberne Bügel mit englischer Schutzmarke hatten, der sie als deutsches Fabrikat kennzeichnenden Aufschrift aber entbehrten. Denn dies sei der zweite und größere Irrtum, anzunehmen, daß die englischen Zollbehörden in dieser Hinsicht neuerdings eine mildere Praxis befolgten; mehrere große Importfirmen hätten vielmehr in jüngster Zeit erfahren müssen, daß das Gegenteil richtig sei.

Aus dieser kurzen Inhaltsangabe des J.'schen Aufsatzes ergibt sich ohne weiteres, daß die Verfasserin die Absicht gehabt hat, durch ihre Ausführungen in wissenschaftlicher Behandlung die vielfach unvollständigen, ungenauen oder irrigen Vorstellungen der deutschen Fabrikanten von der Bedeutung und den Wirkungen der Worte „Made in Germany“ zu be-

berichtigen und das speziell interessierte Publikum, an das sie sich wendet, in dieser Beziehung sachgemäß zu belehren und ihm durch nützliche Winke zu helfen.

Damit ist aber diesem J.'schen Aufsatz die Eigenschaft einer „Ausarbeitung wissenschaftlichen Inhalts" im Sinne des § 18 Abs. 2 des Gesetzes vom 19. Juni 1901 unbedingt gewährleistet.

Das frühere Nachdrucksgesetz vom 11. Juni 1870 hatte im § 7b zwar den Abdruck einzelner Artikel aus Zeitschriften und anderen öffentlichen Blättern grundsätzlich für erlaubt erklärt, neben den novellistischen Erzeugnissen und den mit einem Nachdrucksverbot versehenen größeren Mitteilungen aber alle „wissenschaftlichen Ausarbeitungen" unbedingt gegen unbefugten Nachdruck geschützt. Als entscheidendes Moment für den Begriff einer solchen Ausarbeitung ist von dem früheren literarischen Sachverständigenverein die aus der Ausarbeitung selbst sich ergebende Absicht des Verfassers betrachtet, einen Stoff wissenschaftlich zu behandeln und damit der Wissenschaft im weiteren Sinne des Wortes, insbesondere der Belehrung des Publikums zu dienen, und als wissenschaftliche Behandlung eines gegebenen Stoffes ist dabei stets in Übereinstimmung mit den vom Reichsgericht ausgesprochenen Grundsätzen jede „systematische, nach durchgreifenden Hauptgedanken geordnete, also auch den Stoff nach wissenschaftlichen Prinzipien und letzten Ursachen begründende Darstellung" angesehen worden. (Vgl. Dambach, 50 Gutachten S. 153 ff., 163. Urteil des Reichsgerichts vom 25. Mai 1891, Entsch. in Strafsachen Bd. 22 S. 56 ff.)

Von den gleichen Grundsätzen ist der Gesetzgeber bei der Vorschrift des § 18 Abs. 2 des neuen Gesetzes vom 19. Juni 1901 ausgegangen. Auch das neue Gesetz verlangt, wenn es den Ausarbeitungen wissenschaftlichen Inhalts einen unbedingten Schutz gegen Nachdruck gewährt, daß der Gegenstand der Ausarbeitung sich zu einer wissenschaftlichen Behandlung eignet, und daß die Absicht des Verfassers dahin gegangen ist, seinem Stoff eine derartige Behandlung angedeihen zu lassen. Zugleich ist aber auch durch die statt der Worte des Gesetzes vom 11. Juni 1870: „wissenschaftliche Ausarbeitung" gewählte Fassung: „Ausarbeitung wissenschaftlichen Inhalts" zum Ausdruck gebracht, daß der Schutz gegen Nachdruck bei den vorbezeichneten Arbeiten nicht von dem wissenschaftlichen Werte derselben, sondern eben lediglich, wie früher, davon abhängig gemacht werden soll, daß der Verfasser durch die Art der Behandlung seines Stoffes der Wissenschaft im weiteren Sinne des Wortes, insbesondere der Belehrung des Publikums hat dienen wollen.

Daß dies alles bei dem J.'schen Aufsatz „Made in Germany" in vollem Maße zutrifft, kann nicht dem mindesten Bedenken unterliegen. Die Verfasserin hat bei der Erörterung ihres zu einer wissenschaftlichen Behandlung sehr wohl geeigneten Stoffes durchaus methodisch, d. h. nach wissenschaftlichen Prinzipien verfahren, das Allgemeine aus dem Besonderen d. h. wenn man so sagen darf, die Theorie des „Made in Germany" aus den einzelnen von ihr angeführten Beispielen abstrahiert und diese einzelnen Erscheinungen endlich auf ihre letzten Ursachen d. h. die Absicht des englischen Gesetzes, die heimische Industrie vor der anonymen Konkurrenz zu schützen, zurückgeführt und damit in der Tat ihren Stoff zum Zwecke der Belehrung des Publikums wissenschaftlich behandelt.

Was nunmehr die zweite der Sachverständigenkammer vorgelegte Frage anlangt:

> ob es in der deutschen Presse allgemein üblich ist oder wenigstens unter der Herrschaft des Gesetzes vom 11. Juni 1870 üblich war, derartige Artikel wie die J.'sche Ausarbeitung unter Quellenangabe auch ohne Erlaubnis abzudrucken,

so muß diese Frage auf das Entschiedenste verneint werden.

Es mag wohl sein, daß unter der Herrschaft des früheren Nachdrucksgesetzes manche Zeitungsverleger in bewußter Nichtbeachtung des gesetzlichen Verbotes auch wissenschaftliche Ausarbeitungen aus anderen Zeitungen ohne Erlaubnis der betreffenden Verfasser straflos abgedruckt haben, und daß derartige Fälle verbotener Entlehnungen auch jetzt noch vorkommen. Aus derartigen vereinzelten Fällen kann jedoch selbstverständlich auf eine Übung, geschweige denn eine allgemeine Übung der deutschen Presse, sich in der angegebenen

Weise über die gesetzlichen Bestimmungen hinwegzusetzen, nicht geschlossen werden.*) **)

Nr. 35.

Gutachten vom 30. Oktober 1903.

Abdruck von Zeitungsartikeln. Ausarbeitung unterhaltenden Inhalts. Genehmigung des Verfassers zum Abdruck. Stillschweigende Genehmigung.

Der Chefredakteur des „Rh. K." Adam R. in W. hat in der Nummer 643 dieser Zeitung vom 14. September 1902 einen von dem Schriftsteller B. in London verfaßten, in der Nummer 661 der zu K. erscheinenden „K. Z." vom 24. August 1902 veröffentlichten Aufsatz „Der Hut in England" ohne Genehmigung des Verfassers dieses Aufsatzes oder der „K. Z." abgedruckt.

Der Schriftsteller B. hat deshalb unter dem 12. Dezember 1902 bei der Königlichen Staatsanwaltschaft zu W. die strafrechtliche Verfolgung des Chefredakteurs R. wegen unbefugten Nachdrucks beantragt.

Der Beschuldigte R. hat bei seiner verantwortlichen Vernehmung zugegeben, den Artikel „Der Hut in England" aus der „K. Z." abgedruckt zu haben. In dem Artikel sei jedoch weder der Verfasser genannt, noch sei derselbe mit dem Ver-

---

*) In einem ähnlichen Falle war seitens des Beschuldigten die Behauptung aufgestellt, daß es der Übung der Presse entspreche, auch Zeitungsartikel wissenschaftlichen Inhalts ohne Genehmigung ihres Verfassers abzudrucken, wenn dieser unbekannt und der Nachdrucker bereit und im stande sei, dem sich meldenden Verfasser später das übliche Honorar für den Abdruck zu zahlen. Die Sachverständigenkammer hat auch diese Annahme als der redlichen Verkehrssitte, dem Geschäftsgebahren achtbarer Redaktionen und dem Sinne des Urheberrechts widersprechend scharf zurückgewiesen.

**) Auf Grund des obigen Gutachtens ist der Angeklagte T. zu einer Geldstrafe von 30 *M.* event. 6 Tagen Gefängnis und zu einer an die Nebenklägerin Frl. J. zu zahlenden Buße von 100 *M.* verurteilt.

merk „Nachdruck verboten" bezeichnet gewesen. Er stehe mit der „K. Z." in freundschaftlicher Beziehung und habe den fraglichen Artikel nur deshalb abgedruckt, weil seine eigene Feuilleton-Korrespondenz an dem betreffenden Tage nicht eingetroffen sei, und er für den offenstehenden Raum der Nummer 643 seiner Zeitung einen solchen Artikel gebraucht habe. Im übrigen habe er sich auf eine von dem Deutschen Schriftstellerverband im Auftrage des B. ergangene Aufforderung zur Zahlung einer Entschädigung von 5 Pf. pro Zeile bereit erklärt.

Unter dem 25. Februar 1903 ist gegen den Beschuldigten R. seitens der Königlichen Staatsanwaltschaft zu W. die öffentliche Klage wegen Vergehens gegen § 38 der Gesetzes vom 19. Juni 1901 erhoben worden. Das Hauptverfahren ist eröffnet, und in ihrer Sitzung vom 19. September 1903 hat die Strafkammer II des Königlichen Landgerichts zu W. beschlossen, ein Gutachten der Literarischen Sachverständigenkammer darüber einzuholen, ob der Angeklagte R. im gegebenen Falle berechtigt war, unter Quellenangabe den betreffenden Artikel ohne Genehmigung der „K. Z." abzudrucken.

Dementsprechend hat der Vorsitzende der genannten Strafkammer unter dem 20. Oktober 1903 die Literarische Sachverständigenkammer um Abgabe eines Gutachtens darüber ersucht:

> ob es allgemein üblich ist, daß die großen deutschen Zeitungen den Abdruck ihrer Artikel den Redaktionen kleinerer Tageszeitungen ohne besondere Anfrage und Erlaubnis stillschweigend gestatten, und ob der Angeklagte daher zur Aufnahme des in Nummer 661 der „K. Z." vom 24. August 1902 unter der Überschrift „Der Hut in England" erschienenen Aufsatzes in den „Rh. K." unter Quellenangabe, jedoch ohne ausdrückliche Einwilligung der „K. Z." berechtigt war.

Die Sachverständigenkammer hat sich dahin ausgesprochen, daß die in dem vorstehenden Ersuchen gedachte allgemeine Übung nicht besteht, und daß der Angeklagte R. zum Abdruck des

Artikels „Der Hut in England“ ohne Genehmigung der „K. Z.“ nicht berechtigt war.

Es soll nicht in Abrede gestellt werden, daß tatsächlich die größeren deutschen Zeitungen den Redaktionen der kleineren Provinzial- und Lokalblätter ohne besondere Anfrage und Erlaubnis stillschweigend den Abdruck solcher Artikel zu gestatten pflegen, welche wesentlich dem täglich wechselnden Bedürfnis des Publikums entsprechen, von Tagesereignissen unterrichtet und über Tagesfragen in kürze belehrt zu werden. Selbst wenn solche Artikel mit einem Vorbehalt der Rechte versehen sind, pflegen die meisten größeren Zeitungen von einer straf- oder zivilrechtlichen Verfolgung des unbefugten Abdrucks derselben zur Vermeidung von Weiterungen und Kosten in vielen Fällen Abstand zu nehmen.

Anders liegt die Sache jedoch bei dem unbefugten Abdruck der im § 18 Absatz 2 des Gesetzes vom 19. Juni 1901 erwähnten Ausarbeitungen wissenschaftlichen, technischen oder unterhaltenden Inhalts, die im Gegensatz zu den vorerwähnten gewöhnlichen Zeitungsartikeln vielfach auf einer nicht unbedeutenden geistigen Arbeit beruhen, und zu deren Veröffentlichung gerade die größeren Zeitungen oft nur unter Aufwendung erheblicher Honorarbeträge schreiten können. In betreff dieser Ausarbeitungen kann eine allgemeine Übung, wie sie in dem Ersuchungsschreiben des Königlichen Landgerichts zu W. erwähnt wird, jedenfalls nicht anerkannt werden. Bereits der frühere literarische Sachverständigenverein hat in wiederholten Fällen das Bestehen einer derartigen Übung verneint, und auch die Sachverständigenkammer kann sich nur dahin aussprechen, daß vielleicht in einzelnen Fällen infolge besonderer geschäftlicher Verbindung oder aus ähnlichen Gründen von der gerichtlichen Verfolgung eines solchen unbefugten Abdrucks abgesehen, im übrigen aber der Regel nach auch von den größeren Zeitungen für den Zweit-Abdruck einer von ihnen zuerst veröffentlichten Ausarbeitung wissenschaftlichen, technischen oder unterhaltenden Inhalts ein entsprechendes Honorar beansprucht und der unbefugte Abdruck gerichtlich verfolgt wird.

Der hier in Rede stehende Artikel „Der Hut in England“ ist unbedenklich als eine „Ausarbeitung unterhaltenden Inhalts“ im Sinne des § 18 Abs. 2 des Gesetzes vom 19. Juni 1901 anzusehen.

Wie die Sachverständigenkammer bereits in früheren Gutachten ausgeführt hat, ist diese Eigenschaft allen solchen Ausarbeitungen zuzusprechen, welche — im Gegensatz zu den im § 18 Abs. 3 des vorerwähnten Gesetzes angeführten vermischten Nachrichten tatsächlichen Inhalts und Tagesneuigkeiten — sich nicht auf eine bloße Berichterstattung über tatsächliche Begebenheiten beschränken, sondern einen vorhandenen oder frei erfundenen Stoff zum Zwecke der Unterhaltung in eigentümlicher literarischer Gestaltung behandeln. In der Begründung des Gesetzes sind als Beispiele von Ausarbeitungen unterhaltenden Inhalts außer den novellistischen Erzeugnissen Reiseberichte, Schilderungen von Erlebnissen und Plaudereien im Feuilleton besonders hervorgehoben, und diesen Beispielen kann unbedenklich auch die B.'sche Plauderei über den Gebrauch des Hutes im Leben der Engländer angereiht werden.

Der Abdruck einer derartigen Ausarbeitung unterhaltenden Inhalts ist gesetzlich unter allen Umständen unzulässig, wenn er ohne Genehmigung des Berechtigten erfolgt. Das Fehlen des Nachdrucksverbots ist nach der ausdrücklichen Bestimmung des Gesetzes bedeutungslos, und ebensowenig kann der Angeklagte R. sich darauf berufen, daß der Name des Verfassers unter dem in Rede stehenden Artikel nicht angeführt worden sei, oder daß er bei dem Abdruck die „K. Z.“ als Quelle angegeben habe. Auch die Quellenangabe macht den ohne Genehmigung des Berechtigten erfolgten Abdruck der im § 18 Abs. 2 des Gesetzes vom 19. Juni 1901 aufgeführten Ausarbeitungen nicht zu einem zulässigen, und im übrigen wäre es lediglich Sache des Angeklagten R. gewesen, sich vor Vornahme des Abdrucks über den Verfasser des fraglichen Artikels zu vergewissern.

Unter diesen Umständen mußte die Sachverständigenkammer auch die zweite ihr vorgelegte Frage, ob der Angeklagte R. zur Aufnahme des in der Nummer 661 der „K. Z.“ vom 24. August 1902 unter der Überschrift „Der Hut in England“ erschienenen

Aufsatzes in den „Rh. K." unter Quellenangabe, jedoch ohne ausdrückliche Einwilligung der „K. Z." berechtigt war, wie geschehen, im verneinenden Sinne beantworten.*) **)

Nr. 36.
Gutachten vom 17. Juni 1904.

Entschädigung für die unzulässige Vervielfältigung von Schriftwerken, insbesondere für den unzulässigen Abdruck von Zeitungsartikeln.

Der Schriftsteller B. in Ch. hat in der Nr. 702 der „K. Z." vom 7. September 1902 einen Aufsatz: „Wie das Gefrorene aufkam" veröffentlicht. In der Nr. 216 der „Fr. Z.", die im Eigentum der Aktiengesellschaft „Fortschritt" zu Berlin steht, und deren verantwortlicher Redakteur der Redakteur F. in B. ist, ist dieser B.'sche Aufsatz zu seinem größeren Teile ohne Genehmigung des Schriftstellers B. abgedruckt.

---

*) Die Genehmigung des Berechtigten zum Abdruck kann ausdrücklich oder stillschweigend erfolgen.

Die Sachverständigenkammer hat in dieser Beziehung in einem Gutachten vom 28. September 1906 folgendes ausgeführt: „Bereits unter der Herrschaft des früheren Nachdrucksgesetzes vom 11. Juni 1870 galt es für unbedenklich, daß die Genehmigung des Berechtigten zur Vervielfältigung eines Schriftwerks ꝛc. einer zivilrechtlich gültigen Form überhaupt nicht bedarf, vielmehr zur Annahme der erfolgten Genehmigung eine jede Willensäußerung genügt, welche das Vorhandensein eines Einverständnisses des Berechtigten mit der Vervielfältigung unzweideutig erkennen läßt. (Vgl. Dambach, 50 Gutachten S. 332). Dasselbe muß jetzt für das Gesetz vom 19. Juni 1901 gelten, welches ebensowenig wie das frühere Gesetz besondere Bestimmungen über die Form der Genehmigung gegeben hat. Wie jede andere Willenserklärung kann auch jetzt die Erteilung der Genehmigung des Berechtigten ausdrücklich (schriftlich oder mündlich) oder stillschweigend erfolgen, und eine stillschweigend erteilte Genehmigung ist auch jetzt anzunehmen, wenn aus den obwaltenden Umständen das Einverständnis des Berechtigten mit der Vervielfältigung seines Werkes durch einen anderen gefolgert werden kann."

**) Das Gericht ist dem obigen Gutachten beigetreten und hat den Angeklagten R. zu einer Geldstrafe von 20 M. ev. 2 Tagen Gefängnis verurteilt.

Der Redakteur J. ist wegen dieses Abdrucks rechtskräftig zu einer Geldstrafe von 50 M. verurteilt worden.

Der Schriftsteller B. beansprucht nunmehr von J. und der Eigentümerin der „Fr. Z.“ auch eine Entschädigung, die er auf 40 M. bemißt, weil er seinen Aufsatz bei einem anderen Berliner Blatte zu einem Preise von nicht weniger als 30 M. untergebracht haben würde und außerdem für die ihm durch den unbefugten Abdruck entstandene Zeitversäumnis einen Ersatz von 10 M. fordern müsse. Er hat demgemäß auch den ihm von der Aktiengesellschaft „Fortschritt“ als Entschädigung angebotenen Betrag von 14 M., d. h. den bei dieser Gesellschaft üblichen Honorarsatz von 10 Pf. für die Druckzeile, zurückgewiesen und unter dem 9. Juli 1903 gegen den Redakteur J. und die Aktiengesellschaft „Fortschritt“ bei dem Königlichen Amtsgericht I zu B. die gerichtliche Klage mit dem Antrage erhoben, die Beklagten kostenpflichtig als Gesamtschuldner zur Zahlung von 40 M. an ihn zu verurteilen.

Die Beklagten haben die Abweisung der Klage beantragt. Sie haben den widerrechtlich erfolgten Abdruck des klägerischen Aufsatzes nicht in Abrede gestellt, im übrigen aber die Angemessenheit des vom Kläger geforderten Betrages bestritten.

Nachdem der Chefredakteur V., als Sachverständiger vernommen, sein Gutachten dahin abgegeben hatte, daß er ein Honorar von 14 M. für den Abdruck desjenigen Teiles des B.'schen Artikels, welchen die „Fr. Z.“ gebracht, für angemessen erachte und auch den Schaden, der durch diesen Abdruck und die damit erhöhte Unwahrscheinlichkeit der Unterbringung des Artikels für den Kläger entstanden sei, auf die gleiche Summe berechne, hat das Königliche Amtsgericht I in B. durch Urteil vom 9. Dezember 1903, nachdem der Klageanspruch in Höhe von 14 M. durch Zahlung seitens der Beklagten erledigt war, den Kläger mit seiner Mehrforderung abgewiesen.

Gegen dieses Urteil ist seitens des Klägers die Berufung eingelegt und unter Berufung auf das Gutachten der Literarischen Sachverständigenkammer die Schadensberechnung des Redakteurs V. als verfehlt bezeichnet mit dem Antrage, die Beklagten zur Zahlung eines weiteren Betrages von 26 M. zu verurteilen.

Die Zivilkammer II des Königlichen Landgerichts I in B. hat hierauf beschlossen, ein Gutachten der Literarischen Sachverständigenkammer darüber einzuholen,

> ob der dem Kläger durch den Abdruck seines in der Nr. 702 der „K. Z." von 1902 veröffentlichten Artikels „Wie das Gefrorene aufkam" in der Nr. 216 der „Fr. Z." verursachte Schaden mindestens 30 *M.*, wie Kläger dargelegt hat, beträgt, oder ob dafür, wie der Sachverständige erster Instanz begutachtet hat, ein Honorar von 14 *M.* angemessen ist.

Die Sachverständigenkammer mußte sich unbedenklich dahin aussprechen, daß der Betrag von 14 *M.* als ein ausreichender Schadenersatz für den unbefugten Abdruck des B.'schen Aufsatzes „Wie das Gefrorene aufkam" anzusehen ist.

Bereits das frühere Nachdrucksgesetz vom 11. Juni 1870 hatte wegen der Schwierigkeit, in Nachdruckssachen einen ziffernmäßigen Nachweis des dem Urheber oder Verleger eines Werkes durch den Nachdruck entstandenen Schadens zu führen, im § 19 die Bestimmung getroffen, daß das Gericht unter Würdigung aller Umstände nach freier Überzeugung die Höhe dieses Schadens zu bemessen befugt sein solle. Auch das Gesetz vom 19. Juni 1901 hat, obwohl es eine diesbezügliche ausdrückliche Bestimmung nicht getroffen hat, die Erörterung der Frage, ob durch die unzulässige Vervielfältigung eines Schriftwerks ein Schaden entstanden ist, und wie hoch sich dieser Schaden beläuft, dem Prozeßverfahren und ihre Entscheidung der freien Überzeugung durch das Gericht (§ 287 ZPO.) überlassen. (Vgl. Kommissionsbericht Nr. 97 der Drucksachen des Reichstags, II. Session 1900/01, Nr. 214 S. 69).

In denjenigen Fällen, in welchen es sich um den Nachdruck eines in Buchform herausgegebenen Werkes handelte, hat nun die Literarische Sachverständigenkammer in voller Übereinstimmung mit der Praxis des früheren literarischen Sachverständigenvereins sich, wenn sie um Erstattung eines diesbezüglichen Gutachtens angegangen wurde, stets dahin ausgesprochen, daß die von dem Nachdrucker zu leistende Entschädigung im allgemeinen auf den Verkaufswert einer dem wirklichen Absatze des Nachdrucks gleichen Anzahl von Exemplaren des Originalwerks festzusetzen sei.

Wenn dagegen ein aus der unzulässigen Vervielfältigung eines Zeitungsartikels in einer anderen Zeitung entstandener Schaden zu beurteilen war, so hat die Sachverständigenkammer der Regel nach und wenn nicht ganz besondere Umstände eine anderweite Abschätzung geboten erscheinen ließen, das Honorar, welches der Urheber für den Abdruck seines Artikels hätte in Anspruch nehmen können, bei der Abmessung der Entschädigung zu grunde gelegt.

Auch in vorliegendem Falle hat sie kein Bedenken getragen, diesen Maßstab zur Anwendung zu bringen. In Übereinstimmung mit dem Gutachten des in erster Instanz vernommenen Chefredakteurs B. hat sie zunächst das Honorar von 14 *M.*, welches die Beklagten dem Kläger für den Abdruck seines Artikels „Wie das Gefrorene aufkam" angeboten und tatsächlich gezahlt haben, für durchaus üblich und angemessen erachtet, und mit dem Gutachter erster Instanz ist sie sodann auch der Ansicht, daß Kläger für den Abdruck seines bereits in der „K. Z." einmal veröffentlichten Artikels in einer anderen Berliner Zeitung ein höheres Honorar nicht hätte erzielen können. Lediglich auf Höhe dieses ihm durch den unzulässigen Abdruck seines Artikels in der „Fr. Z." entgangenen Honorars hat deshalb auch der dem Kläger entstandene Schaden bemessen werden können, zumal besondere Umstände, welche eine Erhöhung der dem Kläger billigerweise zu gewährenden Entschädigung über den Betrag dieses Honorars hinaus rechtfertigen könnten, im vorliegenden Falle nicht vorhanden sind.*)

*) Auf Grund des obigen Gutachtens ist die vom Kläger eingelegte Berufung vom Gericht verworfen.

Nr. 37.
Gutachten vom 30. Januar 1903.

Entschädigung für den unzulässigen Abdruck eines Zeitungsartikels.

In der Nummer 16 des dritten Jahrgangs der von dem Korrespondenz-Verlags-Inhaber Friedrich H. in Ch. herausgegebenen „Korrespondenz für Kunst und Technik" befindet sich ein von H. unter dem Pseudonym Arnold Rohde verfaßter, mit der Überschrift „Giftiges Tongeschirr" versehener Artikel, welcher in der Oktobernummer 1901 der von dem Zeitungsverleger E. in B. herausgegebenen Zeitschrift „Die Tonwaarenindustrie" ohne Genehmigung des H. abgedruckt worden ist.

H. ist der Ansicht, daß er für diesen Abdruck eine Entschädigung von 30 *M*. zu fordern berechtigt sei, und hat deshalb unter dem 29. November 1901 gegen E. bei dem Königlichen Amtsgericht zu B. die gerichtliche Klage erhoben mit dem Antrage, den Beklagten kostenpflichtig zur Zahlung von 30 *M*. nebst 4 % Zinsen seit dem Tage der Klagezustellung zu verurteilen.

Der Beklagte hat die Abweisung der Klage beantragt. Er hat angegeben, daß ihm der Kläger den in Rede stehenden Artikel bereits vor längerer Zeit zum Abdruck angeboten habe. Er habe den Abdruck aber abgelehnt, weil der Artikel damals selbst für den Preis von 5 oder 6 *M*., den Kläger verlangt, für seine Zeitschrift nicht gepaßt habe. Jedenfalls sei der Artikel, den er übrigens nicht aus der klägerischen „Korrespondenz für Kunst und Technik", sondern aus dem in Berlin und Wien erscheinenden „Centralblatt für Glas-Industrie und Keramik" abgedruckt habe, nicht den vom Kläger jetzt verlangten Preis von 30 *M*., sondern nur etwa 6 *M*. wert, da er kein Originalartikel sei.

Demgegenüber hat der Kläger geltend gemacht, daß er seine Arbeit einem mit ihm in regelmäßigem Geschäftsverkehr stehenden Blatte allerdings für 5 bis 6 *M*. zum Abdruck würde überlassen haben, daß der Beklagte aber, weil er den fraglichen

Abdruck unbefugt abgedruckt habe, ein höheres Honorar, und zwar das angemessene Honorar von 30 *M.* zahlen müsse. Der Beklagte habe den fraglichen Artikel nur deshalb aus dem „Centralblatt für Glas-Industrie und Keramik" entnommen, um die vom Kläger zu fordernde Gebühr zu sparen.

Auf Erfordern des Königlichen Amtsgerichts zu B. hat hierauf die Literarische Sachverständigenkammer zunächst unter dem 7. November 1902 einstimmig ihr Gutachten dahin abgegeben, daß der H.'sche Artikel „Giftiges Tongeschirr" als eine „wissenschaftliche Ausarbeitung" im Sinne des § 7b des Gesetzes vom 11. Juni 1870 beziehungsweise als eine „Ausarbeitung wissenschaftlichen oder technischen Inhalts" im Sinne des § 18 Abs. 2 des Gesetzes vom 19. Juni 1901 anzusehen ist.

Nach erneuter mündlicher Verhandlung hat sodann dasselbe Gericht die Literarische Sachverständigenkammer unter dem 7. Januar 1903 um Abgabe eines weiteren Gutachtens darüber ersucht,

> ob das Honorar beziehungsweise die Schadensersatzforderung des Klägers für den unbefugten Abdruck des Artikels „Giftiges Tongeschirr" in der Zeitschrift des Beklagten „Die Tonwaarenindustrie" in Höhe von 30 *M.* oder nur in Höhe von 12 *M.* angemessen ist, und zwar auch für den Fall, wenn Kläger dem Beklagten den streitigen Artikel früher für 6 *M.* angeboten haben sollte.

Die Sachverständigenkammer hat den Betrag von 12 *M.* als einen ausreichenden Schadenersatz für den unbefugten Abdruck des Artikels „Giftiges Tongeschirr" ansehen müssen.

Der Redakteur E. ist Herausgeber sogenannter Zeitungs-Korrespondenzen, welche, durch Druck oder Hektographie vervielfältigt, den interessierten Zeitungen zugestellt werden unter Beifügung eines gedruckten Formulars, in welchem die einzelnen Artikel zu bestimmten Preisen zum Abdruck angeboten werden unter Hinzufügung der ausdrücklichen Erklärung, daß der Abdruck nur nach Vereinbarung mit dem Herausgeber gestattet sei. Jeder Korrespondenzsendung wird ein Postkartenformular beigefügt, auf welchem sich der Vordruck: „Von den Artikeln Ihrer Korrspondenz werden wir Nr. .... zum Abdruck bringen" befindet. Es ergibt sich dies aus den den Prozeßakten beigefügten Strafakten wider E., M. 4/02, aus denen auch zu entnehmen ist, daß der Kläger für den Abdruck von Artikeln, welche dem hier in Rede stehenden Artikel „Giftiges Tongeschirr" nach Art und Umfang entsprechen, der Regel nach 5 M. gefordert hat. Nach seinen eigenen Erklärungen in dem Bl. 28 ff. der Prozeßakten befindlichen Schriftsatz vom 17. März 1902 hat denn auch Kläger für den Artikel „Giftiges Tongeschirr", als er denselben dem Beklagten s. Z. in gewohnter Weise zum Abdruck anbot, jedenfalls nicht mehr als 5 bis 8 M. gefordert. Damit hat er damals selbst diesen Artikel beziehungsweise den Abdruck desselben nur in dieser Höhe bewertet. Andererseits ist aber nicht zu verkennen, daß sich die Sachlage dadurch wesentlich geändert hat, daß der Beklagte nach Ablehnung des ursprünglichen Angebots des Klägers später den in Rede stehenden Artikel in der offenbaren Absicht, die Zahlung einer Abdrucksgebühr an den Kläger zu ersparen, aus einer anderen Zeitschrift abgedruckt hat. Der Kläger hat infolgedessen die gerichtliche Klage angestrengt, einen Rechtsanwalt mit seiner Vertretung bei Gericht beauftragt und damit Kosten aufgewendet, die eben lediglich durch das unbefugte Vorgehen des Beklagten veranlaßt sind. Unter diesen Umständen erschien es der Sachverständigenkammer durchaus angemessen, wenn der Kläger jetzt einen höheren Betrag als 6 M. als Entschädigung fordert. Nach Lage der Sache, insbesondere mit Rücksicht auf Inhalt, Bedeutung und Umfang des in Rede stehenden Artikels hat die Sachverständigenkammer jedoch die vom Kläger beanspruchte Entschädigung von 30 M. für zu hoch gegriffen erachtet, den Betrag derselben vielmehr, wie geschehen, nur auf 12 M. bemessen zu können geglaubt.*)

*) Der Rechtsstreit hat durch einen Vergleich seine Erledigung gefunden.

Nr. 38.
Gutachten vom 22. Mai 1903.

Entschädigung für den Abdruck von Gedichten aus einer Zeitschrift.

Die Firma M. & Co., G. m. b. H., zu Berlin ist Herausgeberin und Verlegerin der beiden zu B. unter den Titeln „Die Grazien" und „Fröhliche Kunst" erscheinenden humoristischen Zeitschriften.

Ende September 1902 sandte der Schriftsteller B. in B. der vorgedachten Firma behufs Aufnahme in die Zeitschrift „Fröhliche Kunst" das Manuskript einer von ihm verfaßten, „Heinrich Conrad, der Schreiber im Korb" betitelten Ballade, welche von der Firma M. & Co. auch angenommen und unter dem Versprechen, dem Einsender das verabredete Honorar Ende Januar 1903 zu zahlen, im November-Heft 1902 der „Fröhlichen Kunst" zum Abdruck gebracht wurde.

Ohne dazu die Genehmigung des B. erhalten zu haben, hat die Firma M. & Co. sodann das vorbezeichnete Gedicht auch im Februar-Heft 1903 der Zeitschrift „Die Grazien" abgedruckt.

Der Schriftsteller B. ist der Ansicht, daß die Firma M. & Co. mit der Annahme des Gedichtes nur das Recht zum einmaligen Abdruck in der „Fröhlichen Kunst" erworben habe, und hat nunmehr, indem er gleichzeitig das für diesen Abdruck verabredete Honorar von 20 *M.* fordert, für den Abdruck in der Zeitschrift „Die Grazien" eine Entschädigung von 33 *M.* (50 Pf. für die Zeile) beansprucht und infolgedessen unter dem 9. April 1903 bei dem Königlichen Amtsgericht I zu B. gegen die Firma M. & Co. die gerichtliche Klage mit dem Antrage erhoben, die Beklagte kostenpflichtig zur Zahlung von 53 *M.* zu verurteilen.

Die Beklagte hat sich nur bereit erklärt, für den Abdruck des in Rede stehenden Gedichts in der Zeitschrift „Die Grazien" den Betrag von 7,50 *M.* zu zahlen, hat aber im übrigen den Anspruch des Klägers anerkannt und ist deshalb durch Teilurteil des Königlichen Amtsgerichts I zu B. vom 4. Mai 1903 zur Zahlung von 27,50 M. verurteilt worden. In betreff des Restbetrages der klägerischen Forderung hat das Gericht zu gleicher Zeit beschlossen,

> über die Behauptung des Klägers, daß der angemessene Preis für die Genehmigung zum Abdruck des Gedichtes „Heinrich Conrad, der Schreiber im Korb" in der Zeitschrift „Die Grazien" 33 M., nämlich 50 Pf. für die Zeile, betrage, ein Gutachten der Literarischen Sachverständigenkammer einzuholen.

Betreffs der Förmlichkeiten soll hier bemerkt werden, daß die Literarische Sachverständigenkammer kein Bedenken getragen hat, sich zur Abgabe des erforderten Gutachtens für zuständig zu erklären, da es sich im vorliegenden Falle um eine Forderung des Klägers handelt, die wegen der unbefugten Vervielfältigung eines Schriftwerks erhoben wird und sich damit als eine Entschädigungsforderung darstellt, deren Angemessenheit zu begutachten unzweifelhaft zu den Aufgaben der Sachverständigenkammer gehört.

In der Sache selbst mußte die Sachverständigenkammer den in Höhe von 33 M. erhobenen Schadenersatzanspruch des Klägers für begründet anerkennen.

Daß der Abdruck des hier in Rede stehenden, der Firma M. & Co. lediglich zum Abdruck in der Zeitschrift „Fröhliche Kunst" überlassenen Gedichtes „Heinrich Conrad, der Schreiber im Korb" in der Zeitschrift „Die Grazien" ohne Genehmigung des Verfassers B. unzulässig war, ist von der beklagten Firma nicht bestritten und kann mit Rücksicht auf die bestimmte Vorschrift des § 18 des Gesetzes vom 19. Juni 1901 einem Bedenken nicht unterliegen. Das fragliche Gedicht ist, ohne daß es auf seinen literarischen oder dichterischen Wert ankommt, als eine „Ausarbeitung unterhaltenden Inhalts" im Sinne dieser Vorschrift zu erachten und war deshalb unbedingt gegen unbefugte Vervielfältigung geschützt.

Wenn die beklagte Firma trotzdem den Abdruck des Gedichtes in der Zeitschrift „Die Grazien" vornahm, so hat sie sich dem Kläger gegenüber schadenersatzpflichtig gemacht, und es kann sich nur darum handeln, ob die vom Kläger beanspruchte Entschädigung ihrem Betrage nach angemessen erscheint.

Wenn es sich um einen Nachdruck aus einer Zeitschrift oder aus anderen öffentlichen Blättern in einer anderen Zeitschrift handelt, so läßt sich die Höhe der Entschädigung, wie bereits der frühere literarische Sachverständigenverein wiederholt ausgesprochen hat, nur nach einem gewissen freien Ermessen bestimmen, für dessen Leitung die besonderen Verhältnisse des einzelnen Falles, der Ruf des Autors des nachgedruckten Artikels, der Umfang desselben, die sonst von dem Verleger der Zeitschrift gezahlten Honorarsätze und ähnliche Umstände maßgebend sein müssen.

Wenn man nun im vorliegenden Falle den Umfang des in Rede stehenden Gedichtes, die Bedeutung und Verbreitung der im Straßenhandel stark begehrten Zeitschrift „Die Grazien" und den Umstand in Betracht zieht, daß die beklagte Firma dem Kläger für den Abdruck des Gedichtes in der „Fröhlichen Kunst" ein Honorar von 20 *M.* gezahlt hat, so muß die von dem Kläger für den von der Beklagten bewirkten unberechtigten Abdruck beanspruchte Entschädigung von 33 *M.* für eine durchaus angemessene erachtet werden, zumal der Kläger zur Geltendmachung und Durchführung seines Rechtsanspruchs Zeit, Mühe und Kosten hat aufwenden müssen, die bei der Bemessung der ihm zu leistenden Entschädigung billiger Weise nicht unberücksichtigt bleiben können.*)

Nr. 39.
Gutachten vom 30. Oktober 1903.

Unbefugte Aufführung eines dramatischen Werkes. Teilaufführung. Grundsätze für die Bemessung der Entschädigung.

Der Schriftsteller Wilhelm L. zu B. ist seiner Angabe nach der rechtmäßige Übersetzer des von Henrik Ibsen ver-

*) Der Rechtsstreit ist nach Vorlegung des obigen Gutachtens an die Parteien durch Anerkenntnisurteil erledigt.

faßten Schauspiels „Nora". Die Übersetzung ist im Verlage von Philipp Reclam in Leipzig in der von diesem herausgegebenen Universal-Bibliothek unter Nr. 1257 erschienen. Das Titelblatt des betreffenden Heftes nennt L. als Übersetzer und bezeichnet dessen Übersetzung als „einzig autorisierte deutsche Ausgabe".

L. behauptet, daß der Direktor des St.'er Theaters, N. in St., das vorerwähnte Ibsen'sche Schauspiel in dieser seiner autorisierten Übersetzung ohne sein Wissen und ohne seine Genehmigung zur Aufführung erhalten zu haben, mindestens einmal im Februar 1902 habe aufführen lassen. L. hält den Theaterdirektor N. für verpflichtet, ihm die an dem betreffenden Spielabend gemachte Einnahme, die mindestens 20 *M.* betragen habe, herauszugeben und ihm Rechnung zu legen, eventuell ihm aus dem Gesichtspunkte der Bereicherung, die ebenfalls mindestens 20 *M.* betrage, zu haften.

Unter Vorbehalt weiterer Ansprüche hat L. deshalb unter dem 29. Oktober 1902 bei dem Königlichen Amtsgericht zu St. gegen N. die gerichtliche Klage erhoben mit dem Antrage, den Beklagten zur Rechnungslegung über die durch die Aufführung des Schauspiels „Nora" in der Zeit vom 1. Februar 1902 ab erzielten Einnahmen sowie zur Zahlung von 20 *M.* kostenpflichtig zu verurteilen.

Der Beklagte hat die Abweisung der Klage beantragt. Er bestreitet, daß er die „Nora" nach des Klägers Übersetzung ganz oder auch nur zum Teil aufgeführt habe, und behauptet, daß er, als er jenes Stück in St. gegeben, die im Verlage des Bibliographischen Instituts erschienene Kirschenstein'sche Übersetzung benutzt habe, nach welcher geprobt, aufgeführt und souffliert worden sei. Wenn die Hofschauspielerin Frau S., welche bei der fraglichen Aufführung die Rolle der „Nora" gespielt, hierbei diese Rolle mit den Worten der klägerischen Übersetzung gesprochen habe, so habe er hieran nichts ändern können, da er in die Aufführung nicht habe eingreifen dürfen. Zudem habe er selbst die Anordnung getroffen, daß das ganze Stück nach der Kirschenstein'schen Übersetzung gespielt werden solle, so daß er auch für die Benutzung der klägerischen Übersetzung durch Frau S. nicht verantwortlich sein könne.

Der Kläger hat demgegenüber hervorgehoben, daß der Beklagte gewußt habe, daß Frau S. die Rolle der Nora stets in der klägerischen Übersetzung gesprochen habe und sie auch bei der Aufführung in St. in dieser Übersetzung sprechen werde, zumal Frau S. selbst die „Nora" zur Aufführung bestimmt habe. Aber selbst wenn der Beklagte dies nicht gewußt haben sollte, würde er seiner Verantwortlichkeit nicht ledig sein, da er dann habe feststellen müssen, nach welcher Übersetzung Frau S. die Rolle spiele. Seine angebliche Anordnung, das ganze Stück, also auch die Rolle der „Nora" solle nach der Kirschenstein'schen Übersetzung gespielt werden, sei bedeutungslos, da Frau S. alsdann diese Rolle hätte umlernen müssen, wozu sie sich, wie der Beklagte habe wissen müssen, niemals verstanden haben würde. Die Rolle der „Nora" umfasse übrigens etwa $^4/_7$ des ganzen Textes des Ibsen'schen Stückes, sodaß in der unbefugten Wiedergabe dieser Rolle in der klägerischen Übersetzung eine teilweise Aufführung gefunden werden könne.

Der Beklagte hat sodann noch die Höhe des klägerischen Anspruchs bestritten und unter der Behauptung, daß der Honorarsatz für ältere öfter gegebene Stücke bei kleineren Theatern 6—8 *M.* für die einzelne Aufführung betrage, die klägerische Forderung nur in Höhe von 2—3 *M.* anerkannt, da die Rolle der „Nora" höchstens ein Dritteil des Ibsen'schen Stückes ausmache.

In seiner Sitzung vom 28. September 1903 hat hierauf das Königliche Amtsgericht zu St. beschlossen, von der Literarischen Sachverständigenkammer ein Gutachten über folgende Fragen einzuholen:

a) Ist es als eine rechtswidrige Teilaufführung der „Nora" in der Übersetzung des Klägers im Sinne des § 41 des Gesetzes vom 19. Juni 1901 anzusehen, wenn lediglich die Titelrolle nach dieser Übersetzung gespielt, im übrigen aber eine andere Übersetzung benutzt, insbesondere auch nach einer anderen Übersetzung souffliert worden ist?

b) Nach welchen Grundsätzen ist in diesem Falle der Schaden des Klägers zu berechnen?

c) Mußte der Beklagte wissen, daß Frau S., welche die Rolle der „Nora“ stets in der Übersetzung des Klägers gespielt hatte, auch bei ihrem Gastspiel in St. nach dieser Übersetzung sprechen würde, oder konnte er annehmen, daß sie ein an sie gestelltes Verlangen, die Rolle nicht in der L.'schen Übersetzung zu spielen, beachten und die Rolle umlernen würde?

Die Sachverständigenkammer mußte diese Fragen wie folgt beantworten:

Zu Frage a): Nach § 37 des Gesetzes, betreffend das Urheberrecht an Werken der Literatur und der Tonkunst vom 19. Juni 1901 ist derjenige, welcher vorsätzlich oder fahrlässig unter Verletzung der ausschließlichen Befugnis des Urhebers oder rechtmäßigen Übersetzers ein Bühnenwerk öffentlich aufführt, dem Berechtigten zum Ersatz des daraus entstandenen Schadens verpflichtet, wobei es nach § 41 ebenda bedeutungslos ist, ob das Werk vollständig oder nur zu einem Teile aufgeführt wird.

Um den Tatbestand einer teilweisen Aufführung zu erfüllen, ist es nun aber durchaus nicht erforderlich, daß, wie der Beklagte meint, wenigstens eine oder mehrere vollständige Szenen oder Akte des Bühnenwerkes zur Aufführung gelangen, sondern es muß in dieser Beziehung grundsätzlich auch für genügend erachtet werden, wenn einzelne Rollen des Werkes ohne Genehmigung des Berechtigten vorgeführt werden. Ob einer einzelnen Rolle eine solche Bedeutung beigemessen werden kann, daß sie als ein wesentlich charakteristischer Teil des ganzen Bühnenwerkes anzusehen ist, muß allerdings in jedem einzelnen Falle einer besonderen Prüfung unterzogen werden.

In der vorliegenden Prozeßsache muß diese Prüfung unbedingt zu dem Ergebnis führen, daß die Rolle der „Nora“ in dem gleichnamigen Ibsen'schen Stück, welche in der Übersetzung des Klägers, wie dieser angibt, etwa $^{2}/_{7}$ und auch nach des Beklagten Angabe $^{1}/_{3}$ des ganzen Textes ausmacht, der

Übersetzung des Ibsen'schen Werkes einen derartig charakteristischen Stempel aufdrückt, daß die wörtliche öffentliche Wiedergabe ihres Textes ohne Genehmigung des Klägers als eine teilweise Aufführung im Sinne des Gesetzes angesehen werden muß.

Dem Umstand, daß für die Wiedergabe der anderen Rollen eine andere Übersetzung benutzt, insbesondere nach einer anderen Übersetzung souffliert ist, kann bei dieser Sachlage keine Bedeutung zugemessen werden, und zwar dem letzteren Umstande um so weniger, als es für den Tatbestand der öffentlichen Aufführung nicht darauf ankommen kann, was den Schauspielern vom Souffleur souffliert wird, sondern lediglich darauf, welcher Text aus dem Munde der darstellenden Schauspieler selbst dem Publikum zu Gehör gebracht wird.

Zu Frage b): Das frühere Nachdrucksgesetz vom 11. Juni 1870 hatte im § 55 die ausdrückliche Bestimmung getroffen, daß die dem Berechtigten im Falle einer unbefugten öffentlichen Aufführung zu gewährende Entschädigung in dem ganzen Betrage der Einnahme von jeder Aufführung ohne Abzug der auf dieselbe verwendeten Kosten bestehen solle; daß ferner, wenn das Werk in Verbindung mit anderen Werken aufgeführt worden, unter Berücksichtigung der Verhältnisse ein entsprechender Teil der Einnahme als Entschädigung festgesetzt und endlich, wenn die Einnahme nicht zu ermitteln oder eine solche nicht vorhanden gewesen, der Betrag der Entschädigung vom Richter nach freiem Ermessen festgestellt werden solle. Das Gesetz vom 19. Juni 1901 hat dagegen davon abgesehen, für die Berechnung des Schadens bestimmte Grundsätze aufzustellen, die Entscheidung über die Höhe der dem Berechtigten im Falle einer unberechtigten öffentlichen Aufführung eines Bühnenwerkes zu gewährenden Entschädigung vielmehr der freien Überzeugung des Gerichts überlassen. Das Gericht wird hierbei stets die besonderen Verhältnisse des einzelnen Falles, den Ort, an welchem die Aufführung stattgefunden hat, die Frage, ob das Bühnenwerk ganz oder nur zum Teil, allein oder in Verbindung mit anderen Werken zur Aufführung gebracht ist, und ähnliche Momente berücksichtigen müssen, im allgemeinen aber bei seiner freien Schadenswürdigung nicht fehl greifen, wenn es in der Regel von der Einnahme aus der unbefugten Aufführung und davon ausgeht, daß der Urheber bezw. der Übersetzer, wenn seine Genehmigung zur öffentlichen Aufführung erbeten und erteilt worden wäre, den üblichen Prozentsatz aus der Einnahme als Tantieme erhalten haben würde.

Im vorliegenden Falle würden demnach für die richterliche Entscheidung die Angaben der Parteien über die aus der einmaligen Aufführung der „Nora" im St.'er Theater erzielte Einnahme, die Angaben des Beklagten über die Höhe der üblichen Tantiemen, sowie insbesondere der Umstand maßgebend sein müssen, daß nur eine teilweise Aufführung der „Nora" in der klägerischen Übersetzung stattgefunden hat.

Von einer zahlenmäßigen Berechnung der hiernach angemessen erscheinenden Entschädigung hat die Sachverständigenkammer, abgesehen davon, daß ihr eine diesbezügliche Frage nicht vorgelegt ist, Abstand nehmen zu müssen geglaubt, da bisher weder der Betrag der aus der einmaligen Aufführung der „Nora" in St. erzielten Einnahme, noch die Höhe der bei kleineren Theatern für ältere, bereits öfter gegebene Stücke üblichen Tantiemen festgestellt worden ist.

Zu Frage c) kann es einem Bedenken nicht unterliegen, daß der Beklagte nach Lage der Sache wußte oder wenigstens annehmen mußte, daß Frau S., welche die Rolle der „Nora" in dem gleichnamigen Ibsen'schen Stücke stets in der Übersetzung des Klägers gespielt hatte, auch bei ihrem Gastspiel in St. die Rolle der „Nora" nach dieser Übersetzung sprechen würde. Die Direktoren der Provinzbühnen pflegen bei Gastspielabschlüssen die stillschweigende Verpflichtung auf sich zu nehmen, die Spielgewohnheiten ihres Gastes zu respektieren, und dahin gehört es in erster Linie, dem Personal das vom Gast vorausgeschickte Regiebuch des zur Aufführung zu bringenden Stückes bekannt zu geben und bei den aus einer fremden Sprache übersetzten Stücken die dem Gaste geläufige Übersetzung wenigstens in den Stellen, wo Gast und Personal gleichzeitig zu spielen haben, einzustudieren. Insbesondere ist es feststehende Übung, daß Bühnenwerke, die nicht ständig im Repertoir eines Provinztheaters figurieren — wie dies offenbar im vorliegenden Falle bei der „Nora" für das St.'er Theater zutrifft — von dem Gaste lediglich in der ihm geläufigen Bearbeitung oder Übersetzung gegeben werden. Der Beklagte konnte deshalb im vorliegenden Falle nicht annehmen, daß Frau S. ein an sie gestelltes Verlangen, für ihr einmaliges Gastspiel in St. die Rolle der „Nora" nicht in der klägerischen Übersetzung zu spielen, beachten und diese Rolle umlernen würde.*)

Nr. 40.

Gutachten vom 23. September 1904.

Unerlaubte Benutzung und Aufführung eines dramatischen Werkes.

Im Oktober des Jahres 1903 ist für Rechnung der M.-Theatergesellschaft m. b. H. zu B. in dem M.-Theater daselbst eine von dem Schriftsteller Fr. verfaßte, von dem Theaterdirektor S. in Szene gesetzte „Große Posse mit Gesang und Tanz in 4 Akten: „Durchlaucht Radieschen" wiederholt zur Aufführung gebracht worden.

Der Schriftsteller F. in Paris, der Verfasser des Ende 1902 oder Anfangs 1903 dort zur Aufführung gelangten Schwankes „La Duchesse des Folies-Bergère" und die Handelsgesellschaft Verlagshandlung A. in C., welcher F. durch Vertrag vom 30. April 1901 das Verlagsrecht dieses Stückes für Deutschland und Österreich übertragen hat, behaupten, daß die vorbezeichnete Fr.'sche Posse „Durchlaucht Radieschen" ein genaues Plagiat des F.'schen Schwankes sei. Unter besonderer Hervorhebung der wesentlichen Ähnlichkeiten

*) Das Gericht hat den Beklagten zur Zahlung von 6 M. an den Kläger verurteilt. Mit seiner Mehrforderung von 14 M. und seinem Anspruch auf Rechnungslegung ist der Kläger abgewiesen.

in der Handlung und der Verwendung der handelnden Personen und mit der Behauptung, daß der Schriftsteller Fr. bei der Abfassung seiner Posse wissentlich oder wenigstens grob fahrlässig das französische Original, dessen Aufführung er selbst in Paris beigewohnt, kopiert habe, ist deshalb von der Firma A. und dem Schriftsteller F. unter dem 7. November 1903 bei dem Königlichen Landgericht I zu B. gegen den Theaterdirektor S., den Schriftsteller Fr. und die M.-Theatergesellschaft die gerichtliche Klage erhoben mit dem Antrage,

1. die Beklagten als Gesamtschuldner zu verurteilen, anzuerkennen, daß das Stück „Durchlaucht Radieschen" sich als eine unberechtigte Benutzung und Aufführung des dramatischen Inhalts des Stückes „La Duchesse des Folies-Bergère" darstellt,
2. die Beklagten als Gesamtschuldner zu verurteilen, den Klägern denjenigen Schaden zu ersetzen, welcher ihnen aus der im Klageantrage zu 1 als unberechtigt charakterisierten Handlung entstanden ist und entsteht, und
3. den Theaterdirektor S. und die M.-Theatergesellschaft zu verurteilen, die weiteren Aufführungen des Stückes „Durchlaucht Radieschen" einzustellen.

Die Beklagten haben die Abweisung der Klage beantragt. Der Beklagte Fr. hat insbesondere hervorgehoben, daß nicht nur die Ideen der Handlung seines Stückes „Durchlaucht Radieschen" sein originales geistiges Eigentum, sondern auch die Bearbeitung und Durchführung des Stoffes, welcher allerdings einige ähnliche Voraussetzungen wie „La Duchesse" zu enthalten scheine, seine ausschließliche geistige Schöpfung sei.

In ihrer Sitzung vom 28. März 1904 hat die Zivilkammer 25a des Königlichen Landgerichts I zu B. den Beschluß gefaßt, ein Gutachten der Literarischen Sachverständigenkammer einzufordern über die Behauptung der Kläger:

daß das im M.-Theater zu B. aufgeführte Stück „Durchlaucht Radieschen" sich unter Berücksichtigung der in den beiderseitigen Schriftsätzen aufgestellten Parteibehauptungen als eine im Sinne des Gesetzes vom 19. Juni 1901 unerlaubte Nachdichtung des französischen Stückes „La Duchesse des Folies-Bergère“ darstellt.

Die Sachverständigenkammer mußte sich unbedenklich dahin aussprechen, daß eine unerlaubte Benutzung, bezw. Nachdichtung nicht vorliegt.

Bevor der Beantwortung der vom Gericht der Sachverständigenkammer vorgelegten Frage näher getreten werden kann, erscheint es geboten, den Inhalt der beiden hier in Rede stehenden Stücke im Auszuge wiederzugeben, und zwar wird es, um ein richtiges Urteil treffen zu können, nicht genügen, den Inhalt der beiden Stücke im großen und ganzen zu rekapitulieren: es muß vielmehr der Führung der Handlung im einzelnen nachgegangen werden, da nur auf diesem Wege eine erschöpfende Prüfung dahin vorgenommen werden kann, ob die Fr.'sche Posse „Durchlaucht Radieschen“ sich als eine unzulässige Benutzung oder Nachdichtung des F.'schen Schwankes „La Duchesse des Folies-Bergère“ darstellt.

— Folgt eine ausführliche Darstellung der Handlung beider Stücke. —

Wenn man nun auf Grund der vorstehenden Analysen den Inhalt und die Durchführung beider Stücke miteinander vergleicht, so wird man sich des Eindrucks nicht erwehren können, daß zwischen beiden Stücken eine unverkennbare Ähnlichkeit besteht. Vor allem sind die Hauptpersonen und das Grundmotiv dieselben, wenn auch freilich unter anderen Namen und anderen lokalen Bedingungen. In der „Duchesse“ wie im „Radieschen“ kommt der Botschafter — dort der Herzog Pitchenieff, hier der Fürst Tschitschidetschku als Vertreter eines imaginären Balkanstaates — dort des Königreichs Orkanien, hier des Königreichs Mazedonien — in außerordentlicher Mission nach Paris, beziehungsweise nach Berlin. Die Gemahlin des einen wie des anderen war früher eine Dame der Demimonde und in dieser die eine unter dem Namen „la gomme crevette“, die „kleine Krabbe“, die andere als

„Radieschen" bekannt; beide werden beim Betreten des heimatlichen Bodens von der gleichen Sehnsucht erfaßt, noch einmal eine tolle Nacht, wie ehemals, zu verleben und das alte Stammlokal, dort Maxim, hier Moulin Rouge zu besuchen. In der „Duchesse" soll der Botschafter dem Kronprinzen Sergius, Schüler eines Pariser Lyzeums, die Nachricht überbringen, daß sein Vater zu seinen Gunsten dem Thron entsagt habe; im „Radieschen" soll dem Grafen Casimir, Avantageur bei den Dragonern, mitgeteilt werden, daß der König, sein Schwager, ihn zum Thronerben ernannt habe. Beide jedoch, der König und der designierte Thronfolger haben sich im Strudel des Pariser bezw. Berliner Lebens verloren; sie werden erst wiedergefunden, nachdem sie sich die Nacht hindurch der eine mit der „kleinen Krabbe", der andere mit dem „Radieschen" amüsiert haben, und werden zum Schluß von deren düpierten Ehemännern einander in die Arme geführt.

Ebenso wird man in dem Ehepaar von Marisku des Fr.'schen Stückes das Ehepaar Slowichine des F.'schen Schwankes unschwer wiedererkennen, wenn auch Marisku Gesandter und Slowichine nur stellvertretender Gesandtschaftssekretär ist, und auch der Offiziersbursche Lemke, der in der Galauniform seines Herrn für den Thronfolger gehalten wird, erinnert sehr stark an den Lehrer Chandel, den man in der gleichen Situation als König von Orkanien begrüßt; und wie dieser (Akt IV Szene 12), mit Hemd und Unterhose bekleidet, sich schamhaft in eine Fenstergardine oder irgend einen Teppich hüllt, so hüllt sich Lemke (Akt II Szene 21) in Ermangelung von Kleidern in die Chaiselonguedecke.

Gleiche Ähnlichkeiten finden sich in vielen anderen Einzelheiten und Nebenumständen. In dem F.'schen Schwank verfallen die Orkanier, wenn sie unter sich sind oder in Extase geraten, in ein wunderliches Kauderwelsch (Akt II Szene 2 u. a.), und eines ähnlich klingenden bedienen sich die Mazedonier an drei Stellen des Fr.'schen Stückes (Akt I Szene 9, Akt II Szene 11 und Akt IV Szene 5). Der einsame Herr im Moulin Rouge ist zwar ein Anarchist, aber ebenso wie der Polizeiinspektor bei Maxim, der an einem einzelnen Tische sitzt „lisant le journal" (Akt II Szene 1), sitzt auch er „hinter einer Zeitung", hinter der er sich verkriecht, um — wie jener — nicht bemerkt zu werden (Akt III Szene 1). Als der Fürst die Fürstin sieht, die er für das „Radieschen" hält, ruft er (Akt III Szene 19) aus: „Diese Figur! Diese Ähnlichkeit!" Und der Herzog, die Herzogin für die „kleine Krabbe" haltend (Akt V Szene 6): „Même figure! Même traits!" Die Herzogin entschlüpft durch einen drehbaren Schrank, die Fürstin durch ein drehbares Klavier, aber beide kommen durch eine andere Tür in Straßentoilette zurück, um den betrogenen Gemahl glauben zu machen, daß er sich getäuscht habe. Beide Damen sehen wir, die Herzogin in der ersten Szene des dritten Aktes, die Fürstin in der vierten Szene des zweiten Aktes in Unterkleidern; in beiden Stücken tritt die Polizei in Tätigkeit, um im französischen Stück den König, im deutschen den Herzog zu arretieren. Auch daß das Wettrennen in beiden Stücken eine, wenngleich untergeordnete Rolle spielt, soll ebensowenig unerwähnt bleiben, als daß der mittellose junge König den Bankier Kirschbaum und der nicht minder in Geldverlegenheit befindliche Graf Casimir den Bankier Silberstein anpumpen will, und endlich wäre auch noch die Bühnenteilung und das Doppelspiel zu bemerken, d. h. im F.'schen Stück Akt V: „La scène est divisée en deux — le salon à droite de la chambre à coucher à gauche" — im „Radieschen" Akt II: „Die Bühne ist geteilt, die eine Hälfte rechts . . ein mit . . . Luxus ausgestattetes Zimmer, . . . die andere Hälfte . . . . . Treppenflur."

Als ein ganz besonderes Kennzeichen der bewußten Benutzung des französischen Stückes durch den Beklagten Fr. ist sodann von den Klägern noch folgendes angeführt. Das F.'sche Stück schließt damit, daß der Herzog dem König mit brennender Leuchte entgegenkommt: „Sa Majesté! Vite! le chandellier!" Mit einem Anflug lasciven Lächelns erwidert der König: „Fünf Kerzen! das ist ein bischen viel . . . Ich bitte Sie, stellen Sie den Leuchter fort!", worauf er die Tür des Schlafzimmers öffnet und der Herzogin das Zeichen gibt, daß Seine Majestät einzutreten im Begriffe ist.

Der Beklagte Fr. hat diese den Haupteffekt des F.'schen Stückes bildende Schlußszene sich auch für sein „Radieschen" nicht entgehen lassen wollen; während aber F. dem französischen Publikum zutraute, daß es die Pointe („tenir oder porter la chandelle“ heißt soviel wie „Kupplerdienste leisten“) ohne weiteres verstehen werde, glaubte der Beklagte Fr. dem deutschen Publikum die Sache deutlicher machen zu müssen. Im „Radieschen“, wie es gedruckt vorliegt, verläuft zwar die Schluß-(Pavillon)-Szene des vierten Aktes durchaus anständig; in dem bei den Akten befindlichen Pflichtexemplar (Beil. 2851 Akt IV S. 15) befindet sich jedoch folgender Passus:

Casimir: Ich werde dem Fest dort von meinem kleinen Pavillon aus zuschauen in Gesellschaft der Fürstin.

(Alle verbeugen sich).

Der Fürst, einen Kronleuchter erfassend:
Darf ich leuchten?

Nach alledem kann es nicht dem mindesten Bedenken unterliegen, daß dem Beklagten Fr. bei Abfassung seines Stückes „Durchlaucht Radieschen“ der F.'sche Schwank „La Duchesse des Folies-Bergère“ als allgemeines Vorbild gedient hat. Es mag sein, daß die vielen Ähnlichkeiten, welche sich zwischen beiden Stücken vorfinden, zum Teil darauf zurückzuführen sind, daß der Beklagte Fr. das französische Stück, wenn auch nur einmal, gesehen hat, wobei auch die ziemlich eingehenden Inhaltsangaben, welche die französischen Blätter noch mehr als die deutschen brachten, seine Erinnerung aufgefrischt haben mögen. Es verträgt sich dies auch mit seiner Behauptung, daß die erste Anregung zu seinem Stück ihm durch das „damals noch komische“ Schicksal des serbischen Königspaares geworden sei, obwohl allerdings da nur von einer fingierten Schwangerschaft, aber keineswegs davon die Rede war, daß irgendwo ein Thronfolger gesucht oder irgendwohin ein Botschafter gesandt worden wäre. Diese Ingredienzien fand aber der Verfasser von „Durchlaucht Radieschen“ in der „Duchesse“, und sie konnten sehr wohl dazu dienen, seinen ursprünglichen Plan zu modifizieren, zumal das Schicksal Alexander's von Serbien inzwischen aufgehört hatte, „komisch“ zu sein.

Auf schwachen Füßen steht denn auch die Behauptung des Beklagten Fr., daß das Vorbild der Figur seines „Radieschens" nicht etwa die „kleine Krabbe", sondern die „Brillanten-Königin" aus seiner eigenen Posse „Berlin bleibt Berlin" sei. Auch in dieser Posse benutzt allerdings Lissy, die Frau des Majors Bob Taylor, als sie mit diesem zu Besuch in Berlin ist, die Gelegenheit, sich als frühere Dame der Demimonde in den Berliner Strudel zu stürzen. Aber wo bleiben alle die weiteren Verwickelungen, welche sich hieraus ergeben? Diese finden sich nicht in „Berlin bleibt Berlin", sondern eben nur in der „Duchesse".

Die auffallende Tatsache bleibt bestehen, daß die Fr.'sche Arbeit eine große Reihe unbestreitbarer Ähnlichkeiten mit dem F.'schen Stücke aufweist, und diese Gemeinsamkeit des Grundmotivs, der Hauptpersonen und mannigfacher Einzelheiten und Nebenumstände läßt sich garnicht anders erklären, als dadurch, daß der Beklagte Fr. das französische Stück bei der Abfassung des seinigen benutzt hat.

Es handelt sich also nunmehr nur noch um die Beantwortung der Frage, ob der Beklagte Fr. bei dieser Benutzung die gesetzlich gezogenen Grenzen innegehalten oder überschritten hat.

Der § 13 Abs. 1 des Gesetzes, betreffend das Urheberrecht an Werken der Literatur und der Tonkunst vom 19. Juni 1901 bestimmt, daß unbeschadet der ausschließlichen Befugnisse, die dem Urheber nach § 12 Abs. 2 zustehen, die freie Benutzung seines Werkes zulässig sein soll, wenn dadurch eine eigentümliche Schöpfung hervorgebracht wird.

Bereits unter der Herrschaft des früheren Nachdrucksgesetzes vom 11. Juni 1870 war die Benutzung eines vorhandenen Schriftwerkes zur Herstellung eines neuen literarischen Erzeugnisses durchaus gestattet, vorausgesetzt, daß das neue Werk durch eigenartige Verarbeitung des bereits vorhandenen Materials sich als eine neue, eigene geistige Schöpfung darstellte. Insbesondere hat sich der frühere literarische Sachverständigenverein wiederholt dahin ausgesprochen, daß die bloße „Entnahme der Grundgedanken und der Motive" eines fremden Schriftwerks an sich nicht verboten sei, und daß auch die bloße Anlehnung an den „inneren Aufbau und die Einzelausführung" eines anderen Werkes im allgemeinen noch nicht genüge, um einen Nachdruck anzunehmen, so lange nicht — namentlich mit Rücksicht auf den Umfang der Entlehnungen — eine im wesentlichen identische Wiedergabe des Originals angenommen werden konnte. (Vgl. Dambach, 50 Gutachten, S. XL, 109).

Auf demselben Grundgedanken beruht die Bestimmung des § 13 Abs. 1 des Gesetzes vom 19. Juni 1901; sie gestattet die „freie Benutzung" eines fremden Werkes, wenn das neue Erzeugnis sich im Verhältnis zu dem benutzten als eine neue auf eigener geistiger Tätigkeit beruhende d. h. eigentümliche Schöpfung darstellt. Erlaubt ist also, wie bisher, die bloße Entnahme der Gedanken und Ideen eines bereits vorhandenen Werkes, wenn dieselben selbständig in individueller Formgebung zu einem neuen Ganzen verarbeitet werden, und was insbesondere die Benutzung vorhandener Bühnenwerke anlangt, so kann es keinem Bedenken unterliegen, daß die bloße Benutzung der Idee eines anderen Werkes, die gleichartige Durchführung dieser Idee sowie auch die Beibehaltung des Ganges der Handlung im ganzen und der Charakterisierung der einzelnen handelnden Personen im großen und allgemeinen allein noch nicht genügt, um eine im Sinne des Gesetzes unzulässige Benutzung anzunehmen, sofern nur im übrigen der Inhalt des benutzten Stückes nicht etwa ganz oder teilweise wortgetreu oder mit nur unwesentlichen Veränderungen oder Zusätzen in einer im wesentlichen identischen Fassung wiedergegeben, sondern ein „selbständig ausgestattetes Bühnenwerk" geschaffen ist.

Legt man sich nun die Frage vor, ob diese letztere Voraussetzung bei der Fr.'schen Posse „Durchlaucht Radieschen" zutrifft, so wird man dieselbe unbedenklich bejahen müssen.

Auch eine nur oberflächliche Vergleichung dieser Posse mit dem F.'schen Schwank „La Duchesse des Folies-Bergère" läßt erkennen, daß der Beklagte Fr. zwar bis zu einem gewissen Grade dem Gedankengange des französischen Urhebers gefolgt ist, daß er ihm aber eine durchaus andere, selbständige und eigenartige Form gegeben hat. Viele Motive stimmen, wie oben nachgewiesen ist, überein, aber fast jedes ist anders gewandt. In der „Duchesse“ weiß der Ehemann nicht, daß es seine eigene Gemahlin ist, die er einem andern zuführt; im „Radieschen“ geschieht es mit vollem Bewußtsein. Der Thronfolger in der „Duchesse“ entzieht sich dadurch dem Gesandten, daß er mit seinen Kameraden durchbrennt; in „Durchlaucht Radieschen“ führt er ihn irre durch eine Photographie seines Burschen, die er für sein Portrait ausgibt. Dieser, der Bursche Lemke, vereinigt in sich die Züge zweier Figuren der „Duchesse“: er nimmt wie Chandel die dem Thronfolger dargebrachten Huldigungen entgegen und wird wie der Kammerdiener Arnold durch seinen Herrn entlarvt. In der „Duchesse“ bezichtigt Slowichine seine Gemahlin fälschlich der Untreue; in „Durchlaucht Radieschen“ hat Frau von Marisku nicht nur ein Verhältnis mit dem Grafen Casimir gehabt, sondern begibt sich auch Nachts in das Ballokal, um dort mit einem anderen Herrn in einer Chambre separée Sekt zu trinken. Die polizeilichen Verhaftungen, die in diesem Lokal stattfinden, werden in der „Duchesse“ auf den Umstand zurückgeführt, daß der Thronfolger kein Geld hat, um die Rechnung zu bezahlen; in „Durchlaucht Radieschen“ dagegen auf eine Anarchistenverschwörung. Auch der Vorgang mit dem drehbaren Möbel gestaltet sich verschieden in den beiden Stücken; in der „Duchesse“ ist es der Herzog, der die in Straßentoilette erscheinende Herzogin hart anfährt und sich erst allmählich wieder beruhigt, während in „Durchlaucht Radieschen“ die Fürstin ihrem Gemahl eine Strafpredigt hält und ihm den Empfehlungsbrief an das Radieschen vorwirft, den er „dummerweise“ auf seinem Schreibtisch habe liegen lassen.

Diese Beispiele könnten noch bedeutend vermehrt werden; die angeführten werden jedoch genügen, um zu zeigen, daß der Beklagte Fr. zwar einzelne Motive der „Duchesse“ benutzt, auch diese jedoch in irgend welcher Art abweichend von dem französischen Original nuanciert hat.

Es ist nicht die Aufgabe der Literarischen Sachverständigenkammer, den moralischen oder ästhetischen Wert von „Durchlaucht Radieschen“ zu beurteilen; unleugbar aber liegt in dieser „Großen Posse mit Gesang und Tanz“ dem F.'schen Schwank gegenüber eine neue und eigentümliche Schöpfung im Sinne des Gesetzes vor. Schon der Umstand, daß diese Posse durchaus die Berliner Lokalfärbung hat, unterscheidet sie wesentlich von dem Pariser Stück. Typische Figuren wie die Spreewälder Amme, die Zimmervermieterin Wutschke, der Stallbursche Lemke kommen auch nicht entfernt in der „Duchesse" vor: sie müssen ebenso wie der Spanier Santa Galantos als unbestreitbares Eigentum des Beklagten Fr. angesehen werden. Der ganze erste Akt, der auf einem Bahnhof spielt, hat nicht seinesgleichen in der „Duchesse", ebensowenig wie die frühere Wohnung des Radieschen im zweiten Akt. In der „Duchesse" spielt die Ballszene im zweiten, in „Durchlaucht Radieschen" im dritten Akt, und der Schlußeffekt, die Zuführung der eigenen Gemahlin an den Thronfolger, findet dort in einer Junggesellenwohnung, hier auf dem Gartenfest in der Botschaft statt. Die Bezeichnung „Posse mit Gesang" ist endlich hier in dem für derartige Bühnenwerke buchstäblichen Sinne zu nehmen. In der „Duchesse" wird, abgesehen von dem Vortrag der Nationalhymne, überhaupt nicht gesungen; in „Durchlaucht Radieschen" bildet dagegen der Gesang ein Bestandteil des ganzen, von dem nicht zum geringsten der Erfolg gerade einer Berliner Posse abhängig ist. Diese Couplets, die überall mit Anspielungen auf lokale Verhältnisse und Tagesereignisse gewürzt sind, treten in „Durchlaucht Radieschen" auch räumlich besonders stark hervor. Von den 112 Seiten des gedruckten Textes sind etwa 22 Seiten mit solchen Gesängen angefüllt, die auch nicht den geringsten Anklang an irgend etwas haben, was in der „Duchesse" vorkommt.

Aus allen diesen Gründen und da sich im übrigen in dem Fr.'schen Stück nicht eine Zeile nachweisen läßt, welche dem F.'schen Schwank direkt entlehnt wäre, konnte die Sachverständigenkammer nicht umhin, die Posse „Durchlaucht Radieschen" als eine „eigentümliche Schöpfung" im Sinne des § 13 Abs. 1 des Gesetzes vom 19. Juni 1901 zu bezeichnen, die aus freier Benutzung des Stückes (pièce) „La Duchesse des Folies-Bergère" entstanden ist. Sie mußte deshalb, wie geschehen, die ihr vom Gericht unterbreitete Frage dahin beantworten, daß das im M.-Theater zu B. aufgeführte Stück „Durchlaucht Radieschen" sich nicht als eine unzulässige Nachdichtung des französischen Stückes „La Duchesse des Folies-Bergère“ darstellt.*)

---

*) Die Klage hat in erster und in zweiter Instanz keinen Erfolg gehabt und auch die Revision ist durch Urteil des I. Zivilsenats des Reichsgerichts vom 11. April 1906, Reg. I 452/05 (Entsch. in Zivils. Bd. 63 S. 158) zurückgewiesen. In diesem Urteil wird u. a. ausgeführt: „Die Vergleichung der beiden Stücke ergibt eine völlige Verschiedenheit der Dialoge und eine wesentliche Verschiedenheit im Gange der Handlung und in den Nebenfiguren. Von Bedeutung ist besonders auch das letztere, weil infolge davon, wie in dem Gutachten der Sachverständigenkammer ausgeführt wird, die Fr.'sche Posse durchaus die Berliner Lokalfärbung erhalten hat. Von den vier Akten des Fr.'schen Stückes haben zwei nicht ihresgleichen in dem F.'schen, und eigentümlich sind jenem die in allen Akten räumlich stark hervortretenden Couplets. Wenn danach das Berufungsgericht gegenüber demjenigen, was beiden Stücken gemeinsam ist, das Neue und Besondere des Fr.'schen Stückes für so überwiegend hält, daß dieses als eine unter freier Benutzung des französischen Stückes hervorgebrachte eigentümliche Schöpfung angesehen werden müsse, so kann darin eine Gesetzesverletzung nicht gefunden werden.“

II.

Gutachten

der

Musikalischen Sachverständigen-Kammer.

II.

Gutachten
der
Musikalischen Sachverständigen-Kammer.

Nr. 1.
Gutachten vom 10. Juni 1905.

Begriff des schutzberechtigten Werkes der Tonkunst. Schutzberechtigung eines nach fremden Motiven zusammengestellten sog. „Pfeifliedes". Unzulässige Vervielfältigung.

Die Firma L. D., Musikalienhandlung, in W. hat laut Verlagsschein vom 19. Mai 1903 das Urheberrecht an der Operette „Frühlingsluft", Text von Karl Lindau und Julius Wilhelm, Musik nach Motiven von Josef Strauß zusammengestellt von Ernst Reiterer, erworben. Sie behauptet, daß der C.-Verlag zu B. die Hauptnummer dieser Operette, das sogenannte „Pfeiflied", in seiner Ausgabe für Gesang und Klavier unter dem Titel „Pfeif-Polka" nachgedruckt habe, und hat deshalb unter dem 13. Januar 1905 gegen den C.-Verlag bei dem Königlichen Landgericht I zu B. die gerichtliche Klage mit dem Antrage erhoben, den Beklagten zu verurteilen, ihr darüber Rechnung zu legen, wie viele Exemplare der „Pfeif-Polka" er vertrieben habe, ihr den durch diese Verbreitung erwachsenen Schaden zu erstatten und die weitere Vervielfältigung und gewerbsmäßige Verbreitung der „Pfeif-Polka" bei Vermeidung einer fiskalischen Strafe von 100 *M.* für jeden Fall der Zuwiderhandlung zu unterlassen.

Der Beklagte hat die Abweisung der Klage beantragt. Er behauptet, daß das „Pfeiflied", wie schon die Aufschrift des gedruckten Liedes ergebe, nicht eine eigene Komposition, sondern lediglich eine Zusammenstellung Josef Strauß'scher

Melodien sei. Die Melodien, aus denen sich dieses Lied zusammensetze, seien Note für Note Strauß'sche Melodien, die lediglich mechanisch, ohne Aufwendung einer selbständigen Tätigkeit aneinandergereiht seien. Die Klägerin könne deshalb ein Urheberrecht an diesem „Pfeiflied" überhaupt nicht geltend machen, und selbst wenn man dies annehmen wollte, so gleiche die Melodie, welche für seine „Pfeif-Polka" verwendet sei, durchaus nicht dem klägerischen „Pfeiflied", da sowohl die Einleitung wie der Mittelsatz und der ganze Refrain ein anderer sei. Insbesondere sei auch der ganze Klaviersatz vollkommen von dem des „Pfeifliedes" verschieden. Höchstens an dieser Klavierbegleitung könne aber der Klägerin ein Urheberrecht zustehen, und gerade dieses Recht sei durch ihn nicht verletzt, da die Begleitung nicht die geringste Ähnlichkeit mit derjenigen der Klägerin habe.

In ihrer Sitzung vom 2. Mai 1905 hat die 36. Zivilkammer des Königlichen Landgerichts I zu B. beschlossen, die Musikalische Sachverständigenkammer um ein Gutachten darüber zu ersuchen:

> ob das unter dem Titel „Pfeiflied" aus der Operette Frühlingsluft nach Motiven von Joseph Strauß zusammengestellt von Ernst Reiterer veröffentlichte Musikstück als ein den Schutz des § 1 des Reichsgesetzes vom 19. Juni 1901 genießendes Werk der Tonkunst anzusehen ist oder nicht, und bejahendenfalls: ob das vom Beklagten unter dem Titel „Pfeif-Polka, Text von Reinhard Senta, Musik nach Josef Strauß-schen Motiven zusammengestellt von Alfred Mello" verbreitete Musikstück als ein gegen das genannte Reichsgesetz verstoßender Nachdruck des „Pfeifliedes" zu betrachten ist.

Es kann einem Bedenken nicht unterliegen, daß der Tatbestand einer unzulässigen Vervielfältigung vorliegt.

Zunächst ist über die Schutzberechtigung des Reiterer'schen Pfeifliedes folgendes zu bemerken:

Als schutzberechtigte Werke der Tonkunst im Sinne des § 1 Ziff. 2 des Gesetzes vom 19. Juni 1901 sind diejenigen musikalischen Kompositionen anzusehen, welche sich als Erzeugnisse einer individuellen Geistestätigkeit ihres Urhebers darstellen. Wie nun aber die zur Schutzberechtigung eines Schriftwerks erforderliche individuelle Geistesarbeit nicht wesentlich in der Hervorbringung neuen Stoffes zu bestehen braucht, sondern auch in einer eigenartigen Anordnung, Auswahl und Verbindung bereits vorhandenen Stoffes sich auf eine vollkommen selbständige Weise äußern kann, so braucht auch das Werk der Tonkunst, welches auf den gesetzlichen Schutz gegen unbefugte Vervielfältigung Anspruch erheben will, nicht in dem Sinne Original zu sein, daß es durchaus frei erfunden sein müßte. Wie auf dem Gebiete der Literatur kann also auch auf dem der Tonkunst eine individuelle geistige Tätigkeit auch in der bloßen Bearbeitung bereits vorhandener Schöpfungen hervortreten, sofern nur diese Bearbeitung nicht etwa lediglich in der einfachen Wiedergabe des bereits Vorhandenen besteht, sondern sich als ein unter Aufwendung eigener formgestaltender Tätigkeit zustande gekommenes selbständiges musikalisches Werk charakterisiert. Es kann deshalb z. B., wie Mitteis (Zur Kenntnis des literarisch-artistischen Urheberrechts 1898 S. 60) zutreffend bemerkt, auch eine bloße Sammlung fremder Tonwerke insofern sich als ein schutzberechtigtes Werk der Tonkunst darstellen, als sie eine selbständige ordnende Tätigkeit nach bestimmten Gesichtspunkten enthält, und so kann auch ein sogenanntes Potpourri, das im wesentlichen in der Zusammenstellung bereits vorhandener Tonsätze besteht, durch die dabei vorkommende Aufwendung eigener Kompositionskunst, durch Herstellung von Übergängen, verbindenden Phrasen und Kadenzen usw. den gesetzlichen Schutz gegen unberechtigte Wiedergabe erlangen.

Im vorliegenden Falle handelt es sich nun ebenfalls nicht um eine Komposition, die bezüglich der thematischen Arbeit durchweg einen originalen Wert besitzt, sondern um eine eigenartige Zusammenstellung einer Anzahl von Motiven aus nicht mehr geschützten Werken von Josef Strauß, die durch geeignete Überleitungstakte verbunden und zugunsten einer neuen, ihnen allein nicht innewohnenden Wirkung verwendet sind. Durch die Art und Weise dieser Zusammenstellung und die gegensätzliche Wirkung der musikalischen Motive, wie sie sich aus der Aufeinanderfolge der Themen ergibt, hat Reiterer unter Aufwendung eigener Kompositionskunst dem aus den Strauß'schen Kompositionen entnommenen melodiösen Material etwas Neues abgewonnen und eine inzwischen auch in weiten Kreisen anerkannte Wirkung hervorgebracht, so daß es einem Bedenken nicht unterliegen konnte, das Reiterer'sche „Pfeiflied" für ein neues, auf selbständiger geistiger Tätigkeit beruhendes und damit schutzberechtigtes Werk der Tonkunst zu erklären.

Was sodann die weitere der Sachverständigenkammer vorgelegte Frage anlangt, ob eine unzulässige Vervielfältigung des „Pfeifliedes" vorliegt, so wird es zunächst erforderlich sein, festzustellen, worin der Schwerpunkt der beiden zu vergleichenden Musikstücke, des Reiterer'schen „Pfeifliedes" und der vom Beklagten vertriebenen „Pfeif-Polka" liegt.

Bereits oben ist darauf hingewiesen, daß es bei dem Reiterer'schen „Pfeiflied" vorwiegend auf die Auswahl der verwendeten Stücke aus dreien der sehr zahlreichen Werke von Josef Strauß, auf die Reihenfolge, in welcher sie verwendet sind, und auf das Herausbringen einer ganz bestimmten Wirkung ankommt.

Die „Pfeif-Polka" enthält genau dieselben Themen aus Josef Strauß'schen Werken wie das Reiterer'sche „Pfeiflied". Es steht, da die Melodien nicht mehr geschützt sind, deren Vervielfältigung jedem frei. Etwas anderes ist es aber mit der Art und Weise, wie diese Stücke gruppiert und zu einander in Beziehung gebracht sind. Diese Anordnung beruht durchweg auf einer geistigen Tätigkeit des Herrn Reiterer, und man kann mit Bestimmtheit annehmen, daß der Autor der „Pfeif-Polka" niemals auf diese Art der Zusammenstellung verfallen wäre, wenn er sich nicht die Reiterer'sche Arbeit als direktes Vorbild hätte dienen lassen.

Das Wichtigste aber ist, daß der Schluß des Ganzen, die sogenannte Coda, nicht allein den Noten nach an derselben Stelle und ebenso wie im „Pfeiflied" gleichsam als letzter

Trumpf verwendet worden ist, sondern daß gerade dasjenige, wodurch das „Pfeiflied" wohl in erster Linie seinen großen Erfolg errungen hat, nämlich der Gedanke, die Coda nicht singen, sondern pfeifen zu lassen, ein durchaus eigentümlicher des Herrn Reiterer ist. Das Thema findet sich im Finale der Polka „Eingesendet" von Josef Strauß und bedeutet dort nichts weiter als ein Motiv, das neben anderen gleichwertig figuriert. Der Einfall, dieses Thema ausdrücklich hervorzuheben und ihm einen für die große Masse der Zuhörer besonderen Reiz dadurch zu verleihen, daß es gepfiffen wird, gibt der ganzen Komposition mehr als alles andere ihren Charakter, wie es ja auch bereits der Titel derselben andeutet.

Wenn nun von dem Beklagten behauptet wird, daß die für die „Pfeif-Polka" verwendete Melodie mit der des „Pfeifliedes" durchaus nicht übereinstimme, da sowohl die Einleitung, wie der Mittelsatz verschieden seien und auch der ganze Refrain ein anderer sei, so ist darauf hinzuweisen, daß es sich hierbei nur um einige Änderungen in den Noten handelt, die so geringfügig sind, daß es einer sehr genauen Vergleichung bedarf, um sie überhaupt festzustellen, sodaß man sich des Eindrucks nicht erwehren kann, diese kleinen Varianten seien ausdrücklich zu dem Zwecke vorgenommen, um den sonst allzu deutlich hervortretenden Nachdruck nach Möglichkeit zu verschleiern.

Was sodann die Verschiedenheit der Einleitung, des sogenannten Mittelsatzes und des Refrains anlangt, womit anscheinend die wenigen eingeschobenen Takte für das Klavier allein gemeint sein sollen, so ist die Abweichung dieser Teile von denen des Originals der Hauptsache gegenüber von so geringfügiger Bedeutung, daß der Tatbestand der unzulässigen Vervielfältigung dadurch schwerlich in Frage gestellt werden kann.

Die weitere Angabe des Beklagten, daß auch der ganze Klaviersatz der „Pfeif-Polka" vollkommen von demjenigen verschieden sei, welchen Reiterer für die Strauß'schen Melodien komponiert habe, kann ebenfalls nicht für zutreffend erachtet werden. Der Klaviersatz der „Pfeif-Polka" ist im Gegenteil zum Teil genau derselbe wie der des Originals; nur sind an einzelnen Stellen gewisse Änderungen angebracht, welche zwar die ursprüngliche Lesart etwas umgehen, im Grunde genommen aber genugsam auf die Benutzung des Originals hinweisen. Um nur ein Beispiel von vielen herauszugreifen, sei hier der Anfang des 2/4 Taktes, welcher in beiden Stücken mit dem Text „Komm doch, komm doch" beginnt, hervorgehoben, wo es ganz klar ersichtlich ist, wie der Autor der „Pfeif-Polka" einfach die Akkordgriffe in der linken Hand umgelegt hat, so daß die Sache auf den ersten Blick eine andere scheint, in Wirklichkeit aber die gleiche ist wie das Original.

Aus allen diesen Gründen konnte es nicht dem mindesten Bedenken unterliegen, daß die „Pfeif-Polka" eine im wesentlichen identische Wiedergabe des „Pfeifliedes" ist, und daß demnach, da Reiterer die Genehmigung zu dieser Wiedergabe nicht erteilt hat, der Tatbestand einer unzulässigen Vervielfältigung im Sinne des Gesetzes vom 19. Juni 1901 vorliegt.*)

Nr. 2.

Gutachten vom 17. März 1906.

Anderweiter Nachdruck des „Pfeifliedes".

Die Firma L. D., Musikalienhandlung, in W., die nach ihrer Angabe das Urheberrecht an der von Karl Lindau und Jul. Wilhelm verfaßten, nach Motiven von Josef Strauß von Ernst Reiterer in Musik gesetzten Operette „Frühlingsluft" besitzt, behauptet, daß ein Nachdruck der Hauptnummer dieser Operette, des sogenannten „Pfeifliedes", von dem Musikalienhändler M. in B. unter dem Titel „Pfeif-Rheinländer nach Motiven der Operette Frühlingsluft" verlegt worden sei. Sie hat deshalb unter Berufung auf einen von ihr gegen den C.-Verlag in B. geführten Prozeß, in welchem der gleiche Fall bereits zu ihren Gunsten entschieden sei, unter dem 6. Januar 1905 gegen M. die gerichtliche Klage erhoben mit dem Antrage, den Beklagten zu verurteilen, ihr darüber Rechnung zu legen, wie viele Exemplare

*) Das Gericht hat sich dem obigen Gutachten angeschlossen und auf Verurteilung des Beklagten nach dem Klageantrage erkannt.

des „Pfeif-Rheinländers" er vertrieben hat, der Klägerin den ihr durch diese Verbreitung entstandenen Schaden zu erstatten und die weitere Vervielfältigung und gewerbsmäßige Verbreitung des „Pfeif-Rheinländers" bei Vermeidung einer fiskalischen Strafe von 100 *M.* für jeden Fall der Zuwiderhandlung zu unterlassen.

Der Beklagte hat die Abweisung der Klage beantragt. Er bestreitet, daß der von ihm verlegte „Pfeif-Rheinländer" ein Nachdruck des Reiterer'schen „Pfeifliedes" sei. Das letztere bestehe aus zwei Piecen von Josef Strauß; sowohl die erste wie die zweite seien eine Polka, die durch eine Überleitung verbunden seien. Sein „Pfeif-Rheinländer" enthalte in seinem ersten Teil aber keine Polka, sondern einen Rheinländer, und außerdem sei auch die Überleitung fortgelassen. Die einzige Ähnlichkeit zwischen dem Reiterer'schen „Pfeiflied" und dem „Pfeif-Rheinländer" sei die Schlußpolka; dies reiche aber nicht aus, um einen Nachdruck anzunehmen, zumal die Josef Strauß'schen Piecen nicht mehr schutzberechtigt seien, und jedenfalls die einfache Hintereinanderstellung mehrerer nicht schutzberechtigter Motive die Reiterer'sche Arbeit nicht zu einem schutzberechtigten Werke der Tonkunst machen könne. Der Rheinländer des Beklagten enthalte keine Note und keine charakteristische Zutat, die von Reiterer stamme; wer das „Pfeiflied" singen wolle, könne den „Pfeif-Rheinländer" des Beklagten nicht benutzen, und wer nach dem letzteren tanzen wolle, könne wiederum das „Pfeiflied" von Reiterer nicht verwenden.

In ihrer Sitzung vom 6. Februar 1906 hat die 24. Zivilkammer des Königlichen Landgerichts I zu B. beschlossen, ein Gutachten der Musikalischen Sachverständigenkammer einzuholen:

1. über die Behauptung der Klägerin, daß der „Pfeif-Rheinländer" des Beklagten Motive des von ihr überreichten „Pfeifliedes" von Reiterer enthalte und nicht nur nach Motiven des bei den Akten befindlichen Walzers von Josef Strauß zusammengestellt worden sei,
2. über die Gegenbehauptung des Beklagten, daß der von ihm vertriebene „Pfeif-Rheinländer" nur nach Motiven

des bereits nicht mehr schutzberechtigten Walzers von Josef Strauß von ihm zusammengestellt worden sei und nichts von den Motiven des „Pfeiflieds" von Reiterer, soweit diese von Reiterer selbst und nicht von Strauß herrührten, enthalte.

Die Sachverständigenkammer hat sich unbedenklich dahin aussprechen müssen, daß eine unzulässige Vervielfältigung des Reiterer'schen „Pfeifliedes" vorliegt.

Was zunächst die Schutzberechtigung dieses „Pfeifliedes" anlangt, so kann dieselbe nicht wohl in Zweifel gezogen werden. Dasselbe enthält drei Bruchstücke aus Tänzen von Josef Strauß. Die Stücke sind, da seit dem Tode des Komponisten mehr als 30 Jahre verstrichen sind, an sich nicht geschützt; ihre Vereinigung zu einem neuen Werke der Tonkunst steht also jedermann unbedenklich frei.

Man wird deshalb an sich zugeben müssen, daß lediglich die Auswahl gerade jener drei Teile aus Strauß'schen Werken und ihre Zusammenstellung durch Reiterer dem „Pfeiflied" die Eigenschaft eines schutzberechtigten Werkes der Tonkunst noch nicht verschaffen kann. Allein Reiterer hat nicht nur die drei hier in Frage kommenden Strauß'schen Themen ausgewählt und in einer bestimmten Reihenfolge verbunden, sondern er hat bei dieser Zusammenstellung mehrfach eine eigene geistige Tätigkeit kompositorischer Art aufgewendet, indem er zunächst dem Gedanken, den Kehrreim des Stückes nicht singen, sondern pfeifen zu lassen, Ausdruck verschafft und sodann auch die einzelnen Teile durch selbständig erfundene Zwischenspiele, Einleitungsakte und Abschlüsse geschickt verbunden hat. Durch diese Arbeiten hat er seinem „Pfeiflied" einen selbständigen eigentümlichen Charakter verschafft und dasselbe zu einer neuen und eigentümlichen, schutzberechtigten musikalischen Schöpfung gestaltet.*)

*) Vgl. Gutachten Nr. 1 vom 10. Juni 1905 S. 241 ff.

Es kann sich also nur um die Frage handeln, ob in dem von dem Beklagten verbreiteten „Pfeif-Rheinländer“ eine unzulässige Vervielfältigung des schutzberechtigten Reiterer'schen „Pfeifliedes“ gefunden werden muß.

Diese Frage ist zu bejahen.

Der Beklagte M. hat zwar in seiner Klagebeantwortung den Beweis zu erbringen versucht, daß ein Nachdruck nicht angenommen werden könne, indem er zunächst behauptet hat, daß das Reiterer'sche „Pfeiflied“ aus zwei Stücken von Josef Strauß bestehe. Allein dies ist unrichtig, da dieses Lied deren drei enthält. Des weiteren hat der Beklagte darauf hingewiesen, daß sein „Pfeif-Rheinländer“ in seinem ersten Teil einen Rheinländer, nicht aber eine Polka enthalte. Dies ist insofern vollkommen bedeutungslos, als es sich in beiden Sachen um einen zweiteiligen Rhythmus handelt und man eine Polka in einen Rheinländer verwandeln kann, ohne auch nur eine Note daran zu ändern. Zudem ist diese Behauptung des Beklagten auch nicht einmal zutreffend, da der erste Teil des „Pfeif-Rheinländers“ nicht aus einer Polka, sondern aus einem Walzerthema in einen Rheinländer umgewandelt ist. Jedoch auch dies ist ohne Belang. Wir besitzen eine ganze Anzahl derartiger rhythmisch veränderter Musikstücke, bei denen aber nie jemand einen Anspruch darauf geltend gemacht haben wird, daß er durch eine solche Veränderung ein neues Tonwerk geschaffen habe. Es soll hier als Beispiel nur der bekannte, von jeder Militärkapelle gespielte Nibelungen-Marsch angeführt werden, in welchem sich alle möglichen Themen aus Richard Wagner's Nibelungenring, in welcher Taktart sie auch ursprünglich stehen mögen, in den $^2/_4$ Takt des Marschrhythmus umgesetzt, wiederfinden. Niemand wird hier behaupten wollen, daß durch diese Umsetzung an den Themen selbst eine Veränderung vorgenommen sei, durch welche der Bearbeiter ein neues Werk der Tonkunst geschaffen habe.

Der Beklagte M. hat ferner behauptet, daß die einzige Ähnlichkeit zwischen dem Reiterer'schen „Pfeiflied“ und seinem „Pfeif-Rheinländer“ die Schlußpolka sei, und daß der „Pfeif-Rheinländer“ keine Note und keine charakteristische Zutat enthalte, die von Reiterer stamme. Alles dies ist nicht zutreffend.

Gegen die erste der beiden Behauptungen würde allein der Umstand sprechen, daß in den beiden Stücken genau dieselben Themen von Josef Strauß und noch dazu in der nämlichen Reihenfolge benutzt worden sind. Bezüglich der zweiten Behauptung ist aber darauf hinzuweisen, daß die Reiterer'schen Vor-, Zwischen- und Nachspiele als ein wesentliches Moment für die Schutzberechtigung und die Wirkung des „Pfeifliedes" zu betrachten sind. Auch in dem „Pfeif-Rheinländer" finden sich solche Einleitungs- und Verbindungstakte, und wenn man diese nur oberflächlich betrachtet, so scheint es allerdings so, als ob keine Note von Reiterer darin vorkomme. In Wirklichkeit ist aber das, was Reiterer in seinem „Pfeiflied" zu den Strauß'schen Themen an eigenem hinzugesetzt hat, in dem „Pfeif-Rheinländer" fast überall benutzt und nur auf eine leicht zu erkennende Art durch eingeschobene kleine Notenwerte äußerlich verändert, während der Kern der Sache, die Reiterer'sche Arbeit geblieben ist. Am wenigsten tritt dies bei den Einleitungsakten hervor. Wenn auch der Beginn beider Stücke beinahe notengetreu der gleiche ist, so finden sich in der Einleitung dann doch noch zwei, allerdings aus derselben Quelle herrührende Takte, welche in Reiterer's „Pfeiflied" nicht vorkommen. Viel auffälliger ist aber der Umstand, daß in dem „Pfeif-Rheinländer" zunächst einmal von dem ersten zu dem zweiten der Strauß'schen Motive eine sehr kurze aber vollkommen übereinstimmende Überleitung besteht, daß dann weiterhin vom zweiten zum dritten der Strauß'schen Stücke die Überleitung länger ausgedehnt ist, hier aber bei genauer Prüfung die Benutzung des Reiterer'schen Originals gar keinem Zweifel unterliegen kann, und daß endlich der Abschluß des ganzen in beiden Kompositionen völlig der gleiche ist.

Nun hat der Beklagte M. in der Klagebeantwortung noch darauf hingewiesen, daß jemand, der das „Pfeiflied" singen wolle, den „Pfeif-Rheinländer" nicht benutzen könne, und daß ein anderer, der nach dem „Pfeif-Rheinländer" zu tanzen beabsichtige, nicht in der Lage sei, dazu das „Pfeiflied" von Reiterer zu verwenden. Dies alles ist jedoch für die Beurteilung der Sachlage ohne Bedeutung; denn es handelt sich selbstverständlich um einen Fall, in welchem eben mit dem Reiterer'schen Original gewisse Veränderungen vorgenommen worden sind, sodaß die Möglichkeit einer Verwendung der beiden Stücke zu dem gleichen Zwecke garnicht erörtert zu werden braucht. Man könnte auch noch anführen, daß in dem „Pfeif-Rheinländer" das Pfeifen des Kehrreims garnicht vorgeschrieben ist, und daß infolgedessen eine der Hauptwirkungen, welche Reiterer angebracht hat, hier nicht vorkomme; aber gerade der Titel des M.'schen Musikstückes deutet in Verbindung mit den vorerwähnten Punkten darauf hin, daß bei der Veröffentlichung des Ganzen hauptsächlich auf diejenigen Gesellschaftskreise gerechnet worden ist, welche das Reiterer'sche „Pfeiflied" kennen. Es ist durchaus naheliegend, daß im fröhlichen Kreise von denjenigen, welchen das Original bekannt ist, auch gelegentlich bei dem Vortrag des „Pfeif-Rheinländers" der Kehrreim mitgepfiffen wird.

Für die Beurteilung des vorliegenden Falles ist es eben von der wesentlichsten Bedeutung, daß nicht eine einzelne Besonderheit des Reiterer'schen „Pfeifliedes" in dem M.'schen „Pfeif-Rheinländer" wiedererscheint, sondern daß nahezu alle jene Eigenschaften, welche dem „Pfeiflied" sein charakteristisches Gepräge geben und als geistiges Eigentum von Reiterer zu betrachten sind, in dem „Pfeif-Rheinländer" Verwendung gefunden haben.

In dieser im wesentlichen identischen Wiedergabe des Reiterer'schen Originals ist aber eine unzulässige Vervielfältigung desselben im Sinne des Gesetzes vom 19. Juni 1901 zu finden.*)

*) Der Rechtsstreit ist durch einen vor Gericht geschlossenen Vergleich, nach welchem der Beklagte 700 *M.* an die Klägerin gezahlt hat, beendet.

Nr. 3.

Gutachten vom 17. März 1906.

Angeblich anderweiter Nachdruck des „Pfeifliedes".

Die Firma L. D., Musikalienhandlung, in W., welche das Urheberrecht an der Operette „Frühlingsluft", Text von Karl Lindau und Jul. Wilhelm, Musik nach Motiven von Josef Strauß, zusammengestellt von Ernst Reiterer, besitzt, behauptet, daß der Musikalienhändler K. in B. die mit der Bezeichnung „Pfeiflied" versehene Hauptnummer dieser Operette nachgedruckt und die Nachdrucke unter dem Titel „Frühlingsduftiger Pfeif-Rheinländer" verbreitet habe. Sie hat deshalb unter dem 29. November 1905 bei dem Königlichen Landgericht I zu B. gegen K. die gerichtliche Klage erhoben und unter Berufung auf einen früheren von ihr gegen den C.-Verlag in B. geführten Prozeß, in welchen der gleiche Fall bezüglich des C.-Verlags bereits zu ihren Gunsten entschieden sei, den Antrag gestellt, den Beklagten zu verurteilen, darüber Rechnung zu legen, wieviele Exemplare des „Frühlingsduftigen Pfeif-Rheinländers" er vertrieben hat, der Klägerin den ihr durch diese Verbreitung erwachsenen Schaden zu erstatten und die weitere Vervielfältigung und gewerbsmäßige Verbreitung des genannten Liedes bei Vermeidung einer fiskalischen Strafe von 100 M. für jeden Fall der Zuwiderhandlung zu unterlassen.

Der Beklagte hat die Abweisung der Klage beantragt. Er bestreitet, daß ein Nachdruck vorliegt und behauptet, daß der Bearbeiter des „Pfeif-Rheinländers" G. dieses Musikstück, ohne jemals die Operette „Frühlingsluft" gesehen zu haben, unter Mitwirkung seiner, des Beklagten, Ehefrau selbständig komponiert habe. Die G.'sche Komposition bestehe lediglich in der Verwertung und Zusammenstellung alter bekannter, zum Gemeingut gewordener Strauß'scher Motive und Melodien. Von einem Nachdruck des „Pfeifliedes" könne deshalb keine Rede sein, zumal die in diesem Liede etwa vorhandene eigenartige Zusammenstellung und die etwa vorhandenen von Reiterer neu geschaffenen Übergänge in der G.'schen Komposition nicht wiederkehrten. Der Beklagte hält ferner die Heranziehung des Urteils gegen den C.-Verlag für durchaus unangebracht, da zwischen der Komposition dieses Verlages „Pfeif-Polka“ und der G.'schen Komposition nicht die mindeste Ähnlichkeit bestehe. Außerdem fehle bei der letzteren auch das Pfeifen, welches gerade das Charakteristische und den eigentlichen Effekt des Reiterer'schen Pfeifliedes bilde.

Unter dem 8. Februar 1906 hat die Zivilkammer 13 des Königlichen Landgerichts I zu B. beschlossen, ein Gutachten der Musikalischen Sachverständigenkammer über die Behauptung der Klägerin zu fordern:

> daß der von G. komponierte „Frühlingsduftige Pfeif-Rheinländer“ ein Nachdruck des „Pfeifliedes“ aus der Reiterer'schen Operette „Frühlingsluft“ sei.

Die Sachverständigenkammer mußte sich unbedenklich dahin aussprechen, daß hier eine unzulässige Vervielfältigung des „Pfeifliedes“ nicht vorliegt.

Der von G. verfaßte „Pfeif-Rheinländer“ hat zur melodischen Grundlage drei Teile aus Tänzen von Josef Strauß, und zwar hat G. dieselben Nummern ausgesucht, welche auch Reiterer für sein „Pfeiflied“ benutzt hat. Die einzelnen Stücke folgen bei G. genau so aufeinander wie bei Reiterer, und es wird deshalb in der Klage das Vorhandensein einer unzulässigen Vervielfältigung des Reiterer'schen „Pfeifliedes“ behauptet und die Verurteilung des Beklagten mit dem Hinweis darauf beansprucht, daß der gleiche Fall bereits in dem Prozeß der Firma D. gegen den C.-Verlag zugunsten der Klägerin entschieden sei.

Es kann nun zwar nicht in Abrede gestellt werden, daß zwischen der Arbeit von G. und derjenigen von Reiterer eine gewisse Ähnlichkeit besteht. Trotzdem ist aber die Sachlage in der vorliegenden Prozeßsache von dem der Entscheidung in der Prozeßsache D. gegen C.-Verlag zugrunde liegenden Fall durchaus verschieden.

In dem Gutachten, welches die Sachverständigenkammer in dieser letzterwähnten Prozeßsache unter dem 10. Juni 1905*) erstattet hat, ist zunächst darauf hingewiesen, daß die Kompositionen von Josef Strauß, da der Komponist bereits seit mehr als dreißig Jahren verstorben ist, einen gesetzlichen Schutz gegen Nachdruck nicht mehr genießen. Des weiteren ist ausgeführt, daß das Reiterer'sche „Pfeiflied" zu den geschützten Werken der Tonkunst zählt, und es ist unter den Gründen, welche für diese Eigenschaft der Schutzberechtigung sprechen, namentlich die Aufeinanderfolge der Themen und ihre Verbindung durch wirkungsvolle Übergänge, sowie als wichtigster Moment der Umstand betont, daß Reiterer auf den Einfall gekommen ist, den Schluß des Liedes nicht singen, sondern pfeifen zu lassen. Entscheidend fiel ferner bei der Beurteilung des damaligen Tatbestandes in die Wagschale, daß in den Überleitungen, welche die verschiedenen Stücke verbinden, auffällige Anlehnungen erkennbar waren, und daß endlich auch der Klaviersatz des Nachdrucks mit demjenigen des Originals eine nicht von der Hand zu weisende Verwandtschaft zeigte. Die Vereinigung so vieler Momente, unter denen dasjenige der Auswahl unter den Josef Strauß'schen Werken keineswegs eines der bedeutendsten war, hat damals die Sachverständigenkammer zur Annahme des Nachdrucks geführt. Der Umstand, daß die drei Werken von Josef Strauß entnommenen Themen in der vom C.-Verlag herausgegebenen Komposition in derselben Reihenfolge wie im Reiterer'schen Pfeiflied vorkommen, hätte allein für die Entscheidung der Kammer nicht ausschlaggebend sein können, trotzdem man in der geeigneten Auswahl eine gewisse geistige Tätigkeit Reiterer's finden kann. Erst durch die anderen oben hervorgehobenen Momente, besonders durch die Nachahmung des Reiterer'schen Einfalls, den Kehrreim pfeifen zu lassen, mußte auch die an Reiterer sich eng anschließende Art und Weise der Zusammenstellung der einzelnen von Strauß entlehnten Stücke in einem die Annahme einer unzulässigen Vervielfältigung begründenden ungünstigen Lichte erscheinen.

Nun soll keineswegs in Abrede gestellt werden, daß die

---

*) S. oben S. 241 ff.

G.'sche Arbeit vermutlich durch den Erfolg des Reiterer'schen Pfeifliedes veranlaßt und daß das letztere von G. offenbar als Muster für seinen „Pfeif-Rheinländer" benutzt worden ist, wie es denn auch wahrscheinlich ist, daß dieser letztere Titel von G. bezw. dem Beklagten verwendet worden ist, um möglichst den Erfolg des R.'schen Pfeifliedes auszunutzen. Aber auch dann würde sich eine unzulässige Vervielfältigung dieses Pfeifliedes im Sinne des Gesetzes vom 19. Juni 1901 niemals feststellen lassen. Weder findet sich eine unter dieses Gesetz fallende Nachahmung des Textes, noch eine solche des Klaviersatzes; weder sind die Überleitungen benutzt, noch ist, was die Hauptsache bleibt, von der, wie bereits mehrfach betont wurde, bedeutsamsten Wirkung des Reiterer'schen Pfeifliedes, dem Pfeifen des Kehrreims, Gebrauch gemacht.

Aus allen diesen Gründen war für die Sachverständigenkammer kein Anlaß vorhanden, im vorliegenden Falle den Tatbestand einer unzulässigen Vervielfältigung im Sinne des Gesetzes anzunehmen.*)

Nr. 4.

Gutachten vom 17. Februar 1901.

Inwieweit sind Harmonisierungen von Volksliedern als Werke der Tonkunst anzusehen.

Im Verlage von Chr. F. V. in B. ist im April 1903 ein von dem Rektor G. in B. und dem städtischen Lehrer und Gesanglehrer H. daselbst herausgegebenes Schulliederheft erschienen, welches den Titel führt: „Die Auswahl der Kirchen-

*) Eine gerichtliche Entscheidung ist in der Sache nicht ergangen. Die Klägerin hat nach Erstattung des Gutachtens angezeigt, daß sie die Klage zurücknehme.

und Volkslieder für den Gesangsunterricht nach dem Grundplan der Berliner Gemeindeschulen. Ausgabe A (ohne Vorübungen)."

Der Königliche Musikdirektor W. in B. behauptet, daß dieses Schulliederheft hinsichtlich seines Notentextes im wesentlichen den Abdruck eines von ihm herrührenden Manuskriptes bilde, welches er auf Veranlassung des städtischen Schulinspektors Dr. F. zum Zwecke der Beratung in einer zur Ausarbeitung eines Gesanglehrplans für die B.'er Gemeindeschulen niedergesetzten Kommission verfaßt habe. Durch die Kommissionsberatung habe festgestellt werden sollen, in welcher Melodiefassung, mit welchen Notenwerten, in welchen Tonarten und bezüglich der mehrstimmigen Lieder in welcher Harmonisierung die als Kanon für die Berliner Gemeindeschulen bereits vorher ausgewählten Lieder notiert und gesungen werden sollten. Eine solche Festlegung sei jedoch durch die städtische Schuldeputation nicht erfolgt; trotzdem habe aber der Rektor G., der Mitglied der Kommission gewesen sei, im Verein mit dem städtischen Lehrer H. die Harmonisierungen von 11 Volksliedern genau so wie er sie in seinem Manuskript niedergelegt habe, in die „Auswahl der Kirchen- und Volkslieder" übernommen.

In dieser Übernahme erblickt W. eine unzulässige Vervielfältigung seiner Harmonisierungsarbeiten, die er als „kleinere Kompositionen" ansieht, und hat deshalb unter dem 14. Juli 1903 bei der Königlichen Staatsanwaltschaft die strafrechtliche Verfolgung der Herausgeber der „Auswahl der Kirchen- und Volkslieder" G. und H. beantragt.

Die Beschuldigten haben bestritten, sich eines strafbaren Nachdrucks schuldig gemacht zu haben. Der Rektor G. hat insbesondere hervorgehoben, daß der Tonsatz der mehrstimmigen Volkslieder, wie er ihn in die „Auswahl der Kirchen- und Volkslieder" aufgenommen habe, überhaupt nicht geistiges Eigentum des Musikdirektors W., sondern lediglich das Ergebnis der vorerwähnten Kommissionsberatungen gewesen sei, zu dessen Benutzung er sich durchaus für berechtigt gehalten habe. Zudem könne in der Harmonisierung einfacher Weisen, insbesondere von Volksliedern, eine selbständige schutzberechtigte

Kompositionstätigkeit überhaupt nicht gefunden werden, da eine solche Harmonisierung bei dem zwei- und dreistimmigen Volksschulgesang hauptsächlich durch Anwendung der Terzen, Sexten und tonischen Dreiklänge erfolge. Die von W. für die in Rede stehenden Volkslieder gewählte Harmonisierung finde sich endlich mit nur sehr wenigen und unwesentlichen Abänderungen bereits in den älteren Auflagen des von Ludwig Erk und Wilhelm Gräf bearbeiteten „Liederkranzes" vor, so daß W. auch aus diesem Grunde ein selbständiges Urheberrecht nicht beanspruchen könne.

Demgegenüber hat W. an der Hand einer Reihe von Beispielen den Nachweis zu führen unternommen, daß er diese ursprünglichen Erk'schen Harmonisierungen selbständig verändert und umgestaltet habe.

Die Königliche Staatsanwaltschaft hat hierauf nach erfolgter Vernehmung des Schulinspektors Dr. F. die Musikalische Sachverständigenkammer um Abgabe eines Gutachtens darüber ersucht,

> ob das hier in Frage stehende Harmonisieren von Volksliedern als ein „Werk der Tonkunst" im Sinne des § 1 des Gesetzes vom 19. Juni 1901 anzusehen ist.

Die Sachverständigenkammer mußte sich unbedenklich dahin aussprechen, daß die W.'schen Harmonisierungen als schutzberechtigte Werke der Tonkunst nicht angesehen werden können.

Vorweg ist zu bemerken, daß die Sachverständigenkammer sich auf eine Prüfung derjenigen Harmonisierungen hat beschränken müssen, welche der Musikdirektor W. in seiner Strafanzeige vom 14. Juli 1903 selbst als seine eigenen Arbeiten bezeichnet hat und für welche er deshalb den gesetzlichen Schutz gegen unbefugte Vervielfältigung in Anspruch nimmt. Es gehören dahin zunächst die Harmonisierung des Liedes: „Das Wandern ist des Müllers Lust" (Bl. 3 der Akten, Bl. 10 des W.'schen Manuskripts) und sodann diejenigen Veränderungen einzelner Stellen der ursprünglichen Erk'schen Harmonisierungen, welche W. auf den Seiten 3 und 4 der Akten selbst angeführt und den Erk'schen Arbeiten gegenüber gestellt hat.

Im übrigen war bei der Beantwortung der der Sachverständigenkammer vorgelegten Frage davon auszugehen, daß der Begriff eines schutzberechtigten Werkes der Tonkunst im Sinne des Gesetzes vom 19. Juni 1901 nur dann als erfüllt angesehen werden kann, wenn — analog dem Begriffe des Schriftwerks auf dem Gebiete der Literatur — eine musikalische Formgestaltung vorliegt, die sich als das Ergebnis einer individuellen geistigen Tätigkeit ihres Urhebers darstellt. Daß eine solche individuelle formgebende Tätigkeit nicht notwendig in der Hervorbringung einer vollständig neuen musikalischen Komposition zu bestehen braucht, sondern sich auch in der Bearbeitung oder unter Umständen selbst in einer bloßen eigenartigen rhythmischen oder harmonischen Behandlung und Veränderung bereits vorhandener musikalischer Werke auf eine vollkommen selbständige Weise äußern kann, steht außer Zweifel. In der Kunstmusik kann insbesondere allein schon die Harmonisierung eines älteren Tonwerkes eine überaus wertvolle, durchaus selbständige künstlerische Arbeit bedeuten, wie dies Haydn's, Beethoven's oder Brahm's Begleitungen zu gegebenen Melodien zur Genüge beweisen.

Anders liegt die Sache bei Volksliedern, die für den Schulgebrauch zwei- oder dreistimmig bearbeitet werden. Hier ist die Aufgabe des Harmonisierens eine überaus einfache. Jede neuere deutsche Volksmelodie — und nur um diese handelt es sich im vorliegenden Falle — trägt ihre Harmonie in sich, und ein Musiker wird nur in den seltensten Fällen darüber in Zweifel sein können, welche von den wenigen begleitenden Tönen, die überhaupt in Frage kommen können, zu verwenden sind, da es sich ja nicht darum handelt, der Harmonie irgend eine selbständige Bedeutung zu geben, sondern nur eine möglichst leichte und natürliche Begleitung bezweckt wird. Ähnlich verhält es sich mit den volkstümlichen Gesängen d. h. ursprünglichen Kunstkompositionen, die allmählich eine solche Verbreitung gewonnen haben, daß sie zu Volksliedern geworden sind. Auch sie tragen ihre Harmonie in sich selbst, und ihre harmonische Behandlung für den Schulgebrauch ergibt sich im Einzelfalle meist von selbst, ohne daß es zu einer solchen Bearbeitung einer individuellen geistigen Tätigkeit bedarf.

Wenn man von diesen Gesichtspunkten aus diejenigen Harmonisierungen, welche der Musikdirektor W. als seine eigenen schutzberechtigten „Kompositionen" bezeichnet, im einzelnen prüft, so kann zunächst die Harmonisierung des Liedes „Das Wandern ist des Müllers Lust" (S. 10 des W.'schen Manuskripts) für ein schutzberechtigtes Werk der Tonkunst nicht erklärt werden.

Die Melodie dieses volkstümlichen und vielgesungenen, von Carl Zöllner für Männerchor komponierten Liedes hat schon bei ihrer ersten Veröffentlichung durch den Komponisten eine Harmonisierung für vier Stimmen mitbekommen, die aber so populär und einfach gehalten ist, daß ihre Herrichtung für den Schulgebrauch, insbesondere auch in der von W. beliebten Art, in keiner Weise als eine künstlerisch eigenartige selbständige Tätigkeit bezeichnet werden kann.

Dasselbe gilt aber auch von den Veränderungen der ursprünglichen Erk'schen Harmonisierungen der Lieder: „Ich hatt' einen Kameraden"; „O du fröhliche"; „Nachtigall"; „Der Mai ist gekommen" und „Nun ade, du mein lieb Heimatland", welche W. vorgenommen hat. Daß diese Veränderungen an sich als Harmonisierungen zu bezeichnen sind, ist zweifellos, und ebensowenig kann in Abrede gestellt werden, daß der Satz des W.'schen Manuskripts an den Bl. 3 und 4 der Akten angeführten Stellen von dem der gleichen Takte bei Erk verschieden ist. Allein die Abweichungen sind durchweg nur sehr geringe, um nicht zu sagen verschwindende, da es sich meist nur um wenige Noten, manchmal nur um deren eine handelt, welche verändert oder gar nur in eine andere Tonlage versetzt worden ist. In diesen geringfügigen Veränderungen und Transponierungen kann eine individuelle formgestaltende tonkünstlerische Tätigkeit nicht erblickt werden, und damit entfällt denn auch für diese Arbeiten W.'s jeder Anspruch auf den gesetzlichen Schutz gegen unbefugte Vervielfältigung, welchen das Gesetz vom 19. Juni 1901 eben nur den Werken der Tonkunst in dem oben bezeichneten Sinne hat gewähren wollen.*)

Nr. 5.
Gutachten vom 28. Januar 1907.

Schutzberechtigung musikalischer Arrangements. Unzulässige teilweise Vervielfältigung eines Werkes der Tonkunst.

Die Firma Ch. in Paris, der das Urheberrecht an der Offenbach'schen Oper „Hoffmann's Erzählungen" zusteht, hat durch Vertrag vom 22. Juni 1904 die Musikalienhandlung in Firma B. in H. autorisiert, durch den Komponisten F. einen Walzer über die genannte Oper herstellen zu lassen und zu verbreiten. Durch Vertrag vom 16. Februar 1906 sind alsdann die Rechte der Firma B. dahin erweitert worden, daß ihr das alleinige Urheber- und Verkaufsrecht für Deutschland und Österreich-Ungarn für eine Walzerausgabe über Motive aus der Oper „Hoffmann's Erzählungen" übertragen worden ist.

Infolge dieser Vereinbarungen hat die Firma B. in ihrem Verlage einen von dem Komponisten F. bearbeiteten Walzer unter dem Titel „La Barcarolle, Walzer nach Motiven der Offenbach'schen Oper „Hoffmann's Erzählungen" herausgegeben.

Im Jahre 1906 hat nun aber auch der Musikverleger M. in B. auf Grund einer ihm unter dem 5. Februar 1906 von der Firma Ch. erteilten Ermächtigung in seinem Verlage einen ebenfalls nach Motiven der genannten Offenbach'schen Oper bearbeiteten Walzer unter dem Titel „Valse Barcarole sur des motifs de l'opéra Les Contes d'Hoffmann" erscheinen lassen.

Die Firma B. behauptet, daß dieser M.'sche Valse Barcarole eine unzulässige Vervielfältigung des F.'schen Walzers

---

*) Auf Grund des obigen Gutachtens hat die Königliche Staatsanwaltschaft das Verfahren eingestellt.

sei. Sie fühlt sich durch die Verbreitung desselben geschädigt und hat deshalb unter dem 12. Juni 1906 unter Bezugnahme auf eine von dem Komponisten F. abgegebene gutachtliche Äußerung gegen den Musikverleger M. bei dem Königlichen Landgericht I in B. die gerichtliche Klage erhoben mit dem Antrage, den Beklagten zu verurteilen:

1. der Klägerin darüber Rechnung zu legen, wie viele Exemplare des von ihm verlegten Walzers „Valse Barcarole" er vertrieben hat,
2. der Klägerin den ihr durch diese Verbreitung erwachsenen Schaden zu erstatten,
3. die weitere Vervielfältigung und gewerbsmäßige Verbreitung des „Valse Barcarole" bei Vermeidung einer fiskalischen Strafe von 100 *M*. für jeden Fall der Zuwiderhandlung zu unterlassen, und
4. zugleich anzuordnen, daß die von dem Beklagten widerrechtlich hergestellten oder verbreiteten Exemplare des „Valse Barcarole" und die zu der Vervielfältigung ausschließlich bestimmten Vorrichtungen vernichtet werden.

Der Beklagte hat die Abweisung der Klage beantragt. Er verweist auf die ihm von der Firma Ch. unter dem 5. Februar 1906 erteilte Ermächtigung zum Arrangement und Verlag eines Walzers nach Motiven der mehrerwähnten Offenbach'schen Oper und erwartet seinerseits den von der Klägerin zu führenden Beweis, daß er sich nicht im Rahmen dieser ihm erteilten Ermächtigung gehalten, sondern das geistige Eigentum des von dem Komponisten F. hergestellten Arrangements verletzt habe. In einer längeren Erwiderungsschrift auf das von der Klägerin eingereichte F.'sche Gutachten behauptet der Beklagte insbesondere, daß er bei Herstellung seines Arrangement „Valse Barcarole" das F.'sche Arrangement „La Barcarolle" überhaupt nicht gekannt habe. Die angeblichen Ähnlichkeiten erklären sich einfach aus dem Umstande, daß sowohl F. wie er — der Beklagte — aus denselben Quellen d. h. neben dem Offenbach'schen Original auch aus den von Olivier Métra und Emile Waldteufel hergestellten älteren Arrangements von Motiven der Offenbach'schen Oper „Hoffmann's Erzählungen" geschöpft habe. Der Beklagte sucht dies im einzelnen näher nachzuweisen und gelangt zu dem Schluß, daß die Übereinstimmung seines Walzers mit dem F.'schen Arrangement sich auf einige wenige, auf das ganze des Arrangements einflußlose Noten beschränke, und daß eine derartig geringe Übereinstimmung als ein verbotener Nachdruck nicht angesehen werden könne.

Demgegenüber hat die Klägerin im Anschluß an das von ihr mit der Klage überreichte F.'sche Gutachten ihrerseits darauf hingewiesen, daß insbesondere der Anfang, bezw. die zwei Vortakte des F.'schen Walzers von dem Beklagten nachgebildet seien. Diese vier Takte fänden sich weder bei Offenbach noch bei den Arrangements von Waldteufel und Métra, seien vielmehr eine Original-„Erfindung" von F., und ihre Nachbildung allein müsse ausreichen, um den Beklagten haftbar zu machen, der ein lebhaftes Interesse daran gehabt habe, vor allem den Anfang des F.'schen Walzers nachzuahmen. Der letztere sei bereits seit August 1904 im Publikum bekannt und sehr populär geworden; der Beklagte habe diese Chancen ausgenutzt und durch die von ihm bewirkte Täuschung des Publikums den Absatz des F.'schen Walzers ganz erheblich beeinträchtigt, zumal seine Ausgabe nur 0,20 *M.* koste, während der Preis des klägerischen Walzers 1,60 *M.* betrage. Wenn Beklagter behaupte, daß er das F.'sche Arrangement nicht gekannt habe, so müsse Klägerin darauf hinweisen, daß es einfach undenkbar sei, daß ein Berliner Musikalienhändler im Februar 1906 noch nicht die Existenz des überall gespielten, verlangten und ausgelegten F.'schen Walzers nicht gekannt haben solle.

In ihrer Sitzung vom 30. November 1906 hat sodann die 24. Zivilkammer des Königlichen Landgerichts I in B. beschlossen, ein Gutachten der Musikalischen Sachverständigenkammer über folgende Fragen zu erfordern:

1. Stellt der von der Klägerin verlegte Walzer „La Barcarolle nach Motiven der Offenbach'schen Oper „Hoffmann's Erzählungen" von F. ein zu schützendes

Werk der Tonkunst im Sinne des Gesetzes vom 19. Juni 1901 dar?

2. Ist das von dem Beklagten verlegte Walzerarrangement „Valse Barcarole über Motive der Offenbach'schen Oper „Hoffmann's Erzählungen" im Sinne des § 36 des Gesetzes vom 19. Juni 1901 eine vorsätzliche oder fahrlässige Nachbildung des zu 1 erwähnten Walzers?

Die Sachverständigenkammer mußte nach eingehender Prüfung der Sache ihr Gutachten dahin abgeben, daß der Tatbestand einer unzulässigen Vervielfältigung nicht vorliegt.

Was zunächst die Schutzberechtigung des F.'schen Walzerarrangements „La Barcarolle" anlangt, so kann dieselbe allerdings nicht wohl in Zweifel gezogen werden. Wie die Sachverständigenkammer bereits in einer früheren vor der 36. Zivilkammer des Königlichen Landgerichts I zu B. verhandelten Prozeßsache D. c/a. C.-Verlag*) des näheren ausgeführt hat, können alle diejenigen musikalischen Kompositionen auf den Schutz des Gesetzes vom 19. Juni 1901 Anspruch erheben, welche sich als Erzeugnisse einer individuellen geistigen Tätigkeit ihres Urhebers darstellen. Daß es sich hierbei stets um frei erfundene, originale Schöpfungen der Tonkunst handeln müsse, ist nicht erforderlich. Wie auf dem Gebiete der Literatur kann vielmehr auch auf dem der Tonkunst eine individuelle geistige Tätigkeit auch in der bloßen Bearbeitung bereits vorhandener Schöpfungen hervortreten, sofern nur diese Bearbeitung nicht etwa lediglich in der einfachen Wiedergabe des bereits Vorhandenen besteht, sondern sich als ein unter Aufwendung eigener formgestaltender Tätigkeit zustandegekommenes selbständiges musikalisches Werk charakterisiert. So kann unbedenklich auch eine musikalische Komposition, die im wesentlichen in der Zusammenstellung bereits vorhandener Tonsätze besteht, durch die auf diese Zusammenstellung verwendete eigene

*) Siehe das Gutachten Nr. 1 vom 10. Juni 1905 S. 241.

geistige Tätigkeit, durch die Herstellung neuer eigenartiger Übergänge, verbindender Phrasen und Kadenzen u. dergl. einen gesetzlichen Schutz gegen unberechtigte Wiedergabe erlangen.

Bei dem F.'schen Walzerarrangement handelt es sich nun zwar auch nicht um eine in ihrem thematischen Material originale Komposition, wohl aber um eine eigenartige Bearbeitung und Zusammenstellung von Motiven eines bereits vorhandenen Werkes der Tonkunst zu einer neuen Walzerkomposition. Der Beklagte erkennt selbst an, daß das F.'sche Walzerarrangement in einer teilweisen Neugruppierung der Einzelteile der entsprechenden Offenbach'schen Komposition in Verbindung mit etwa 20 bis 30 Takten Zwischenspiel bestehe. Bei dieser teilweisen Neugruppierung ist unzweifelhaft von dem Komponisten F. eine eigene Kompositionstätigkeit aufgewendet, die seinem Arrangement die Eigenschaft eines neuen, schutzberechtigten Werkes der Tonkunst im Sinne des Reichsgesetzes vom 19. Juni 1901 gewährleistet.

Es kann demnach bei der Beurteilung des vorliegenden Falles nur noch in Frage kommen, ob seitens des Beklagten eine unzulässige Vervielfältigung des F.'schen Walzerarrangements vorgenommen ist, d. h. ob der Beklagte dieses Arrangement bei Herstellung seines „Valse Barcarole“ in einer Weise, bezw. in einem Umfange benutzt hat, daß der Tatbestand eines, wenn auch nur teilweisen Nachdrucks als vorhanden angenommen werden kann.

Daß die Übereinstimmung des thematischen Materials hierbei nicht in Betracht gezogen werden kann, liegt auf der Hand, da dieses nach den vorliegenden von der Klägerin und von dem Beklagten mit dem Verleger des Offenbach'schen Originals geschlossenen Verträgen beiden Parteien gleichmäßig zur freien Verwertung überlassen war. Es kommt vielmehr lediglich darauf an, festzustellen, ob der Beklagte die von dem Komponisten F. bei Herstellung seines Arrangements zuerst gewählten Gruppierungen der Offenbach'schen Motive in einem die Grenzen der erlaubten Benutzung überschreitenden Maße sich unbefugterweise zu eigen gemacht und damit in unzulässiger Weise in die Urheberrechte der Klägerin eingegriffen hat.

In dieser Beziehung hat nun eine eingehende Prüfung und Vergleichung der beiden Arrangements zu folgendem Ergebnis geführt:

1. Die ersten fünf Takte der Einleitung des M.'schen Arrangements stimmen mit den ersten fünf Takten des F.'schen Arrangements vollkommen überein.

Wenn der Beklagte dieser Tatsache gegenüber zunächst anführt, daß die F.'sche Einleitung nach der Schablone des bekannten Johann Strauß'schen Donauwalzers beginne, und damit ausdrücken will, daß in einem Walzer größeren Umfangs dem Eintritt des eigentlichen im $^{3}/_{4}$ Takt gegliederten Walzers ein längeres oder kürzeres Vorspiel im $^{6}/_{8}$ Takt vorherzugehen pflegt, in welchem einzelne später auftretende Themen bereits in diesem, meist langsamen $^{6}/_{8}$ Takt verwendet werden, so brauchte er nicht erst das Beispiel des Strauß'schen Donauwalzers heranzuziehen, da auch sämtliche Arrangements von Métra und Waldteufel in dieser Weise beginnen und gleichfalls ein oder mehrere später auftretende Themen bereits am Anfang in den $^{6}/_{8}$ Takt einkleiden.

Der Beklagte hat nun aber keineswegs den Anfang eines dieser letztgenannten Arrangements benutzt. Sein Einwand, daß Waldteufel seinen Walzer „Contes d'Hoffmann“ auf Seite 2 mit genau demselben Thema und demselben Cello-Solo beginne, ist nicht stichhaltig, da Waldteufel mit diesem Thema erst den eigentlichen Walzer im $^{3}/_{4}$ Takt, nicht aber schon die in den $^{6}/_{8}$ Takt gegliederte Einleitung beginnt.

Der Beklagte hat vielmehr gerade das F.'sche Anfangsthema in derselben Gliederung und Taktart zum Anfang seines Walzerarrangements gemacht, wie es zum ersten Mal von F. verwendet worden ist. Daß die rechte Hand bei F. mit aggregiertem Tremolo, bei M. dagegen mit zusammenklingenden Akkorden beginnt, ist nebensächlich. In beiden Arrangements ist der rechten Hand in hoher, enger Lage der Dreiklang allein zuerteilt, während die linke Hand den ersten Takt pausiert und erst mit der Hälfte des zweiten Taktes beginnt. Diese Fassung findet sich weder im Offenbach'schen Original, noch in einer der von Métra und Waldteufel hergestellten Bearbeitungen;

sie ist vielmehr vom Beklagten lediglich dem F.'schen Arrangement entnommen.

2. Eine zweite übereinstimmende, vier Takte umfassende Stelle befindet sich am Anfang des eigentlichen Walzers selbst.

Das Originelle und Charakterische der Offenbach'schen Barcarole beruht auf dem Wechselspiel der Quinte und Sexte der Dur-Tonart, und zwar beginnt dasselbe nicht mit dem dritten, sondern mit dem ersten Taktschlag, wie es Offenbach am Anfang der Barcarole deutlich zeigt. Da nun nach Eintritt der Cantilene die rechte Hand nicht die Melodie und die Glockenspieltöne zu gleicher Zeit auszuführen im stande ist, so mußte, so oft die Cantilene zu Ende geführt werden sollte, der erste Glockenspielton fortfallen. Wo aber, wie in der Einleitung des Waldteufel'schen Arrangements, die Cantilene der linken Hand zugeteilt ist, bleibt das Motiv:

unverändert. Hat nun F. aus irgend einem Grunde, dessen künstlerische Berechtigung hier nicht in Frage kommt, die Anfangsnote fortgelassen, so ergibt sich hieraus wiederum eine Eigentümlichkeit, die als eine von ihm neu geschaffene bezeichnet werden muß, und die der Beklagte deshalb für sein Arrangement nicht ohne weiteres übernehmen durfte. Die vollständige Gleichheit dieser vier Anfangstakte erscheint um so auffälliger, als die drei betreffenden Glockentöne mit kleinen Noten markiert und darunter für die melodieführende Stimme vier Takte Pausen gesetzt worden sind.

3. Die dritte gleichlautende, drei Takte umfassende Stelle endlich betrifft eine Ausweichung, die sich im F.'schen Walzer auf Seite 8 und in der M.'schen Bearbeitung auf Seite 4 vorfindet.

Die Behauptung des Beklagten, daß er das Offenbach'sche Original um je 2 Takte modifiziert habe, weil der Teil eine 17 oder 18taktige Walzerperiode anstatt einer 16taktigen hätte ergeben müssen, ist nicht zutreffend, weil dieser Teil gerade im Original aus 16 Takten besteht, und weil nicht die Anzahl der Takte, sondern die Ausweichung nach dem Quartsextakkord das

Entscheidende bildet. Während der Schluß dieses Teils weder im Original noch in den Bearbeitungen von Métra und Waldteufel die Haupttonart verläßt, weicht F. mit Hilfe des Quartsextakkords in eine andere Tonart aus, und eben diese Wendung hat der Beklagte genau in derselben Weise in sein Arrangement übernommen.

Der Beklagte hat sonach allerdings drei von F. zuerst benutzte Gruppierungen und Wendungen, die zusammen 12 Takte umfassen, unbefugterweise dem F.'schen Walzerarrangement entlehnt.

Abgesehen hiervon zeugt aber die Bearbeitung des Beklagten, wie eine eingehende Prüfung derselben ergeben hat, bezüglich der Zusammenstellung und Fassung der Themen, der Übergänge und besonders der Schlußcoda durchweg von einer auf selbständiger geistiger Tätigkeit beruhenden eigenen Arbeit, sodaß von einer unzulässigen totalen Vervielfältigung des F.'schen Arrangements von vornherein nicht die Rede sein kann.

Es kann sich vielmehr nach Lage der Sache nur darum handeln, ob der Beklagte durch die unbefugte Übernahme der mehrerwähnten drei F.'schen Gruppierungen eine unzulässige teilweise Vervielfältigung der F.'schen Arbeit vorgenommen hat.

Im § 41 des Gesetzes vom 19. Juni 1901 ist bestimmt, daß die in den §§ 36 bis 39 bezeichneten Handlungen auch dann rechtswidrig sein sollen, wenn ein Werk — der Literatur oder der Tonkunst — nur zu einem Teile vervielfältigt, verbreitet, öffentlich mitgeteilt, aufgeführt oder vorgetragen wird. Eine nähere Bestimmung des Begriffs „zu einem Teile" hat das Gesetz nicht gegeben; in verschiedenen Urteilen hat aber das Reichsgericht sich dahin ausgesprochen, daß bei der Beantwortung der Frage, ob ein Werk teilweise in unzulässiger Weise vervielfältigt ist, stets das qualitative und das quantitative Verhältnis des Entlehnten ins Auge zu fassen ist. (Vgl. Entsch. des Reichsgerichts Bd. 12 S. 113, 117, 118; Bd. 8 S. 428, 430 u. a.).*)

Im vorliegenden Falle soll nun allerdings nicht verkannt werden, daß die vom Beklagten aus der F.'schen Arbeit ent-

*) Vgl. das Gutachten Nr. 9 der Literarischen Sachverständigenkammer vom 14. Dezember 1906 S. 42 ff.

lehnten Anfangstakte der Einleitung und des eigentlichen Walzers insofern von einer gewissen qualitativen Bedeutung sind, als durch die Verwendung derselben offenbar bei dem Publikum der Glauben erweckt werden sollte, es handle sich bei dem M.'schen Arrangement um die bereits bekannte und wohl eingeführte F.'sche Bearbeitung. Allein demgegenüber ist doch wesentlich in Betracht zu ziehen, daß die entlehnten 12 Takte im Verhältnis zu dem Gesamtumfang des aus 240 bis 250 Takten bestehenden F.'schen Tonstücks quantitativ einen so unerheblichen Bruchteil des letzteren darstellen, daß das Arrangement des Beklagten trotz der guter Sitte und tonkünstlerischem Anstand sicherlich nicht entsprechenden Übernahme jener 12 Takte im Sinne des Gesetzes vom 19. Juni 1901 auch als ein teilweiser Nachdruck des von der Klägerin verlegten F.'schen Walzers nicht erachtet werden kann.*)

Nr. 6.

Gutachten vom 10. Juli 1905.

Schutzberechtigung des Arrangements eines Volksliedes.

Der Inhaber eines Musikverlages C. M. in B. hat in seinem Verlage ein von ihm bearbeitetes Arrangement des bekannten Volksliedes „Tief im Böhmerwald" in zwei Ausgaben, als Lied und als Lied im Walzertakt, erscheinen lassen. Er behauptet, daß der Musikverleger K. in B. beide Ausgaben dieses Arrangements ohne seine Genehmigung unter Änderung einiger weniger Noten nachgedruckt und diese Nachdrucke im Musikalienhandel vertrieben habe. Er hat deshalb unter dem 9. April 1905 bei der Königlichen Staatsanwaltschaft am Landgericht I zu B. die strafrechtliche Verfolgung des K. beantragt.

Der Beschuldigte K. hat bei seiner verantwortlichen Vernehmung bestritten, sich des ihm zur Last gelegten Nachdrucks schuldig gemacht zu haben. Er habe das von ihm in Druck

*) Nach Erstattung des obigen Gutachtens ist die Klage im Einverständnis mit dem Beklagten vom Kläger zurückgenommen.

gegebene, von M. als Nachdruck bezeichnete Lied von dem Komponisten L. in B. käuflich erworben, nachdem ihm dieser erklärt habe, daß ihm Unannehmlichkeiten aus dem Vertriebe dieses Liedes nicht erwachsen könnten, da er das letztere vollständig umgearbeitet habe. Inwieweit das Lied nur ein Abdruck des M.'schen Arrangements sei, habe er, da er keine Noten kenne, nicht beurteilen können.

Der Komponist L. hat diese Angaben bestätigt und zugleich angeführt, daß er das M.'sche Arrangement dadurch umgearbeitet habe, daß er die Akkorde im Baß vollständig abgeändert und dadurch neben einer ganz neuen Klangwirkung ein neues Werk geschaffen habe.

Die Königliche Staatsanwaltschaft hat nunmehr die Musikalische Sachverständigenkammer um Abgabe eines Gutachtens darüber ersucht:

ob eine Verletzung des Urheberrechts vorliegt.

Die Sachverständigenkammer mußte sich dahin aussprechen, daß der Tatbestand einer unzulässigen Vervielfältigung nicht vorliegt, weil das M.'sche Arrangement überhaupt nicht schutzberechtigt ist.

Unter den Begriff eines „Werkes der Tonkunst", welches das Gesetz vom 19. Juni 1901 gegen unbefugte Vervielfältigung schützt, fallen nicht nur musikalische Neuschöpfungen, sondern auch die Bearbeitungen bereits vorhandener Tonwerke, wenn und insoweit zu deren Herstellung eine individuelle formgestaltende Tätigkeit erforderlich war. Auf den musikalischen Wert der Bearbeitung kommt es nicht an; das Gesetz macht keinen Unterschied zwischen bedeutenden und unbedeutenden, künstlerischen und unkünstlerischen Werken, sondern verlangt nur, daß die Bearbeitung das Erzeugnis einer eigenen, selbständigen geistigen Tätigkeit ihres Verfassers ist. Ob dies der Fall, wird in jedem einzelnen Falle einer besonderen Prüfung unterzogen werden müssen, und so wird es auch bei der Beurteilung des vorliegenden Falles darauf ankommen, ob dem M.'schen Arrangement des Volksliedes „Tief im

Böhmerwald" die Eigenschaft einer auf individueller formbildender Tätigkeit beruhenden Arbeit zugesprochen werden kann.

Dies mußte unbedenklich verneint werden. Es soll keineswegs verkannt werden, daß unter Umständen auch in der bloßen Klavierbegleitung zu einer gegebenen Melodie eine schutzberechtigte musikalische Schöpfung liegen kann. Die Melodie eines Kunstliedes wird unter den Händen von verschiedenen Komponisten die verschiedensten, auf individuellem geistigen Schaffen beruhenden Klavierbegleitungen zeitigen können; niemals wird dies aber bei harmlosen Volksmelodien, die über Grund- und Dominanten-Akkord nicht hinauskommen, stattfinden. Und so ist es auch im vorliegenden Fall. Text und Melodie des Liedes „Tief im Böhmerwald" waren gegeben. Ein Blick auf die Melodie, die an Harmlosigkeit ihresgleichen sucht, genügt, um klar erkennen zu lassen, daß die erforderliche Klavierbegleitung aus nichts weiterem, als aus zwei Akkorden, dem Grundakkord und dem Dominant-Septakkord, gebildet werden kann. In der Melodie ist gleichzeitig Rhythmus und Harmonie enthalten, und jeder Bearbeiter des in Rede stehenden Liedes muß notwendigerweise zu demselben Ergebnis gelangen, zu dem der Antragsteller M. bei seiner Bearbeitung gelangt ist. Dies ergibt sich auch aus den mehrfachen der Sachverständigenkammer bekannten anderweiten Bearbeitungen des fraglichen Liedes, die melodisch, harmonisch und rhythmisch im wesentlichen mit der M.'schen Bearbeitung übereinstimmen. Was M. und die sonstigen Bearbeiter des Liedes getan haben, beruht also nur auf einer vorwiegend mechanischen Arbeit und läßt eine auch nur irgendwie nennenswerte individuelle formgebende Tätigkeit in keiner Weise erkennen, so daß das M.'sche Arrangement als ein schutzberechtigtes Werk der Tonkunst im Sinne des Gesetzes vom 19. Juni 1901 nicht angesehen werden kann. Ist dies aber der Fall, so kann auch von einer unzulässigen Vervielfältigung nicht die Rede sein, da es eben an einem gegen solche Vervielfältigung geschützten Originale fehlt.*)

*) Auf Grund des obigen Gutachtens hat die Staatsanwaltschaft das Verfahren eingestellt.

Nr. 7.
Gutachten vom 16. September 1903.

Freie Benutzung eines Werkes der Tonkunst. Humoristische Variationen. Erkennbare Entnahme von Melodien eines fremden Werkes.

Der Kapellmeister Oscar Str. in B. ist der Komponist eines von dem Schriftsteller O. verfaßten Liedes „Didel-Dudel". Letzterer hat sein Urheberrecht an Str. abgetreten und dieser hat sodann das ausschließliche Aufführungs-, d. h. Vortrags- und Darstellungsrecht an die Sängerin B. in B. übertragen.

Str. und die Sängerin B. behaupten, daß die Sängerin L. in B. dieses Lied unbefugter Weise fortdauernd auf verschiedenen Variété-Bühnen unter dem veränderten Titel: „Was aus einem Volkslied alles werden kann" gesungen habe. Sie haben deshalb unter dem 1. September 1902 bei dem Königlichen Landgericht I zu B. den Erlaß einer einstweiligen Verfügung beantragt, die unter dem 3. Dezember 1902 dem Antrage entsprechend dahin ergangen ist, daß der Sängerin L. zur Vermeidung einer Geldstrafe von 150 ℳ. für jeden Übertretungsfall verboten ist, das Lied „Didel-Dudel", sei es unter diesem Titel, sei es unter dem Titel: „Was aus einem Volkslied alles werden kann" oder unter einem anderen Titel öffentlich aufzuführen.

Trotz dieses Verbotes hat die Sängerin L. nach Angabe der Kläger das in Rede stehende Lied vom 1. bis 31. März 1903 allabendlich in L. am Zentraltheater, wo sie engagiert war, öffentlich unter dem Titel: „Ging ein Jüngling durch die Aue" mit einigen unbedeutenden Änderungen vorgetragen. Die Kläger haben deshalb unter dem 4. Juni 1903 bei dem Königlichen Landgericht I zu B. den Antrag gestellt, die im Beschlusse vom 3. Dezember 1902 angedrohte bezw. eine bis auf die Hälfte des angedrohten Betrages herabzusetzende Strafe gegen die Beklagte festzusetzen und der Beklagten die Zahlung derselben und Tragung der Kosten dieses Verfahrens aufzugeben.

Die Beklagte hat die Abweisung dieses Antrags beantragt. Sie bestreitet, das Lied „Didel-Dudel" mit der Str.'schen Musik vorgetragen zu haben, und behauptet, daß sie ein von ihrem Ehemann gedichtetes Lied mit der Anfangszeile „Ging ein Jüngling durch die Aue" mit einer von dem Kapellmeister G. komponierten, im Manuskript bei den Akten befindlichen Musik gesungen habe, so daß sie weder den Text des klägerischen Liedes, noch die Str.'sche Musik, die sich übrigens ebenso wie die G.'sche Komposition wesentlich an ältere Offenbach'sche Schöpfungen anschließe, benutzt habe.

Die Kläger haben demgegenüber darauf hingewiesen, daß der von der Beklagten vorgetragene Liedertext sich lediglich als eine unselbständige Bearbeitung des O.'schen Gedichtes darstelle, und daß auch die Str.'sche Musik in der G.'schen Komposition in Form, Rhythmus und Charakter beibehalten sei. Die Melodie sei allerdings in der Tonfolge etwas geändert, habe aber denselben Rhythmus und dieselben Wendungen zu den Tonarten behalten, sodaß die Str.'sche Melodie deutlich erkennbar geblieben sei.

Die 4. Ferien-Zivilkammer des Landgerichts I in B. hat hierauf unter dem 21. Juli 1903 beschlossen, ein Gutachten der Musikalischen Sachverständigenkammer darüber zu erfordern,

1. ob das G.'sche Manuskript als eine im Sinne der §§ 12, 13 des Urheberrechtsgesetzes vom 19. Juni 1901 erlaubte Bearbeitung des Str.'schen Tonstücks „Didel-Dudel" zu erachten ist oder nicht?
2. ob eventuell das G.'sche Manuskript Melodien enthält, welche erkennbar dem Str.'schen Werke entnommen sind (§ 13 Abs. 2 des Gesetzes vom 19. Juni 1901)?

Die Sachverständigenkammer mußte ihr Gutachten dahin abgeben, daß das G.'sche Manuskript auf einer unzulässigen Benutzung des Str.'schen „Didel-Dudel" beruht, und daß ihm insbesondere die Melodien des Str.'schen Originals erkennbar zugrunde gelegt sind.

Nach den Bestimmungen der §§ 12 und 13 des Gesetzes vom 19. Juni 1901, betreffend das Urheberrecht an Werken der Literatur und der Tonkunst ist die freie Benutzung eines bereits vorhandenen Werkes nur insoweit zulässig, als dadurch eine eigentümliche Schöpfung hervorgebracht wird.

Bei einem Werke der Tonkunst ist insbesondere jede Benutzung unzulässig, durch welche eine Melodie erkennbar einem fremden Werke entnommen und einer neuen Arbeit zugrunde gelegt wird. Im vorliegenden Falle wird es sich also darum handeln, festzustellen, ob das G.'sche Manuskript seine Entstehung einer freien Bearbeitung oder Benutzung des Str.'schen Originals verdankt und als eine eigentümliche neue Schöpfung anzusehen ist, oder ob die Benutzung dieses Originals, wie sie G. vorgenommen hat, um deswillen unzulässig ist, weil dabei erkennbare Melodien dem Original entnommen und der G.'schen Arbeit zugrunde gelegt sind.

Es kann nun von vornherein kein Zweifel darüber obwalten, daß das G.'sche Manuskript so, wie es ist, nicht entstanden sein könnte, wenn G. nicht das Str.'sche Original benutzt hätte. Es handelt sich hier nicht um die Idee, welche dem Ganzen zugrunde liegt, da diese eine alte und oft verwertete ist. Ein literarisches oder musikalisches Thema in einer Reihe von Variationen vorzuführen, deren jede in humoristischer Weise ein anderes Volk, eine andere Gesellschaftsklasse oder einen anderen Autor oder Komponisten charakterisiert, gehört zu den bekanntesten und beliebtesten Spielereien auf künstlerischem Gebiete. Wenn demnach das G.'sche Manuskript als ein Werk anzusehen wäre, welches in selbständiger und eigentümlicher Weise den Grundgedanken des Str.'schen Stückes „Didel-Dudel" durchführte, so würde die G.'sche Arbeit als unzulässig nicht bezeichnet werden können.

Allein dies trifft im vorliegenden Falle nicht zu. Zunächst hat sich G. im Text seines Manuskripts im wesentlichen genau an die verschiedenen Arten der Variierung gehalten, die von dem Verfasser des dem Str.'schen Stücke zur Unterlage dienenden Gedichts erfunden bezw. benutzt sind. Es ist kaum anzunehmen, daß zwei von einander unabhängige Schriftsteller darauf verfallen sollten, in genau der gleichen Reihenfolge die

Veränderungen eines Themas so anzugeben, wie es in der großen Oper, auf dem Überbrettl, durch den Phonographen als Militärmarsch, im Gesangverein und endlich auf der Straße gesungen wird. Außerdem ist auch das Versmaß der G.'schen Dichtung dem Str.'schen Original so ängstlich nachgebildet, daß der neue Text dem alten nicht nur dem Sinne nach ähnlich und mit demselben im gesamten Aufbau übereinstimmend ist, sondern sich auch in dem zu der Musik passenden Rhythmus vollkommen deckt.

Wenn demnach schon aus diesen Gründen von einer freien Benutzung, durch welche eine eigentümliche Schöpfung hervorgebracht ist, nicht die Rede sein kann, so muß die Frage, ob G. das Str.'sche Original in zulässiger Weise benutzt hat, umsomehr noch aus dem Grunde verneint werden, weil er auch eine neue und eigentümliche musikalische Arbeit nicht geschaffen, sondern seinem Tonstück Melodien zugrunde gelegt hat, welche erkennbar der Str.'schen Komposition entnommen sind.

Die Str.'schen Melodien sind trotz der Umgestaltung, welche G. mit den Originalen vorgenommen hat, für jeden musikalisch Gebildeten ohne jede Schwierigkeit wiederzuerkennen. G. ist einfach nach einem jedem Musiker wohlbekannten Rezept verfahren, indem er, von den Str.'schen Melodien ausgehend, da, wo diese einen Schritt nach oben enthalten, häufig einen solchen nach unten einsetzte und umgekehrt da, wo bei Str. zwei verschiedene Noten stehen, eine Wiederholung desselben Tones anbrachte usw. Daß ein musikalisch gebildetes Ohr die der Arbeit zugrunde liegende Melodie nicht mehr zu erkennen vermöchte, wird G. selbst wohl kaum behaupten wollen, und zweifellos ist dic Absicht auch eine gegenteilige gewesen, denn man hat von seiten der Beklagten nach den in den Akten durch einwandsfreie Zeugen beglaubigten Versuchen, die Str.'sche Komposition für sich zu benutzen, infolge des schon früher erhobenen Einspruchs diesen Ausweg gewählt, um aus dem Wirkungsvollen der Str.'schen Schreibart ungestraft Nutzen zu ziehen.

Zum Beweise für die Art, wie das G.'sche Manuskript hergestellt ist, dient namentlich eine Vergleichung der Takte 1—12 mit den entsprechenden Takten der Str.'schen Komposition, weiterhin der Stellen beim Eintritt der Militärmusik sowie der Nachahmungen des Männerchors und namentlich auch des Schlusses, in welchem der sogenannte Rixdorfer persifliert wird.

Vor allem hat sich G. — von der oben erwähnten Umkehrung oder Umstellung der Tonschritte abgesehen — beinahe ausnahmslos die Harmonie des Str.'schen Tonstücks und dessen Rhythmen angeeignet. Es ist durchaus unrichtig, diese Benutzung, wie die Beklagten es verlangen, von derjenigen der Melodien getrennt zu behandeln, denn der Rhythmus ist ein wesentlicher, untrennbarer Bestandteil jeder Melodie, und selbst bei viel größeren Veränderungen, als G. sie vorgenommen hat, würde ein irgendwie charakteristisch rhythmisiertes Thema deutlich zu erkennen sein. Der Rhythmus allein kann sogar unter Umständen der einzige Bestandteil eines Themas sein, wie dies z. B. bei allen Themen zutrifft, welche für Schlaginstrumente komponiert sind, und gerade in der Musik der leichteren Art, wie sie in der Str.'schen Komposition vorherrscht, wird der Rhythmus meistens das wesentlichste Element für die Charakteristik und die Wirkung einer Melodie bilden. Die Str.'sche prägnante Rhythmik wenigstens auszunutzen, wo andere Bestandteile der Melodie unkenntlich gemacht werden mußten, war der offenkundige Zweck der G.'schen Arbeit, und darum eben hat auch der Text so genau, wie es geschehen ist, nach dem rhythmischen Original des „Didel-Dudel“ eingerichtet werden müssen.*)

Nr. 8.

Gutachten vom 18. März 1905.

Nachdruck des Koschat'schen Liedes „Verlassen bin i.“

Der Firma L., Buch- und Musikalienverlagshandlung in L. ist von dem Komponisten Thomas Koschat in Wien im Jahre 1896 das ausschließliche Recht der Vervielfältigung und

*) Das Gericht ist dem obigen Gutachten gefolgt und hat gegen die Beklagte auf eine Geldstrafe von 1550 M. erkannt.

Verbreitung des von ihm komponierten, im Original für vierstimmigen Männerchor in der Tonart C-dur geschriebenen Liedes „Verlassen bin i" übertragen worden.

Im Verlage der genannten Firma selbst sind daraufhin verschiedene Transskriptionen dieses Liedes für Pianoforte erschienen. Auch im Verlage der „T.-Aktiengesellschaft" in B. ist jedoch dann eine Bearbeitung dieses Koschat'schen Liedes für Pianoforte veröffentlicht, welche von dem Komponisten H. zusammengesetzt und von der T.-Aktiengesellschaft gewerbsmäßig verbreitet ist, ohne daß die Firma L. ihre Genehmigung hierzu erteilt hat.

Die letztere behauptet nun, daß diese H.'sche Bearbeitung des Koschat'schen Liedes eine solche sei, bei der die Melodie des Liedes erkennbar dem Original entnommen sei, so daß eine unzulässige Vervielfältigung angenommen werden müsse. Sie hat daher unter dem 18. September 1903 bei dem Königlichen Landgericht I in B. gegen die T.-Aktiengesellschaft die gerichtliche Klage erhoben mit dem Antrage, die Beklagte zu verurteilen, sich jeder Vervielfältigung und Verbreitung des in ihrem Verlage erschienenen, von dem Komponisten H. gesetzten Klavierstückes über das Lied „Verlassen bin i" von T. Koschat zu enthalten und an die Klägerin als Schadensersatz die Summe von 750 *M.* zu zahlen.

Die Beklagte hat die Abweisung der Klage beantragt. Sie hat den Nachweis zu führen gesucht, daß der Komponist H. jedenfalls in gutem Glauben seine als eigentümliche Komposition zu betrachtende Bearbeitung des Koschat'schen Liedes unternommen habe, und daß auch sie selbst zur Vervielfältigung dieser Bearbeitung befugt gewesen sei.

Nachdem nach diesen Richtungen hin verschiedene Beweiserhebungen stattgefunden haben, ist von der Zivilkammer 23 des Königlichen Landgerichts I zu B. unter dem 19. Januar 1905 beschlossen, von der Musikalischen Sachverständigenkammer ein Gutachten darüber zu erfordern:

> ob die im Verlage der Beklagten erschienene H.'sche Klavierkomposition „Verlassen bin i" im Sinne des Reichsgesetzes vom 11. Juni 1870 ein Nachdruck des von Thomas Koschat komponierten Liedes Op. 4

Nr. 1 „Verlassen bin i“ ist, oder ob die H.'sche Komposition als eine eigentümliche Komposition im Sinne des § 46 des erwähnten Gesetzes anzusehen ist.

Die Sachverständigenkammer mußte den Tatbestand des Nachdrucks einer musikalischen Komposition im Sinne des Nachdrucksgesetzes vom 11. Juni 1870 für vorliegend erachten.

Nach der Bestimmung des § 46 dieses Gesetzes sind als Nachdruck alle ohne Genehmigung des Urhebers einer musikalischen Komposition herausgegebenen Bearbeitungen anzusehen, welche nicht als eigentümliche Kompositionen betrachtet werden können. Die Bearbeitung eines bereits vorhandenen Tonwerks ist also nur insoweit gestattet, als sie sich ihrer inneren Natur nach als eine selbständige Schöpfung darstellt. Es ist hierbei durchaus zulässig, die vorhandene Komposition frei zu benutzen, das fremde Thema gewissermaßen zur Grundlage des neuen eigentümlichen Musikwerks zu machen. „Das musikalische Werk soll,“ wie s. Z. in dem Kommissionsbericht (S. 20) ausdrücklich hervorgehoben worden ist, „wie das literarische der geistigen Verarbeitung zulässig sein; das Alte soll zur Anregung für das Neue dienen, aber dies Neue selbst soll eine eigentümliche Leistung und nicht eine äußere Umgestaltung fremder Arbeit sein.“ Wenn also eine Bearbeitung (Variation, Phantasie oder dergl.) im wesentlichen nur die Originalkomposition wiedergibt, ohne dieselbe selbständig zu verarbeiten und umzugestalten, wenn die Bearbeitung nur in der Wiedergabe fremder Motive oder Melodien besteht, die nicht künstlerisch verarbeitet, sondern lediglich durch künstlerisch unselbständige Übergänge oder Einschiebsel mit einander verbunden sind, so ist dieselbe, da sie auf die Eigenschaft einer eigentümlichen Komposition keinen Anspruch erheben kann, als ein verbotener Nachdruck des Originalwerkes anzusehen.

Wenn man von diesen Gesichtspunkten aus die H.'sche Klavierkomposition einer näheren Prüfung und Vergleichung mit dem Koschat'schen Liede unterzieht, so kann es nicht dem mindesten Bedenken unterliegen, die H.'sche Arbeit für einen Nachdruck des letzteren zu erklären.

Melodie und Harmonisation sind bis auf geringfügige Varianten identisch, und die gesamte Abhängigkeit der H.'schen Arbeit von Koschat's Werk geht so weit, daß auch die charakteristische liegende Harmoniestimme, welche über der eigentlichen Melodie erklingt, von H. übernommen worden ist. H. hat sich bei der Transskription darauf beschränkt, der Natur des Klaviers entsprechend hin und wieder einige Akkorde zu brechen, sowie ein Vorspiel von 4 Takten und in der Mitte ein Zwischenspiel von 8 Takten einzufügen, welches zum Schluß noch wiederholt wird. Die Erfindung dieser beiden Einschiebsel ist überaus dürftig, die Melodiephrase des Zwischenspiels wird trotz ihrer Kürze noch repetiert, und irgend welche freie kompositorische Phantasie tritt nirgends hervor. Beide Ritornelle wirken nicht etwa als selbständige Schöpfungen, sondern nur als Einleitung bezw. Überleitungen, so daß sie für den Gesamtcharakter des H.'schen Tonstücks ganz unwesentlich sind und demselben unter keinen Umständen den Charakter einer „eigentümlichen Komposition" im Sinne des Gesetzes vom 11. Juni 1870 verschaffen können.*)

Nr. 9.

Gutachten vom 15. Mai 1903.

Unzulässige Vervielfältigung des Brahm'schen „Wiegenliedes". Begriff der zur mechanischen Wiedergabe von Musikstücken dienenden Instrumente (Guitar-Zither).

Die S.'sche Musikalienhandlung G. m. b. H. in B. hat im Jahre 1869 von Johannes Brahms das ausschließliche und unbeschränkte Verlags- und Vertriebsrecht des von ihm komponierten „Wiegenliedes" (Op. 49 Nr. 4) für Deutschland und alle übrigen Länder erworben.

*) Auf Grund des obigen Gutachtens ist die Beklagte nach dem Klageantrage verurteilt.

Im Jahre 1902 ist im Verlage der Firma M. & S. in B. ein Notenblatt für Guitar-Zither erschienen, welches die Nummer 163 trägt und eine Wiedergabe des vorbezeichneten Brahms'schen Wiegenliedes enthält.

Die Firma S. behauptet, daß der Inhaber der Firma M. & S., Kaufmann L. in B. sich durch die Herstellung und Verbreitung dieses Notenblattes Nr. 163 einer unzulässigen Vervielfältigung schuldig gemacht habe. Sie hat deshalb unter dem 29. Dezember 1902 bei der Königlichen Staatsanwaltschaft am Landgericht I zu B. die strafrechtliche Verfolgung des L. beantragt.

Der Beschuldigte L. hat bestritten, sich des ihm zur Last gelegten Vergehens schuldig gemacht zu haben, da er die Nachdruckexemplare bei Ankauf seines Geschäfts von den früheren Geschäftseigentümern übernommen und nur einige Exemplare in Unkenntnis darüber, daß es sich um einen Nachdruck handle, vertrieben habe.

Diese Angaben sind durch die angestellten Ermittelungen bestätigt, und die Königliche Staatsanwaltschaft hat infolgedessen bei dem Mangel einer vorsätzlichen Verletzung des S.'schen Urheberrechts von einer weiteren strafrechtlichen Verfolgung des Beschuldigten L. Abstand genommen.

Die Firma S. hat hierauf gemäß §§ 52, 46, 47 des Gesetzes vom 19. Juni 1901 den Antrag gestellt, mit Rücksicht auf das offenbare Vorliegen eines objektiven Nachdrucks das Strafverfahren zur Vernichtung der vorhandenen Exemplare und der zur Vervielfältigung derselben ausschließlich bestimmten Vorrichtungen einzuleiten.

Die Staatsanwaltschaft hat diesem Antrage stattgegeben und mit Rücksicht darauf, daß der Beschuldigte bei seiner verantwortlichen Vernehmung den Schutz des § 22 des Gesetzes vom 19. Juni 1901 für sich in Anspruch genommen, an die Musikalische Sachverständigenkammer das Ersuchen gerichtet,

> sich unter besonderer Berücksichtigung des § 22 des Gesetzes vom 19. Juni 1901 gutachtlich darüber zu äußern, ob objektiv ein Nachdruck vorliegt.

Die Sachverständigenkammer mußte sich unbedenklich dahin aussprechen, daß objektiv der Tatbestand einer unzulässigen Vervielfältigung vorliegt, und daß der § 22 des Gesetzes vom 19. Juni 1901 keine Anwendung findet.

Was zunächst die Frage anlangt, ob im vorliegenden Falle objektiv eine unzulässige Vervielfältigung des Brahms'schen Wiegenliedes im Sinne des Gesetzes vom 19. Juni 1901 anzunehmen ist, so mußte dieselbe ohne weiteres bejaht werden.

Das als Nachdruck bezeichnete Notenblatt der Firma M. & S. gibt Note für Note die Gesangsmelodie des Wiegenliedes von Johannes Brahms (Op. 49 Nr. 4) wieder mit einer unwesentlichen Änderung, die darin besteht, daß der 13. Takt der Originalausgabe, welcher die Noten as, b, c enthält, in f, g, as abgeändert worden ist. Durch diese geringfügige Abweichung kann aber der wesentliche Bestand des Originalwerkes nicht berührt und die Annahme einer im wesentlichen identischen Wiedergabe des letzteren nicht beseitigt werden.

Allerdings sind in dem Notenblatt der Firma M. & S. die Noten in einer von der üblichen Schreibweise abweichenden Art zum Ausdruck gebracht. Indessen wird jeder, der die übliche Notenschrift kennt, auch die auf dem vorliegenden Notenblatt angewendete Schriftart nach kurzem Studium entziffern können. Denn es sind in ihr ebenfalls Notenlinien behufs Wiedergabe der Tonfolgen in bestimmten Intervallen und in der gebräuchlichen Weise als Achtel, Viertel und Halbe usw. dargestellte Notenköpfe behufs Kennzeichnung der Dauer der einzelnen Töne zur Anwendung gebracht.

Das Gesetz hat den Begriff der Vervielfältigung nirgends auf die ursprüngliche, von dem Urheber des Originals selbst bei der Herstellung des letzteren angewendete Form beschränkt, in § 15 Abs. 1 vielmehr die ausdrückliche Bestimmung getroffen, daß eine Vervielfältigung ohne Einwilligung des Berechtigten unzulässig sein soll, gleichviel durch welches Verfahren sie bewirkt worden ist. Ebenso belanglos, wie es daher ist, ob ein Schriftwerk mit deutschen, lateinischen, griechischen Buchstaben oder in den Schriftzeichen der Stenographie wiedergegeben wird, muß auch jede beliebige Art und Weise der

Aufzeichnung, vermittelst deren ein Werk der Tonkunst auf einem Musikinstrumente wiedergegeben werden kann, als eine Vervielfältigung im Sinne des Gesetzes gelten.

Unzulässig ist eine jede solche Vervielfältigung, wenn sie ohne Genehmigung des Berechtigten erfolgt. Die Firma S., welcher die ausschließliche Befugnis zur Vervielfältigung des Brahms'schen Wiegenliedes zusteht, hat der Firma M. & S. die Genehmigung zur Vervielfältigung nicht erteilt; es liegt also unbedenklich objektiv eine unzulässige Vervielfältigung im Sinne des Gesetzes vor.

Es macht hierbei keinen Unterschied, daß im vorliegenden Falle das Brahms'sche Wiegenlied nicht in seiner ursprünglichen Gestalt mit dem in der Klavierbegleitung liegenden harmonischen Satz, sondern die Melodie allein in unzulässiger Weise wiedergegeben ist, denn nach § 12 Abs. 4 des Gesetzes vom 19. Juni 1901 gehört auch die Herstellung von Auszügen aus einem Werke der Tonkunst zu den ausschließlichen Befugnissen des Urhebers oder seines Rechtsnachfolgers, und nach § 13 Abs. 2 ist bei einem Werke der Tonkunst jede Benutzung unzulässig, durch welche eine Melodie erkennbar dem Werke entnommen und einer neuen Arbeit zu Grunde gelegt wird.

Es kann sich also nur noch um die Frage handeln, ob etwa hier der Fall des § 22 des Gesetzes vom 19. Juni 1901 vorliegt und damit die Annahme einer unzulässigen Vervielfältigung ausgeschlossen erscheint.

Der § 22 bestimmt:

> „Zulässig ist die Vervielfältigung, wenn ein erschienenes Werk der Tonkunst auf solche Scheiben, Platten, Walzen, Bänder und ähnliche Bestandteile von Instrumenten übertragen wird, welche zur mechanischen Wiedergabe von Musikstücken dienen. Diese Vorschrift findet auch auf auswechselbare Bestandteile Anwendung, sofern sie nicht für Instrumente verwendbar sind, durch die das Werk hinsichtlich der Stärke und Dauer des Tones und hinsichtlich des Zeitmaßes nach Art eines persönlichen Vortrags wiedergegeben werden kann."

Diese Bestimmung kann jedoch im vorliegenden Falle keine Anwendung finden.

Vor allem ist das Notenblatt der Firma M. & S. überhaupt nicht als ein Bestandteil eines zur mechanischen Wiedergabe von Musikstücken dienenden Instruments zu betrachten. Nicht erst durch das Auflegen des Notenblattes auf die Guitar-Zither erklingt dieses Instrument, wie z. B. die Walze, die, in die Drehorgel gelegt, durch Berührung ihrer Stifte mit den Metallzähnen des Instruments den Ton hervorbringt; die Guitar-Zither hat vielmehr Seiten, die nur angeschlagen zu werden brauchen, um ebenso wie das Klavier, die Mandoline und andere Instrumente einen bestimmten Klang ertönen zu lassen.

Die Guitar-Zither ist aber auch kein Instrument, das zur mechanischen Wiedergabe von Musikstücken dient. Diese Bestimmung erfüllt ein Instrument nur dann, wenn von Menschenhand oder durch elektrische Kraft oder dergl. nur ein Mechanismus (vorübergehend durch Auslösen eines Hebels und dergl. oder dauernd durch Drehen oder eine ähnliche Bewegung) in Bewegung gesetzt zu werden braucht, damit das Instrument von selbst das Musikstück erklingen läßt.*) Von einem derartigen mechanischen Arbeiten ist aber bei der Guitar-Zither keine Rede. Wenn das Notenblatt in der vorgeschriebenen Weise unter oder auf die Seiten der Guitar-Zither gelegt wird, so daß sämtliche auf ihm vermerkten Linien mit den entsprechenden Melodiesaiten der Zither gleichliegen, so muß der Spieler jede einzelne Note von dem Blatt ablesen und sie mit einem Stäbchen auf der betreffenden Saite anschlagen, und erst dadurch kann sodann die durch die Reihenfolge der gleichen oder verschiedenen Töne sich ergebende Melodie erklingen.

Wenn das Ablesen vermittelst der vorgedruckten Zahlen für die Saiten auch ein leichteres Verfahren bildet, als es das Lernen des Lesens von dem sonst üblichen Notensystem bedingt, so erfordert es doch immerhin eine individuelle Tätigkeit, die nichts von mechanischer Ausübung an sich trägt.

---

*) Vgl. Allfeld, Kommentar S. 182.

Das Notenblatt für die Guitar-Zither ähnelt um vieles mehr den im zweiten Satz des § 22 des Gesetzes vom 19. Juni 1901 besonders erwähnten auswechselbaren Bestandteilen, „die für Instrumente verwendbar sind, durch die das Werk hinsichtlich der Stärke und Dauer des Tones und hinsichtlich des Zeitmaßes nach Art eines persönlichen Vortrages wiedergegeben werden kann". Denn während bei denjenigen Notenplatten, welche zur mechanischen Wiedergabe von Musikstücken dienen, gerade in Bezug auf die Zeitdauer die größte Genauigkeit angewendet wird, damit sie nach Einfügung in den Körper des mechanischen Instruments mit maschinenmäßiger Zuverlässigkeit auch den Takt und Rhythmus der Komposition wiedergeben, kann bei den hier in Rede stehenden Notenblättern mit dem Schlagstäbchen durch schnelleres oder langsameres Anschlagen der den nächstfolgenden Ton hervorbringenden Saite die Dauer des Klanges gemäß den vorgeschriebenen Werten von Achtel-, Viertel- und Halben- usw. Noten nach Belieben geregelt und durch Beschleunigung oder Verlangsamung des Zeitmaßes die Art eines persönlichen Vortrages veranschaulicht werden.

Auch solche Bestandteile von Musikinstrumenten sind aber nach Abs. 2 des § 22 des Gesetzes vom 19. Juni 1901 von der im Abs. 1 getroffenen Ausnahmebestimmung ausgeschlossen, und dies gilt um so mehr für Notenblätter, welche, wie dies bei dem hier in Frage kommenden Notenblatt der Firma M. & S. nachgewiesen ist, überhaupt keine Bestandteile eines mechanischen Musikinstrumentes bilden.*)

*) Das Gericht hat auf Grund des obigen Gutachtens, dem Antrag der Firma S. entsprechend, auf Vernichtung der widerrechtlich hergestellten Exemplare des M. & S.'schen Notenblattes Nr. 163 und der zu dessen Herstellung ausschließlich bestimmten Vorrichtungen erkannt.

Nr. 10.

Gutachten vom 12. März 1903.

Nachdruck einer Flöten- bezw. Violinschule. Teilweiser Nachdruck.

Im Jahre 1893 hat der Musikalienhändler R. in L. von dem Kaufmann Pf., der bis dahin in M. einen Musikalienverlag betrieb, dessen Verlag käuflich mit allen Rechten erworben. In diesem ehemals Pf.'schen Verlage sind u. a. eine „Theoretisch-praktische Flötenschule mit sämtlichen Grifftabellen, Tonleitern und Übungen in allen Dur- und Molltonarten sowie vielen ausgewählten Musikstücken" von Heinrich W. und eine „Violinschule. Neuester praktisch bewährter Lehrgang zum gründlichen und leichten Studium des Violinspiels für den Gebrauch in Schulen sowie beim Einzel- und Selbstunterricht" von Julius H. erschienen.

In der zweiten Hälfte des Jahres 1901 schrieben auf Veranlassung des Kaufmanns Pf., der sein Geschäft nach wie vor betrieb, Heinrich W. unter dem Pseudonym „Herm. W." eine „Neue praktisch-theoretische Schule für die Flöte" und Julius H. eine „Neue verbesserte Elementar-Violinschule" für den Pf.'schen Verlag, in welchen im Oktober 1901 der Buchhändler Adolf K. als Teilhaber eintrat. Wenige Monate darauf schied Pf. vollständig aus dem Verlage aus, und die beiden neuen Schulen von W. und H. sind sodann im Mai bezw. Juni 1902 im Verlage von Adolf K. erschienen.

Der Musikalienhändler R. behauptet nun, daß diese beiden im K.'schen Verlage erschienenen neuen Schulen für Flöte und Violine teilweise Nachdrucke der in seinem Verlage erschienenen, s. Z. von Pf. käuflich erworbenen Schulen seien. Er hat deshalb gegen den Buchhändler K. und die sonst bei den behaupteten Nachdrucken beteiligten Personen bei der Königlichen Staatsanwaltschaft am Landgericht I zu B. die strafrechtliche Verfolgung wegen Vergehens gegen das Urheberrechtsgesetz vom 19. Juni 1901 beantragt.

Auf Antrag der Königlichen Staatsanwaltschaft ist hierauf gegen K. und Pf. sowie gegen den Verfasser der beiden Flötenschulen W. und den Verfasser der beiden Violinschulen H. die gerichtliche Voruntersuchung eröffnet.

Die sämtlichen Angeschuldigten haben bestritten, sich eines strafbaren Nachdrucks schuldig gemacht zu haben, und behaupten, daß ein solcher überhaupt nicht vorliegen könne, da die im K.'schen Verlage erschienenen neuen Schulen von den Schulen, welche Pf. in seinem früher zu M. bestehenden Verlage veröffentlicht habe, ganz wesentlich verschieden seien.

Der Untersuchungsrichter bei dem Königlichen Landgericht I zu B. hat hierauf unter dem 23. Februar 1903 die Musikalische Sachverständigenkammer ersucht, ein Gutachten darüber zu erstatten,

> ob die Angeschuldigten im Jahre 1902 zu Berlin in anderen als den gesetzlich zugelassenen Fällen vorsätzlich ohne Einwilligung der Musikverlegers R. in L., als des Berechtigten, Schriftwerke, nämlich:
>
> K., Pf. und W. das Schriftwerk „Theoretisch-praktische Flötenschule",
>
> K., Pf. und H. das Schriftwerk „Violinschule"
>
> vervielfältigt und verbreitet haben.

Bei den Förmlichkeiten mag nur bemerkt werden, daß die Musikalische Sachverständigenkammer, trotzdem es sich im vorliegenden Falle nicht um Werke der Tonkunst im engeren Sinne handelt, kein Bedenken getragen hat, sich der gutachtlichen Beantwortung der ihr vorgelegten Frage zu unterziehen, da die hier in Rede stehenden Schulen im wesentlichen einen rein musiktechnischen Inhalt haben, für dessen Prüfung und Vergleichung gerade die Musikalische Sachverständigenkammer nach ihrer Zusammensetzung vorzugsweise geeignet und bestimmt erscheint.

In der Sache selbst mußte die Sachverständigenkammer sich unbedenklich dahin aussprechen, daß die neue W.'sche Schule keine unbefugte Vervielfältigung der im R.'schen, ehemals Pf.'schen Verlage erschienenen W.'schen Flötenschule ist, die neue H.'sche Violinschule dagegen sich als eine unbefugte teilweise Vervielfältigung der bei R. früher erschienenen Violinschule desselben Verfassers darstellt.

Das Gesetz, betreffend das Urheberrecht an Werken der Literatur und der Tonkunst vom 19. Juni 1901 gibt dem Urheber eines Werkes der Literatur oder der Tonkunst bezw. seinem Rechtsnachfolger die ausschließliche Befugnis, das Werk zu vervielfältigen und gewerbsmäßig zu verbreiten. Unter einer Vervielfältigung im Sinne dieses Gesetzes ist, ebenso wie unter einem Nachdruck im Sinne des früheren Gesetzes, betr. das Urheberrecht vom 11. Juni 1870, nicht etwa nur die wörtliche, unveränderte Wiedergabe des Originals, sondern schon die Entnahme des wesentlichen Inhalts desselben zu verstehen. Es kommt hierbei nicht darauf an, ob der Inhalt des Originalwerkes wortgetreu oder unverändert nachgedruckt wird; entscheidend ist vielmehr lediglich der Umstand, daß das Originalwerk in einer im wesentlichen identischen inhaltlichen Fassung wiedergegeben wird. Unwesentliche Veränderungen des Textes kommen hierbei ebensowenig in Betracht, wie die Weglassung einzelner Teile des nachgedruckten Werkes oder die Hinzufügung selbständig gearbeiteter Stücke. Daß der Urheber selbst — wie in den vorliegenden Fällen — sein eigenes Werk zum Zwecke einer anderweitigen Vervielfältigung benutzt, ändert hieran nichts. Nach § 2 des Gesetzes über das Verlagsrecht vom 19. Juni 1901 hat sich vielmehr auch der Verfasser (Urheber) während der Dauer des zwischen ihm und seinem Verleger bestehenden Vertragsverhältnisses jeder anderweiten Vervielfältigung und Verbreitung des Werkes zu enthalten, die einem Dritten untersagt ist. Der Verfasser steht also, sobald er sein Werk in Verlag gegeben hat, grundsätzlich so, wie jeder Dritte gegenüber dem Urheber; er hat also an dem einmal in Verlag gegebenen Werke keinerlei Rechte mehr in Bezug auf Vervielfältigung und Verbreitung. — Nach dem alten sowohl als nach dem neuen Gesetz ist es ferner hinsichtlich des Nachdrucksverbots ohne Bedeutung, ob das Werk ganz oder nur zu einem Teil unbefugter Weise vervielfältigt wird, womit jedoch keineswegs gesagt ist, daß schon der Abdruck eines einzelnen Satzes, einiger kleiner Stellen oder weniger Takte als Nachdruck angesehen werden kann. Ein teilweiser Nachdruck ist vielmehr nur dann anzunehmen, wenn ein irgendwie erheblicher Teil eines fremden Werkes unbefugt vervielfältigt worden ist, und die Erheblichkeit des vervielfältigten Teiles ist hierbei nach dem quantitativen und qualitativen Verhältnis desselben zu dem ganzen Original zu bemessen.

Was nun zunächst den behaupteten Nachdruck der W.'schen Flötenschule betrifft, so ist die im K.'schen Verlage erschienene „Neue theoretisch-praktische Schule für die Flöte" von Hermann W. augenfällig eine neue, selbständige Arbeit ihres Verfassers, anders im Lehrgange, in der ganzen Anordnung des Stoffes und insbesondere in der Reihenfolge der Tonarten, mit anderen Übungs- und Unterhaltungsstücken versehen, als die alte Schule des R.'schen Verlages. Von den vielen von R. beanstandeten, mit Blaustift angezeichneten Stellen fallen zunächst die ganzen Seiten 4, 5, 6, 7, 40—44 der alten Schule, entsprechend den Seiten 3—7, 36—38 der neuen Schule, fort. Auf den ersten Seiten 4—7 und 3—7 sind die Grifftabellen der verschiedenen Flöten — mit einer, mit vier und mit allen Klappen — figürlich dargestellt. Diese Darstellung kann nur so und nicht anders ausgeführt werden und ist daher auch in anderen früher veröffentlichten Flötenschulen (Hans Köhler, Braunschweig, bei Litolff; Ernesto Köhler, Leipzig, bei Zimmermann; Hugot & Wunderlich, Berlin, bei Bote & Bock; A. Struth, Leipzig, bei Merseburger u. a.) stets in gleicher oder mindestens sehr ähnlicher Ausführung zu finden. Ein besonderes Urheberrecht an solchen Grifftabellen kann demnach überhaupt nicht anerkannt werden. Mit Unrecht werden sodann auch die Tonleiter-Übungen auf Seite 40—44 (S. 36—38 der neuen Schule) von R. beanstandet. Diese sind in den beiden Schulen keineswegs identisch, da die neue Schule dieselben in veränderter Gestalt, insbesondere bezüglich des Rhythmus und der Takteinteilung bringt. Auch hier kann also von einem unberechtigten Abdruck nicht die Rede sein.

Dagegen ist mit Recht zu beanstanden, daß der erklärende Text der alten Schule zu einem nicht unerheblichen Teil fast wörtlich, ja stellenweise vollkommen identisch in die neue Schule hinübergenommen ist. Vgl. S. 2, 8, 10, 15, 27, 39 der alten Schule mit S. 8, 9, 10, 12, 14, 15, 23, 28, 35 der neuen Schule. Es sind allerdings immer nur wenige Worte, höchstens einmal einige Zeilen — alles in allem kaum 1½ Seiten —; immerhin muß die Entnahme dieser Textworte aus der einen Schule in die andere an sich als unzulässig angesehen werden.

Was endlich das sonstige Übungs- und Unterhaltungsmaterial der neuen Schule anbelangt, so hat der Verfasser der letzteren mit wenigen Ausnahmen nur neues, von demjenigen der alten Schule verschiedenes Material aufgenommen. Eine Ausnahme bilden nur 7 Nummern, die gleichfalls in der alten Schule enthalten sind: 2 Choräle, 2 Volkslieder, das Bundeslied von Mozart, Schumanns „Armes Waisenkind" und Mendelssohns „Venetianisches Gondellied". Diese 7 Nummern, die zusammen den Raum von kaum drei Seiten einnehmen, können aber auf urheberrechtlichen Schutz keinen Anspruch erheben, da sie sämtlich zu den gemeinfreien Werken gehören. Allerdings stehen auch solche Werke, wenn sie in einer größeren Anzahl zu einem bestimmten Zweck — also auch als Übungsmaterial — gesammelt und zusammengestellt erscheinen, in ihrer Totalität, als Ganzes unter dem Schutze des Gesetzes und sind als solches gegen Nachdruck geschützt; die obigen kleinen 7 Stücke aber, die in der Schule unter vielen anderen kleineren und größeren Stücken zerstreut und vereinzelt stehen, genießen diesen Schutz nicht, und zwar umsoweniger, als bei denjenigen Stücken, in welchen nicht nur die Melodie niedergeschrieben, sondern noch eine zweite, begleitende Stimme hinzugefügt wurde, diese letztere in verändertem Satze wiedergegeben ist.

Es bleiben somit im vorliegenden Falle nur die oben erwähnten, aus der alten Flötenschule abgedruckten, zusammen etwa 1½ Seiten umfassenden Textstellen als unerlaubter Abdruck übrig. Diese Textstellen können aber im Verhältnis zu der gesamten, 46 Seiten umfassenden Schule weder quantitativ noch qualitativ „erheblich" genannt werden, und zwar umsoweniger, als sie im wesentlichen nur allgemein bekannte Begriffsbestimmungen, Regeln und Anweisungen enthalten, die für das Wesen, die Methode und den Wert der eigentlichen Schule selbst ohne Bedeutung sind.

Zu einem wesentlich anderen Ergebnis gelangt man bei der Prüfung und Vergleichung der beiden H.'schen Violinschulen, die übrigens nur je in ihrem ersten Teil vorliegen, obschon nach den bezüglichen Titelangaben die R.'sche Schule aus drei und die K.'sche Schule aus zwei Teilen besteht. Hier kann bezüglich der zweiten bei K. erschienenen Schule von einer neuen, selbständigen Arbeit des Verfassers nicht die Rede sein. Es kann vielmehr einem Bedenken nicht unterliegen, daß der Verfasser H. hier seine alte Schule, wenngleich in veränderter Gestalt und unter Fortlassung vieler alter und Hinzunahme zahlreicher neuer Stücke, in ihren wesentlichen Eigenschaften einfach neu hat erstehen lassen. Da es aber, wie bereits oben ausgeführt, für die Feststellung eines Nachdrucks im gesetzlichen Sinne nicht darauf ankommt, daß der Inhalt des Originalwerkes wortgetreu und unverändert übernommen wird, das Entscheidende vielmehr darin liegt, daß das betreffende Werk in einer im wesentlichen identischen inhaltlichen Fassung wiedergegeben wird, wobei die Weglassung einzelner Teile ebensowenig in Betracht kommt wie die Hinzufügung selbständig gearbeiteter Stücke, so muß unbedingt die neue H.'sche Violinschule als ein teilweiser Nachdruck der alten, im R.'schen Verlage früher erschienenen H.'sche Schule angesehen werden.

Im einzelnen ist in dieser Beziehung folgendes festgestellt worden.

Die alte H.'sche Schule, die in der ganzen Behandlung des Materials, in der Anordnung des Stoffes usw. augenscheinlich der neuen Schule als Vorlage gedient hat, hat einen Umfang von 30 Seiten, von denen nicht weniger als 10 in der neuen Schule sich gleichfalls vorfinden. Diese 10 Seiten setzen sich zusammen: a) aus verschiedenen Textübereinstimmungen, deren Gesamtheit rund 2 Seiten ausmacht (vgl. S. 6, 7, 10, 11, 15, 19, 20 der alten Schule mit S. 7, 8, 13, 16, 24, 29, 32 der neuen Schule); b) aus 11 verschiedenen Übungen (vgl. S. 7, 8, 10, 11, 13, 14, 18, 19, 22, 29, 31 der alten Schule mit S. 9, 13, 14, 15, 17, 20, 21, 29, 30, 35,

37, 38 der neuen Schule), die insgesamt 5 Seiten betragen, und c) aus 13 Unterhaltungsstücken (6 Chorälen, 5 Volksliedern, einem Haydn'schen Allegro und einem Wiegenliede von Hertel), die zusammen 3 Seiten füllen (vgl. S. 9, 12, 13, 14, 15, 16, 19, 20, 21, 22 der alten Schule mit S. 14, 18, 19, 20, 22, 24, 25, 29, 32, 34, 36 der neuen Schule). Was die Abdrucksberechtigung jeder einzelnen dieser Nummern betrifft, so sind — wie schon oben bei der Prüfung der W.'schen Flötenschule ausgeführt ist — die Textübereinstimmungen nicht statthaft, und ebenso ist der bei weitem größte Teil der Übungsstücke in unzulässiger Weise abgedruckt. Die vielfach vorgenommenen kleinen Änderungen in den Übungen sind in dieser Beziehung bedeutungslos, da dieselben trotz aller Bemühungen die Identität der Stücke nicht zu beseitigen vermögen. Betreffs der übernommenen gemeinfreien Volksmelodien, Choräle usw. wird sodann auf die obige Ausführung bei W. verwiesen. Keines dieser Stücke — mit der einzigen Ausnahme des Hertel'schen Wiegenliedes — genießt urheberrechtlichen Schutz; der Abdruck des einen oder des andern kann von niemand beanstandet werden. Die große Anzahl derselben jedoch in Verbindung mit der gleichfalls höchst beträchtlichen Zahl von Übungsstücken und den verschiedenen textlichen Erklärungen kann, als Unterrichtsmaterial zusammengestellt für ein bestimmtes Lehrwerk in einem besonderen für dieses Lehrwerk hergerichteten Arrangement, unbedingt als Ganzes den vollen Schutz des Gesetzes beanspruchen. Zweifellos kann jeder Verfasser einer Violinschule jedes beliebige gemeinfreie Stück für seine Schule in einem ihm passenden Arrangement herstellen und verwenden; einen so großen Teil des Übungsstoffes aber einer vorhandenen Schule zu entnehmen, ihn in derselben Tonart bezw. Tonsatz, zu demselben Zwecke und fast an derselben Stelle abzudrucken, das bildet unbedenklich einen unzulässigen Eingriff in das Urheberrecht. Insbesondere ist endlich noch hervorzuheben, daß das auf Seite 21 der alten, Seite 34 der neuen Schule befindliche „Wiegenlied" von Hertel eine Originalkomposition ist, die schon als solche vor Nachdruck geschützt ist. Daß der Angeschuldigte H. diesem Stücke in der neuen Schule eine zweite, begleitende Stimme hinzugefügt hat, ändert an dem

Tatbestande des Nachdrucks nichts, da die Identität der Komposition als solcher hierdurch nicht berührt wird.

Auf Grund vorstehender Feststellungen mußte die bei K. erschienene H.'sche neue Violinschule als eine unzulässige teilweise Vervielfältigung der in den R.'schen Verlag übergegangenen älteren Schule desselben Verfassers angesehen werden.*)

*) Das Gericht ist dem Gutachten beigetreten und hat den Kaufmann Pf. und den Musikdirektor H. zu einer Geldstrafe von je 300 *M.* ev. 60 Tagen Gefängnis verurteilt.

Anhang.

I.

Gesetz, betreffend das Urheberrecht an Werken der Literatur und der Tonkunst.

Vom 19. Juni 1901 (RGBl. 1901 S. 227).

Wir **Wilhelm**, von Gottes Gnaden Deutscher Kaiser, König von Preußen rc., verordnen im Namen des Reichs, nach erfolgter Zustimmung des Bundesrats und des Reichstags, was folgt:

Erster Abschnitt.

Voraussetzungen des Schutzes.

§ 1. Nach Maßgabe dieses Gesetzes werden geschützt:

1. die Urheber von Schriftwerken und solchen Vorträgen oder Reden, welche dem Zwecke der Erbauung, der Belehrung oder der Unterhaltung dienen;
2. die Urheber von Werken der Tonkunst;
3. die Urheber von solchen Abbildungen wissenschaftlicher oder technischer Art, welche nicht ihrem Hauptzwecke nach als Kunstwerke zu betrachten sind. Zu den Abbildungen gehören auch plastische Darstellungen.

§ 2. Urheber eines Werkes ist dessen Verfasser. Bei einer Übersetzung gilt der Übersetzer, bei einer sonstigen Bearbeitung der Bearbeiter als Urheber.

§ 3. Juristische Personen des öffentlichen Rechtes, die als Herausgeber ein Werk veröffentlichen, dessen Verfasser nicht auf dem Titelblatt, in der Zueignung, in der Vorrede oder am Schlusse genannt wird, werden, wenn nicht ein anderes vereinbart ist, als Urheber des Werkes angesehen.

§ 4. Besteht ein Werk aus den getrennten Beiträgen Mehrerer (Sammelwerk), so wird für das Werk als Ganzes der Herausgeber als Urheber angesehen. Ist ein solcher nicht genannt, so gilt der Verleger als Herausgeber.

§ 5. Wird ein Schriftwerk mit einem Werke der Tonkunst oder mit Abbildungen verbunden, so gilt für jedes dieser Werke dessen Verfasser auch nach der Verbindung als Urheber.

§ 6. Haben Mehrere ein Werk gemeinsam in der Weise verfaßt, daß ihre Arbeiten sich nicht trennen lassen, so besteht unter ihnen als Urhebern eine Gemeinschaft nach Bruchteilen im Sinne des Bürgerlichen Gesetzbuchs.

§ 7. Enthält ein erschienenes Werk auf dem Titelblatt, in der Zueignung, in der Vorrede oder am Schlusse den Namen eines Verfassers, so wird vermutet, daß dieser der Urheber des Werkes sei. Ist das Werk durch Beiträge Mehrerer gebildet, so genügt es, wenn der Name an der Spitze oder am Schlusse des Beitrags angegeben ist.

Bei Werken, die unter einem anderen, als dem wahren Namen des Verfassers oder ohne den Namen eines Verfassers erschienen sind, ist der Herausgeber, falls aber ein solcher nicht angegeben ist, der Verleger berechtigt, die Rechte des Urhebers wahrzunehmen.

Bei Werken, die vor oder nach dem Erscheinen öffentlich aufgeführt oder vorgetragen sind, wird vermutet, daß derjenige der Urheber sei, welcher bei der Ankündigung der Aufführung oder des Vortrags als Verfasser bezeichnet worden ist.

§ 8. Das Recht des Urhebers geht auf die Erben über.

Ist der Fiskus oder eine andere juristische Person gesetzlicher Erbe, so erlischt das Recht, soweit es dem Erblasser zusteht, mit dessen Tode.

Das Recht kann beschränkt oder unbeschränkt auf andere übertragen werden; die Übertragung kann auch mit der Begrenzung auf ein bestimmtes Gebiet geschehen.

§ 9. Im Falle der Übertragung des Urheberrechts hat der Erwerber, soweit nicht ein Anderes vereinbart ist, nicht das Recht, an dem Werke selbst, an dessen Titel und an der Bezeichnung des Urhebers Zusätze, Kürzungen oder sonstige Änderungen vorzunehmen.

Zulässig sind Änderungen, für die der Berechtigte seine Einwilligung nach Treu und Glauben nicht versagen kann.

§ 10. Die Zwangsvollstreckung in das Recht des Urhebers oder in sein Werk findet gegen den Urheber selbst ohne dessen Einwilligung nicht statt; die Einwilligung kann nicht durch den gesetzlichen Vertreter erteilt werden. Gegen den Erben des Urhebers ist ohne seine Einwilligung die Zwangsvollstreckung nur zulässig, wenn das Werk erschienen ist.

Zweiter Abschnitt.

Befugnisse des Urhebers.

§ 11. Der Urheber hat die ausschließliche Befugnis, das Werk zu vervielfältigen und gewerbsmäßig zu verbreiten; die ausschließliche Befugnis erstreckt sich nicht auf das Verleihen. Der Urheber ist ferner, solange nicht der wesentliche Inhalt des Werkes öffentlich mitgeteilt ist, ausschließlich zu einer solchen Mitteilung befugt.

Das Urheberrecht an einem Bühnenwerk oder an einem Werke der Tonkunst enthält auch die ausschließliche Befugnis, das Werk öffentlich aufzuführen.

Der Urheber eines Schriftwerkes oder eines Vortrags hat, solange nicht das Werk erschienen ist, die ausschließliche Befugnis, das Werk öffentlich vorzutragen.

§ 12. Die ausschließlichen Befugnisse, die dem Urheber nach § 11 in Ansehung des Werkes selbst zustehen, erstrecken sich auch auf die Bearbeitungen des Werkes.

Die Befugnisse des Urhebers erstrecken sich insbesondere auf:

1. die Übersetzung in eine andere Sprache oder in eine andere Mundart derselben Sprache, auch wenn die Übersetzung in gebundener Form abgefaßt ist;
2. die Rückübersetzung in die Sprache des Originalwerkes;
3. die Wiedergabe einer Erzählung in dramatischer Form oder eines Bühnenwerkes in der Form einer Erzählung;
4. die Herstellung von Auszügen aus Werken der Tonkunst sowie von Einrichtungen solcher Werke für einzelne oder mehrere Instrumente oder Stimmen.

§ 13. Unbeschadet der ausschließlichen Befugnisse, die dem Urheber nach § 12 Abs. 2 zustehen, ist die freie Benutzung seines Werkes zulässig, wenn dadurch eine eigentümliche Schöpfung hervorgebracht wird.

Bei einem Werke der Tonkunst ist jede Benutzung unzulässig, durch welche eine Melodie erkennbar dem Werke entnommen und einer neuen Arbeit zugrunde gelegt wird.

§ 14. Im Falle der Übertragung des Urheberrechts verbleiben, soweit nicht ein anderes vereinbart ist, dem Urheber seine ausschließlichen Befugnisse:

1. für die Übersetzung eines Werkes in eine andere Sprache oder in eine andere Mundart;
2. für die Wiedergabe einer Erzählung in dramatischer Form oder eines Bühnenwerks in der Form einer Erzählung;
3. für die Bearbeitung eines Werkes der Tonkunst, soweit sie nicht bloß ein Auszug oder eine Übertragung in eine andere Tonart oder Stimmlage ist.

§ 15. Eine Vervielfältigung ohne Einwilligung des Berechtigten ist unzulässig, gleichviel durch welches Verfahren sie bewirkt wird; auch begründet es keinen Unterschied, ob das Werk in einem oder in mehreren Exemplaren vervielfältigt wird.

Eine Vervielfältigung zum persönlichen Gebrauch ist zulässig, wenn sie nicht den Zweck hat, aus dem Werke eine Einnahme zu erzielen.

§ 16. Zulässig ist der Abdruck von Gesetzbüchern, Gesetzen, Verordnungen, amtlichen Erlassen und Entscheidungen sowie von anderen zum amtlichen Gebrauche hergestellten amtlichen Schriften.

§ 17. Zulässig ist:

1. die Wiedergabe eines Vortrags oder einer Rede in Zeitungen oder Zeitschriften, sofern der Vortrag oder die Rede Bestandteil einer öffentlichen Verhandlung ist;
2. die Vervielfältigung von Vorträgen oder Reden, die bei den Verhandlungen der Gerichte, der politischen, kommunalen und kirchlichen Vertretungen gehalten werden.

   Die Vervielfältigung ist jedoch unzulässig, wenn sie in einer Sammlung erfolgt, die der Hauptsache nach Reden desselben Verfassers enthält.

§ 18. Zulässig ist der Abdruck einzelner Artikel aus Zeitungen, soweit die Artikel nicht mit einem Vorbehalte der Rechte versehen sind; jedoch ist nur ein Abdruck gestattet, durch den der Sinn nicht entstellt wird. Bei dem Abdruck ist die Quelle deutlich anzugeben.

Der Abdruck von Ausarbeitungen wissenschaftlichen, technischen oder unterhaltenden Inhalts ist, auch wenn ein Vorbehalt der Rechte fehlt, unzulässig.

Vermischte Nachrichten tatsächlichen Inhalts und Tagesneuigkeiten dürfen aus Zeitungen oder Zeitschriften stets abgedruckt werden.

§ 19. Zulässig ist die Vervielfältigung:

1. wenn einzelne Stellen oder kleinere Teile eines Schriftwerkes, eines Vortrags oder einer Rede nach der Veröffentlichung in einer selbständigen literarischen Arbeit angeführt werden;
2. wenn einzelne Aufsätze von geringem Umfang oder einzelne Gedichte nach dem Erscheinen in eine selbständige wissenschaftliche Arbeit aufgenommen werden;
3. wenn einzelne Gedichte nach dem Erscheinen in eine Sammlung aufgenommen werden, die Werke einer größeren Zahl von Schriftstellern vereinigt und ihrer Beschaffenheit nach zur Benutzung bei Gesangsvorträgen bestimmt ist;
4. wenn einzelne Aufsätze von geringem Umfang, einzelne Gedichte oder kleinere Teile eines Schriftwerkes nach dem Erscheinen in eine Sammlung aufgenommen werden, die Werke einer größeren Zahl von Schriftstellern vereinigt und ihrer Beschaffenheit nach für den Kirchen-, Schul- oder Unterrichtsgebrauch oder zu einem eigentümlichen literarischen Zwecke bestimmt ist. Bei einer Sammlung zu einem eigentümlichen literarischen Zwecke bedarf es, solange der Urheber lebt, seiner persönlichen Einwilligung.

   Die Einwilligung gilt als erteilt, wenn der Urheber nicht innerhalb eines Monats, nachdem ihm von der Absicht des Verfassers Mitteilung gemacht ist, Widerspruch erhebt.

§ 20. Zulässig ist die Vervielfältigung, wenn kleinere Teile einer Dichtung oder Gedichte von geringem Umfange nach ihrem Erscheinen als Text zu einem neuen Werke der Tonkunst in Verbindung mit diesem wiedergegeben werden. Für eine Aufführung des Werkes darf die Dichtung auch allein wiedergegeben werden, sofern der Abdruck ausschließlich zum Gebrauche der Hörer bestimmt ist.

Unzulässig ist die Vervielfältigung von Dichtungen, die ihrer Gattung nach zur Komposition bestimmt sind.

§ 21. Zulässig ist die Vervielfältigung:

1. wenn einzelne Stellen eines bereits erschienenen Werkes der Tonkunst in einer selbständigen literarischen Arbeit angeführt werden;
2. wenn kleinere Kompositionen nach dem Erscheinen in eine selbständige wissenschaftliche Arbeit aufgenommen werden;
3. wenn kleinere Kompositionen nach dem Erscheinen in eine Sammlung aufgenommen werden, die Werke einer größeren Zahl von Komponisten vereinigt und ihrer Beschaffenheit nach für den Unterricht in Schulen mit Ausschluß der Musikschulen bestimmt ist.

§ 22. Zulässig ist die Vervielfältigung, wenn ein erschienenes Werk der Tonkunst auf solche Scheiben, Platten, Walzen, Bänder und ähnliche Bestandteile von Instrumenten übertragen wird, welche zur mechanischen Wiedergabe von Musikstücken dienen. Diese Vorschrift findet auch auf auswechselbare Bestandteile Anwendung, sofern sie nicht für Instrumente verwendbar sind, durch die das Werk hinsichtlich der Stärke und Dauer des Tones und hinsichtlich des Zeitmaßes nach Art eines persönlichen Vortrags wiedergegeben werden kann.

§ 23. Zulässig ist die Vervielfältigung, wenn einem Schriftwerk ausschließlich zur Erläuterung des Inhalts einzelne Abbildungen aus einem erschienenen Werke beigefügt werden.

§ 24. Auf Grund der §§ 19 bis 23 ist die Vervielfältigung eines fremden Werkes nur zulässig, wenn an den wiedergegebenen Teilen keine Änderung vorgenommen wird. Jedoch sind, soweit der Zweck der Wiedergabe es erfordert, Übersetzungen eines Schriftwerkes und solche Bearbeitungen eines Werkes der Tonkunst gestattet, die nur Auszüge oder Übertragungen in eine andere Tonart oder Stimmlage oder Einrichtungen für die im § 22 bezeichneten Instrumente darstellen. Werden einzelne Aufsätze, einzelne Gedichte oder kleinere Teile eines Schriftwerkes in eine Sammlung zum Schulgebrauch aufgenommen, so sind die für diesen Gebrauch erforderlichen Änderungen gestattet, jedoch bedarf es, solange der Urheber lebt, seiner persönlichen Einwilligung. Die Einwilligung gilt als erteilt, wenn der Urheber nicht innerhalb eines Monats, nachdem ihm von der beabsichtigten Änderung Mitteilung gemacht ist, Widerspruch erhebt.

§ 25. Wer ein fremdes Werk nach Maßgabe der §§ 19 bis 23 benutzt, hat die Quelle deutlich anzugeben.

§ 26. Soweit ein Werk nach den §§ 16 bis 24 ohne Einwilligung des Berechtigten vervielfältigt werden darf, ist auch die Verbreitung, die öffentliche Aufführung, sowie der öffentliche Vortrag zulässig.

§ 27. Für öffentliche Aufführungen eines erschienenen Werkes der Tonkunst bedarf es der Einwilligung des Berechtigten nicht, wenn sie keinem gewerblichen Zwecke dienen und die Hörer ohne Entgelt zugelassen werden. Im Übrigen sind solche Aufführungen ohne Einwilligung des Berechtigten zulässig:

1. wenn sie bei Volksfesten, mit Ausnahme der Musikfeste, stattfinden;
2. wenn der Ertrag ausschließlich für wohltätige Zwecke bestimmt ist und die Mitwirkenden keine Vergütung für ihre Tätigkeit erhalten;
3. wenn sie von Vereinen veranstaltet werden und nur die Mitglieder sowie die zu ihrem Hausstande gehörigen Personen als Hörer zugelassen werden.

Auf die bühnenmäßige Aufführung einer Oper oder eines sonstigen Werkes der Tonkunst, zu welchem ein Text gehört, finden diese Vorschriften keine Anwendung.

§ 28. Zur Veranstaltung einer öffentlichen Aufführung ist, wenn mehrere Berechtigte vorhanden sind, die Einwilligung eines jeden erforderlich.

Bei einer Oper oder einem sonstigen Werke der Tonkunst, zu welchem ein Text gehört, bedarf der Veranstalter der Aufführung nur der Einwilligung desjenigen, welchem das Urheberrecht an dem musikalischen Teile zusteht.

Dritter Abschnitt.

Dauer des Schutzes.

§ 29. Der Schutz des Urheberrechts endigt, wenn seit dem Tode des Urhebers dreißig Jahre und außerdem seit der ersten Veröffentlichung des Werkes zehn Jahre abgelaufen sind. Ist die Veröffentlichung bis zum Ablaufe von dreißig Jahren seit dem Tode des Urhebers nicht erfolgt, so wird vermutet, daß das Urheberrecht dem Eigentümer des Werkes zustehe.

§ 30. Steht das Urheberrecht an einem Werke Mehreren gemeinschaftlich zu, so bestimmt sich, soweit der Zeitpunkt des Todes für die Schutzfrist maßgebend ist, deren Ablauf nach dem Tode des Letztlebenden.

§ 31. Ist der wahre Name des Urhebers nicht bei der ersten Veröffentlichung gemäß § 7 Abs. 1, 3 angegeben worden, so endigt der Schutz mit dem Ablaufe von dreißig Jahren seit der Veröffentlichung.

Wird der wahre Name des Urhebers binnen der dreißigjährigen Frist gemäß § 7 Abs. 1, 3 angegeben oder von dem Berechtigten zur Eintragung in die Eintragsrolle (§ 56) angemeldet, so finden die Vorschriften des

§ 29 Anwendung. Das Gleiche gilt, wenn das Werk erst nach dem Tode des Urhebers veröffentlicht wird.

§ 32. Steht einer juristischen Person nach den §§ 3, 4 das Urheberrecht zu, so endigt der Schutz mit dem Ablaufe von dreißig Jahren seit der Veröffentlichung. Jedoch endigt der Schutz mit dem Ablaufe der im § 29 bestimmten Fristen, wenn das Werk erst nach dem Tode des Verfassers veröffentlicht wird.

§ 33. Bei Werken, die aus mehreren in Zwischenräumen veröffentlichten Bänden bestehen, sowie bei fortlaufenden Berichten oder Heften wird jeder Band, jeder Bericht oder jedes Heft für die Berechnung der Schutzfristen als ein besonderes Werk angesehen.

Bei den in Lieferungen veröffentlichten Werken wird die Schutzfrist erst von der Veröffentlichung der letzten Lieferung an berechnet.

§ 34. Die Schutzfristen beginnen mit dem Ablaufe des Kalenderjahrs, in welchem der Urheber gestorben oder das Werk veröffentlicht worden ist.

§ 35. Soweit der in diesem Gesetze gewährte Schutz davon abhängt, ob ein Werk erschienen oder anderweit veröffentlicht oder ob der wesentliche Inhalt eines Werkes öffentlich mitgeteilt worden ist, kommt nur eine Veröffentlichung oder Mitteilung in Betracht, die der Berechtigte bewirkt hat.

Vierter Abschnitt.

Rechtsverletzungen.

§ 36. Wer vorsätzlich oder fahrlässig unter Verletzung der ausschließlichen Befugnis des Urhebers ein Werk vervielfältigt, gewerbsmäßig verbreitet oder den wesentlichen Inhalt eines Werkes öffentlich mitteilt, ist dem Berechtigten zum Ersatze des daraus entstehenden Schadens verpflichtet.

§ 37. Wer vorsätzlich oder fahrlässig unter Verletzung der ausschließlichen Befugnis des Urhebers ein Werk öffentlich aufführt oder öffentlich vorträgt, ist dem Berechtigten zum Ersatze des daraus entstehenden Schadens verpflichtet. Die gleiche Verpflichtung trifft denjenigen, welcher vorsätzlich oder fahrlässig eine dramatische Bearbeitung, die nach § 12 unzulässig ist, öffentlich aufführt.

§ 38. Mit Geldstrafe bis zu dreitausend Mark wird bestraft:

1. wer in anderen als den gesetzlich zugelassenen Fällen vorsätzlich ohne Einwilligung des Berechtigten ein Werk vervielfältigt oder gewerbsmäßig verbreitet;
2. wer in anderen als den gesetzlich zugelassenen Fällen vorsätzlich ohne Einwilligung des Berechtigten ein Bühnenwerk, ein Werk der Tonkunst oder eine dramatische Bearbeitung, die nach § 12 un-

zulässig ist, öffentlich aufführt oder ein Werk, bevor es erschienen ist, öffentlich vorträgt.

War die Einwilligung des Berechtigten nur deshalb erforderlich, weil an dem Werke selbst, an dessen Titel oder an der Bezeichnung des Urhebers Änderungen vorgekommen sind, so tritt Geldstrafe bis zu dreihundert Mark ein.

Soll eine nicht beizutreibende Geldstrafe in Gefängnisstrafe umgewandelt werden, so darf deren Dauer in den Fällen des Abs. 1 sechs Monate, in den Fällen des Abs. 2 einen Monat nicht übersteigen.

§ 39. Wer den wesentlichen Inhalt eines Werkes, bevor der Inhalt öffentlich mitgeteilt ist, vorsätzlich ohne Einwilligung des Berechtigten öffentlich mitteilt, wird mit Geldstrafe bis zu eintausendfünfhundert Mark bestraft. Soll eine nicht beizutreibende Geldstrafe in Gefängnisstrafe umgewandelt werden, so darf deren Dauer drei Monate nicht übersteigen.

§ 40. Auf Verlangen des Berechtigten kann neben der Strafe auf eine an ihn zu erlegende Buße bis zum Betrage von sechstausend Mark erkannt werden. Die zu dieser Buße Verurteilten haften als Gesamtschuldner.

Eine erkannte Buße schließt die Geltendmachung eines weiteren Anspruchs auf Schadensersatz aus.

§ 41. Die in den §§ 36 bis 39 bezeichneten Handlungen sind auch dann rechtswidrig, wenn das Werk nur zu einem Teile vervielfältigt, verbreitet, öffentlich mitgeteilt, aufgeführt oder vorgetragen wird.

§ 42. Die widerrechtlich hergestellten oder verbreiteten Exemplare und die zur widerrechtlichen Vervielfältigung ausschließlich bestimmten Vorrichtungen, wie Formen, Platten, Steine, Stereotypen, unterliegen der Vernichtung. Ist nur ein Teil des Werkes widerrechtlich hergestellt oder verbreitet, so ist auf Vernichtung dieses Teiles und der entsprechenden Vorrichtungen zu erkennen.

Gegenstand der Vernichtung sind alle Exemplare und Vorrichtungen, welche sich im Eigentume der an der Herstellung oder der Verbreitung Beteiligten sowie der Erben dieser Personen befinden.

Auf die Vernichtung ist auch dann zu erkennen, wenn die Herstellung oder die Verbreitung weder vorsätzlich noch fahrlässig erfolgt. Das gleiche gilt, wenn die Herstellung noch nicht vollendet ist.

Die Vernichtung hat zu erfolgen, nachdem dem Eigentümer gegenüber rechtskräftig darauf erkannt ist. Soweit die Exemplare oder die Vorrichtungen in anderer Weise als durch Vernichtung unschädlich gemacht werden können, hat dies zu geschehen, falls der Eigentümer die Kosten übernimmt.

§ 43. Der Berechtigte kann statt der Vernichtung verlangen, daß ihm das Recht zuerkannt wird, die Exemplare und Vorrichtungen ganz oder teilweise gegen eine angemessene, höchstens dem Betrage der Herstellungskosten gleichkommende Vergütung zu übernehmen.

§ 44. Wer den Vorschriften des § 18 Abs. 1 oder des § 25 zuwider unterläßt, die benutzte Quelle anzugeben, wird mit Geldstrafe bis zu einhundertfünfzig Mark bestraft.

§ 45. Die Strafverfolgung in den Fällen der §§ 38, 39, 44 tritt nur auf Antrag ein. Die Zurücknahme des Antrags ist zulässig.

§ 46. Die Vernichtung der widerrechtlich hergestellten oder verbreiteten Exemplare und der zur widerrechtlichen Vervielfältigung ausschließlich bestimmten Vorrichtungen kann im Wege des bürgerlichen Rechtsstreits oder im Strafverfahren verfolgt werden.

§ 47. Auf die Vernichtung von Exemplaren oder Vorrichtungen kann auch im Strafverfahren nur auf besonderen Antrag des Berechtigten erkannt werden. Die Zurücknahme des Antrags ist bis zur erfolgten Vernichtung zulässig.

Der Berechtigte kann die Vernichtung von Exemplaren oder Vorrichtungen selbständig verfolgen. In diesem Falle finden die §§ 477 bis 479 der Strafprozeßordnung mit der Maßgabe Anwendung, daß der Berechtigte als Privatkläger auftreten kann.

§ 48. Die §§ 46, 47 finden auf die Verfolgung des im § 43 bezeichneten Rechtes entsprechende Anwendung.

§ 49. Für sämtliche Bundesstaaten sollen Sachverständigen-Kammern bestehen, die verpflichtet sind, auf Erfordern der Gerichte und der Staatsanwaltschaften Gutachten über die an sie gerichteten Fragen abzugeben.

Die Sachverständigen-Kammern sind befugt, auf Anrufen der Beteiligten über Schadensersatzansprüche, über die Vernichtung von Exemplaren oder Vorrichtungen sowie über die Zuerkennung des im § 43 bezeichneten Rechtes als Schiedsrichter zu verhandeln und zu entscheiden.

Der Reichskanzler erläßt die Bestimmungen über die Zusammensetzung und den Geschäftsbetrieb der Sachverständigen-Kammern.

Die einzelnen Mitglieder der Sachverständigen-Kammern sollen nicht ohne ihre Zustimmung und nicht ohne Genehmigung des Vorsitzenden von den Gerichten als Sachverständige vernommen werden.

§ 50. Der Anspruch auf Schadensersatz und die Strafverfolgung wegen Nachdrucks verjähren in drei Jahren.

Die Verjährung beginnt mit dem Tage, an welchem die Verbreitung der Nachdruckexemplare zuerst stattgefunden hat.

§ 51. Der Anspruch auf Schadensersatz und die Strafverfolgung wegen widerrechtlicher Verbreitung oder Aufführung sowie wegen widerrechtlichen Vortrags verjähren in drei Jahren. Das gleiche gilt in den Fällen der §§ 36, 39.

Die Verjährung beginnt mit dem Tage, an welchem die widerrechtliche Handlung zuletzt stattgefunden hat.

§ 52. Der Antrag auf Vernichtung der widerrechtlich hergestellten oder verbreiteten Exemplare sowie der zur widerrechtlichen Vervielfältigung ausschließlich bestimmten Vorrichtungen ist solange zulässig, als solche Exemplare oder Vorrichtungen vorhanden sind.

§ 53. Die Verjährung der nach dem § 44 strafbaren Handlung beginnt mit dem Tage, an welchem die erste Veröffentlichung stattgefunden hat.

Fünfter Abschnitt.

Schlußbestimmungen.

§ 54. Den Schutz genießen die Reichsangehörigen für alle ihre Werke, gleichviel ob diese erschienen sind oder nicht.

§ 55. Wer nicht Reichsangehöriger ist, genießt den Schutz für jedes seiner Werke, das im Inland erscheint, sofern er nicht das Werk selbst oder eine Übersetzung an einem früheren Tage im Auslande hat erscheinen lassen.

Unter der gleichen Voraussetzung genießt er den Schutz für jedes seiner Werke, das er im Inland in einer Übersetzung erscheinen läßt; die Übersetzung gilt in diesem Falle als das Originalwerk.

§ 56. Die Rolle für die im § 31 Abs. 2 vorgesehenen Eintragungen wird bei dem Stadtrate zu Leipzig geführt. Der Stadtrat bewirkt die Eintragungen, ohne die Berechtigung des Antragstellers oder die Richtigkeit der zur Eintragung angemeldeten Tatsachen zu prüfen.

Wird die Eintragung abgelehnt, so steht den Beteiligten die Beschwerde an den Reichskanzler zu.

§ 57. Der Reichskanzler erläßt die Bestimmungen über die Führung der Eintragsrolle. Die Einsicht der Eintragsrolle ist jedem gestattet. Aus der Rolle können Auszüge gefordert werden; die Auszüge sind auf Verlangen zu beglaubigen.

Die Eintragungen werden im Börsenblatte für den deutschen Buchhandel und, falls das Blatt zu erscheinen aufhören sollte, in einer anderen vom Reichskanzler zu bestimmenden Zeitung öffentlich bekannt gemacht.

§ 58. Eingaben, Verhandlungen, Bescheinigungen und sonstige Schriftstücke, welche die Eintragung in die Eintragsrolle betreffen, sind stempelfrei.

Für jede Eintragung, für jeden Eintragsschein sowie für jeden sonstigen Auszug aus der Eintragsrolle wird eine Gebühr von 1,50 Mark erhoben; außerdem hat der Antragsteller die Kosten für die öffentliche Bekanntmachung der Eintragung zu entrichten.

§ 59. In bürgerlichen Rechtsstreitigkeiten, in welchen durch Klage oder Widerklage ein Anspruch auf Grund der Vorschriften dieses Gesetzes geltend gemacht ist, wird die Verhandlung und Entscheidung letzter Instanz im Sinne des § 8 des Einführungsgesetzes zum Gerichtsverfassungsgesetze dem Reichsgerichte zugewiesen.

§ 60. Einem nachgelassenen Werke, das bei dem Inkrafttreten dieses Gesetzes noch nicht veröffentlicht ist, wird die im § 29 vorgesehene Schutzfrist auch dann zu Teil, wenn die bisherige Schutzfrist bereits abgelaufen ist.

§ 61. Der durch dieses Gesetz gewährte Schutz gegen Aufführung kann nach dessen Inkrafttreten einem Werke der Tonkunst, für welches das Aufführungsrecht bis dahin nicht vorbehalten war, dadurch gesichert werden, daß das Werk nachträglich mit dem Vorbehalte versehen wird. Jedoch ist die Aufführung eines solchen Werkes auch ferner ohne Einwilligung des Urhebers zulässig, sofern nicht bei der Aufführung Noten benutzt werden, die mit dem Vorbehalte versehen sind.

Die ausschließliche Befugnis zur öffentlichen Aufführung eines nach diesen Vorschriften geschützten Werkes steht dem Urheber zu.

§ 62. Die ausschließlichen Befugnisse des Urhebers eines geschützten Werkes bestimmen sich nach den Vorschriften dieses Gesetzes, auch wenn das Werk vor dessen Inkrafttreten entstanden ist. War jedoch eine Übersetzung oder sonstige Bearbeitung oder eine Sammlung, welche aus den Werken mehrerer Schriftsteller zum Schulgebrauche veranstaltet ist, vor dem Inkrafttreten dieses Gesetzes erlaubter Weise ganz oder zum Teil erschienen, so bleibt die Befugnis des Bearbeiters zur Vervielfältigung, Verbreitung und öffentlichen Aufführung unberührt.

§ 63. Soweit eine Vervielfältigung, die nach dem Inkrafttreten dieses Gesetzes unzulässig ist, bisher erlaubt war, darf der bereits begonnene Druck von Exemplaren vollendet werden. Die vorhandenen Vorrichtungen, wie Formen, Platten, Steine, Stereotypen, dürfen noch bis zum Ablaufe von sechs Monaten benutzt werden. Die Verbreitung der gemäß dieser Vorschriften hergestellten sowie der bereits vor dem Inkrafttreten dieses Gesetzes vollendeten Exemplare ist zulässig.

§ 64. Dieses Gesetz tritt mit dem 1. Januar 1902 in Kraft. Die §§ 1 bis 56, 61, 62 des Gesetzes, betreffend das Urheberrecht an Schriftwerken u. s. w., vom 11. Juni 1870 (Bundes-Gesetzbl. S. 339) treten mit demselben Tage außer Kraft. Jedoch bleiben diese Vorschriften insoweit unberührt, als sie in den Reichsgesetzen über den Schutz von Werken der bildenden Künste, von Photographien sowie von Mustern und Modellen für anwendbar erklärt werden.

Urkundlich unter Unserer Höchsteigenhändigen Unterschrift und beigedrucktem Kaiserlichen Insiegel.

Gegeben an Bord M. Y. „Hohenzollern", Cuxhaven, den 19. Juni 1901.

(L. S.) **Wilhelm.**

Graf von Bülow.

II.

Bestimmungen über die Zusammensetzung und den Geschäftsbetrieb der Sachverständigen-Kammern für Werke der Literatur und der Tonkunst.

(Zentral-Blatt für das Deutsche Reich. 1901. S. 337.)

Auf Grund des § 49 Abs. 3 des Gesetzes, betreffend das Urheberrecht an Werken der Literatur und der Tonkunst, vom 19. Juni 1901 (Reichs-Gesetzbl. S. 227) wird bestimmt:

§ 1. Für Werke der Literatur und für Werke der Tonkunst werden gesonderte Sachverständigen-Kammern gebildet. In keinem Bundesstaate soll von solchen Kammern mehr als je eine bestehen.

§ 2. Jede Kammer besteht aus sieben Mitgliedern und aus der erforderlichen Anzahl von Stellvertretern.

§ 3. Die einer Kammer angehörenden Sachverständigen (Mitglieder und Stellvertreter) werden von der Landes-Zentralbehörde ernannt. Diese ernennt auch den Vorsitzenden und dessen Stellvertreter aus der Zahl der Mitglieder.

Die Sachverständigen werden gerichtlich beeidigt.

§ 4. Auf Erfordern der Gerichte und der Staatsanwaltschaften haben die Kammern ein Gutachten nur abzugeben, wenn

1. in dem Ersuchungsschreiben die zu begutachtenden Fragen einzeln aufgeführt,
2. die Akten und die zu vergleichenden Gegenstände übersandt werden.

§ 5. Der Vorsitzende der Kammer bestellt, sobald der Antrag auf Erstattung eines Gutachtens an ihn gelangt ist, nach seinem Ermessen einen oder zwei Berichterstatter. Diese legen dem Vorsitzenden eine schriftliche Bearbeitung der Sache vor. Die Beschlußfassung der Kammer erfolgt auf Grund mündlicher Beratung in einer von dem Vorsitzenden anzuberaumenden Sitzung nach Stimmenmehrheit; bei Stimmengleichheit gibt die Stimme des Vorsitzenden den Ausschlag.

§ 6. An jedem Beschlusse müssen mindestens fünf Sachverständige mit Einschluß des Vorsitzenden teilnehmen. Mehr als sieben Sachverständige dürfen an dem Beschlusse nicht teilnehmen.

§ 7. Die beschlossenen Gutachten werden ausgefertigt, von den Sachverständigen, die an dem Beschlusse teilgenommen haben, unterschrieben und mit dem Siegel der Kammer versehen.

§ 8. Die Kammer ist befugt, Gebühren für das Gutachten im Betrage von dreißig bis dreihundert Mark zu erheben. Die Gebühren sind von der ersuchenden Behörde der Kammer sofort nach Eingang des Gutachtens kostenfrei zu übersenden.

§ 9. Anträge, durch welche eine Kammer gemäß § 49 Abs. 2 des Gesetzes vom 19. Juni 1901 als Schiedsrichter angerufen wird, sind in beglaubigter Form einzureichen. Auf die Erledigung solcher Anträge finden die Vorschriften der §§ 4 bis 8 entsprechende Anwendung.

Berlin, den 13. September 1901.

Der Reichskanzler.

In Vertretung: Nieberding.

Sachregister.

(Die Zahlen bedeuten die Seiten.)

H.

J.

K.

L.

M.

N.

O.

P.

Q.

R.

S.

Z.

Druck von Otto Walter, Berlin S. 14, Kommandantenstraße 44a.

FSC
www.fsc.org
MIX
Papier | Fördert gute Waldnutzung
FSC® C083411

Kolibri 360 GmbH
Ferdinand-Jühlke-Straße 7
99095 Erfurt, Deutschland
produktsicherheit@kolibri360.de